W0289357

# TRAITÉ ÉTABLISSANT UNE CONSTITUTION POUR L'EUROPE

AVIS AU LECTEUR

Cette publication contient le texte du *Traité établissant une Constitution pour l'Europe,* tel qu'il a été signé à Rome le 29 octobre 2004 et publié au *Journal officiel de l'Union européenne* le 16 décembre 2004 (JO C 310).

Il convient de noter que ce texte n'aura d'effet qu'à sa date d'entrée en vigueur, conformément à l'article IV-447, paragraphe 2, de ce traité.

Ce texte constitue un outil de documentation n'engageant pas la responsabilité des institutions.

Des informations complémentaires sur la Constitution et son processus d'élaboration sont disponibles sur le site mis en place afin d'informer les citoyens européens: http://europa.eu.int/constitution.

***Europe Direct est un service destiné à vous aider à trouver des réponses aux questions que vous vous posez sur l'Union européenne.***

**Un numéro unique gratuit:**

**00 800 6 7 8 9 10 11**

De nombreuses autres informations sur l'Union européenne sont disponibles sur l'internet via le serveur Europa (http://europa.eu.int).

Une fiche bibliographique figure à la fin de l'ouvrage.

Luxembourg: Office des publications officielles des Communautés européennes, 2005

ISBN 92-824-3101-0

© Communautés européennes, 2005
Reproduction autorisée, moyennant mention de la source

*Printed in Belgium*

IMPRIMÉ SUR PAPIER BLANCHI SANS CHLORE

# SOMMAIRE

## PRÉAMBULE

SA MAJESTÉ LE ROI DES BELGES, LE PRÉSIDENT DE LA RÉPUBLIQUE TCHÈQUE, SA MAJESTÉ LA REINE DE DANEMARK, LE PRÉSIDENT DE LA RÉPUBLIQUE FÉDÉRALE D'ALLEMAGNE, LE PRÉSIDENT DE LA RÉPUBLIQUE D'ESTONIE, LE PRÉSIDENT DE LA RÉPUBLIQUE HELLÉNIQUE,SA MAJESTÉ LE ROI D'ESPAGNE, LE PRÉSIDENT DE LA RÉPUBLIQUE FRANÇAISE, LA PRÉSIDENTE D'IRLANDE, LE PRÉSIDENT DE LA RÉPUBLIQUE ITALIENNE, LE PRÉSIDENT DE LA RÉPUBLIQUE DE CHYPRE, LA PRÉSIDENTE DE LA RÉPUBLIQUE DE LETTONIE, LE PRÉSIDENT DE LA RÉPUBLIQUE DE LITUANIE, SON ALTESSE ROYALE LE GRAND-DUC DE LUXEMBOURG, LE PRÉSIDENT DE LA RÉPUBLIQUE DE HONGRIE, LE PRÉSIDENT DE MALTE, SA MAJESTÉ LA REINE DES PAYS-BAS, LE PRÉSIDENT FÉDÉRAL DE LA RÉPUBLIQUE D'AUTRICHE, LE PRÉSIDENT DE LA RÉPUBLIQUE DE POLOGNE, LE PRÉSIDENT DE LA RÉPUBLIQUE PORTUGAISE, LE PRÉSIDENT DE LA RÉPUBLIQUE DE SLOVÉNIE, LE PRÉSIDENT DE LA RÉPUBLIQUE SLOVAQUE, LA PRÉSIDENTE DE LA RÉPUBLIQUE DE FINLANDE, LE GOUVERNEMENT DU ROYAUME DE SUÈDE, SA MAJESTÉ LA REINE DU ROYAUME-UNI DE GRANDE-BRETAGNE ET D'IRLANDE DU NORD,

S'INSPIRANT des héritages culturels, religieux et humanistes de l'Europe, à partir desquels se sont développées les valeurs universelles que constituent les droits inviolables et inaliénables de la personne humaine, ainsi que la liberté, la démocratie, l'égalité et l'État de droit;

CONVAINCUS que l'Europe, désormais réunie au terme d'expériences douloureuses, entend avancer sur la voie de la civilisation, du progrès et de la prospérité, pour le bien de tous ses habitants, y compris les plus fragiles et les plus démunis; qu'elle veut demeurer un continent ouvert à la culture, au savoir et au progrès social; et qu'elle souhaite approfondir le caractère démocratique et transparent de sa vie publique, et œuvrer pour la paix, la justice et la solidarité dans le monde;

PERSUADÉS que les peuples d'Europe, tout en restant fiers de leur identité et de leur histoire nationale, sont résolus à dépasser leurs anciennes divisions et, unis d'une manière sans cesse plus étroite, à forger leur destin commun;

ASSURÉS que, «Unie dans la diversité», l'Europe leur offre les meilleures chances de poursuivre, dans le respect des droits de chacun et dans la conscience de leurs responsabilités à l'égard des générations futures et de la planète, la grande aventure qui en fait un espace privilégié de l'espérance humaine;

RÉSOLUS à poursuivre l'œuvre accomplie dans le cadre des traités instituant les Communautés européennes et du traité sur l'Union européenne, en assurant la continuité de l'acquis communautaire;

RECONNAISSANTS aux membres de la Convention européenne d'avoir élaboré le projet de cette Constitution au nom des citoyens et des États d'Europe,

ONT DÉSIGNÉ COMME PLÉNIPOTENTIAIRES:

SA MAJESTÉ LE ROI DES BELGES

Guy VERHOFSTADT
Premier Ministre

Karel DE GUCHT
Ministre des Affaires étrangères

LE PRÉSIDENT DE LA RÉPUBLIQUE TCHÈQUE

Stanislav GROSS
Premier Ministre

Cyril SVOBODA
Ministre des Affaires étrangères

SA MAJESTÉ LA REINE DE DANEMARK

Anders Fogh RASMUSSEN
Premier Ministre

Per Stig MØLLER
Ministre des Affaires étrangères

LE PRÉSIDENT DE LA RÉPUBLIQUE FÉDÉRALE D'ALLEMAGNE

Gerhard SCHRÖDER
Chancelier fédéral

Joseph FISCHER
Ministre fédéral des Affaires étrangères et Vice-Chancelier

LE PRÉSIDENT DE LA RÉPUBLIQUE D'ESTONIE

Juhan PARTS
Premier Ministre

Kristiina OJULAND
Ministre des Affaires étrangères

LE PRÉSIDENT DE LA RÉPUBLIQUE HELLÉNIQUE

Kostas KARAMANLIS
Premier Ministre

Petros G. MOLYVIATIS
Ministre des Affaires étrangères

SA MAJESTÉ LE ROI D'ESPAGNE

José Luis RODRÍGUEZ ZAPATERO
Président du gouvernement

Miguel Ángel MORATINOS CUYAUBÉ
Ministre des Affaires étrangères et de la coopération

LE PRÉSIDENT DE LA RÉPUBLIQUE FRANÇAISE

Jacques CHIRAC
Président

Jean-Pierre RAFFARIN
Premier Ministre

Michel BARNIER
Ministre des Affaires étrangères

LE PRÉSIDENT D'IRLANDE

Bertie AHERN
Premier Ministre (Taoiseach)

Dermot AHERN
Ministre des Affaires étrangères

LE PRÉSIDENT DE LA RÉPUBLIQUE ITALIENNE

Silvio BERLUSCONI
Président du Conseil des ministres

Franco FRATTINI
Ministre des Affaires étrangères

LE PRÉSIDENT DE LA RÉPUBLIQUE DE CHYPRE

Tassos PAPADOPOULOS
Président

George IACOVOU
Ministre des Affaires étrangères

LE PRÉSIDENT DE LA RÉPUBLIQUE DE LETTONIE

Vaira VĪĶE FREIBERGA
Présidente

Īndulis EMSIS
Premier Ministre

Artis PABRIKS
Ministre des Affaires étrangères

LE PRÉSIDENT DE LA RÉPUBLIQUE DE LITUANIE

Valdas ADAMKUS
Président

Algirdas Mykolas BRAZAUSKAS
Premier Ministre

Antanas VALIONIS
Ministre des Affaires étrangères

SON ALTESSE ROYALE LE GRAND-DUC DE LUXEMBOURG

Jean-Claude JUNCKER
Premier Ministre, Ministre d'État

Jean ASSELBORN
Vice-Premier Ministre, Ministre des Affaires étrangères et de l'Immigration

LE PRÉSIDENT DE LA RÉPUBLIQUE DE HONGRIE

Ferenc GYURCSÁNY
Premier Ministre

László KOVÁCS
Ministre des Affaires étrangères

LE PRÉSIDENT DE MALTE

The Hon Lawrence GONZI
Premier Ministre

The Hon Michael FRENDO
Ministre des Affaires étrangères

SA MAJESTÉ LA REINE DES PAYS-BAS

Dr J. P. BALKENENDE
Premier Ministre

Dr B. R. BOT
Ministre des Affaires étrangères

LE PRÉSIDENT FÉDÉRAL DE LA RÉPUBLIQUE D'AUTRICHE

Dr Wolfgang SCHÜSSEL
Chancelier fédéral

Dr Ursula PLASSNIK
Ministre fédéral des Affaires étrangères

LE PRÉSIDENT DE LA RÉPUBLIQUE DE POLOGNE

Marek BELKA
Premier Ministre

Włodzimierz CIMOSZEWICZ
Ministre des Affaires étrangères

LE PRÉSIDENT DE LA RÉPUBLIQUE PORTUGAISE

Pedro Miguel DE SANTANA LOPES
Premier Ministre

António Victor MARTINS MONTEIRO
Ministre des Affaires étrangères et des Communautés portugaises à l'étranger

LE PRÉSIDENT DE LA RÉPUBLIQUE DE SLOVÉNIE

Anton ROP
Président du gouvernement

Ivo VAJGL
Ministre des Affaires étrangères

LE PRÉSIDENT DE LA RÉPUBLIQUE SLOVAQUE

Mikuláš DZURINDA
Premier Ministre

Eduard KUKAN
Ministre des Affaires étrangères

LE PRÉSIDENT DE LA RÉPUBLIQUE DE FINLANDE

Matti VANHANEN
Premier Ministre

Erkki TUOMIOJA
Ministre des Affaires étrangères

LE GOUVERNEMENT DU ROYAUME DE SUÈDE

Göran PERSSON
Premier Ministre

Laila FREIVALDS
Ministre des Affaires étrangères

SA MAJESTÉ LA REINE DU ROYAUME-UNI DE GRANDE BRETAGNE ET D'IRLANDE DU NORD

The Rt. Hon Tony BLAIR
Premier Ministre

The Rt. Hon Jack STRAW
Ministre des Affaires étrangères et du Commonwealth

LESQUELS, après avoir échangé leurs pleins pouvoirs reconnus en bonne et due forme, sont convenus des dispositions qui suivent:

# PARTIE I

## TITRE I

### DÉFINITION ET OBJECTIFS DE L'UNION

*Article I-1*

### Établissement de l'Union

1. Inspirée par la volonté des citoyens et des États d'Europe de bâtir leur avenir commun, la présente Constitution établit l'Union européenne, à laquelle les États membres attribuent des compétences pour atteindre leurs objectifs communs. L'Union coordonne les politiques des États membres visant à atteindre ces objectifs et exerce sur le mode communautaire les compétences qu'ils lui attribuent.

2. L'Union est ouverte à tous les États européens qui respectent ses valeurs et qui s'engagent à les promouvoir en commun.

*Article I-2*

### Les valeurs de l'Union

L'Union est fondée sur les valeurs de respect de la dignité humaine, de liberté, de démocratie, d'égalité, de l'État de droit, ainsi que de respect des droits de l'homme, y compris des droits des personnes appartenant à des minorités. Ces valeurs sont communes aux États membres dans une société caractérisée par le pluralisme, la non-discrimination, la tolérance, la justice, la solidarité et l'égalité entre les femmes et les hommes.

*Article I-3*

### Les objectifs de l'Union

1. L'Union a pour but de promouvoir la paix, ses valeurs et le bien-être de ses peuples.

2. L'Union offre à ses citoyens un espace de liberté, de sécurité et de justice sans frontières intérieures, et un marché intérieur où la concurrence est libre et non faussée.

3. L'Union œuvre pour le développement durable de l'Europe fondé sur une croissance économique équilibrée et sur la stabilité des prix, une économie sociale de marché hautement compétitive, qui tend au plein emploi et au progrès social, et un niveau élevé de protection et d'amélioration de la qualité de l'environnement. Elle promeut le progrès scientifique et technique.

Elle combat l'exclusion sociale et les discriminations, et promeut la justice et la protection sociales, l'égalité entre les femmes et les hommes, la solidarité entre les générations et la protection des droits de l'enfant.

Elle promeut la cohésion économique, sociale et territoriale, et la solidarité entre les États membres.

Elle respecte la richesse de sa diversité culturelle et linguistique, et veille à la sauvegarde et au développement du patrimoine culturel européen.

4. Dans ses relations avec le reste du monde, l'Union affirme et promeut ses valeurs et ses intérêts. Elle contribue à la paix, à la sécurité, au développement durable de la planète, à la solidarité et au respect mutuel entre les peuples, au commerce libre et équitable, à l'élimination de la pauvreté et à la protection des droits de l'homme, en particulier ceux de l'enfant, ainsi qu'au strict respect et au développement du droit international, notamment au respect des principes de la charte des Nations unies.

5. L'Union poursuit ses objectifs par des moyens appropriés, en fonction des compétences qui lui sont attribuées dans la Constitution.

*Article I-4*

## Libertés fondamentales et non-discrimination

1. La libre circulation des personnes, des services, des marchandises et des capitaux, ainsi que la liberté d'établissement, sont garanties par l'Union et à l'intérieur de celle-ci, conformément à la Constitution.

2. Dans le champ d'application de la Constitution, et sans préjudice de ses dispositions particulières, toute discrimination exercée en raison de la nationalité est interdite.

*Article I-5*

## Relations entre l'Union et les États membres

1. L'Union respecte l'égalité des États membres devant la Constitution ainsi que leur identité nationale, inhérente à leurs structures fondamentales politiques et constitutionnelles, y compris en ce qui concerne l'autonomie locale et régionale. Elle respecte les fonctions essentielles de l'État, notamment celles qui ont pour objet d'assurer son intégrité territoriale, de maintenir l'ordre public et de sauvegarder la sécurité nationale.

2. En vertu du principe de coopération loyale, l'Union et les États membres se respectent et s'assistent mutuellement dans l'accomplissement des missions découlant de la Constitution.

Les États membres prennent toute mesure générale ou particulière propre à assurer l'exécution des obligations découlant de la Constitution ou résultant des actes des institutions de l'Union.

Les États membres facilitent l'accomplissement par l'Union de sa mission et s'abstiennent de toute mesure susceptible de mettre en péril la réalisation des objectifs de l'Union.

*Article I-6*

## Le droit de l'Union

La Constitution et le droit adopté par les institutions de l'Union, dans l'exercice des compétences qui sont attribuées à celle-ci, priment le droit des États membres.

*Article I-7*

## Personnalité juridique

L'Union a la personnalité juridique.

*Article I-8*

## Les symboles de l'Union

Le drapeau de l'Union représente un cercle de douze étoiles d'or sur fond bleu.

L'hymne de l'Union est tiré de l'«Ode à la joie» de la Neuvième symphonie de Ludwig van Beethoven.

La devise de l'Union est: «Unie dans la diversité».

La monnaie de l'Union est l'euro.

La journée de l'Europe est célébrée le 9 mai dans toute l'Union.

# TITRE II

# LES DROITS FONDAMENTAUX ET LA CITOYENNETÉ DE L'UNION

*Article I-9*

## Droits fondamentaux

1. L'Union reconnaît les droits, les libertés et les principes énoncés dans la Charte des droits fondamentaux qui constitue la partie II.

2. L'Union adhère à la Convention européenne de sauvegarde des droits de l'Homme et des libertés fondamentales. Cette adhésion ne modifie pas les compétences de l'Union telles qu'elles sont définies dans la Constitution.

3. Les droits fondamentaux, tels qu'ils sont garantis par la Convention européenne de sauvegarde des droits de l'Homme et des libertés fondamentales et tels qu'ils résultent des traditions constitutionnelles communes aux États membres, font partie du droit de l'Union en tant que principes généraux.

*Article I-10*

## La citoyenneté de l'Union

1. Toute personne ayant la nationalité d'un État membre possède la citoyenneté de l'Union. La citoyenneté de l'Union s'ajoute à la citoyenneté nationale et ne la remplace pas.

2. Les citoyens de l'Union jouissent des droits et sont soumis aux devoirs prévus par la Constitution. Ils ont:

a) le droit de circuler et de séjourner librement sur le territoire des États membres;

b) le droit de vote et d'éligibilité aux élections au Parlement européen ainsi qu'aux élections municipales dans l'État membre où ils résident, dans les mêmes conditions que les ressortissants de cet État;

c) le droit de bénéficier, sur le territoire d'un pays tiers où l'État membre dont ils sont ressortissants n'est pas représenté, de la protection des autorités diplomatiques et consulaires de tout État membre dans les mêmes conditions que les ressortissants de cet État;

d) le droit d'adresser des pétitions au Parlement européen, de recourir au médiateur européen, ainsi que le droit de s'adresser aux institutions et aux organes consultatifs de l'Union dans l'une des langues de la Constitution et de recevoir une réponse dans la même langue.

Ces droits s'exercent dans les conditions et limites définies par la Constitution et par les mesures adoptées en application de celle-ci.

## TITRE III

## LES COMPÉTENCES DE L'UNION

### *Article I-11*

### Principes fondamentaux

1. Le principe d'attribution régit la délimitation des compétences de l'Union. Les principes de subsidiarité et de proportionnalité régissent l'exercice de ces compétences.

2. En vertu du principe d'attribution, l'Union agit dans les limites des compétences que les États membres lui ont attribuées dans la Constitution pour atteindre les objectifs qu'elle établit. Toute compétence non attribuée à l'Union dans la Constitution appartient aux États membres.

3. En vertu du principe de subsidiarité, dans les domaines qui ne relèvent pas de sa compétence exclusive, l'Union intervient seulement si, et dans la mesure où, les objectifs de l'action envisagée ne peuvent pas être atteints de manière suffisante par les États membres, tant au niveau central qu'au niveau régional et local, mais peuvent l'être mieux, en raison des dimensions ou des effets de l'action envisagée, au niveau de l'Union.

Les institutions de l'Union appliquent le principe de subsidiarité conformément au protocole sur l'application des principes de subsidiarité et de proportionnalité. Les parlements nationaux veillent au respect de ce principe conformément à la procédure prévue dans ce protocole.

4. En vertu du principe de proportionnalité, le contenu et la forme de l'action de l'Union n'excèdent pas ce qui est nécessaire pour atteindre les objectifs de la Constitution.

Les institutions de l'Union appliquent le principe de proportionnalité conformément au protocole sur l'application des principes de subsidiarité et de proportionnalité.

*Article I-12*

**Catégories de compétences**

1. Lorsque la Constitution attribue à l'Union une compétence exclusive dans un domaine déterminé, seule l'Union peut légiférer et adopter des actes juridiquement contraignants, les États membres ne pouvant le faire par eux-mêmes que s'ils sont habilités par l'Union, ou pour mettre en œuvre les actes de l'Union.

2. Lorsque la Constitution attribue à l'Union une compétence partagée avec les États membres dans un domaine déterminé, l'Union et les États membres peuvent légiférer et adopter des actes juridiquement contraignants dans ce domaine. Les États membres exercent leur compétence dans la mesure où l'Union n'a pas exercé la sienne ou a décidé de cesser de l'exercer.

3. Les États membres coordonnent leurs politiques économiques et de l'emploi selon les modalités prévues par la partie III, pour la définition desquelles l'Union dispose d'une compétence.

4. L'Union dispose d'une compétence pour définir et mettre en œuvre une politique étrangère et de sécurité commune, y compris la définition progressive d'une politique de défense commune.

5. Dans certains domaines et dans les conditions prévues par la Constitution, l'Union dispose d'une compétence pour mener des actions pour appuyer, coordonner ou compléter l'action des États membres, sans pour autant remplacer leur compétence dans ces domaines.

Les actes juridiquement contraignants de l'Union adoptés sur la base des dispositions de la partie III relatives à ces domaines ne peuvent pas comporter d'harmonisation des dispositions législatives et réglementaires des États membres.

6. L'étendue et les modalités d'exercice des compétences de l'Union sont déterminées par les dispositions de la partie III relatives à chaque domaine.

*Article I-13*

**Les domaines de compétence exclusive**

1. L'Union dispose d'une compétence exclusive dans les domaines suivants:

a) l'union douanière;

b) l'établissement des règles de concurrence nécessaires au fonctionnement du marché intérieur;

c) la politique monétaire pour les États membres dont la monnaie est l'euro;

d) la conservation des ressources biologiques de la mer dans le cadre de la politique commune de la pêche;

e) la politique commerciale commune.

2. L'Union dispose également d'une compétence exclusive pour la conclusion d'un accord international lorsque cette conclusion est prévue dans un acte législatif de l'Union, ou est nécessaire pour lui permettre d'exercer sa compétence interne, ou dans la mesure où elle est susceptible d'affecter des règles communes ou d'en altérer la portée.

*Article I-14*

**Les domaines de compétence partagée**

1. L'Union dispose d'une compétence partagée avec les États membres lorsque la Constitution lui attribue une compétence qui ne relève pas des domaines visés aux articles I-13 et I-17.

2. Les compétences partagées entre l'Union et les États membres s'appliquent aux principaux domaines suivants:

a) le marché intérieur;

b) la politique sociale, pour les aspects définis dans la partie III;

c) la cohésion économique, sociale et territoriale;

d) l'agriculture et la pêche, à l'exclusion de la conservation des ressources biologiques de la mer;

e) l'environnement;

f) la protection des consommateurs;

g) les transports;

h) les réseaux transeuropéens;

i) l'énergie;

j) l'espace de liberté, de sécurité et de justice;

k) les enjeux communs de sécurité en matière de santé publique, pour les aspects définis dans la partie III.

3. Dans les domaines de la recherche, du développement technologique et de l'espace, l'Union dispose d'une compétence pour mener des actions, notamment pour définir et mettre en œuvre des programmes, sans que l'exercice de cette compétence ne puisse avoir pour effet d'empêcher les États membres d'exercer la leur.

4. Dans les domaines de la coopération au développement et de l'aide humanitaire, l'Union dispose d'une compétence pour mener des actions et une politique commune, sans que l'exercice de cette compétence ne puisse avoir pour effet d'empêcher les États membres d'exercer la leur.

*Article I-15*

## La coordination des politiques économiques et de l'emploi

1. Les États membres coordonnent leurs politiques économiques au sein de l'Union. À cette fin, le Conseil des ministres adopte des mesures, notamment les grandes orientations de ces politiques.

Des dispositions particulières s'appliquent aux États membres dont la monnaie est l'euro.

2. L'Union prend des mesures pour assurer la coordination des politiques de l'emploi des États membres, notamment en définissant les lignes directrices de ces politiques.

3. L'Union peut prendre des initiatives pour assurer la coordination des politiques sociales des États membres.

*Article I-16*

## La politique étrangère et de sécurité commune

1. La compétence de l'Union en matière de politique étrangère et de sécurité commune couvre tous les domaines de la politique étrangère ainsi que l'ensemble des questions relatives à la sécurité de l'Union, y compris la définition progressive d'une politique de défense commune qui peut conduire à une défense commune.

2. Les États membres appuient activement et sans réserve la politique étrangère et de sécurité commune de l'Union dans un esprit de loyauté et de solidarité mutuelle et respectent l'action de l'Union dans ce domaine. Ils s'abstiennent de toute action contraire aux intérêts de l'Union ou susceptible de nuire à son efficacité.

*Article I-17*

## Les domaines des actions d'appui, de coordination ou de complément

L'Union dispose d'une compétence pour mener des actions d'appui, de coordination ou de complément. Les domaines de ces actions sont, dans leur finalité européenne:

a) la protection et l'amélioration de la santé humaine;

b) l'industrie;

c) la culture;

d) le tourisme;

e) l'éducation, la jeunesse, le sport et la formation professionnelle;

f) la protection civile;

g) la coopération administrative.

*Article I-18*

## Clause de flexibilité

1. Si une action de l'Union paraît nécessaire, dans le cadre des politiques définies à la partie III, pour atteindre l'un des objectifs visés par la Constitution, sans que celle-ci n'ait prévu les pouvoirs d'action requis à cet effet, le Conseil des ministres, statuant à l'unanimité, sur proposition de la Commission européenne et après approbation du Parlement européen, adopte les mesures appropriées.

2. La Commission européenne, dans le cadre de la procédure de contrôle du principe de subsidiarité visée à l'article I-11, paragraphe 3, attire l'attention des parlements nationaux sur les propositions fondées sur le présent article.

3. Les mesures fondées sur le présent article ne peuvent pas comporter d'harmonisation des dispositions législatives et réglementaires des États membres dans les cas où la Constitution exclut une telle harmonisation.

# TITRE IV

# LES INSTITUTIONS ET ORGANES DE L'UNION

## *CHAPITRE I*

## LE CADRE INSTITUTIONNEL

*Article I-19*

### Les institutions de l'Union

1. L'Union dispose d'un cadre institutionnel visant à:

— promouvoir ses valeurs,

— poursuivre ses objectifs,

— servir ses intérêts, ceux de ses citoyens, et ceux des États membres,

— assurer la cohérence, l'efficacité et la continuité de ses politiques et de ses actions.

Ce cadre institutionnel comprend:

— le Parlement européen,

— le Conseil européen,

— le Conseil des ministres (ci-après dénommé «Conseil»),

— la Commission européenne (ci-après dénommée «Commission»),

— la Cour de justice de l'Union européenne.

2. Chaque institution agit dans les limites des attributions qui lui sont conférées dans la Constitution, conformément aux procédures et conditions prévues par celle-ci. Les institutions pratiquent entre elles une coopération loyale.

*Article I-20*

## Le Parlement européen

1. Le Parlement européen exerce, conjointement avec le Conseil, les fonctions législative et budgétaire. Il exerce des fonctions de contrôle politique et consultatives conformément aux conditions prévues par la Constitution. Il élit le président de la Commission.

2. Le Parlement européen est composé de représentants des citoyens de l'Union. Leur nombre ne dépasse pas sept cent cinquante. La représentation des citoyens est assurée de façon dégressivement proportionnelle, avec un seuil minimum de six membres par État membre. Aucun État membre ne se voit attribuer plus de quatre-vingt seize sièges.

Le Conseil européen adopte à l'unanimité, sur initiative du Parlement européen et avec son approbation, une décision européenne fixant la composition du Parlement européen, dans le respect des principes visés au premier alinéa.

3. Les membres du Parlement européen sont élus au suffrage universel direct, libre et secret, pour un mandat de cinq ans.

4. Le Parlement européen élit parmi ses membres son président et son bureau.

*Article I-21*

## Le Conseil européen

1. Le Conseil européen donne à l'Union les impulsions nécessaires à son développement et en définit les orientations et les priorités politiques générales. Il n'exerce pas de fonction législative.

2. Le Conseil européen est composé des chefs d'État ou de gouvernement des États membres, ainsi que de son président et du président de la Commission. Le ministre des Affaires étrangères de l'Union participe à ses travaux.

3. Le Conseil européen se réunit chaque trimestre sur convocation de son président. Lorsque l'ordre du jour l'exige, les membres du Conseil européen peuvent décider d'être assistés chacun par un ministre et, en ce qui concerne le président de la Commission, par un membre de la Commission. Lorsque la situation l'exige, le président convoque une réunion extraordinaire du Conseil européen.

4. Le Conseil européen se prononce par consensus, sauf dans les cas où la Constitution en dispose autrement.

*Article I-22*

## Le président du Conseil européen

1. Le Conseil européen élit son président à la majorité qualifiée pour une durée de deux ans et demi, renouvelable une fois. En cas d'empêchement ou de faute grave, le Conseil européen peut mettre fin à son mandat selon la même procédure.

2. Le président du Conseil européen:

a) préside et anime les travaux du Conseil européen;

b) assure la préparation et la continuité des travaux du Conseil européen en coopération avec le président de la Commission, et sur la base des travaux du Conseil des affaires générales;

c) œuvre pour faciliter la cohésion et le consensus au sein du Conseil européen;

d) présente au Parlement européen un rapport à la suite de chacune des réunions du Conseil européen.

Le président du Conseil européen assure, à son niveau et en sa qualité, la représentation extérieure de l'Union pour les matières relevant de la politique étrangère et de sécurité commune, sans préjudice des attributions du ministre des Affaires étrangères de l'Union.

3. Le président du Conseil européen ne peut pas exercer de mandat national.

*Article I-23*

## Le Conseil des ministres

1. Le Conseil exerce, conjointement avec le Parlement européen, les fonctions législative et budgétaire. Il exerce des fonctions de définition des politiques et de coordination conformément aux conditions prévues par la Constitution.

2. Le Conseil est composé d'un représentant de chaque État membre au niveau ministériel, habilité à engager le gouvernement de l'État membre qu'il représente et à exercer le droit de vote.

3. Le Conseil statue à la majorité qualifiée, sauf dans les cas où la Constitution en dispose autrement.

*Article I-24*

## Les formations du Conseil des ministres

1. Le Conseil siège en différentes formations.

2. Le Conseil des affaires générales assure la cohérence des travaux des différentes formations du Conseil.

Il prépare les réunions du Conseil européen et en assure le suivi en liaison avec le président du Conseil européen et la Commission.

3. Le Conseil des affaires étrangères élabore l'action extérieure de l'Union selon les lignes stratégiques fixées par le Conseil européen et assure la cohérence de l'action de l'Union.

4. Le Conseil européen adopte à la majorité qualifiée une décision européenne établissant la liste des autres formations du Conseil.

5. Un comité des représentants permanents des gouvernements des États membres est responsable de la préparation des travaux du Conseil.

6. Le Conseil siège en public lorsqu'il délibère et vote sur un projet d'acte législatif. À cet effet, chaque session du Conseil est divisée en deux parties, consacrées respectivement aux délibérations sur les actes législatifs de l'Union et aux activités non législatives.

7. La présidence des formations du Conseil, à l'exception de celle des affaires étrangères, est assurée par les représentants des États membres au Conseil selon un système de rotation égale, conformément aux conditions prévues par une décision européenne du Conseil européen. Le Conseil européen statue à la majorité qualifiée.

*Article I-25*

## Définition de la majorité qualifiée au sein du Conseil européen et du Conseil

1. La majorité qualifiée se définit comme étant égale à au moins 55 % des membres du Conseil, comprenant au moins quinze d'entre eux et représentant des États membres réunissant au moins 65 % de la population de l'Union.

Une minorité de blocage doit inclure au moins quatre membres du Conseil, faute de quoi la majorité qualifiée est réputée acquise.

2. Par dérogation au paragraphe 1, lorsque le Conseil ne statue pas sur proposition de la Commission ou du ministre des Affaires étrangères de l'Union, la majorité qualifiée se définit comme étant égale à au moins 72 % des membres du Conseil, représentant des États membres réunissant au moins 65 % de la population de l'Union.

3. Les paragraphes 1 et 2 s'appliquent au Conseil européen lorsqu'il statue à la majorité qualifiée.

4. Au sein du Conseil européen, son président et le président de la Commission ne prennent pas part au vote.

*Article I-26*

## La Commission européenne

1. La Commission promeut l'intérêt général de l'Union et prend les initiatives appropriées à cette fin. Elle veille à l'application de la Constitution ainsi que des mesures adoptées par les institutions en vertu de celle-ci. Elle surveille l'application du droit de l'Union sous le contrôle de la Cour de justice

de l'Union européenne. Elle exécute le budget et gère les programmes. Elle exerce des fonctions de coordination, d'exécution et de gestion conformément aux conditions prévues par la Constitution. À l'exception de la politique étrangère et de sécurité commune et des autres cas prévus par la Constitution, elle assure la représentation extérieure de l'Union. Elle prend les initiatives de la programmation annuelle et pluriannuelle de l'Union pour parvenir à des accords interinstitutionnels.

2. Un acte législatif de l'Union ne peut être adopté que sur proposition de la Commission, sauf dans les cas où la Constitution en dispose autrement. Les autres actes sont adoptés sur proposition de la Commission lorsque la Constitution le prévoit.

3. Le mandat de la Commission est de cinq ans.

4. Les membres de la Commission sont choisis en raison de leur compétence générale et de leur engagement européen et parmi des personnalités offrant toutes garanties d'indépendance.

5. La première Commission nommée en application de la Constitution est composée d'un ressortissant de chaque État membre, y compris son président et le ministre des Affaires étrangères de l'Union, qui en est l'un des vice-présidents.

6. Dès la fin du mandat de la Commission visée au paragraphe 5, la Commission est composée d'un nombre de membres, y compris son président et le ministre des Affaires étrangères de l'Union, correspondant aux deux tiers du nombre d'États membres, à moins que le Conseil européen, statuant à l'unanimité, ne décide de modifier ce nombre.

Les membres de la Commission sont sélectionnés parmi les ressortissants des États membres selon un système de rotation égale entre les États membres. Ce système est établi par une décision européenne adoptée à l'unanimité par le Conseil européen et fondée sur les principes suivants:

a) les États membres sont traités sur un strict pied d'égalité pour la détermination de l'ordre de passage et du temps de présence de leurs ressortissants au sein de la Commission; en conséquence, l'écart entre le nombre total des mandats détenus par les ressortissants de deux États membres donnés ne peut jamais être supérieur à un;

b) sous réserve du point a), chacune des Commissions successives est constituée de manière à refléter d'une manière satisfaisante l'éventail démographique et géographique de l'ensemble des États membres.

7. La Commission exerce ses responsabilités en pleine indépendance. Sans préjudice de l'article I-28, paragraphe 2, les membres de la Commission ne sollicitent ni n'acceptent d'instructions d'aucun gouvernement, institution, organe ou organisme. Ils s'abstiennent de tout acte incompatible avec leurs fonctions ou l'exécution de leurs tâches.

8. La Commission, en tant que collège, est responsable devant le Parlement européen. Le Parlement européen peut adopter une motion de censure de la Commission conformément à l'article III-340. Si une telle motion est adoptée, les membres de la Commission doivent démissionner collectivement de leurs fonctions et le ministre des Affaires étrangères de l'Union doit démissionner des fonctions qu'il exerce au sein de la Commission.

*Article I-27*

## Le président de la Commission européenne

1. En tenant compte des élections au Parlement européen, et après avoir procédé aux consultations appropriées, le Conseil européen, statuant à la majorité qualifiée, propose au Parlement européen un candidat à la fonction de président de la Commission. Ce candidat est élu par le Parlement européen à la majorité des membres qui le composent. Si ce candidat ne recueille pas la majorité, le Conseil européen, statuant à la majorité qualifiée, propose, dans un délai d'un mois, un nouveau candidat, qui est élu par le Parlement européen selon la même procédure.

2. Le Conseil, d'un commun accord avec le président élu, adopte la liste des autres personnalités qu'il propose de nommer membres de la Commission. Le choix de celles-ci s'effectue, sur la base des suggestions faites par les États membres, conformément aux critères prévus à l'article I-26, paragraphe 4, et paragraphe 6, second alinéa.

Le président, le ministre des Affaires étrangères de l'Union et les autres membres de la Commission sont soumis, en tant que collège, à un vote d'approbation du Parlement européen. Sur la base de cette approbation, la Commission est nommée par le Conseil européen, statuant à la majorité qualifiée.

3. Le président de la Commission:

a) définit les orientations dans le cadre desquelles la Commission exerce sa mission;

b) décide de l'organisation interne de la Commission afin d'assurer la cohérence, l'efficacité et la collégialité de son action;

c) nomme des vice-présidents, autres que le ministre des Affaires étrangères de l'Union, parmi les membres de la Commission.

Un membre de la Commission présente sa démission si le président le lui demande. Le ministre des Affaires étrangères de l'Union présente sa démission, conformément à la procédure prévue à l'article I-28, paragraphe 1, si le président le lui demande.

*Article I-28*

## Le ministre des Affaires étrangères de l'Union

1. Le Conseil européen, statuant à la majorité qualifiée, avec l'accord du président de la Commission, nomme le ministre des Affaires étrangères de l'Union. Le Conseil européen peut mettre fin à son mandat selon la même procédure.

2. Le ministre des Affaires étrangères de l'Union conduit la politique étrangère et de sécurité commune de l'Union. Il contribue par ses propositions à l'élaboration de cette politique et l'exécute en tant que mandataire du Conseil. Il agit de même pour la politique de sécurité et de défense commune.

3. Le ministre des Affaires étrangères de l'Union préside le Conseil des affaires étrangères.

4. Le ministre des Affaires étrangères de l'Union est l'un des vice-présidents de la Commission. Il veille à la cohérence de l'action extérieure de l'Union. Il est chargé, au sein de la Commission, des responsabilités qui incombent à cette dernière dans le domaine des relations extérieures et de la coordination des autres aspects de l'action extérieure de l'Union. Dans l'exercice de ces responsabilités au sein de la Commission, et pour ces seules responsabilités, le ministre des Affaires étrangères de l'Union est soumis aux procédures qui régissent le fonctionnement de la Commission, dans la mesure où cela est compatible avec les paragraphes 2 et 3.

*Article I-29*

**La Cour de justice de l'Union européenne**

1. La Cour de justice de l'Union européenne comprend la Cour de justice, le Tribunal et des tribunaux spécialisés. Elle assure le respect du droit dans l'interprétation et l'application de la Constitution.

Les États membres établissent les voies de recours nécessaires pour assurer une protection juridictionnelle effective dans les domaines couverts par le droit de l'Union.

2. La Cour de justice est composée d'un juge par État membre. Elle est assistée d'avocats généraux.

Le Tribunal compte au moins un juge par État membre.

Les juges et les avocats généraux de la Cour de justice et les juges du Tribunal sont choisis parmi des personnalités offrant toutes garanties d'indépendance et réunissant les conditions visées aux articles III-355 et III-356. Ils sont nommés d'un commun accord par les gouvernements des États membres pour six ans. Les juges et les avocats généraux sortants peuvent être nommés de nouveau.

3. La Cour de justice de l'Union européenne statue conformément à la partie III:

a) sur les recours formés par un État membre, une institution ou des personnes physiques ou morales;

b) à titre préjudiciel, à la demande des juridictions nationales, sur l'interprétation du droit de l'Union ou sur la validité d'actes adoptés par les institutions;

c) dans les autres cas prévus par la Constitution.

*CHAPITRE II*

## LES AUTRES INSTITUTIONS ET LES ORGANES CONSULTATIFS DE L'UNION

*Article I-30*

### La Banque centrale européenne

1. La Banque centrale européenne et les banques centrales nationales constituent le Système européen de banques centrales. La Banque centrale européenne et les banques centrales nationales des États membres dont la monnaie est l'euro, qui constituent l'Eurosystème, conduisent la politique monétaire de l'Union.

2. Le Système européen de banques centrales est dirigé par les organes de décision de la Banque centrale européenne. L'objectif principal du Système européen de banques centrales est de maintenir la stabilité des prix. Sans préjudice de cet objectif, il apporte son soutien aux politiques économiques générales dans l'Union pour contribuer à la réalisation des objectifs de celle-ci. Il conduit toute autre mission de banque centrale conformément à la partie III et au statut du Système européen de banques centrales et de la Banque centrale européenne.

3. La Banque centrale européenne est une institution. Elle a la personnalité juridique. Elle est seule habilitée à autoriser l'émission de l'euro. Elle est indépendante dans l'exercice de ses pouvoirs et dans la gestion de ses finances. Les institutions, organes et organismes de l'Union ainsi que les gouvernements des États membres respectent cette indépendance.

4. La Banque centrale européenne adopte les mesures nécessaires à l'accomplissement de ses missions conformément aux articles III-185 à III-191 et III-196 et aux conditions prévues par le statut du Système européen de banques centrales et de la Banque centrale européenne. Conformément auxdits articles, les États membres dont la monnaie n'est pas l'euro, ainsi que leurs banques centrales, conservent leurs compétences dans le domaine monétaire.

5. Dans les domaines relevant de ses attributions, la Banque centrale européenne est consultée sur tout projet d'acte de l'Union, ainsi que sur tout projet de réglementation au niveau national, et peut soumettre des avis.

6. Les organes de décision de la Banque centrale européenne, leur composition et leurs modalités de fonctionnement sont définis aux articles III-382 et III-383, ainsi que dans le statut du Système européen de banques centrales et de la Banque centrale européenne.

*Article I-31*

### La Cour des comptes

1. La Cour des comptes est une institution. Elle assure le contrôle des comptes de l'Union.

2. Elle examine les comptes de la totalité des recettes et des dépenses de l'Union et s'assure de la bonne gestion financière.

3. Elle est composée d'un ressortissant de chaque État membre. Ses membres exercent leurs fonctions en pleine indépendance, dans l'intérêt général de l'Union.

*Article I-32*

## Les organes consultatifs de l'Union

1. Le Parlement européen, le Conseil et la Commission sont assistés d'un Comité des régions et d'un Comité économique et social, qui exercent des fonctions consultatives.

2. Le Comité des régions est composé de représentants des collectivités régionales et locales qui sont soit titulaires d'un mandat électoral au sein d'une collectivité régionale ou locale, soit politiquement responsables devant une assemblée élue.

3. Le Comité économique et social est composé de représentants des organisations d'employeurs, de salariés et d'autres acteurs représentatifs de la société civile, en particulier dans les domaines socio-économique, civique, professionnel et culturel.

4. Les membres du Comité des régions et du Comité économique et social ne sont liés par aucun mandat impératif. Ils exercent leurs fonctions en pleine indépendance, dans l'intérêt général de l'Union.

5. Les règles relatives à la composition de ces Comités, à la désignation de leurs membres, à leurs attributions et à leur fonctionnement sont définies aux articles III-386 à III-392.

Les règles visées aux paragraphes 2 et 3 relatives à la nature de leur composition sont revues à intervalle régulier par le Conseil pour tenir compte de l'évolution économique, sociale et démographique dans l'Union. Le Conseil, sur proposition de la Commission, adopte des décisions européennes à cet effet.

# TITRE V

# L'EXERCICE DES COMPÉTENCES DE L'UNION

## *CHAPITRE I*

## DISPOSITIONS COMMUNES

*Article I-33*

### Les actes juridiques de l'Union

1. Les institutions, pour exercer les compétences de l'Union, utilisent comme instruments juridiques, conformément à la partie III, la loi européenne, la loi-cadre européenne, le règlement européen, la décision européenne, les recommandations et les avis.

La loi européenne est un acte législatif de portée générale. Elle est obligatoire dans tous ses éléments et directement applicable dans tout État membre.

La loi-cadre européenne est un acte législatif qui lie tout État membre destinataire quant au résultat à atteindre, tout en laissant aux instances nationales la compétence quant au choix de la forme et des moyens.

Le règlement européen est un acte non législatif de portée générale pour la mise en œuvre des actes législatifs et de certaines dispositions de la Constitution. Il peut soit être obligatoire dans tous ses éléments et directement applicable dans tout État membre, soit lier tout État membre destinataire quant au résultat à atteindre, tout en laissant aux instances nationales la compétence quant au choix de la forme et des moyens.

La décision européenne est un acte non législatif obligatoire dans tous ses éléments. Lorsqu'elle désigne des destinataires, elle n'est obligatoire que pour ceux-ci.

Les recommandations et les avis n'ont pas d'effet contraignant.

2. Lorsqu'ils sont saisis d'un projet d'acte législatif, le Parlement européen et le Conseil s'abstiennent d'adopter des actes non prévus par la procédure législative applicable au domaine concerné.

*Article I-34*

## Les actes législatifs

1. Les lois et lois-cadres européennes sont adoptées, sur proposition de la Commission, conjointement par le Parlement européen et le Conseil conformément à la procédure législative ordinaire visée à l'article III-396. Si les deux institutions ne parviennent pas à un accord, l'acte en question n'est pas adopté.

2. Dans les cas spécifiques prévus par la Constitution, les lois et lois-cadres européennes sont adoptées par le Parlement européen avec la participation du Conseil ou par celui-ci avec la participation du Parlement européen, conformément à des procédures législatives spéciales.

3. Dans les cas spécifiques prévus par la Constitution, les lois et lois-cadres européennes peuvent être adoptées sur initiative d'un groupe d'États membres ou du Parlement européen, sur recommandation de la Banque centrale européenne ou sur demande de la Cour de justice ou de la Banque européenne d'investissement.

*Article I-35*

## Les actes non législatifs

1. Le Conseil européen adopte des décisions européennes dans les cas prévus par la Constitution.

2. Le Conseil et la Commission, notamment dans les cas prévus aux articles I-36 et I-37, ainsi que la Banque centrale européenne dans les cas spécifiques prévus par la Constitution, adoptent des règlements ou décisions européens.

3. Le Conseil adopte des recommandations. Il statue sur proposition de la Commission dans tous les cas où la Constitution prévoit qu'il adopte des actes sur proposition de la Commission. Il statue à l'unanimité dans les domaines pour lesquels l'unanimité est requise pour l'adoption d'un acte de l'Union. La Commission, ainsi que la Banque centrale européenne dans les cas spécifiques prévus par la Constitution, adoptent des recommandations.

*Article I-36*

## Les règlements européens délégués

1. Les lois et lois-cadres européennes peuvent déléguer à la Commission le pouvoir d'adopter des règlements européens délégués qui complètent ou modifient certains éléments non essentiels de la loi ou de la loi-cadre.

Les lois et lois-cadres européennes délimitent explicitement les objectifs, le contenu, la portée et la durée de la délégation de pouvoir. Les éléments essentiels d'un domaine sont réservés à la loi ou loi-cadre européenne et ne peuvent donc pas faire l'objet d'une délégation de pouvoir.

2. Les lois et lois-cadres européennes fixent explicitement les conditions auxquelles la délégation est soumise, qui peuvent être les suivantes:

a) le Parlement européen ou le Conseil peut décider de révoquer la délégation;

b) le règlement européen délégué ne peut entrer en vigueur que si, dans le délai fixé par la loi ou loi-cadre européenne, le Parlement européen ou le Conseil n'exprime pas d'objections.

Aux fins des points a) et b), le Parlement européen statue à la majorité des membres qui le composent et le Conseil statue à la majorité qualifiée.

*Article I-37*

## Les actes d'exécution

1. Les États membres prennent toutes les mesures de droit interne nécessaires pour la mise en œuvre des actes juridiquement contraignants de l'Union.

2. Lorsque des conditions uniformes d'exécution des actes juridiquement contraignants de l'Union sont nécessaires, ces actes confèrent des compétences d'exécution à la Commission ou, dans des cas spécifiques dûment justifiés et dans les cas prévus à l'article I-40, au Conseil.

3. Aux fins du paragraphe 2, la loi européenne établit au préalable les règles et principes généraux relatifs aux modalités de contrôle par les États membres de l'exercice des compétences d'exécution par la Commission.

4. Les actes d'exécution de l'Union prennent la forme de règlements européens d'exécution ou de décisions européennes d'exécution.

*Article I-38*

## Principes communs aux actes juridiques de l'Union

1. Lorsque la Constitution ne prévoit pas le type d'acte à adopter, les institutions le choisissent cas par cas, dans le respect des procédures applicables et du principe de proportionnalité visé à l'article I-11.

2. Les actes juridiques sont motivés et visent les propositions, initiatives, recommandations, demandes ou avis prévus par la Constitution.

*Article I-39*

## Publication et entrée en vigueur

1. Les lois et lois-cadres européennes adoptées conformément à la procédure législative ordinaire sont signées par le président du Parlement européen et le président du Conseil.

Dans les autres cas, elles sont signées par le président de l'institution qui les a adoptées.

Les lois et lois-cadres européennes sont publiées au *Journal officiel de l'Union européenne* et entrent en vigueur à la date qu'elles fixent ou, à défaut, le vingtième jour suivant leur publication.

2. Les règlements européens et les décisions européennes, lorsqu'elles n'indiquent pas de destinataire, sont signés par le président de l'institution qui les a adoptés.

Les règlements européens et les décisions européennes, lorsqu'elles n'indiquent pas de destinataire, sont publiés au *Journal officiel de l'Union européenne* et entrent en vigueur à la date qu'ils fixent ou, à défaut, le vingtième jour suivant leur publication.

3. Les décisions européennes autres que celles visées au paragraphe 2 sont notifiées à leurs destinataires et prennent effet par cette notification.

*CHAPITRE II*

DISPOSITIONS PARTICULIÈRES

*Article I-40*

## Dispositions particulières relatives à la politique étrangère et de sécurité commune

1. L'Union européenne conduit une politique étrangère et de sécurité commune fondée sur un développement de la solidarité politique mutuelle des États membres, sur l'identification des questions présentant un intérêt général et sur la réalisation d'un degré toujours croissant de convergence des actions des États membres.

2. Le Conseil européen identifie les intérêts stratégiques de l'Union et fixe les objectifs de sa politique étrangère et de sécurité commune. Le Conseil élabore cette politique dans le cadre des lignes stratégiques établies par le Conseil européen et conformément à la partie III.

3. Le Conseil européen et le Conseil adoptent les décisions européennes nécessaires.

4. La politique étrangère et de sécurité commune est exécutée par le ministre des Affaires étrangères de l'Union et par les États membres, en utilisant les moyens nationaux et ceux de l'Union.

5. Les États membres se concertent au sein du Conseil européen et du Conseil sur toute question de politique étrangère et de sécurité présentant un intérêt général en vue de définir une approche commune. Avant d'entreprendre toute action sur la scène internationale ou de prendre tout engagement qui pourrait affecter les intérêts de l'Union, chaque État membre consulte les autres au sein du Conseil européen ou du Conseil. Les États membres assurent, par la convergence de leurs actions, que l'Union puisse faire valoir ses intérêts et ses valeurs sur la scène internationale. Les États membres sont solidaires entre eux.

6. En matière de politique étrangère et de sécurité commune, le Conseil européen et le Conseil adoptent des décisions européennes à l'unanimité, sauf dans les cas visés à la partie III. Ils se prononcent sur initiative d'un État membre, sur proposition du ministre des affaires étrangères de l'Union ou sur proposition de ce ministre avec le soutien de la Commission. Les lois et lois-cadres européennes sont exclues.

7. Le Conseil européen peut, à l'unanimité, adopter une décision européenne autorisant le Conseil à statuer à la majorité qualifiée dans les cas autres que ceux visés à la partie III.

8. Le Parlement européen est consulté régulièrement sur les principaux aspects et les choix fondamentaux de la politique étrangère et de sécurité commune. Il est tenu informé de son évolution.

*Article I-41*

**Dispositions particulières relatives à la politique de sécurité et de défense commune**

1. La politique de sécurité et de défense commune fait partie intégrante de la politique étrangère et de sécurité commune. Elle assure à l'Union une capacité opérationnelle s'appuyant sur des moyens civils et militaires. L'Union peut y avoir recours dans des missions en dehors de l'Union afin d'assurer le maintien de la paix, la prévention des conflits et le renforcement de la sécurité internationale conformément aux principes de la charte des Nations unies. L'exécution de ces tâches repose sur les capacités fournies par les États membres.

2. La politique de sécurité et de défense commune inclut la définition progressive d'une politique de défense commune de l'Union. Elle conduira à une défense commune, dès lors que le Conseil européen, statuant à l'unanimité, en aura décidé ainsi. Il recommande, dans ce cas, aux États membres d'adopter une décision dans ce sens conformément à leurs règles constitutionnelles respectives.

La politique de l'Union au sens du présent article n'affecte pas le caractère spécifique de la politique de sécurité et de défense de certains États membres, elle respecte les obligations découlant du traité de l'Atlantique Nord pour certains États membres qui considèrent que leur défense commune est réalisée dans le cadre de l'Organisation du traité de l'Atlantique Nord et elle est compatible avec la politique commune de sécurité et de défense arrêtée dans ce cadre.

3. Les États membres mettent à la disposition de l'Union, pour la mise en œuvre de la politique de sécurité et de défense commune, des capacités civiles et militaires pour contribuer aux objectifs définis par le Conseil. Les États membres qui constituent entre eux des forces multinationales peuvent aussi les mettre à la disposition de la politique de sécurité et de défense commune.

Les États membres s'engagent à améliorer progressivement leurs capacités militaires. Il est institué une Agence dans le domaine du développement des capacités de défense, de la recherche, des acquisitions et de l'armement (l'Agence européenne de défense) pour identifier les besoins opérationnels, promouvoir des mesures pour les satisfaire, contribuer à identifier et, le cas échéant, mettre en œuvre toute mesure utile pour renforcer la base industrielle et technologique du secteur de la défense, participer à la définition d'une politique européenne des capacités et de l'armement, ainsi que pour assister le Conseil dans l'évaluation de l'amélioration des capacités militaires.

4. Les décisions européennes relatives à la politique de sécurité et de défense commune, y compris celles portant sur le lancement d'une mission visée au présent article, sont adoptées par le Conseil statuant à l'unanimité, sur proposition du ministre des affaires étrangères de l'Union ou sur initiative d'un État membre. Le ministre des Affaires étrangères de l'Union peut proposer de recourir aux moyens nationaux ainsi qu'aux instruments de l'Union, le cas échéant conjointement avec la Commission.

5. Le Conseil peut confier la réalisation d'une mission, dans le cadre de l'Union, à un groupe d'États membres afin de préserver les valeurs de l'Union et de servir ses intérêts. La réalisation d'une telle mission est régie par l'article III-310.

6. Les États membres qui remplissent des critères plus élevés de capacités militaires et qui ont souscrit des engagements plus contraignants en la matière en vue des missions les plus exigeantes, établissent une coopération structurée permanente dans le cadre de l'Union. Cette coopération est régie par l'article III-312. Elle n'affecte pas les dispositions de l'article III-309.

7. Au cas où un État membre serait l'objet d'une agression armée sur son territoire, les autres États membres lui doivent aide et assistance par tous les moyens en leur pouvoir, conformément à l'article 51 de la charte des Nations unies. Cela n'affecte pas le caractère spécifique de la politique de sécurité et de défense de certains États membres.

Les engagements et la coopération dans ce domaine demeurent conformes aux engagements souscrits au sein de l'Organisation du traité de l'Atlantique Nord, qui reste, pour les États qui en sont membres, le fondement de leur défense collective et l'instance de sa mise en œuvre.

8. Le Parlement européen est consulté régulièrement sur les principaux aspects et les choix fondamentaux de la politique de sécurité et de défense commune. Il est tenu informé de son évolution.

*Article I-42*

## Dispositions particulières relatives à l'espace de liberté, de sécurité et de justice

1. L'Union constitue un espace de liberté, de sécurité et de justice:

a) par l'adoption de lois et lois-cadres européennes visant, si nécessaire, à rapprocher les dispositions législatives et réglementaires des États membres dans les domaines visés à la partie III;

b) en favorisant la confiance mutuelle entre les autorités compétentes des États membres, en particulier sur la base de la reconnaissance mutuelle des décisions judiciaires et extrajudiciaires;

c) par une coopération opérationnelle des autorités compétentes des États membres, y compris les services de police, les services des douanes et autres services spécialisés dans le domaine de la prévention et de la détection des infractions pénales.

2. Les parlements nationaux peuvent, dans le cadre de l'espace de liberté, de sécurité et de justice, participer aux mécanismes d'évaluation prévus à l'article III-260. Ils sont associés au contrôle politique d'Europol et à l'évaluation des activités d'Eurojust, conformément aux articles III-276 et III-273.

3. Les États membres disposent d'un droit d'initiative dans le domaine de la coopération policière et judiciaire en matière pénale, conformément à l'article III-264.

*Article I-43*

## Clause de solidarité

1. L'Union et ses États membres agissent conjointement dans un esprit de solidarité si un État membre est l'objet d'une attaque terroriste ou la victime d'une catastrophe naturelle ou d'origine humaine. L'Union mobilise tous les instruments à sa disposition, y compris les moyens militaires mis à sa disposition par les États membres, pour:

a) — prévenir la menace terroriste sur le territoire des États membres;

— protéger les institutions démocratiques et la population civile d'une éventuelle attaque terroriste;

— porter assistance à un État membre sur son territoire, à la demande de ses autorités politiques, dans le cas d'une attaque terroriste;

b) porter assistance à un État membre sur son territoire, à la demande de ses autorités politiques, en cas de catastrophe naturelle ou d'origine humaine.

2. Les modalités de mise en œuvre du présent article sont prévues à l'article III-329.

## *CHAPITRE III*

## LES COOPÉRATIONS RENFORCÉES

### *Article I-44*

### **Les coopérations renforcées**

1. Les États membres qui souhaitent instaurer entre eux une coopération renforcée dans le cadre des compétences non exclusives de l'Union peuvent recourir aux institutions de celle-ci et exercer ces compétences en appliquant les dispositions appropriées de la Constitution, dans les limites et selon les modalités prévues au présent article, ainsi qu'aux articles III-416 à III-423.

Les coopérations renforcées visent à favoriser la réalisation des objectifs de l'Union, à préserver ses intérêts et à renforcer son processus d'intégration. Elles sont ouvertes à tout moment à tous les États membres, conformément à l'article III-418.

2. La décision européenne autorisant une coopération renforcée est adoptée par le Conseil en dernier ressort, lorsqu'il établit que les objectifs recherchés par cette coopération ne peuvent être atteints dans un délai raisonnable par l'Union dans son ensemble, et à condition qu'au moins un tiers des États membres y participent. Le Conseil statue conformément à la procédure prévue à l'article III-419.

3. Tous les membres du Conseil peuvent participer à ses délibérations, mais seuls les membres du Conseil représentant les États membres participant à une coopération renforcée prennent part au vote.

L'unanimité est constituée par les voix des seuls représentants des États membres participants.

La majorité qualifiée se définit comme étant égale à au moins 55 % des membres du Conseil représentant les États membres participants, réunissant au moins 65 % de la population de ces États.

Une minorité de blocage doit inclure au moins le nombre minimum de membres du Conseil représentant plus de 35 % de la population des États membres participants, plus un membre, faute de quoi la majorité qualifiée est réputée acquise.

Par dérogation aux troisième et quatrième alinéas, lorsque le Conseil ne statue pas sur proposition de la Commission ou du ministre des affaires étrangères de l'Union, la majorité qualifiée requise se définit comme étant égale à au moins 72 % des membres du Conseil représentant les États membres participants, réunissant au moins 65 % de la population de ces États.

4. Les actes adoptés dans le cadre d'une coopération renforcée ne lient que les États membres participants. Ils ne sont pas considérés comme un acquis devant être accepté par les États candidats à l'adhésion à l'Union.

## TITRE VI

## LA VIE DÉMOCRATIQUE DE L'UNION

*Article I-45*

### Principe d'égalité démocratique

Dans toutes ses activités, l'Union respecte le principe de l'égalité de ses citoyens, qui bénéficient d'une égale attention de ses institutions, organes et organismes.

*Article I-46*

### Principe de la démocratie représentative

1. Le fonctionnement de l'Union est fondé sur la démocratie représentative.

2. Les citoyens sont directement représentés, au niveau de l'Union, au Parlement européen.

Les États membres sont représentés au Conseil européen par leur chef d'État ou de gouvernement et au Conseil par leurs gouvernements, eux-mêmes démocratiquement responsables, soit devant leurs parlements nationaux, soit devant leurs citoyens.

3. Tout citoyen a le droit de participer à la vie démocratique de l'Union. Les décisions sont prises aussi ouvertement et aussi près que possible des citoyens.

4. Les partis politiques au niveau européen contribuent à la formation de la conscience politique européenne et à l'expression de la volonté des citoyens de l'Union.

*Article I-47*

### Principe de la démocratie participative

1. Les institutions donnent, par les voies appropriées, aux citoyens et aux associations représentatives la possibilité de faire connaître et d'échanger publiquement leurs opinions dans tous les domaines d'action de l'Union.

2. Les institutions entretiennent un dialogue ouvert, transparent et régulier avec les associations représentatives et la société civile.

3. En vue d'assurer la cohérence et la transparence des actions de l'Union, la Commission procède à de larges consultations des parties concernées.

4. Des citoyens de l'Union, au nombre d'un million au moins, ressortissants d'un nombre significatif d'États membres, peuvent prendre l'initiative d'inviter la Commission, dans le cadre de ses attributions, à soumettre une proposition appropriée sur des questions pour lesquelles ces citoyens considèrent qu'un acte juridique de l'Union est nécessaire aux fins de l'application de la Constitution. La loi européenne arrête les dispositions relatives aux procédures et conditions requises pour la présentation d'une telle initiative citoyenne, y compris le nombre minimum d'États membres dont les citoyens qui la présentent doivent provenir.

*Article I-48*

**Les partenaires sociaux et le dialogue social autonome**

L'Union reconnaît et promeut le rôle des partenaires sociaux à son niveau, en prenant en compte la diversité des systèmes nationaux. Elle facilite le dialogue entre eux, dans le respect de leur autonomie.

Le sommet social tripartite pour la croissance et l'emploi contribue au dialogue social.

*Article I-49*

**Le médiateur européen**

Un médiateur européen, élu par le Parlement européen, reçoit les plaintes relatives à des cas de mauvaise administration dans l'action des institutions, organes ou organismes de l'Union, dans les conditions prévues par la Constitution. Il instruit ces plaintes et fait rapport à leur sujet. Le médiateur européen exerce ses fonctions en toute indépendance.

*Article I-50*

**Transparence des travaux des institutions, organes et organismes de l'Union**

1. Afin de promouvoir une bonne gouvernance, et d'assurer la participation de la société civile, les institutions, organes et organismes de l'Union œuvrent dans le plus grand respect possible du principe d'ouverture.

2. Le Parlement européen siège en public, ainsi que le Conseil lorsqu'il délibère et vote sur un projet d'acte législatif.

3. Tout citoyen de l'Union ou toute personne physique ou morale résidant ou ayant son siège statutaire dans un État membre dispose, dans les conditions prévues par la partie III, d'un droit d'accès aux documents des institutions, organes et organismes de l'Union, quel que soit leur support.

La loi européenne fixe les principes généraux et limites qui, pour des raisons d'intérêt public ou privé, régissent l'exercice du droit d'accès à de tels documents.

4. Chaque institution, organe ou organisme arrête dans son règlement intérieur des dispositions particulières concernant l'accès à ses documents, en conformité avec la loi européenne visée au paragraphe 3.

*Article I-51*

## Protection des données à caractère personnel

1. Toute personne a droit à la protection des données à caractère personnel la concernant.

2. La loi ou loi-cadre européenne fixe les règles relatives à la protection des personnes physiques s'agissant du traitement des données à caractère personnel par les institutions, organes et organismes de l'Union, ainsi que par les États membres dans l'exercice d'activités qui relèvent du champ d'application du droit de l'Union, et à la libre circulation de ces données. Le respect de ces règles est soumis au contrôle d'autorités indépendantes.

*Article I-52*

## Statut des églises et des organisations non confessionnelles

1. L'Union respecte et ne préjuge pas du statut dont bénéficient, en vertu du droit national, les églises et les associations ou communautés religieuses dans les États membres.

2. L'Union respecte également le statut dont bénéficient, en vertu du droit national, les organisations philosophiques et non confessionnelles.

3. Reconnaissant leur identité et leur contribution spécifique, l'Union maintient un dialogue ouvert, transparent et régulier avec ces églises et organisations.

# TITRE VII

# LES FINANCES DE L'UNION

*Article I-53*

## Les principes budgétaires et financiers

1. Toutes les recettes et les dépenses de l'Union doivent faire l'objet de prévisions pour chaque exercice budgétaire et être inscrites au budget de l'Union, conformément à la partie III.

2. Le budget doit être équilibré en recettes et en dépenses.

3. Les dépenses inscrites au budget sont autorisées pour la durée de l'exercice budgétaire annuel en conformité avec la loi européenne visée à l'article III-412.

4. L'exécution de dépenses inscrites au budget requiert l'adoption préalable d'un acte juridiquement contraignant de l'Union qui donne un fondement juridique à son action et à l'exécution de la dépense correspondante en conformité avec la loi européenne visée à l'article III-412, sauf exceptions prévues par celle-ci.

5. En vue d'assurer la discipline budgétaire, l'Union n'adopte pas d'actes susceptibles d'avoir des incidences notables sur le budget sans donner l'assurance que les dépenses découlant de ces actes

peuvent être financées dans la limite des ressources propres de l'Union et dans le respect du cadre financier pluriannuel visé à l'article I-55.

6. Le budget est exécuté conformément au principe de la bonne gestion financière. Les États membres et l'Union coopèrent pour que les crédits inscrits au budget soient utilisés conformément à ce principe.

7. L'Union et les États membres, conformément à l'article III-415, combattent la fraude et toute autre activité illégale portant atteinte aux intérêts financiers de l'Union.

*Article I-54*

**Les ressources propres de l'Union**

1. L'Union se dote des moyens nécessaires pour atteindre ses objectifs et pour mener à bien ses politiques.

2. Le budget de l'Union est intégralement financé par des ressources propres, sans préjudice des autres recettes.

3. Une loi européenne du Conseil fixe les dispositions applicables au système de ressources propres de l'Union. Il est possible, dans ce cadre, d'établir de nouvelles catégories de ressources propres ou d'abroger une catégorie existante. Le Conseil statue à l'unanimité, après consultation du Parlement européen. Cette loi n'entre en vigueur qu'après son approbation par les États membres conformément à leurs règles constitutionnelles respectives.

4. Une loi européenne du Conseil fixe les mesures d'exécution du système de ressources propres de l'Union dans la mesure où la loi européenne adoptée sur la base du paragraphe 3 le prévoit. Le Conseil statue après approbation du Parlement européen.

*Article I-55*

**Le cadre financier pluriannuel**

1. Le cadre financier pluriannuel vise à assurer l'évolution ordonnée des dépenses de l'Union dans la limite de ses ressources propres. Il fixe les montants des plafonds annuels des crédits pour engagements par catégorie de dépenses conformément à l'article III-402.

2. Une loi européenne du Conseil fixe le cadre financier pluriannuel. Il statue à l'unanimité, après approbation du Parlement européen, qui se prononce à la majorité des membres qui le composent.

3. Le budget annuel de l'Union respecte le cadre financier pluriannuel.

4. Le Conseil européen peut, à l'unanimité, adopter une décision européenne autorisant le Conseil à statuer à la majorité qualifiée lors de l'adoption de la loi européenne du Conseil visée au paragraphe 2.

*Article I-56*

## Le budget de l'Union

La loi européenne établit le budget annuel de l'Union conformément à l'article III-404.

TITRE VIII

**L'UNION ET SON ENVIRONNEMENT PROCHE**

*Article I-57*

## L'Union et son environnement proche

1. L'Union développe avec les pays de son voisinage des relations privilégiées, en vue d'établir un espace de prospérité et de bon voisinage, fondé sur les valeurs de l'Union et caractérisé par des relations étroites et pacifiques reposant sur la coopération.

2. Aux fins du paragraphe 1, l'Union peut conclure des accords spécifiques avec les pays concernés. Ces accords peuvent comporter des droits et obligations réciproques ainsi que la possibilité de conduire des actions en commun. Leur mise en œuvre fait l'objet d'une concertation périodique.

TITRE IX

**L'APPARTENANCE À L'UNION**

*Article I-58*

## Critères d'éligibilité et procédure d'adhésion à l'Union

1. L'Union est ouverte à tous les États européens qui respectent les valeurs visées à l'article I-2 et s'engagent à les promouvoir en commun.

2. Tout État européen qui souhaite devenir membre de l'Union adresse sa demande au Conseil. Le Parlement européen et les parlements nationaux sont informés de cette demande. Le Conseil statue à l'unanimité après avoir consulté la Commission et après approbation du Parlement européen, qui se prononce à la majorité des membres qui le composent. Les conditions et les modalités de l'admission font l'objet d'un accord entre les États membres et l'État candidat. Cet accord est soumis par tous les États contractants à ratification, conformément à leurs règles constitutionnelles respectives.

*Article I-59*

## La suspension de certains droits résultant de l'appartenance à l'Union

1. Le Conseil, sur initiative motivée d'un tiers des États membres, sur initiative motivée du Parlement européen ou sur proposition de la Commission, peut adopter une décision européenne

constatant qu'il existe un risque clair de violation grave par un État membre des valeurs visées à l'article I-2. Le Conseil statue à la majorité des quatre cinquièmes de ses membres après approbation du Parlement européen.

Avant de procéder à cette constatation, le Conseil entend l'État membre en cause et peut lui adresser des recommandations, en statuant selon la même procédure.

Le Conseil vérifie régulièrement si les motifs qui ont conduit à une telle constatation restent valables.

2. Le Conseil européen, sur initiative d'un tiers des États membres ou sur proposition de la Commission, peut adopter une décision européenne constatant l'existence d'une violation grave et persistante par un État membre des valeurs énoncées à l'article I-2, après avoir invité cet État à présenter ses observations en la matière. Le Conseil européen statue à l'unanimité, après approbation du Parlement européen.

3. Lorsque la constatation visée au paragraphe 2 a été faite, le Conseil, statuant à la majorité qualifiée, peut adopter une décision européenne qui suspend certains des droits découlant de l'application de la Constitution à l'État membre en cause, y compris les droits de vote du membre du Conseil représentant cet État. Le Conseil tient compte des conséquences éventuelles d'une telle suspension sur les droits et obligations des personnes physiques et morales.

En tout état de cause, cet État reste lié par les obligations qui lui incombent au titre de la Constitution.

4. Le Conseil, statuant à la majorité qualifiée, peut adopter une décision européenne modifiant ou abrogeant les mesures qu'il a adoptées au titre du paragraphe 3, pour répondre à des changements de la situation qui l'a conduit à imposer ces mesures.

5. Aux fins du présent article, le membre du Conseil européen ou du Conseil représentant l'État membre en cause ne prend pas part au vote et l'État membre en cause n'est pas pris en compte dans le calcul du tiers ou des quatre cinquièmes des États membres prévu aux paragraphes 1 et 2. L'abstention de membres présents ou représentés ne fait pas obstacle à l'adoption des décisions européennes visées au paragraphe 2.

Pour l'adoption des décisions européennes visées aux paragraphes 3 et 4, la majorité qualifiée se définit comme étant égale à au moins 72 % des membres du Conseil représentant les États membres participants, réunissant au moins 65 % de la population de ces États.

Lorsque, à la suite d'une décision de suspension des droits de vote adoptée conformément au paragraphe 3, le Conseil statue, à la majorité qualifiée, sur la base d'une des dispositions de la Constitution, cette majorité qualifiée se définit de la même manière qu'au deuxième alinéa ou, si le Conseil agit sur proposition de la Commission ou du ministre des affaires étrangères de l'Union, comme étant égale à au moins 55 % des membres du Conseil représentant les États membres participants, réunissant au moins 65 % de la population de ces États. Dans ce dernier cas, une minorité de blocage doit inclure au moins le nombre minimum de membres du Conseil représentant plus de 35 % de la population des États membres participants, plus un membre, faute de quoi la majorité qualifiée est réputée acquise.

6. Aux fins du présent article, le Parlement européen statue à la majorité des deux tiers des suffrages exprimés, représentant la majorité des membres qui le composent.

*Article I-60*

## Le retrait volontaire de l'Union

1. Tout État membre peut décider, conformément à ses règles constitutionnelles, de se retirer de l'Union.

2. L'État membre qui décide de se retirer notifie son intention au Conseil européen. À la lumière des orientations du Conseil européen, l'Union négocie et conclut avec cet État un accord fixant les modalités de son retrait, en tenant compte du cadre de ses relations futures avec l'Union. Cet accord est négocié conformément à l'article III-325, paragraphe 3. Il est conclu au nom de l'Union par le Conseil, statuant à la majorité qualifiée, après approbation du Parlement européen.

3. La Constitution cesse d'être applicable à l'État concerné à partir de la date d'entrée en vigueur de l'accord de retrait ou, à défaut, deux ans après la notification visée au paragraphe 2, sauf si le Conseil européen, en accord avec l'État membre concerné, décide à l'unanimité de proroger ce délai.

4. Aux fins des paragraphes 2 et 3, le membre du Conseil européen et du Conseil représentant l'État membre qui se retire ne participe ni aux délibérations ni aux décisions européennes du Conseil européen et du Conseil qui le concernent.

La majorité qualifiée se définit comme étant égale à au moins 72 % des membres du Conseil représentant les États membres participants, réunissant au moins 65 % de la population de ces États.

5. Si l'État qui s'est retiré de l'Union demande à adhérer à nouveau, sa demande est soumise à la procédure visée à l'article I-58.

# PARTIE II

## LA CHARTE DES DROITS FONDAMENTAUX DE L'UNION

### PRÉAMBULE

Les peuples d'Europe, en établissant entre eux une union sans cesse plus étroite, ont décidé de partager un avenir pacifique fondé sur des valeurs communes.

Consciente de son patrimoine spirituel et moral, l'Union se fonde sur les valeurs indivisibles et universelles de dignité humaine, de liberté, d'égalité et de solidarité; elle repose sur le principe de la démocratie et le principe de l'État de droit. Elle place la personne au cœur de son action en instituant la citoyenneté de l'Union et en créant un espace de liberté, de sécurité et de justice.

L'Union contribue à la préservation et au développement de ces valeurs communes dans le respect de la diversité des cultures et des traditions des peuples d'Europe, ainsi que de l'identité nationale des États membres et de l'organisation de leurs pouvoirs publics aux niveaux national, régional et local; elle cherche à promouvoir un développement équilibré et durable et assure la libre circulation des personnes, des services, des marchandises et des capitaux, ainsi que la liberté d'établissement.

À cette fin, il est nécessaire, en les rendant plus visibles dans une Charte, de renforcer la protection des droits fondamentaux à la lumière de l'évolution de la société, du progrès social et des développements scientifiques et technologiques.

La présente Charte réaffirme, dans le respect des compétences et des tâches de l'Union, ainsi que du principe de subsidiarité, les droits qui résultent notamment des traditions constitutionnelles et des obligations internationales communes aux États membres, de la Convention européenne de sauvegarde des droits de l'Homme et des libertés fondamentales, des Chartes sociales adoptées par l'Union et par le Conseil de l'Europe, ainsi que de la jurisprudence de la Cour de justice de l'Union européenne et de la Cour européenne des droits de l'Homme. Dans ce contexte, la Charte sera interprétée par les juridictions de l'Union et des États membres en prenant dûment en considération les explications établies sous l'autorité du praesidium de la Convention qui a élaboré la Charte et mises à jour sous la responsabilité du praesidium de la Convention européenne.

La jouissance de ces droits entraîne des responsabilités et des devoirs tant à l'égard d'autrui qu'à l'égard de la communauté humaine et des générations futures.

En conséquence, l'Union reconnaît les droits, les libertés et les principes énoncés ci-après.

## TITRE I

## DIGNITÉ

*Article II-61*

### Dignité humaine

La dignité humaine est inviolable. Elle doit être respectée et protégée.

*Article II-62*

### Droit à la vie

1. Toute personne a droit à la vie.

2. Nul ne peut être condamné à la peine de mort, ni exécuté.

*Article II-63*

### Droit à l'intégrité de la personne

1. Toute personne a droit à son intégrité physique et mentale.

2. Dans le cadre de la médecine et de la biologie, doivent notamment être respectés:

a) le consentement libre et éclairé de la personne concernée, selon les modalités définies par la loi;

b) l'interdiction des pratiques eugéniques, notamment celles qui ont pour but la sélection des personnes;

c) l'interdiction de faire du corps humain et de ses parties, en tant que tels, une source de profit;

d) l'interdiction du clonage reproductif des êtres humains.

*Article II-64*

### Interdiction de la torture et des peines ou traitements inhumains ou dégradants

Nul ne peut être soumis à la torture, ni à des peines ou traitements inhumains ou dégradants.

*Article II-65*

## Interdiction de l'esclavage et du travail forcé

1. Nul ne peut être tenu en esclavage ni en servitude.

2. Nul ne peut être astreint à accomplir un travail forcé ou obligatoire.

3. La traite des êtres humains est interdite.

TITRE II

## LIBERTÉS

*Article II-66*

### Droit à la liberté et à la sûreté

Toute personne a droit à la liberté et à la sûreté.

*Article II-67*

### Respect de la vie privée et familiale

Toute personne a droit au respect de sa vie privée et familiale, de son domicile et de ses communications.

*Article II-68*

### Protection des données à caractère personnel

1. Toute personne a droit à la protection des données à caractère personnel la concernant.

2. Ces données doivent être traitées loyalement, à des fins déterminées et sur la base du consentement de la personne concernée ou en vertu d'un autre fondement légitime prévu par la loi. Toute personne a le droit d'accéder aux données collectées la concernant et d'en obtenir la rectification.

3. Le respect de ces règles est soumis au contrôle d'une autorité indépendante.

*Article II-69*

### Droit de se marier et droit de fonder une famille

Le droit de se marier et le droit de fonder une famille sont garantis selon les lois nationales qui en régissent l'exercice.

*Article II-70*

## Liberté de pensée, de conscience et de religion

1. Toute personne a droit à la liberté de pensée, de conscience et de religion. Ce droit implique la liberté de changer de religion ou de conviction, ainsi que la liberté de manifester sa religion ou sa conviction individuellement ou collectivement, en public ou en privé, par le culte, l'enseignement, les pratiques et l'accomplissement des rites.

2. Le droit à l'objection de conscience est reconnu selon les lois nationales qui en régissent l'exercice.

*Article II-71*

## Liberté d'expression et d'information

1. Toute personne a droit à la liberté d'expression. Ce droit comprend la liberté d'opinion et la liberté de recevoir ou de communiquer des informations ou des idées sans qu'il puisse y avoir ingérence d'autorités publiques et sans considération de frontières.

2. La liberté des médias et leur pluralisme sont respectés.

*Article II-72*

## Liberté de réunion et d'association

1. Toute personne a droit à la liberté de réunion pacifique et à la liberté d'association à tous les niveaux, notamment dans les domaines politique, syndical et civique, ce qui implique le droit de toute personne de fonder avec d'autres des syndicats et de s'y affilier pour la défense de ses intérêts.

2. Les partis politiques au niveau de l'Union contribuent à l'expression de la volonté politique des citoyens de l'Union.

*Article II-73*

## Liberté des arts et des sciences

Les arts et la recherche scientifique sont libres. La liberté académique est respectée.

*Article II-74*

## Droit à l'éducation

1. Toute personne a droit à l'éducation, ainsi qu'à l'accès à la formation professionnelle et continue.

2. Ce droit comporte la faculté de suivre gratuitement l'enseignement obligatoire.

3. La liberté de créer des établissements d'enseignement dans le respect des principes démocratiques, ainsi que le droit des parents d'assurer l'éducation et l'enseignement de leurs enfants

conformément à leurs convictions religieuses, philosophiques et pédagogiques, sont respectés selon les lois nationales qui en régissent l'exercice.

*Article II-75*

**Liberté professionnelle et droit de travailler**

1. Toute personne a le droit de travailler et d'exercer une profession librement choisie ou acceptée.

2. Tout citoyen de l'Union a la liberté de chercher un emploi, de travailler, de s'établir ou de fournir des services dans tout État membre.

3. Les ressortissants des pays tiers qui sont autorisés à travailler sur le territoire des États membres ont droit à des conditions de travail équivalentes à celles dont bénéficient les citoyens de l'Union.

*Article II-76*

**Liberté d'entreprise**

La liberté d'entreprise est reconnue conformément au droit de l'Union et aux législations et pratiques nationales.

*Article II-77*

**Droit de propriété**

1. Toute personne a le droit de jouir de la propriété des biens qu'elle a acquis légalement, de les utiliser, d'en disposer et de les léguer. Nul ne peut être privé de sa propriété, si ce n'est pour cause d'utilité publique, dans des cas et conditions prévus par une loi et moyennant en temps utile une juste indemnité pour sa perte. L'usage des biens peut être réglementé par la loi dans la mesure nécessaire à l'intérêt général.

2. La propriété intellectuelle est protégée.

*Article II-78*

**Droit d'asile**

Le droit d'asile est garanti dans le respect des règles de la convention de Genève du 28 juillet 1951 et du protocole du 31 janvier 1967 relatifs au statut des réfugiés et conformément à la Constitution.

*Article II-79*

**Protection en cas d'éloignement, d'expulsion et d'extradition**

1. Les expulsions collectives sont interdites.

2. Nul ne peut être éloigné, expulsé ou extradé vers un État où il existe un risque sérieux qu'il soit soumis à la peine de mort, à la torture ou à d'autres peines ou traitements inhumains ou dégradants.

TITRE III

## ÉGALITÉ

*Article II-80*

### Égalité en droit

Toutes les personnes sont égales en droit.

*Article II-81*

### Non-discrimination

1. Est interdite toute discrimination fondée notamment sur le sexe, la race, la couleur, les origines ethniques ou sociales, les caractéristiques génétiques, la langue, la religion ou les convictions, les opinions politiques ou toute autre opinion, l'appartenance à une minorité nationale, la fortune, la naissance, un handicap, l'âge ou l'orientation sexuelle.

2. Dans le domaine d'application de la Constitution et sans préjudice de ses dispositions particulières, toute discrimination exercée en raison de la nationalité est interdite.

*Article II-82*

### Diversité culturelle, religieuse et linguistique

L'Union respecte la diversité culturelle, religieuse et linguistique.

*Article II-83*

### Égalité entre femmes et hommes

L'égalité entre les femmes et les hommes doit être assurée dans tous les domaines, y compris en matière d'emploi, de travail et de rémunération.

Le principe de l'égalité n'empêche pas le maintien ou l'adoption de mesures prévoyant des avantages spécifiques en faveur du sexe sous-représenté.

*Article II-84*

### Droits de l'enfant

1. Les enfants ont droit à la protection et aux soins nécessaires à leur bien-être. Ils peuvent exprimer leur opinion librement. Celle-ci est prise en considération pour les sujets qui les concernent, en fonction de leur âge et de leur maturité.

2. Dans tous les actes relatifs aux enfants, qu'ils soient accomplis par des autorités publiques ou des institutions privées, l'intérêt supérieur de l'enfant doit être une considération primordiale.

3. Tout enfant a le droit d'entretenir régulièrement des relations personnelles et des contacts directs avec ses deux parents, sauf si cela est contraire à son intérêt.

*Article II-85*

**Droits des personnes âgées**

L'Union reconnaît et respecte le droit des personnes âgées à mener une vie digne et indépendante et à participer à la vie sociale et culturelle.

*Article II-86*

**Intégration des personnes handicapées**

L'Union reconnaît et respecte le droit des personnes handicapées à bénéficier de mesures visant à assurer leur autonomie, leur intégration sociale et professionnelle et leur participation à la vie de la communauté.

TITRE IV

**SOLIDARITÉ**

*Article II-87*

**Droit à l'information et à la consultation des travailleurs au sein de l'entreprise**

Les travailleurs ou leurs représentants doivent se voir garantir, aux niveaux appropriés, une information et une consultation en temps utile, dans les cas et conditions prévus par le droit de l'Union et les législations et pratiques nationales.

*Article II-88*

**Droit de négociation et d'actions collectives**

Les travailleurs et les employeurs, ou leurs organisations respectives, ont, conformément au droit de l'Union et aux législations et pratiques nationales, le droit de négocier et de conclure des conventions collectives aux niveaux appropriés et de recourir, en cas de conflits d'intérêts, à des actions collectives pour la défense de leurs intérêts, y compris la grève.

*Article II-89*

**Droit d'accès aux services de placement**

Toute personne a le droit d'accéder à un service gratuit de placement.

*Article II-90*

## Protection en cas de licenciement injustifié

Tout travailleur a droit à une protection contre tout licenciement injustifié, conformément au droit de l'Union et aux législations et pratiques nationales.

*Article II-91*

## Conditions de travail justes et équitables

1. Tout travailleur a droit à des conditions de travail qui respectent sa santé, sa sécurité et sa dignité.

2. Tout travailleur a droit à une limitation de la durée maximale du travail et à des périodes de repos journalier et hebdomadaire, ainsi qu'à une période annuelle de congés payés.

*Article II-92*

## Interdiction du travail des enfants et protection des jeunes au travail

Le travail des enfants est interdit. L'âge minimal d'admission au travail ne peut être inférieur à l'âge auquel cesse la période de scolarité obligatoire, sans préjudice des règles plus favorables aux jeunes et sauf dérogations limitées.

Les jeunes admis au travail doivent bénéficier de conditions de travail adaptées à leur âge et être protégés contre l'exploitation économique ou contre tout travail susceptible de nuire à leur sécurité, à leur santé, à leur développement physique, mental, moral ou social ou de compromettre leur éducation.

*Article II-93*

## Vie familiale et vie professionnelle

1. La protection de la famille est assurée sur le plan juridique, économique et social.

2. Afin de pouvoir concilier vie familiale et vie professionnelle, toute personne a le droit d'être protégée contre tout licenciement pour un motif lié à la maternité, ainsi que le droit à un congé de maternité payé et à un congé parental à la suite de la naissance ou de l'adoption d'un enfant.

*Article II-94*

## Sécurité sociale et aide sociale

1. L'Union reconnaît et respecte le droit d'accès aux prestations de sécurité sociale et aux services sociaux assurant une protection dans des cas tels que la maternité, la maladie, les accidents du travail, la dépendance ou la vieillesse, ainsi qu'en cas de perte d'emploi, selon les règles établies par le droit de l'Union et les législations et pratiques nationales.

2. Toute personne qui réside et se déplace légalement à l'intérieur de l'Union a droit aux prestations de sécurité sociale et aux avantages sociaux, conformément au droit de l'Union et aux législations et pratiques nationales.

3. Afin de lutter contre l'exclusion sociale et la pauvreté, l'Union reconnaît et respecte le droit à une aide sociale et à une aide au logement destinées à assurer une existence digne à tous ceux qui ne disposent pas de ressources suffisantes, selon les règles établies par le droit de l'Union et les législations et pratiques nationales.

*Article II-95*

**Protection de la santé**

Toute personne a le droit d'accéder à la prévention en matière de santé et de bénéficier de soins médicaux dans les conditions établies par les législations et pratiques nationales. Un niveau élevé de protection de la santé humaine est assuré dans la définition et la mise en œuvre de toutes les politiques et actions de l'Union.

*Article II-96*

**Accès aux services d'intérêt économique général**

L'Union reconnaît et respecte l'accès aux services d'intérêt économique général tel qu'il est prévu par les législations et pratiques nationales, conformément à la Constitution, afin de promouvoir la cohésion sociale et territoriale de l'Union.

*Article II-97*

**Protection de l'environnement**

Un niveau élevé de protection de l'environnement et l'amélioration de sa qualité doivent être intégrés dans les politiques de l'Union et assurés conformément au principe du développement durable.

*Article II-98*

**Protection des consommateurs**

Un niveau élevé de protection des consommateurs est assuré dans les politiques de l'Union.

TITRE V

## CITOYENNETÉ

*Article II-99*

### Droit de vote et d'éligibilité aux élections au Parlement européen

1. Tout citoyen de l'Union a le droit de vote et d'éligibilité aux élections au Parlement européen dans l'État membre où il réside, dans les mêmes conditions que les ressortissants de cet État.

2. Les membres du Parlement européen sont élus au suffrage universel direct, libre et secret.

*Article II-100*

### Droit de vote et d'éligibilité aux élections municipales

Tout citoyen de l'Union a le droit de vote et d'éligibilité aux élections municipales dans l'État membre où il réside, dans les mêmes conditions que les ressortissants de cet État.

*Article II-101*

### Droit à une bonne administration

1. Toute personne a le droit de voir ses affaires traitées impartialement, équitablement et dans un délai raisonnable par les institutions, organes et organismes de l'Union.

2. Ce droit comporte notamment:

a) le droit de toute personne d'être entendue avant qu'une mesure individuelle qui l'affecterait défavorablement ne soit prise à son encontre;

b) le droit d'accès de toute personne au dossier qui la concerne, dans le respect des intérêts légitimes de la confidentialité et du secret professionnel et des affaires;

c) l'obligation pour l'administration de motiver ses décisions.

3. Toute personne a droit à la réparation par l'Union des dommages causés par les institutions, ou par ses agents dans l'exercice de leurs fonctions, conformément aux principes généraux communs aux droits des États membres.

4. Toute personne peut s'adresser aux institutions de l'Union dans une des langues de la Constitution et doit recevoir une réponse dans la même langue.

*Article II-102*

## Droit d'accès aux documents

Tout citoyen de l'Union ainsi que toute personne physique ou morale résidant ou ayant son siège statutaire dans un État membre a un droit d'accès aux documents des institutions, organes et organismes de l'Union, quel que soit leur support.

*Article II-103*

## Médiateur européen

Tout citoyen de l'Union ainsi que toute personne physique ou morale résidant ou ayant son siège statutaire dans un État membre a le droit de saisir le médiateur européen de cas de mauvaise administration dans l'action des institutions, organes ou organismes de l'Union, à l'exclusion de la Cour de justice de l'Union européenne dans l'exercice de ses fonctions juridictionnelles.

*Article II-104*

## Droit de pétition

Tout citoyen de l'Union ainsi que toute personne physique ou morale résidant ou ayant son siège statutaire dans un État membre a le droit de pétition devant le Parlement européen.

*Article II-105*

## Liberté de circulation et de séjour

1. Tout citoyen de l'Union a le droit de circuler et de séjourner librement sur le territoire des États membres.

2. La liberté de circulation et de séjour peut être accordée, conformément à la Constitution, aux ressortissants de pays tiers résidant légalement sur le territoire d'un État membre.

*Article II-106*

## Protection diplomatique et consulaire

Tout citoyen de l'Union bénéficie, sur le territoire d'un pays tiers où l'État membre dont il est ressortissant n'est pas représenté, de la protection des autorités diplomatiques et consulaires de tout État membre dans les mêmes conditions que les ressortissants de cet État.

TITRE VI

**JUSTICE**

*Article II-107*

**Droit à un recours effectif et à accéder à un tribunal impartial**

Toute personne dont les droits et libertés garantis par le droit de l'Union ont été violés a droit à un recours effectif devant un tribunal dans le respect des conditions prévues au présent article.

Toute personne a droit à ce que sa cause soit entendue équitablement, publiquement et dans un délai raisonnable par un tribunal indépendant et impartial, établi préalablement par la loi. Toute personne a la possibilité de se faire conseiller, défendre et représenter.

Une aide juridictionnelle est accordée à ceux qui ne disposent pas de ressources suffisantes, dans la mesure où cette aide serait nécessaire pour assurer l'effectivité de l'accès à la justice.

*Article II-108*

**Présomption d'innocence et droits de la défense**

1. Tout accusé est présumé innocent jusqu'à ce que sa culpabilité ait été légalement établie.

2. Le respect des droits de la défense est garanti à tout accusé.

*Article II-109*

**Principes de légalité et de proportionnalité des délits et des peines**

1. Nul ne peut être condamné pour une action ou une omission qui, au moment où elle a été commise, ne constituait pas une infraction d'après le droit national ou le droit international. De même, il n'est infligé aucune peine plus forte que celle qui était applicable au moment où l'infraction a été commise. Si, postérieurement à cette infraction, la loi prévoit une peine plus légère, celle-ci doit être appliquée.

2. Le présent article ne porte pas atteinte au jugement et à la punition d'une personne coupable d'une action ou d'une omission qui, au moment où elle a été commise, était criminelle d'après les principes généraux reconnus par l'ensemble des nations.

3. L'intensité des peines ne doit pas être disproportionnée par rapport à l'infraction.

*Article II-110*

**Droit à ne pas être jugé ou puni pénalement deux fois pour une même infraction**

Nul ne peut être poursuivi ou puni pénalement en raison d'une infraction pour laquelle il a déjà été acquitté ou condamné dans l'Union par un jugement pénal définitif conformément à la loi.

TITRE VII

## DISPOSITIONS GÉNÉRALES RÉGISSANT L'INTERPRÉTATION ET L'APPLICATION DE LA CHARTE

*Article II-111*

### Champ d'application

1. Les dispositions de la présente Charte s'adressent aux institutions, organes et organismes de l'Union dans le respect du principe de subsidiarité, ainsi qu'aux États membres uniquement lorsqu'ils mettent en œuvre le droit de l'Union. En conséquence, ils respectent les droits, observent les principes et en promeuvent l'application, conformément à leurs compétences respectives et dans le respect des limites des compétences de l'Union telles qu'elles lui sont conférées dans les autres parties de la Constitution.

2. La présente Charte n'étend pas le champ d'application du droit de l'Union au-delà des compétences de l'Union, ni ne crée aucune compétence ni aucune tâche nouvelles pour l'Union et ne modifie pas les compétences et tâches définies dans les autres parties de la Constitution.

*Article II-112*

### Portée et interprétation des droits et des principes

1. Toute limitation de l'exercice des droits et libertés reconnus par la présente Charte doit être prévue par la loi et respecter le contenu essentiel desdits droits et libertés. Dans le respect du principe de proportionnalité, des limitations ne peuvent être apportées que si elles sont nécessaires et répondent effectivement à des objectifs d'intérêt général reconnus par l'Union ou au besoin de protection des droits et libertés d'autrui.

2. Les droits reconnus par la présente Charte qui font l'objet de dispositions dans d'autres parties de la Constitution s'exercent dans les conditions et limites y définies.

3. Dans la mesure où la présente Charte contient des droits correspondant à des droits garantis par la Convention européenne de sauvegarde des droits de l'Homme et des libertés fondamentales, leur sens et leur portée sont les mêmes que ceux que leur confère ladite convention. Cette disposition ne fait pas obstacle à ce que le droit de l'Union accorde une protection plus étendue.

4. Dans la mesure où la présente Charte reconnaît des droits fondamentaux tels qu'ils résultent des traditions constitutionnelles communes aux États membres, ces droits doivent être interprétés en harmonie avec lesdites traditions.

5. Les dispositions de la présente Charte qui contiennent des principes peuvent être mises en œuvre par des actes législatifs et exécutifs pris par les institutions, organes et organismes de l'Union, et par des actes des États membres lorsqu'ils mettent en œuvre le droit de l'Union, dans l'exercice de leurs compétences respectives. Leur invocation devant le juge n'est admise que pour l'interprétation et le contrôle de la légalité de tels actes.

6. Les législations et pratiques nationales doivent être pleinement prises en compte comme précisé dans la présente Charte.

7. Les explications élaborées en vue de guider l'interprétation de la Charte des droits fondamentaux sont dûment prises en considération par les juridictions de l'Union et des États membres.

*Article II-113*

## Niveau de protection

Aucune disposition de la présente Charte ne doit être interprétée comme limitant ou portant atteinte aux droits de l'homme et libertés fondamentales reconnus, dans leur champ d'application respectif, par le droit de l'Union, le droit international et les conventions internationales auxquelles sont parties l'Union, ou tous les États membres, et notamment la Convention européenne de sauvegarde des droits de l'Homme et des libertés fondamentales, ainsi que par les constitutions des États membres.

*Article II-114*

## Interdiction de l'abus de droit

Aucune des dispositions de la présente Charte ne doit être interprétée comme impliquant un droit quelconque de se livrer à une activité ou d'accomplir un acte visant à la destruction des droits ou libertés reconnus dans la présente Charte ou à des limitations plus amples des droits et libertés que celles qui sont prévues par la présente Charte.

# PARTIE III

## LES POLITIQUES ET LE FONCTIONNEMENT DE L'UNION

### TITRE I

### DISPOSITIONS D'APPLICATION GÉNÉRALE

*Article III-115*

L'Union veille à la cohérence entre les différentes politiques et actions visées à la présente partie, en tenant compte de l'ensemble de ses objectifs et en se conformant au principe d'attribution des compétences.

*Article III-116*

Pour toutes les actions visées à la présente partie, l'Union cherche à éliminer les inégalités, et à promouvoir l'égalité, entre les femmes et les hommes.

*Article III-117*

Dans la définition et la mise en œuvre des politiques et actions visées à la présente partie, l'Union prend en compte les exigences liées à la promotion d'un niveau d'emploi élevé, à la garantie d'une protection sociale adéquate, à la lutte contre l'exclusion sociale ainsi qu'à un niveau élevé d'éducation, de formation et de protection de la santé humaine.

*Article III-118*

Dans la définition et la mise en œuvre des politiques et actions visées à la présente partie, l'Union cherche à combattre toute discrimination fondée sur le sexe, la race ou l'origine ethnique, la religion ou les convictions, un handicap, l'âge ou l'orientation sexuelle.

*Article III-119*

Les exigences de la protection de l'environnement doivent être intégrées dans la définition et la mise en œuvre des politiques et actions visées à la présente partie afin, en particulier, de promouvoir le développement durable.

*Article III-120*

Les exigences de la protection des consommateurs sont prises en considération dans la définition et la mise en œuvre des autres politiques et actions de l'Union.

*Article III-121*

Lorsqu'ils formulent et mettent en œuvre la politique de l'Union dans les domaines de l'agriculture, de la pêche, des transports, du marché intérieur, de la recherche et développement technologique et de l'espace, l'Union et les États membres tiennent pleinement compte des exigences du bien-être des animaux en tant qu'êtres sensibles, tout en respectant les dispositions législatives ou administratives et les usages des États membres, notamment en matière de rites religieux, de traditions culturelles et de patrimoines régionaux.

*Article III-122*

Sans préjudice des articles I-5, III-166, III-167 et III-238, et eu égard à la place qu'occupent les services d'intérêt économique général en tant que services auxquels tous dans l'Union attribuent une valeur ainsi qu'au rôle qu'ils jouent dans la promotion de sa cohésion sociale et territoriale, l'Union et les États membres, chacun dans les limites de leurs compétences respectives et dans les limites du champ d'application de la Constitution, veillent à ce que ces services fonctionnent sur la base de principes et dans des conditions, notamment économiques et financières, qui leur permettent d'accomplir leurs missions. La loi européenne établit ces principes et fixe ces conditions, sans préjudice de la compétence qu'ont les États membres, dans le respect de la Constitution, de fournir, de faire exécuter et de financer ces services.

## TITRE II

## NON-DISCRIMINATION ET CITOYENNETÉ

*Article III-123*

La loi ou loi-cadre européenne peut régler l'interdiction des discriminations exercées en raison de la nationalité, visée à l'article I-4, paragraphe 2.

*Article III-124*

1. Sans préjudice des autres dispositions de la Constitution et dans les limites des compétences que celle-ci attribue à l'Union, une loi ou loi-cadre européenne du Conseil peut établir les mesures nécessaires pour combattre toute discrimination fondée sur le sexe, la race ou l'origine ethnique, la religion ou les convictions, un handicap, l'âge ou l'orientation sexuelle. Le Conseil statue à l'unanimité, après approbation du Parlement européen.

2. Par dérogation au paragraphe 1, la loi ou loi-cadre européenne peut établir les principes de base des mesures d'encouragement de l'Union et définir de telles mesures pour appuyer les actions des États membres entreprises pour contribuer à la réalisation des objectifs visés au paragraphe 1, à l'exclusion de toute harmonisation de leurs dispositions législatives et réglementaires.

*Article III-125*

1. Si une action de l'Union apparaît nécessaire pour faciliter l'exercice du droit, visé à l'article I-10, paragraphe 2, point a), de libre circulation et de libre séjour pour tout citoyen de l'Union, et sauf si la Constitution a prévu des pouvoirs d'action à cet effet, la loi ou loi-cadre européenne peut établir des mesures à cette fin.

2. Aux mêmes fins que celles visées au paragraphe 1, et sauf si la Constitution a prévu des pouvoirs d'action à cet effet, une loi ou loi-cadre européenne du Conseil peut établir des mesures concernant les passeports, les cartes d'identité, les titres de séjour ou tout autre document assimilé, ainsi que des mesures concernant la sécurité sociale ou la protection sociale. Le Conseil statue à l'unanimité, après consultation du Parlement européen.

*Article III-126*

Une loi ou loi-cadre européenne du Conseil établit les modalités d'exercice du droit, visé à l'article I-10, paragraphe 2, point b), pour tout citoyen de l'Union, de vote et d'éligibilité aux élections municipales et aux élections au Parlement européen dans l'État membre où il réside sans être ressortissant de cet État. Le Conseil statue à l'unanimité, après consultation du Parlement européen. Ces modalités peuvent prévoir des dispositions dérogatoires lorsque des problèmes propres à un État membre le justifient.

Le droit de vote et d'éligibilité aux élections au Parlement européen s'exerce sans préjudice de l'article III-330, paragraphe 1, et des mesures adoptées pour son application.

*Article III-127*

Les États membres prennent les dispositions nécessaires pour assurer la protection diplomatique et consulaire des citoyens de l'Union dans les pays tiers, telle que visée à l'article I-10, paragraphe 2, point c).

Les États membres engagent les négociations internationales requises pour assurer cette protection.

Une loi européenne du Conseil peut établir les mesures nécessaires pour faciliter cette protection. Le Conseil statue après consultation du Parlement européen.

*Article III-128*

Les langues dans lesquelles tout citoyen de l'Union a le droit de s'adresser aux institutions ou organes en vertu de l'article I-10, paragraphe 2, point d), et de recevoir une réponse, sont celles énumérées à l'article IV-448, paragraphe 1. Les institutions et organes visés à l'article I-10, paragraphe 2, point d), sont ceux énumérés à l'article I-19, paragraphe 1, second alinéa, et aux articles I-30, I-31 et I-32, ainsi que le médiateur européen.

*Article III-129*

La Commission fait rapport au Parlement européen, au Conseil et au Comité économique et social tous les trois ans sur l'application de l'article I-10 et du présent titre. Ce rapport tient compte du développement de l'Union.

Sur la base de ce rapport, et sans préjudice des autres dispositions de la Constitution, une loi ou loi-cadre européenne du Conseil peut compléter les droits prévus à l'article I-10. Le Conseil statue à l'unanimité, après approbation du Parlement européen. Cette loi ou loi-cadre n'entre en vigueur qu'après son approbation par les États membres conformément à leurs règles constitutionnelles respectives.

# TITRE III

## POLITIQUES ET ACTIONS INTERNES

## *CHAPITRE I*

## MARCHÉ INTÉRIEUR

### *SECTION 1*

### ÉTABLISSEMENT ET FONCTIONNEMENT DU MARCHÉ INTÉRIEUR

#### *Article III-130*

1. L'Union adopte les mesures destinées à établir ou assurer le fonctionnement du marché intérieur, conformément aux dispositions pertinentes de la Constitution.

2. Le marché intérieur comporte un espace sans frontières intérieures dans lequel la libre circulation, des personnes, des services, des marchandises et des capitaux est assurée conformément à la Constitution.

3. Le Conseil, sur proposition de la Commission, adopte les règlements ou décisions européens qui définissent les orientations et conditions nécessaires pour assurer un progrès équilibré dans l'ensemble des secteurs concernés.

4. Lors de la formulation de ses propositions pour la réalisation des objectifs visés aux paragraphes 1 et 2, la Commission tient compte de l'ampleur de l'effort que certaines économies présentant des différences de développement devront supporter pour l'établissement du marché intérieur et elle peut proposer les mesures appropriées.

Si ces mesures prennent la forme de dérogations, elles doivent avoir un caractère temporaire et apporter le moins de perturbations possible au fonctionnement du marché intérieur.

#### *Article III-131*

Les États membres se consultent en vue de prendre en commun les dispositions nécessaires pour éviter que le fonctionnement du marché intérieur ne soit affecté par les mesures qu'un État membre peut être appelé à prendre en cas de troubles intérieurs graves affectant l'ordre public, en cas de guerre ou de tension internationale grave constituant une menace de guerre, ou pour faire face aux engagements contractés par lui en vue du maintien de la paix et de la sécurité internationale.

#### *Article III-132*

Si des mesures prises dans les cas prévus aux articles III-131 et III-436 ont pour effet de fausser les conditions de la concurrence dans le marché intérieur, la Commission examine avec l'État membre intéressé les conditions dans lesquelles ces mesures peuvent être adaptées aux règles établies par la Constitution.

Par dérogation à la procédure prévue aux articles III-360 et III-361, la Commission ou tout État membre peut saisir directement la Cour de justice, si la Commission ou l'État membre estime qu'un autre État membre fait un usage abusif des pouvoirs prévus aux articles III-131 et III-436. La Cour de justice statue à huis clos.

### *SECTION 2*

### LIBRE CIRCULATION DES PERSONNES ET DES SERVICES

#### *Sous-section 1*

#### **Travailleurs**

##### *Article III-133*

1. Les travailleurs ont le droit de circuler librement à l'intérieur de l'Union.

2. Toute discrimination, fondée sur la nationalité, entre les travailleurs des États membres, en ce qui concerne l'emploi, la rémunération et les autres conditions de travail est interdite.

3. Les travailleurs ont le droit, sous réserve des limitations justifiées par des raisons d'ordre public, de sécurité publique et de santé publique:

a) de répondre à des emplois effectivement offerts;

b) de se déplacer à cet effet librement sur le territoire des États membres;

c) de séjourner dans un des États membres afin d'y exercer un emploi conformément aux dispositions législatives, réglementaires et administratives régissant l'emploi des travailleurs nationaux;

d) de demeurer, dans des conditions qui font l'objet de règlements européens adoptés par la Commission, sur le territoire d'un État membre, après y avoir occupé un emploi.

4. Le présent article n'est pas applicable aux emplois dans l'administration publique.

##### *Article III-134*

La loi ou loi-cadre européenne établit les mesures nécessaires pour réaliser la libre circulation des travailleurs, telle qu'elle est définie à l'article III-133. Elle est adoptée après consultation du Comité économique et social.

La loi ou loi-cadre européenne vise notamment:

a) à assurer une collaboration étroite entre les administrations nationales du travail;

b) à éliminer les procédures et pratiques administratives, ainsi que les délais d'accès aux emplois disponibles découlant soit de la législation interne, soit d'accords antérieurement conclus entre les États membres, dont le maintien ferait obstacle à la libéralisation des mouvements des travailleurs;

c) à éliminer tous les délais et autres restrictions, prévus soit par les législations internes, soit par des accords antérieurement conclus entre les États membres, qui imposent aux travailleurs des autres États membres d'autres conditions qu'aux travailleurs nationaux pour le libre choix d'un emploi;

d) à établir des mécanismes propres à mettre en contact les offres et les demandes d'emploi et à en faciliter l'équilibre dans des conditions qui écartent des risques graves pour le niveau de vie et d'emploi dans les diverses régions et industries.

*Article III-135*

Les États membres favorisent, dans le cadre d'un programme commun, l'échange de jeunes travailleurs.

*Article III-136*

1. Dans le domaine de la sécurité sociale, la loi ou loi-cadre européenne établit les mesures nécessaires pour réaliser la libre circulation des travailleurs, en instituant notamment un système permettant d'assurer aux travailleurs migrants salariés et non salariés et à leurs ayants droit:

a) la totalisation, pour l'ouverture et le maintien du droit aux prestations, ainsi que pour le calcul de celles-ci, de toutes périodes prises en considération par les différentes législations nationales;

b) le paiement des prestations aux personnes résidant sur les territoires des États membres.

2. Lorsqu'un membre du Conseil estime qu'un projet de loi ou loi-cadre européenne visée au paragraphe 1 porterait atteinte à des aspects fondamentaux de son système de sécurité sociale, notamment pour ce qui est du champ d'application, du coût ou de la structure financière, ou en affecterait l'équilibre financier, il peut demander que le Conseil européen soit saisi. Dans ce cas, la procédure visée à l'article III-396 est suspendue. Après discussion et dans un délai de quatre mois à compter de cette suspension, le Conseil européen:

a) renvoie le projet au Conseil, ce qui met fin à la suspension de la procédure visée à l'article III-396, ou

b) demande à la Commission de présenter une nouvelle proposition; dans ce cas, l'acte initialement proposé est réputé non adopté.

*Sous-section 2*

**Liberté d'établissement**

*Article III-137*

Dans le cadre de la présente sous-section, les restrictions à la liberté d'établissement des ressortissants d'un État membre sur le territoire d'un autre État membre sont interdites. Cette interdiction s'étend également aux restrictions à la création d'agences, de succursales ou de filiales, par les ressortissants d'un État membre établis sur le territoire d'un État membre.

Les ressortissants d'un État membre ont le droit, sur le territoire d'un autre État membre, d'accéder aux activités non salariées et de les exercer, ainsi que de constituer et de gérer des entreprises, et notamment des sociétés au sens de l'article III-142, deuxième alinéa, dans les conditions prévues par la législation de l'État membre d'établissement pour ses propres ressortissants, sous réserve de la section 4 relative aux capitaux et aux paiements.

*Article III-138*

1. La loi-cadre européenne établit les mesures pour réaliser la liberté d'établissement dans une activité déterminée. Elle est adoptée après consultation du Comité économique et social.

2. Le Parlement européen, le Conseil et la Commission exercent les fonctions qui leur sont dévolues par le paragraphe 1, notamment:

a) en traitant, en général, par priorité des activités où la liberté d'établissement constitue une contribution particulièrement utile au développement de la production et des échanges;

b) en assurant une collaboration étroite entre les administrations nationales compétentes en vue de connaître les situations particulières, à l'intérieur de l'Union, des diverses activités intéressées;

c) en éliminant celles des procédures et pratiques administratives découlant soit de la législation interne, soit d'accords antérieurement conclus entre les États membres, dont le maintien ferait obstacle à la liberté d'établissement;

d) en veillant à ce que les travailleurs salariés d'un des États membres, employés sur le territoire d'un autre État membre, puissent demeurer sur ce territoire pour y entreprendre une activité non salariée lorsqu'ils satisfont aux conditions auxquelles ils devraient satisfaire s'ils venaient dans cet État au moment où ils veulent accéder à cette activité;

e) en rendant possibles l'acquisition et l'exploitation de propriétés foncières situées sur le territoire d'un État membre par un ressortissant d'un autre État membre, dans la mesure où il n'est pas porté atteinte aux principes visés à l'article III-227, paragraphe 2;

f) en appliquant la suppression progressive des restrictions à la liberté d'établissement, dans chaque branche d'activité considérée, d'une part, aux conditions de création, sur le territoire d'un État membre, d'agences, de succursales ou de filiales et, d'autre part, aux conditions d'entrée du personnel du principal établissement dans les organes de gestion ou de surveillance de celles-ci;

g) en coordonnant, dans la mesure nécessaire et en vue de les rendre équivalentes, les garanties qui sont exigées, dans les États membres, des sociétés au sens de l'article III-142, deuxième alinéa, pour protéger les intérêts tant des associés que des tiers;

h) en s'assurant que les conditions d'établissement ne sont pas faussées par des aides accordées par les États membres.

*Article III-139*

La présente sous-section ne s'applique pas, en ce qui concerne l'État membre intéressé, aux activités participant dans cet État, même à titre occasionnel, à l'exercice de l'autorité publique.

La loi ou loi-cadre européenne peut exclure certaines activités de l'application des dispositions de la présente sous-section.

*Article III-140*

1. La présente sous-section et les mesures adoptées en vertu de celle-ci ne préjugent pas l'applicabilité des dispositions législatives, réglementaires et administratives des États membres prévoyant un régime spécial pour les ressortissants étrangers, et justifiées par des raisons d'ordre public, de sécurité publique et de santé publique.

2. La loi-cadre européenne coordonne les dispositions nationales visées au paragraphe 1.

*Article III-141*

1. La loi-cadre européenne facilite l'accès aux activités non salariées et leur exercice. Elle vise à:

a) la reconnaissance mutuelle des diplômes, certificats et autres titres;

b) la coordination des dispositions législatives, réglementaires et administratives des États membres concernant l'accès aux activités non salariées et à l'exercice de celles-ci.

2. En ce qui concerne les professions médicales, paramédicales et pharmaceutiques, la suppression progressive des restrictions est subordonnée à la coordination des conditions d'exercice de ces professions dans les différents États membres.

*Article III-142*

Les sociétés constituées conformément à la législation d'un État membre et ayant leur siège statutaire, leur administration centrale ou leur principal établissement à l'intérieur de l'Union sont assimilées, pour l'application de la présente sous-section, aux personnes physiques ressortissantes des États membres.

Par «sociétés», on entend les sociétés de droit civil ou commercial, y compris les sociétés coopératives, et les autres personnes morales relevant du droit public ou privé, à l'exception des sociétés qui ne poursuivent pas de but lucratif.

*Article III-143*

Les États membres accordent le traitement national en ce qui concerne la participation financière des ressortissants des autres États membres au capital des sociétés au sens de l'article III-142, second alinéa, sans préjudice de l'application des autres dispositions de la Constitution.

*Sous-section 3*

**Liberté de prestation de services**

*Article III-144*

Dans le cadre de la présente sous-section, les restrictions à la libre prestation des services à l'intérieur de l'Union sont interdites à l'égard des ressortissants des États membres établis dans un État membre autre que celui du destinataire de la prestation.

La loi ou loi-cadre européenne peut étendre le bénéfice de la présente sous-section aux prestataires de services ressortissants d'un État tiers et établis à l'intérieur de l'Union.

*Article III-145*

Aux fins de la Constitution, sont considérées comme services, les prestations fournies normalement contre rémunération, dans la mesure où elles ne sont pas régies par les dispositions relatives à la libre circulation des personnes, des marchandises et des capitaux.

Les services comprennent notamment:

a) des activités à caractère industriel;

b) des activités à caractère commercial;

c) des activités artisanales;

d) les activités des professions libérales.

Sans préjudice de la sous-section 2 relative à la liberté d'établissement, le prestataire peut, pour l'exécution de sa prestation, exercer, à titre temporaire, son activité dans l'État membre où la prestation est fournie, dans les mêmes conditions que celles que cet État impose à ses propres ressortissants.

*Article III-146*

1. La libre circulation des services, en matière de transports, est régie par le chapitre III, section 7, relative aux transports.

2. La libéralisation des services des banques et des assurances qui sont liés à des mouvements de capitaux doit être réalisée en harmonie avec la libéralisation de la circulation des capitaux.

*Article III-147*

1. La loi-cadre européenne établit les mesures pour réaliser la libéralisation d'un service déterminé. Elle est adoptée après consultation du Comité économique et social.

2. La loi-cadre européenne visée au paragraphe 1 porte, en général, par priorité sur les services qui interviennent d'une façon directe dans les coûts de production ou dont la libéralisation contribue à faciliter les échanges des marchandises.

*Article III-148*

Les États membres s'efforcent de procéder à la libéralisation des services au-delà de la mesure qui est obligatoire en vertu de la loi-cadre européenne adoptée en application de l'article III-147, paragraphe 1, si leur situation économique générale et la situation du secteur intéressé le leur permettent.

La Commission adresse aux États membres intéressés des recommandations à cet effet.

*Article III-149*

Aussi longtemps que les restrictions à la libre prestation des services ne sont pas supprimées, les États membres les appliquent sans distinction de nationalité ou de résidence à tous les prestataires de services visés à l'article III-144, premier alinéa.

*Article III-150*

Les articles III-139 à III-142 sont applicables à la matière régie par la présente sous-section.

*SECTION 3*

LIBRE CIRCULATION DES MARCHANDISES

*Sous-section 1*

**Union douanière**

*Article III-151*

1. L'Union comprend une union douanière qui s'étend à l'ensemble des échanges de marchandises et qui comporte l'interdiction, entre les États membres, des droits de douane à l'importation et à l'exportation et de toutes taxes d'effet équivalent, ainsi que l'adoption d'un tarif douanier commun dans leurs relations avec les pays tiers.

2. Le paragraphe 4 et la sous-section 3 relative à l'interdiction de restrictions quantitatives s'appliquent aux produits qui sont originaires des États membres, ainsi qu'aux produits en provenance de pays tiers qui se trouvent en libre pratique dans les États membres.

3. Sont considérés comme étant en libre pratique dans un État membre les produits en provenance de pays tiers pour lesquels les formalités d'importation ont été accomplies et les droits de douane et taxes d'effet équivalent exigibles ont été perçus dans cet État membre, et qui n'ont pas bénéficié d'une ristourne totale ou partielle de ces droits et taxes.

4. Les droits de douane à l'importation et à l'exportation ou taxes d'effet équivalent sont interdits entre les États membres. Cette interdiction s'applique également aux droits de douane à caractère fiscal.

5. Le Conseil, sur proposition de la Commission, adopte les règlements ou décisions européens qui fixent les droits du tarif douanier commun.

6. Dans l'exercice des missions qui lui sont confiées au titre du présent article, la Commission s'inspire:

a) de la nécessité de promouvoir les échanges commerciaux entre les États membres et les pays tiers;

b) de l'évolution des conditions de concurrence à l'intérieur de l'Union, dans la mesure où cette évolution aura pour effet d'accroître la compétitivité des entreprises;

c) des nécessités d'approvisionnement de l'Union en matières premières et demi-produits, tout en veillant à ne pas fausser entre les États membres les conditions de concurrence en ce qui concerne les produits finis;

d) de la nécessité d'éviter des troubles sérieux dans la vie économique des États membres et d'assurer un développement rationnel de la production et une expansion de la consommation dans l'Union.

*Sous-section 2*

**Coopération douanière**

*Article III-152*

Dans les limites du champ d'application de la Constitution, la loi ou loi-cadre européenne établit des mesures pour renforcer la coopération douanière entre les États membres et entre ceux-ci et la Commission.

*Sous-section 3*

**Interdiction de restrictions quantitatives**

*Article III-153*

Les restrictions quantitatives tant à l'importation qu'à l'exportation, ainsi que toutes mesures d'effet équivalent, sont interdites entre les États membres.

*Article III-154*

L'article III-153 ne fait pas obstacle aux interdictions ou restrictions d'importation, d'exportation ou de transit, justifiées par des raisons de moralité publique, d'ordre public, de sécurité publique, de protection de la santé et de la vie des personnes et des animaux ou de préservation des végétaux, de protection des trésors nationaux ayant une valeur artistique, historique ou archéologique, ou de protection de la propriété industrielle et commerciale. Toutefois, ces interdictions ou restrictions ne doivent constituer ni un moyen de discrimination arbitraire ni une restriction déguisée dans le commerce entre les États membres.

*Article III-155*

1. Les États membres aménagent les monopoles nationaux présentant un caractère commercial, de telle façon que soit assurée, dans les conditions d'approvisionnement et de débouchés, l'exclusion de toute discrimination entre les ressortissants des États membres.

Le présent article s'applique à tout organisme par lequel un État membre, *de jure* ou *de facto*, contrôle, dirige ou influence sensiblement, directement ou indirectement, les importations ou les exportations entre les États membres. Il s'applique également aux monopoles d'État délégués.

2. Les États membres s'abstiennent de toute mesure nouvelle contraire aux principes visés au paragraphe 1 ou qui restreint la portée des articles relatifs à l'interdiction des droits de douane et des restrictions quantitatives entre les États membres.

3. Dans le cas d'un monopole à caractère commercial comportant une réglementation destinée à faciliter l'écoulement ou la valorisation de produits agricoles, il convient d'assurer, dans l'application du présent article, des garanties équivalentes pour l'emploi et le niveau de vie des producteurs intéressés.

*SECTION 4*

CAPITAUX ET PAIEMENTS

*Article III-156*

Dans le cadre de la présente section, les restrictions tant aux mouvements de capitaux qu'aux paiements entre les États membres et entre les États membres et les pays tiers sont interdites.

*Article III-157*

1. L'article III-156 ne porte pas atteinte à l'application, aux pays tiers, des restrictions existant le 31 décembre 1993 en vertu du droit national ou du droit de l'Union en ce qui concerne les mouvements de capitaux à destination ou en provenance de pays tiers lorsqu'ils impliquent des investissements directs, y compris les investissements immobiliers, l'établissement, la prestation de services financiers ou l'admission de titres sur les marchés des capitaux. En ce qui concerne les restrictions existant en vertu des lois nationales en Estonie et en Hongrie, la date en question est le 31 décembre 1999.

2. La loi ou loi-cadre européenne établit les mesures relatives aux mouvements de capitaux à destination ou en provenance de pays tiers, lorsqu'ils impliquent des investissements directs, y compris les investissements immobiliers, l'établissement, la prestation de services financiers ou l'admission de titres sur les marchés des capitaux.

Le Parlement européen et le Conseil s'efforcent de réaliser l'objectif de libre circulation des capitaux entre États membres et pays tiers, dans la plus large mesure possible et sans préjudice d'autres dispositions de la Constitution.

3. Par dérogation au paragraphe 2, seule une loi ou loi-cadre européenne du Conseil peut établir des mesures qui constituent un recul dans le droit de l'Union en ce qui concerne la libéralisation des mouvements de capitaux à destination ou en provenance de pays tiers. Le Conseil statue à l'unanimité, après consultation du Parlement européen.

*Article III-158*

1. L'article III-156 ne porte pas atteinte au droit qu'ont les États membres:

a) d'appliquer les dispositions pertinentes de leur législation fiscale qui établissent une distinction entre les contribuables qui ne se trouvent pas dans la même situation en ce qui concerne leur résidence ou le lieu où leurs capitaux sont investis;

b) de prendre toutes les mesures indispensables pour faire échec aux infractions à leurs dispositions législatives et réglementaires, notamment en matière fiscale ou en matière de contrôle prudentiel des établissements financiers, de prévoir des procédures de déclaration des mouvements de capitaux à des fins d'information administrative ou statistique, ou de prendre des mesures justifiées par des motifs liés à l'ordre public ou à la sécurité publique.

2. La présente section ne préjuge pas la possibilité d'appliquer des restrictions en matière de droit d'établissement qui sont compatibles avec la Constitution.

3. Les mesures et procédures visées aux paragraphes 1 et 2 ne doivent constituer ni un moyen de discrimination arbitraire ni une restriction déguisée à la libre circulation des capitaux et des paiements telle que définie à l'article III-156.

4. En l'absence d'une loi ou loi-cadre européenne prévue à l'article III-157, paragraphe 3, la Commission, ou, en l'absence d'une décision européenne de la Commission dans un délai de trois mois à compter de la demande de l'État membre concerné, le Conseil peut adopter une décision européenne disposant que les mesures fiscales restrictives prises par un État membre à l'égard d'un ou de plusieurs pays tiers sont réputées conformes à la Constitution, pour autant qu'elles soient justifiées au regard de l'un des objectifs de l'Union et compatibles avec le bon fonctionnement du marché intérieur. Le Conseil statue à l'unanimité, sur demande d'un État membre.

*Article III-159*

Lorsque, dans des circonstances exceptionnelles, les mouvements de capitaux en provenance ou à destination de pays tiers causent ou menacent de causer des difficultés graves pour le fonctionnement de l'union économique et monétaire, le Conseil, sur proposition de la Commission, peut adopter des règlements ou décisions européens qui instituent des mesures de sauvegarde à l'égard de pays tiers pour une période ne dépassant pas six mois, pour autant que ces mesures soient strictement nécessaires. Il statue après consultation de la Banque centrale européenne.

*Article III-160*

Lorsque la réalisation des objectifs visés à l'article III-257 l'exige, en ce qui concerne la prévention du terrorisme et des activités connexes, ainsi que la lutte contre ces phénomènes, la loi européenne définit un cadre de mesures administratives concernant les mouvements de capitaux et les paiements, telles que le gel des fonds, des avoirs financiers ou des bénéfices économiques qui appartiennent à des personnes physiques ou morales, à des groupes ou à des entités non étatiques, sont en leur possession ou sont détenus par eux.

Le Conseil, sur proposition de la Commission, adopte des règlements ou décisions européens afin de mettre en œuvre la loi européenne visée au premier alinéa.

Les actes visés au présent article contiennent les dispositions nécessaires en matière de garanties juridiques.

*SECTION 5*

RÈGLES DE CONCURRENCE

*Sous-section 1*

**Les règles applicables aux entreprises**

*Article III-161*

1. Sont incompatibles avec le marché intérieur et interdits tous accords entre entreprises, toutes décisions d'associations d'entreprises et toutes pratiques concertées, qui sont susceptibles d'affecter le commerce entre États membres et qui ont pour objet ou pour effet d'empêcher, de restreindre ou de fausser le jeu de la concurrence au sein du marché intérieur, et notamment ceux qui consistent à:

a) fixer de façon directe ou indirecte les prix d'achat ou de vente, ou d'autres conditions de transaction;

b) limiter ou contrôler la production, les débouchés, le développement technique ou les investissements;

c) répartir les marchés ou les sources d'approvisionnement;

d) appliquer, à l'égard de partenaires commerciaux, des conditions inégales à des prestations équivalentes en leur infligeant de ce fait un désavantage dans la concurrence;

e) subordonner la conclusion de contrats à l'acceptation, par les partenaires, de prestations supplémentaires qui, par leur nature ou selon les usages commerciaux, n'ont pas de lien avec l'objet de ces contrats.

2. Les accords ou décisions interdits en vertu du présent article sont nuls de plein droit.

3. Toutefois, le paragraphe 1 peut être déclaré inapplicable:

— à tout accord ou catégorie d'accords entre entreprises,

— à toute décision ou catégorie de décisions d'associations d'entreprises, et

— à toute pratique concertée ou catégorie de pratiques concertées

qui contribuent à améliorer la production ou la distribution des produits ou à promouvoir le progrès technique ou économique, tout en réservant aux utilisateurs une partie équitable du profit qui en résulte, et sans:

a) imposer aux entreprises intéressées des restrictions qui ne sont pas indispensables pour atteindre ces objectifs;

b) donner à des entreprises la possibilité, pour une partie substantielle des produits en cause, d'éliminer la concurrence.

*Article III-162*

Est incompatible avec le marché intérieur et interdit, dans la mesure où le commerce entre États membres est susceptible d'en être affecté, le fait pour une ou plusieurs entreprises d'exploiter de façon abusive une position dominante sur le marché intérieur ou dans une partie substantielle de celui-ci.

Ces pratiques abusives peuvent notamment consister à:

a) imposer de façon directe ou indirecte des prix d'achat ou de vente, ou d'autres conditions de transaction non équitables;

b) limiter la production, les débouchés ou le développement technique au préjudice des consommateurs;

c) appliquer à l'égard de partenaires commerciaux des conditions inégales à des prestations équivalentes en leur infligeant de ce fait un désavantage dans la concurrence;

d) subordonner la conclusion de contrats à l'acceptation, par les partenaires, de prestations supplémentaires qui, par leur nature ou selon les usages commerciaux, n'ont pas de lien avec l'objet de ces contrats.

*Article III-163*

Le Conseil, sur proposition de la Commission, adopte les règlements européens pour l'application des principes fixés aux articles III-161 et III-162. Il statue après consultation du Parlement européen.

Ces règlements ont pour but notamment:

a) d'assurer le respect des interdictions visées à l'article III-161, paragraphe 1, et à l'article III-162 par l'institution d'amendes et d'astreintes;

b) de déterminer les modalités d'application de l'article III-161, paragraphe 3, en tenant compte de la nécessité, d'une part, d'assurer une surveillance efficace et, d'autre part, de simplifier dans toute la mesure du possible le contrôle administratif;

c) de préciser, le cas échéant, dans les diverses branches économiques, le champ d'application des articles III-161 et III-162;

d) de définir le rôle respectif de la Commission et de la Cour de justice de l'Union européenne dans l'application des dispositions visées au présent alinéa;

e) de définir les rapports entre les législations des États membres, d'une part, et la présente sous-section ainsi que les règlements européens adoptés en application du présent article, d'autre part.

*Article III-164*

Jusqu'à l'entrée en vigueur des règlements européens adoptés en application de l'article III-163, les autorités des États membres statuent sur l'admissibilité d'ententes et sur l'exploitation abusive d'une position dominante sur le marché intérieur, en conformité avec leur droit national et l'article III-161, notamment son paragraphe 3, et l'article III-162.

*Article III-165*

1. Sans préjudice de l'article III-164, la Commission veille à l'application des principes fixés aux articles III-161 et III-162. Elle instruit, sur demande d'un État membre ou d'office, et en liaison avec les autorités compétentes des États membres qui lui prêtent leur assistance, les cas d'infraction présumée auxdits principes. Si elle constate qu'il y a eu infraction, elle propose les moyens propres à y mettre fin.

2. S'il n'est pas mis fin aux infractions visées au paragraphe 1, la Commission adopte une décision européenne motivée constatant l'infraction aux principes. Elle peut publier sa décision et autoriser les États membres à prendre les mesures nécessaires, dont elle définit les conditions et les modalités, pour remédier à la situation.

3. La Commission peut adopter des règlements européens concernant les catégories d'accords à l'égard desquelles le Conseil a adopté un règlement européen conformément à l'article III-163, second alinéa, point b).

*Article III-166*

1. Les États membres, en ce qui concerne les entreprises publiques et les entreprises auxquelles ils accordent des droits spéciaux ou exclusifs, n'édictent ni ne maintiennent aucune mesure contraire à la Constitution, notamment à l'article I-4, paragraphe 2, et aux articles III-161 à III-169.

2. Les entreprises chargées de la gestion de services d'intérêt économique général ou présentant le caractère d'un monopole fiscal sont soumises aux dispositions de la Constitution, notamment aux règles de concurrence, dans la mesure où l'application de ces dispositions ne fait pas échec à l'accomplissement en droit ou en fait de la mission particulière qui leur a été impartie. Le développement des échanges ne doit pas être affecté dans une mesure contraire à l'intérêt de l'Union.

3. La Commission veille à l'application du présent article et adopte, en tant que de besoin, les règlements ou décisions européens appropriés.

*Sous-section 2*

**Les aides accordées par les États membres**

*Article III-167*

1. Sauf dérogations prévues par la Constitution, sont incompatibles avec le marché intérieur, dans la mesure où elles affectent les échanges entre États membres, les aides accordées par les États membres ou au moyen de ressources d'État sous quelque forme que ce soit qui faussent ou qui menacent de fausser la concurrence en favorisant certaines entreprises ou certaines productions.

2. Sont compatibles avec le marché intérieur:

a) les aides à caractère social octroyées aux consommateurs individuels, à condition qu'elles soient accordées sans discrimination liée à l'origine des produits;

b) les aides destinées à remédier aux dommages causés par les calamités naturelles ou par d'autres événements extraordinaires;

c) les aides octroyées à l'économie de certaines régions de la République fédérale d'Allemagne affectées par la division de l'Allemagne, dans la mesure où elles sont nécessaires pour compenser les désavantages économiques causés par cette division. Cinq ans après l'entrée en vigueur du traité établissant une Constitution pour l'Europe, le Conseil, sur proposition de la Commission, peut adopter une décision européenne abrogeant le présent point.

3. Peuvent être considérées comme compatibles avec le marché intérieur:

a) les aides destinées à favoriser le développement économique de régions dans lesquelles le niveau de vie est anormalement bas ou dans lesquelles sévit un grave sous-emploi, ainsi que celui des régions visées à l'article III-424, compte tenu de leur situation structurelle, économique et sociale;

b) les aides destinées à promouvoir la réalisation d'un projet important d'intérêt européen commun ou à remédier à une perturbation grave de l'économie d'un État membre;

c) les aides destinées à faciliter le développement de certaines activités ou de certaines régions économiques, quand elles n'altèrent pas les conditions des échanges dans une mesure contraire à l'intérêt commun;

d) les aides destinées à promouvoir la culture et la conservation du patrimoine, quand elles n'altèrent pas les conditions des échanges et de la concurrence dans l'Union dans une mesure contraire à l'intérêt commun;

e) les autres catégories d'aides déterminées par des règlements ou décisions européens adoptés par le Conseil sur proposition de la Commission.

*Article III-168*

1. La Commission procède avec les États membres à l'examen permanent des régimes d'aides existant dans ces États. Elle leur propose les mesures utiles exigées par le développement progressif ou le fonctionnement du marché intérieur.

2. Si, après avoir mis les intéressés en demeure de présenter leurs observations, la Commission constate qu'une aide accordée par un État membre ou au moyen de ressources d'État n'est pas compatible avec le marché intérieur aux termes de l'article III-167, ou que cette aide est appliquée de façon abusive, elle adopte une décision européenne visant à ce que l'État membre intéressé la supprime ou la modifie dans le délai qu'elle détermine.

Si l'État membre en cause ne se conforme pas à cette décision européenne dans le délai imparti, la Commission ou tout autre État membre intéressé peut saisir directement la Cour de justice de l'Union européenne, par dérogation aux articles III-360 et III-361.

Sur demande d'un État membre, le Conseil peut adopter à l'unanimité une décision européenne selon laquelle une aide, instituée ou à instituer par cet État, doit être considérée comme compatible avec le marché intérieur, par dérogation à l'article III-167 ou aux règlements européens prévus à l'article III-169, si des circonstances exceptionnelles justifient une telle décision. Si, à l'égard de cette aide, la Commission a ouvert la procédure prévue au présent paragraphe, premier alinéa, la demande de l'État membre intéressé adressée au Conseil a pour effet de suspendre ladite procédure jusqu'à la prise de position du Conseil.

Toutefois, si le Conseil n'a pas pris position dans un délai de trois mois à compter de la demande, la Commission statue.

3. La Commission est informée par les États membres, en temps utile pour présenter ses observations, des projets tendant à instituer ou à modifier des aides. Si elle estime qu'un projet n'est pas compatible avec le marché intérieur, aux termes de l'article III-167, elle ouvre sans délai la procédure prévue au paragraphe 2 du présent article. L'État membre intéressé ne peut mettre à exécution les mesures projetées avant que cette procédure n'ait abouti à une décision finale.

4. La Commission peut adopter des règlements européens concernant les catégories d'aides d'État que le Conseil a déterminées, conformément à l'article III-169, comme pouvant être dispensées de la procédure prévue au paragraphe 3 du présent article.

*Article III-169*

Le Conseil, sur proposition de la Commission, peut adopter des règlements européens pour l'application des articles III-167 et III-168 et pour fixer notamment les conditions d'application de l'article III-168, paragraphe 3, et les catégories d'aides qui sont dispensées de la procédure prévue audit paragraphe. Il statue après consultation du Parlement européen.

*SECTION 6*

DISPOSITIONS FISCALES

*Article III-170*

1. Aucun État membre ne frappe directement ou indirectement les produits des autres États membres d'impositions intérieures, de quelque nature qu'elles soient, supérieures à celles qui frappent directement ou indirectement les produits nationaux similaires.

En outre, aucun État membre ne frappe les produits des autres États membres d'impositions intérieures de nature à protéger indirectement d'autres productions.

2. Les produits exportés d'un État membre vers le territoire d'un autre État membre ne peuvent bénéficier d'aucune ristourne d'impositions intérieures supérieure aux impositions dont ils ont été frappés directement ou indirectement.

3. En ce qui concerne les impositions autres que les taxes sur le chiffre d'affaires, les droits d'accises et les autres impôts indirects, des exonérations et des remboursements à l'exportation vers les autres États membres ne peuvent être opérés, et des taxes de compensation à l'importation en provenance des États membres ne peuvent être établies, que pour autant que les dispositions envisagées ont été préalablement approuvées pour une période limitée par une décision européenne adoptée par le Conseil sur proposition de la Commission.

*Article III-171*

Une loi ou loi-cadre européenne du Conseil établit les mesures concernant l'harmonisation des législations relatives aux taxes sur le chiffre d'affaires, aux droits d'accises et autres impôts indirects, pour autant que cette harmonisation soit nécessaire pour assurer l'établissement ou le fonctionnement du marché intérieur et éviter les distorsions de concurrence. Le Conseil statue à l'unanimité, après consultation du Parlement européen et du Comité économique et social.

*SECTION 7*

DISPOSITIONS COMMUNES

*Article III-172*

1. Sauf si la Constitution en dispose autrement, le présent article s'applique pour la réalisation des objectifs visés à l'article III-130. La loi ou loi-cadre européenne établit les mesures relatives au rapprochement des dispositions législatives, réglementaires et administratives des États membres qui

ont pour objet l'établissement ou le fonctionnement du marché intérieur. Elle est adoptée après consultation du Comité économique et social.

2. Le paragraphe 1 ne s'applique pas aux dispositions fiscales, aux dispositions relatives à la libre circulation des personnes et à celles relatives aux droits et intérêts des travailleurs salariés.

3. La Commission, dans ses propositions présentées au titre du paragraphe 1 en matière de santé, de sécurité, de protection de l'environnement et de protection des consommateurs, prend pour base un niveau de protection élevé en tenant compte notamment de toute nouvelle évolution fondée sur des faits scientifiques. Dans le cadre de leurs attributions respectives, le Parlement européen et le Conseil s'efforcent également d'atteindre cet objectif.

4. Si, après l'adoption d'une mesure d'harmonisation par une loi ou loi-cadre européenne, ou par un règlement européen de la Commission, un État membre estime nécessaire de maintenir des dispositions nationales justifiées par des exigences importantes visées à l'article III-154 ou relatives à la protection de l'environnement ou du milieu de travail, il les notifie à la Commission, en indiquant les raisons de leur maintien.

5. En outre, sans préjudice du paragraphe 4, si, après l'adoption d'une mesure d'harmonisation par une loi ou loi-cadre européennes ou un règlement européen de la Commission, un État membre estime nécessaire d'introduire des dispositions nationales fondées sur des preuves scientifiques nouvelles relatives à la protection de l'environnement ou du milieu de travail en raison d'un problème spécifique de cet État membre, qui surgit après l'adoption de la mesure d'harmonisation, il notifie à la Commission les dispositions envisagées ainsi que leur motivation.

6. Dans un délai de six mois après les notifications visées aux paragraphes 4 et 5, la Commission adopte une décision européenne approuvant ou rejetant les dispositions nationales en cause après avoir vérifié si elles sont ou non un moyen de discrimination arbitraire ou une restriction déguisée dans le commerce entre États membres et si elles constituent ou non une entrave au fonctionnement du marché intérieur.

En l'absence de décision de la Commission dans ce délai, les dispositions nationales visées aux paragraphes 4 et 5 sont réputées approuvées.

Lorsque cela est justifié par la complexité de la question et en l'absence de danger pour la santé humaine, la Commission peut notifier à l'État membre en question que la période visée au présent paragraphe est prorogée d'une nouvelle période pouvant aller jusqu'à six mois.

7. Lorsque, en application du paragraphe 6, un État membre est autorisé à maintenir ou à introduire des dispositions nationales dérogeant à une mesure d'harmonisation, la Commission examine immédiatement s'il est opportun de proposer une adaptation de cette mesure.

8. Lorsqu'un État membre soulève un problème particulier de santé publique dans un domaine qui a fait préalablement l'objet de mesures d'harmonisation, il en informe la Commission, qui examine immédiatement s'il y a lieu de proposer des mesures appropriées.

9. Par dérogation à la procédure prévue aux articles III-360 et III-361, la Commission et tout État membre peuvent saisir directement la Cour de justice de l'Union européenne s'ils estiment qu'un autre État membre fait un usage abusif des pouvoirs prévus par le présent article.

10. Les mesures d'harmonisation visées au présent article comportent, dans les cas appropriés, une clause de sauvegarde autorisant les États membres à prendre, pour une ou plusieurs des raisons non économiques visées à l'article III-154, des mesures provisoires soumises à une procédure de contrôle par l'Union.

*Article III-173*

Sans préjudice de l'article III-172, une loi-cadre européenne du Conseil établit les mesures pour le rapprochement des dispositions législatives, réglementaires et administratives des États membres qui ont une incidence directe sur l'établissement ou le fonctionnement du marché intérieur. Le Conseil statue à l'unanimité, après consultation du Parlement européen et du Comité économique et social.

*Article III-174*

Au cas où la Commission constate qu'une disparité entre les dispositions législatives, réglementaires ou administratives des États membres fausse les conditions de concurrence sur le marché intérieur et provoque une distorsion qui doit être éliminée, elle consulte les États membres intéressés.

Si cette consultation n'aboutit pas à un accord, la loi-cadre européenne établit les mesures nécessaires pour éliminer la distorsion en cause. Toutes autres mesures utiles prévues par la Constitution peuvent être adoptées.

*Article III-175*

1. Lorsqu'il y a lieu de craindre que l'adoption ou la modification d'une disposition législative, réglementaire ou administrative d'un État membre ne provoque une distorsion au sens de l'article III-174, l'État membre qui veut y procéder consulte la Commission. Après avoir consulté les États membres, la Commission adresse aux États membres intéressés une recommandation sur les mesures appropriées pour éviter la distorsion en cause.

2. Si l'État membre qui veut établir ou modifier des dispositions nationales ne se conforme pas à la recommandation que la Commission lui a adressée, il ne pourra être demandé aux autres États membres, en application de l'article III-174, de modifier leurs dispositions nationales en vue d'éliminer cette distorsion. Si l'État membre qui a passé outre à la recommandation de la Commission provoque une distorsion à son seul détriment, l'article III-174 n'est pas applicable.

*Article III-176*

Dans le cadre de l'établissement ou du fonctionnement du marché intérieur, la loi ou loi-cadre européenne établit les mesures relatives à la création de titres européens pour assurer une protection uniforme des droits de propriété intellectuelle dans l'Union, et à la mise en place de régimes d'autorisation, de coordination et de contrôle centralisés au niveau de l'Union.

Une loi européenne du Conseil établit les régimes linguistiques des titres européens. Le Conseil statue à l'unanimité, après consultation du Parlement européen.

## *CHAPITRE II*

## POLITIQUE ÉCONOMIQUE ET MONÉTAIRE

### *Article III-177*

Aux fins de l'article I-3, l'action des États membres et de l'Union comporte, dans les conditions prévues par la Constitution, l'instauration d'une politique économique fondée sur l'étroite coordination des politiques économiques des États membres, le marché intérieur et la définition d'objectifs communs, et conduite conformément au respect du principe d'une économie de marché ouverte où la concurrence est libre.

Parallèlement, dans les conditions et selon les procédures prévues par la Constitution, cette action comporte une monnaie unique, l'euro, ainsi que la définition et la conduite d'une politique monétaire et d'une politique de change uniques dont l'objectif principal est de maintenir la stabilité des prix et, sans préjudice de cet objectif, de soutenir les politiques économiques générales dans l'Union, conformément au principe d'une économie de marché ouverte où la concurrence est libre.

Cette action des États membres et de l'Union implique le respect des principes directeurs suivants: prix stables, finances publiques et conditions monétaires saines et balance des paiements stable.

### *SECTION 1*

### LA POLITIQUE ÉCONOMIQUE

### *Article III-178*

Les États membres conduisent leurs politiques économiques pour contribuer à la réalisation des objectifs de l'Union, tels que définis à l'article I-3, et dans le contexte des grandes orientations visées à l'article III-179, paragraphe 2. Les États membres et l'Union agissent dans le respect du principe d'une économie de marché ouverte où la concurrence est libre, favorisant une allocation efficace des ressources, conformément aux principes prévus à l'article III-177.

### *Article III-179*

1. Les États membres considèrent leurs politiques économiques comme une question d'intérêt commun et les coordonnent au sein du Conseil, conformément à l'article III-178.

2. Le Conseil, sur recommandation de la Commission, élabore un projet pour les grandes orientations des politiques économiques des États membres et de l'Union et en fait rapport au Conseil européen.

Le Conseil européen, sur la base du rapport du Conseil, débat d'une conclusion sur les grandes orientations des politiques économiques des États membres et de l'Union. Le Conseil, sur la base de cette conclusion, adopte une recommandation fixant ces grandes orientations. Il en informe le Parlement européen.

3. Afin d'assurer une coordination plus étroite des politiques économiques et une convergence soutenue des performances économiques des États membres, le Conseil, sur la base de rapports présentés par la Commission, surveille l'évolution économique dans chacun des États membres et dans l'Union, ainsi que la conformité des politiques économiques avec les grandes orientations visées au paragraphe 2, et procède régulièrement à une évaluation d'ensemble.

Pour les besoins de cette surveillance multilatérale, les États membres transmettent à la Commission des informations sur les mesures importantes qu'ils ont prises dans le domaine de leur politique économique et toute autre information qu'ils jugent nécessaire.

4. Lorsqu'il est constaté, dans le cadre de la procédure visée au paragraphe 3, que les politiques économiques d'un État membre ne sont pas conformes aux grandes orientations visées au paragraphe 2 ou qu'elles risquent de compromettre le bon fonctionnement de l'union économique et monétaire, la Commission peut adresser un avertissement à l'État membre concerné. Le Conseil, sur recommandation de la Commission, peut adresser les recommandations nécessaires à l'État membre concerné. Le Conseil peut décider, sur proposition de la Commission, de rendre publiques ses recommandations.

Dans le cadre du présent paragraphe, le Conseil statue sans tenir compte du vote du membre du Conseil représentant l'État membre concerné.

La majorité qualifiée se définit comme étant égale à au moins 55 % des autres membres du Conseil, représentant des États membres réunissant au moins 65 % de la population des États membres participants.

Une minorité de blocage doit inclure au moins le nombre minimum de ces autres membres du Conseil représentant plus de 35 % de la population des États membres participants, plus un membre, faute de quoi la majorité qualifiée est réputée acquise.

5. Le président du Conseil et la Commission font rapport au Parlement européen sur les résultats de la surveillance multilatérale. Le président du Conseil peut être invité à se présenter devant la commission compétente du Parlement européen si le Conseil a rendu publiques ses recommandations.

6. La loi européenne peut établir les modalités de la procédure de surveillance multilatérale visée aux paragraphes 3 et 4.

*Article III-180*

1. Sans préjudice des autres procédures prévues par la Constitution, le Conseil, sur proposition de la Commission, peut adopter une décision européenne établissant des mesures appropriées à la situation économique, notamment si de graves difficultés surviennent dans l'approvisionnement en certains produits.

2. Lorsqu'un État membre connaît des difficultés ou une menace sérieuse de graves difficultés, en raison de catastrophes naturelles ou d'événements exceptionnels échappant à son contrôle, le Conseil, sur proposition de la Commission, peut adopter une décision européenne accordant, sous certaines conditions, une assistance financière de l'Union à l'État membre concerné. Le président du Conseil en informe le Parlement européen.

*Article III-181*

1. Il est interdit à la Banque centrale européenne et aux banques centrales des États membres, ci-après dénommées «banques centrales nationales», d'accorder des découverts ou tout autre type de crédit aux institutions, organes ou organismes de l'Union, aux administrations centrales, aux autorités régionales ou locales, aux autres autorités publiques, aux autres organismes ou entreprises publics des États membres. L'acquisition directe, auprès d'eux, par la Banque centrale européenne ou les banques centrales nationales, des instruments de leur dette est également interdite.

2. Le paragraphe 1 ne s'applique pas aux établissements publics de crédit qui, dans le cadre de la mise à disposition de liquidités par les banques centrales, bénéficient, de la part des banques centrales nationales et de la Banque centrale européenne, du même traitement que les établissements privés de crédit.

*Article III-182*

Sont interdites toutes mesures et dispositions, ne reposant pas sur des considérations d'ordre prudentiel, qui établissent un accès privilégié des institutions, organes ou organismes de l'Union, des administrations centrales, des autorités régionales ou locales, des autres autorités publiques ou d'autres organismes ou entreprises publics des États membres aux institutions financières.

*Article III-183*

1. L'Union ne répond pas des engagements des administrations centrales, des autorités régionales ou locales, des autres autorités publiques ou d'autres organismes ou entreprises publics d'un État membre, ni ne les prend à sa charge, sans préjudice des garanties financières mutuelles pour la réalisation en commun d'un projet spécifique. Un État membre ne répond pas des engagements des administrations centrales, des autorités régionales ou locales, des autres autorités publiques ou d'autres organismes ou entreprises publics d'un autre État membre, ni ne les prend à sa charge, sans préjudice des garanties financières mutuelles pour la réalisation en commun d'un projet spécifique.

2. Le Conseil, sur proposition de la Commission, peut adopter les règlements ou décisions européens qui précisent les définitions pour l'application des interdictions prévues aux articles III-181 et III-182 ainsi qu'au présent article. Il statue après consultation du Parlement européen.

*Article III-184*

1. Les États membres évitent les déficits publics excessifs.

2. La Commission surveille l'évolution de la situation budgétaire et du montant de la dette publique dans les États membres pour déceler les erreurs manifestes. Elle examine notamment si la discipline budgétaire a été respectée, et ce sur la base des deux critères suivants:

a) si le rapport entre le déficit public prévu ou effectif et le produit intérieur brut dépasse une valeur de référence, à moins:

   i) que le rapport n'ait diminué de manière substantielle et constante et atteint un niveau proche de la valeur de référence, ou

ii) que le dépassement de la valeur de référence ne soit qu'exceptionnel et temporaire, et que ledit rapport ne reste proche de la valeur de référence;

b) si le rapport entre la dette publique et le produit intérieur brut dépasse une valeur de référence, à moins que ce rapport ne diminue suffisamment et ne s'approche de la valeur de référence à un rythme satisfaisant.

Les valeurs de référence sont précisées dans le protocole sur la procédure concernant les déficits excessifs.

3. Si un État membre ne satisfait pas aux exigences de ces critères ou de l'un d'eux, la Commission élabore un rapport. Le rapport de la Commission examine également si le déficit public excède les dépenses publiques d'investissement et tient compte de tous les autres facteurs pertinents, y compris la position économique et budgétaire à moyen terme de l'État membre.

La Commission peut également élaborer un rapport si, en dépit du respect des exigences découlant des critères, elle estime qu'il y a un risque de déficit excessif dans un État membre.

4. Le comité économique et financier institué conformément à l'article III-192 rend un avis sur le rapport de la Commission.

5. Si la Commission estime qu'il y a un déficit excessif dans un État membre ou qu'un tel déficit risque de se produire, elle adresse un avis à l'État membre concerné et elle en informe le Conseil.

6. Le Conseil, sur proposition de la Commission, compte tenu des observations éventuelles de l'État membre concerné et après une évaluation globale, décide s'il y a un déficit excessif. Dans ce cas, il adopte, sans délai injustifié, sur recommandation de la Commission, les recommandations qu'il adresse à l'État membre concerné afin que celui-ci mette un terme à cette situation dans un délai donné. Sous réserve du paragraphe 8, ces recommandations ne sont pas rendues publiques.

Dans le cadre du présent paragraphe, le Conseil statue sans tenir compte du vote du membre du Conseil représentant l'État membre concerné.

La majorité qualifiée se définit comme étant égale à au moins 55 % des autres membres du Conseil, représentant des États membres réunissant au moins 65 % de la population des États membres participants.

Une minorité de blocage doit inclure au moins le nombre minimum de ces autres membres du Conseil représentant plus de 35 % de la population des États membres participants, plus un membre, faute de quoi la majorité qualifiée est réputée acquise.

7. Le Conseil, sur recommandation de la Commission, adopte les décisions européennes et recommandations visées aux paragraphes 8 à 11.

Il statue sans tenir compte du vote du membre du Conseil représentant l'État membre concerné.

La majorité qualifiée se définit comme étant égale à au moins 55 % des autres membres du Conseil, représentant des États membres réunissant au moins 65 % de la population des États membres participants.

Une minorité de blocage doit inclure au moins le nombre minimum de ces autres membres du Conseil représentant plus de 35 % de la population des États membres participants, plus un membre, faute de quoi la majorité qualifiée est réputée acquise.

8. Lorsque le Conseil adopte une décision européenne constatant qu'aucune action suivie d'effets n'a été prise en réponse à ses recommandations dans le délai prescrit, il peut rendre publiques ses recommandations.

9. Si un État membre persiste à ne pas donner suite aux recommandations du Conseil, celui-ci peut adopter une décision européenne mettant l'État membre concerné en demeure de prendre, dans un délai déterminé, des mesures visant à la réduction du déficit jugée nécessaire par le Conseil pour remédier à la situation.

En pareil cas, le Conseil peut demander à l'État membre concerné de présenter des rapports selon un calendrier précis, afin de pouvoir examiner les efforts d'ajustement consentis par cet État membre.

10. Aussi longtemps qu'un État membre ne se conforme pas à une décision européenne adoptée en vertu du paragraphe 9, le Conseil peut décider d'appliquer ou, le cas échéant, de renforcer une ou plusieurs des mesures suivantes:

a) exiger de l'État membre concerné qu'il publie des informations supplémentaires, à préciser par le Conseil, avant d'émettre des obligations et des titres;

b) inviter la Banque européenne d'investissement à revoir sa politique de prêts à l'égard de l'État membre concerné;

c) exiger que l'État membre concerné fasse, auprès de l'Union, un dépôt ne portant pas intérêt, d'un montant approprié, jusqu'à ce que le Conseil estime que le déficit excessif a été corrigé;

d) imposer des amendes d'un montant approprié.

Le président du Conseil informe le Parlement européen des mesures adoptées.

11. Le Conseil abroge toutes ou certaines des mesures visées aux paragraphes 6, 8, 9 et 10 pour autant qu'il estime que le déficit excessif dans l'État membre concerné a été corrigé. Si le Conseil a précédemment rendu publiques ses recommandations, il déclare publiquement, dès l'abrogation de la décision européenne visée au paragraphe 8, qu'il n'y a plus de déficit excessif dans cet État membre.

12. Les droits de recours prévus aux articles III-360 et III-361 ne peuvent pas être exercés dans le cadre des paragraphes 1 à 6, 8 et 9.

13. Des dispositions complémentaires relatives à la mise en œuvre de la procédure prévue au présent article figurent dans le protocole sur la procédure concernant les déficits excessifs.

Une loi européenne du Conseil établit les mesures appropriées remplaçant ledit protocole. Le Conseil statue à l'unanimité, après consultation du Parlement européen et de la Banque centrale européenne.

Sous réserve des autres dispositions du présent paragraphe, le Conseil, sur proposition de la Commission, adopte les règlements ou décisions européens qui établissent les modalités et les définitions pour l'application dudit protocole. Il statue après consultation du Parlement européen.

### *SECTION 2*

### LA POLITIQUE MONÉTAIRE

#### *Article III-185*

1. L'objectif principal du Système européen de banques centrales est de maintenir la stabilité des prix. Sans préjudice de cet objectif, le Système européen de banques centrales apporte son soutien aux politiques économiques générales dans l'Union, pour contribuer à la réalisation des objectifs de celle-ci, tels que définis à l'article I-3. Le Système européen de banques centrales agit conformément au principe d'une économie de marché ouverte où la concurrence est libre, en favorisant une allocation efficace des ressources et en respectant les principes prévus à l'article III-177.

2. Les missions fondamentales relevant du Système européen de banques centrales consistent à:

a) définir et mettre en œuvre la politique monétaire de l'Union;

b) conduire les opérations de change conformément à l'article III-326;

c) détenir et gérer les réserves officielles de change des États membres;

d) promouvoir le bon fonctionnement des systèmes de paiement.

3. Le paragraphe 2, point c), s'applique sans préjudice de la détention et de la gestion, par les gouvernements des États membres, de fonds de roulement en devises.

4. La Banque centrale européenne est consultée:

a) sur tout acte de l'Union proposé dans les domaines relevant de ses attributions;

b) par les autorités nationales, sur tout projet de réglementation dans les domaines relevant de ses attributions, mais dans les limites et selon les conditions fixées par le Conseil conformément à la procédure prévue à l'article III-187, paragraphe 4.

La Banque centrale européenne peut, dans les domaines relevant de ses attributions, soumettre des avis aux institutions, organes ou organismes de l'Union ou aux autorités nationales.

5. Le Système européen de banques centrales contribue à la bonne conduite des politiques menées par les autorités compétentes en ce qui concerne le contrôle prudentiel des établissements de crédit et la stabilité du système financier.

6. Une loi européenne du Conseil peut confier à la Banque centrale européenne des missions spécifiques ayant trait aux politiques en matière de contrôle prudentiel des établissements de crédit et autres établissements financiers, à l'exception des entreprises d'assurances. Le Conseil statue à l'unanimité, après consultation du Parlement européen et de la Banque centrale européenne.

*Article III-186*

1. La Banque centrale européenne est seule habilitée à autoriser l'émission de billets de banque en euros dans l'Union. La Banque centrale européenne et les banques centrales nationales peuvent émettre de tels billets. Les billets de banque émis par la Banque centrale européenne et les banques centrales nationales sont les seuls à avoir cours légal dans l'Union.

2. Les États membres peuvent émettre des pièces en euros, sous réserve de l'approbation, par la Banque centrale européenne, du volume de l'émission.

Le Conseil, sur proposition de la Commission, peut adopter les règlements européens établissant des mesures pour harmoniser les valeurs unitaires et les spécifications techniques des pièces destinées à la circulation, dans la mesure où cela est nécessaire pour assurer la bonne circulation de celles-ci dans l'Union. Le Conseil statue après consultation du Parlement européen et de la Banque centrale européenne.

*Article III-187*

1. Le Système européen de banques centrales est dirigé par les organes de décision de la Banque centrale européenne, qui sont le conseil des gouverneurs et le directoire.

2. Le statut du Système européen de banques centrales est défini dans le protocole fixant le statut du Système européen de banques centrales et de la Banque centrale européenne.

3. L'article 5, paragraphes 1, 2 et 3, les articles 17 et 18, l'article 19, paragraphe 1, les articles 22, 23, 24 et 26, l'article 32, paragraphes 2, 3, 4 et 6, l'article 33, paragraphe 1, point a), et l'article 36 du statut du Système européen de banques centrales et de la Banque centrale européenne peuvent être modifiés par la loi européenne:

a) soit sur proposition de la Commission et après consultation de la Banque centrale européenne;

b) soit sur recommandation de la Banque centrale européenne et après consultation de la Commission.

4. Le Conseil adopte les règlements et décisions européens établissant les mesures visées à l'article 4, à l'article 5, paragraphe 4, à l'article 19, paragraphe 2, à l'article 20, à l'article 28, paragraphe 1, à l'article 29, paragraphe 2, à l'article 30, paragraphe 4, et à l'article 34, paragraphe 3, du statut du Système européen de banques centrales et de la Banque centrale européenne. Il statue après consultation du Parlement européen:

a) soit sur proposition de la Commission et après consultation de la Banque centrale européenne;

b) soit sur recommandation de la Banque centrale européenne et après consultation de la Commission.

*Article III-188*

Dans l'exercice des pouvoirs et dans l'accomplissement des missions et des devoirs qui leur ont été conférés par la Constitution et le statut du Système européen de banques centrales et de la Banque centrale européenne, ni la Banque centrale européenne, ni une banque centrale nationale, ni un membre quelconque de leurs organes de décision ne peuvent solliciter ni accepter des instructions des institutions, organes ou organismes de l'Union, des gouvernements des États membres ou de tout autre organisme. Les institutions, organes ou organismes de l'Union ainsi que les gouvernements des États membres s'engagent à respecter ce principe et à ne pas chercher à influencer les membres des organes de décision de la Banque centrale européenne ou des banques centrales nationales dans l'accomplissement de leurs missions.

*Article III-189*

Chaque État membre veille à la compatibilité de sa législation nationale, y compris le statut de sa banque centrale nationale, avec la Constitution et le statut du Système européen de banques centrales et de la Banque centrale européenne.

*Article III-190*

1. Pour l'accomplissement des missions qui sont confiées au Système européen de banques centrales, la Banque centrale européenne, conformément à la Constitution et selon les conditions prévues par le statut du Système européen de banques centrales et de la Banque centrale européenne adopte:

a) des règlements européens dans la mesure nécessaire à l'accomplissement des missions définies à l'article 3, paragraphe 1, point a), à l'article 19, paragraphe 1, à l'article 22 ou à l'article 25, paragraphe 2, du statut du Système européen de banques centrales et de la Banque centrale européenne, ainsi que dans les cas prévus par les règlements et décisions européens visés à l'article III-187, paragraphe 4;

b) les décisions européennes nécessaires à l'accomplissement des missions confiées au Système européen de banques centrales en vertu de la Constitution et du statut du Système européen de banques centrales et de la Banque centrale européenne;

c) des recommandations et des avis.

2. La Banque centrale européenne peut décider de publier ses décisions européennes, recommandations et avis.

3. Le Conseil adopte, conformément à la procédure prévue à l'article III-187, paragraphe 4, les règlements européens fixant les limites et les conditions dans lesquels la Banque centrale européenne est habilitée à infliger aux entreprises des amendes et des astreintes en cas de non-respect de ses règlements et décisions européens.

*Article III-191*

Sans préjudice des attributions de la Banque centrale européenne, la loi ou loi-cadre européenne établit les mesures nécessaires à l'usage de l'euro en tant que monnaie unique. Elle est adoptée après consultation de la Banque centrale européenne.

*SECTION 3*

DISPOSITIONS INSTITUTIONNELLES

*Article III-192*

1. En vue de promouvoir la coordination des politiques des États membres dans toute la mesure nécessaire au fonctionnement du marché intérieur, il est institué un comité économique et financier.

2. Le comité a pour mission:

a) de formuler des avis, soit à la requête du Conseil ou de la Commission, soit de sa propre initiative, à l'intention de ces institutions;

b) de suivre la situation économique et financière des États membres et de l'Union et de faire rapport régulièrement au Conseil et à la Commission à ce sujet, notamment sur les relations financières avec des pays tiers et des institutions internationales;

c) sans préjudice de l'article III-344, de contribuer à la préparation des travaux du Conseil visés à l'article III-159, à l'article III-179, paragraphes 2, 3, 4 et 6, aux articles III-180, III-183, III-184, à l'article III-185, paragraphe 6, à l'article III-186, paragraphe 2, à l'article III-187, paragraphes 3 et 4, aux articles III-191, III-196, à l'article III-198, paragraphes 2 et 3, à l'article III-201, à l'article III-202, paragraphes 2 et 3, et aux articles III-322 et III-326, et d'exécuter les autres missions consultatives et préparatoires qui lui sont confiées par le Conseil;

d) de procéder, au moins une fois par an, à l'examen de la situation en matière de mouvements de capitaux et de liberté des paiements, tels qu'ils résultent de l'application de la Constitution et des actes de l'Union; cet examen porte sur toutes les mesures relatives aux mouvements de capitaux et aux paiements; le comité fait rapport à la Commission et au Conseil sur les résultats de cet examen.

Les États membres, la Commission et la Banque centrale européenne nomment chacun au maximum deux membres du comité.

3. Le Conseil, sur proposition de la Commission, adopte une décision européenne fixant les modalités relatives à la composition du comité économique et financier. Il statue après consultation de la Banque centrale européenne et de ce comité. Le président du Conseil informe le Parlement européen de cette décision.

4. Outre les missions visées au paragraphe 2, si et tant que des États membres font l'objet d'une dérogation au sens de l'article III-197, le comité suit la situation monétaire et financière ainsi que le régime général des paiements de ces États membres et fait rapport régulièrement au Conseil et à la Commission à ce sujet.

### *Article III-193*

Pour les questions relevant du champ d'application de l'article III-179, paragraphe 4, de l'article III-184, à l'exception du paragraphe 13, des articles III-191 et III-196, de l'article III-198, paragraphe 3, et de l'article III-326, le Conseil ou un État membre peut demander à la Commission de formuler, selon le cas, une recommandation ou une proposition. La Commission examine cette demande et présente ses conclusions au Conseil sans délai.

## *SECTION 4*

## DISPOSITIONS PROPRES AUX ÉTATS MEMBRES DONT LA MONNAIE EST L'EURO

### *Article III-194*

1. Afin de contribuer au bon fonctionnement de l'union économique et monétaire et conformément aux dispositions pertinentes de la Constitution, le Conseil adopte, conformément à la procédure pertinente parmi celles visées aux articles III-179 et III-184, à l'exception de la procédure prévue à l'article III-184, paragraphe 13, des mesures concernant les États membres dont la monnaie est l'euro pour:

a) renforcer la coordination et la surveillance de leur discipline budgétaire;

b) élaborer, pour ce qui les concerne, les orientations de politique économique, en veillant à ce qu'elles soient compatibles avec celles qui sont adoptées pour l'ensemble de l'Union, et en assurer la surveillance.

2. Seuls les membres du Conseil représentant les États membres dont la monnaie est l'euro prennent part au vote sur les mesures visées au paragraphe 1.

La majorité qualifiée se définit comme étant égale à au moins 55 % de ces membres du Conseil, représentant des États membres réunissant au moins 65 % de la population des États membres participants.

Une minorité de blocage doit inclure au moins le nombre minimum de ces membres du Conseil représentant plus de 35 % de la population des États membres participants, plus un membre, faute de quoi la majorité qualifiée est réputée acquise.

### *Article III-195*

Les modalités des réunions entre ministres des États membres dont la monnaie est l'euro sont fixées par le protocole sur l'Eurogroupe.

*Article III-196*

1. Afin d'assurer la place de l'euro dans le système monétaire international, le Conseil, sur proposition de la Commission, adopte une décision européenne établissant les positions communes concernant les questions qui revêtent un intérêt particulier pour l'union économique et monétaire au sein des institutions et des conférences financières internationales compétentes. Le Conseil statue après consultation de la Banque centrale européenne.

2. Le Conseil, sur proposition de la Commission, peut adopter les mesures appropriées pour assurer une représentation unifiée au sein des institutions et conférences financières internationales. Le Conseil statue après consultation de la Banque centrale européenne.

3. Seuls les membres du Conseil représentant les États membres dont la monnaie est l'euro prennent part au vote sur les mesures visées aux paragraphes 1 et 2.

La majorité qualifiée se définit comme étant égale à au moins 55 % de ces membres du Conseil, représentant des États membres réunissant au moins 65 % de la population des États membres participants.

Une minorité de blocage doit inclure au moins le nombre minimum de ces membres du Conseil représentant plus de 35 % de la population des États membres participants, plus un membre, faute de quoi la majorité qualifiée est réputée acquise.

*SECTION 5*

DISPOSITIONS TRANSITOIRES

*Article III-197*

1. Les États membres au sujet desquels le Conseil n'a pas décidé qu'ils remplissent les conditions nécessaires pour l'adoption de l'euro sont ci-après dénommés «États membres faisant l'objet d'une dérogation».

2. Les dispositions ci-après de la Constitution ne s'appliquent pas aux États membres faisant l'objet d'une dérogation:

a) adoption des parties des grandes orientations des politiques économiques qui concernent la zone euro d'une façon générale (article III-179, paragraphe 2);

b) moyens contraignants de remédier aux déficits excessifs (article III-184, paragraphes 9 et 10);

c) objectifs et missions du Système européen de banques centrales (article III-185, paragraphes 1, 2, 3 et 5);

d) émission de l'euro (article III-186);

e) actes de la Banque centrale européenne (article III-190);

f) mesures relatives à l'usage de l'euro (article III-191);

g) accords monétaires et autres mesures relatives à la politique de change (article III-326);

h) désignation des membres du directoire de la Banque centrale européenne (article III-382, paragraphe 2);

i) décisions européennes établissant les positions communes concernant les questions qui revêtent un intérêt particulier pour l'union économique et monétaire au sein des institutions et des conférences financières internationales compétentes (article III-196, paragraphe 1);

j) mesures pour assurer une représentation unifiée au sein des institutions et des conférences financières internationales (article III-196, paragraphe 2).

Par conséquent, aux articles visés aux points a) à j), on entend par «États membres», les États membres dont la monnaie est l'euro.

3. Les États membres faisant l'objet d'une dérogation et leurs banques centrales nationales sont exclus des droits et obligations dans le cadre du Système européen de banques centrales conformément au chapitre IX du statut du Système européen de banques centrales et de la Banque centrale européenne.

4. Les droits de vote des membres du Conseil représentant les États membres faisant l'objet d'une dérogation sont suspendus lors de l'adoption par le Conseil des mesures visées aux articles énumérés au paragraphe 2, ainsi que dans les cas suivants:

a) recommandations adressées aux États membres dont la monnaie est l'euro dans le cadre de la surveillance multilatérale, y compris sur les programmes de stabilité et les avertissements (article III-179, paragraphe 4);

b) mesures relatives aux déficits excessifs concernant les États membres dont la monnaie est l'euro (article III-184, paragraphes 6, 7, 8 et 11).

La majorité qualifiée se définit comme étant égale à au moins 55 % des autres membres du Conseil, représentant des États membres réunissant au moins 65 % de la population des États membres participants.

Une minorité de blocage doit inclure au moins le nombre minimum de ces autres membres du Conseil représentant plus de 35 % de la population des États membres participants, plus un membre, faute de quoi la majorité qualifiée est réputée acquise.

*Article III-198*

1. Tous les deux ans au moins, ou à la demande d'un État membre faisant l'objet d'une dérogation, la Commission et la Banque centrale européenne font rapport au Conseil sur les progrès réalisés par les États membres faisant l'objet d'une dérogation dans l'accomplissement de leurs obligations pour la réalisation de l'union économique et monétaire. Ces rapports examinent notamment si la législation nationale de chacun de ces États membres, y compris le statut de sa banque centrale nationale, est compatible avec les articles III-188 et III-189 et avec le statut du Système européen de banques centrales et de la Banque centrale européenne. Les rapports examinent également si un degré élevé de convergence durable a été réalisé, en analysant dans quelle mesure chacun de ces États membres a satisfait aux critères suivants:

a) la réalisation d'un degré élevé de stabilité des prix; cela ressort d'un taux d'inflation proche de celui des trois États membres, au plus, présentant les meilleurs résultats en matière de stabilité des prix;

b) le caractère soutenable de la situation des finances publiques; cela ressort d'une situation budgétaire qui n'accuse pas de déficit public excessif au sens de l'article III-184, paragraphe 6;

c) le respect des marges normales de fluctuation prévues par le mécanisme de taux de change du système monétaire européen pendant deux ans au moins, sans dévaluation de la monnaie par rapport à l'euro;

d) le caractère durable de la convergence atteinte par l'État membre faisant l'objet d'une dérogation et de sa participation au mécanisme de taux de change, qui se reflète dans les niveaux des taux d'intérêt à long terme.

Les quatre critères prévus au présent paragraphe et les périodes pertinentes durant lesquelles chacun doit être respecté sont précisés dans le protocole sur les critères de convergence. Les rapports de la Commission et de la Banque centrale européenne tiennent également compte des résultats de l'intégration des marchés, de la situation et de l'évolution des balances des paiements courants, et d'un examen de l'évolution des coûts salariaux unitaires et d'autres indices de prix.

2. Après consultation du Parlement européen et discussion au sein du Conseil européen, le Conseil, sur proposition de la Commission, adopte une décision européenne qui établit quels États membres faisant l'objet d'une dérogation remplissent les conditions nécessaires sur la base des critères visés au paragraphe 1 et met fin aux dérogations des États membres concernés.

Le Conseil statue après avoir reçu une recommandation émanant d'une majorité qualifiée de ses membres représentant les États membres dont la monnaie est l'euro. Ces membres statuent dans un délai de six mois à compter de la réception de la proposition de la Commission par le Conseil.

La majorité qualifiée visée au deuxième alinéa se définit comme étant égale à au moins 55 % de ces membres du Conseil, représentant des États membres réunissant au moins 65 % de la population des États membres participants. Une minorité de blocage doit inclure au moins le nombre minimum de ces membres du Conseil représentant plus de 35 % de la population des États membres participants, plus un membre, faute de quoi la majorité qualifiée est réputée acquise.

3. S'il est décidé, conformément à la procédure prévue au paragraphe 2, de mettre fin à une dérogation, le Conseil, sur proposition de la Commission, adopte des règlements ou décisions européens fixant irrévocablement le taux auquel l'euro remplace la monnaie de l'État membre concerné et établissant les autres mesures nécessaires à l'introduction de l'euro en tant que monnaie unique dans cet État membre. Le Conseil statue à l'unanimité des membres représentant les États membres dont la monnaie est l'euro et l'État membre concerné, après consultation de la Banque centrale européenne.

*Article III-199*

1. Si et tant qu'il existe des États membres faisant l'objet d'une dérogation, et sans préjudice de l'article III-187, paragraphe 1, le conseil général de la Banque centrale européenne visé à l'article 45 du statut du Système européen de banques centrales et de la Banque centrale européenne est constitué comme troisième organe de décision de la Banque centrale européenne.

2. Si et tant qu'il existe des États membres faisant l'objet d'une dérogation, la Banque centrale européenne, en ce qui concerne ces États membres:

a) renforce la coopération entre les banques centrales nationales;

b) renforce la coordination des politiques monétaires des États membres en vue d'assurer la stabilité des prix;

c) supervise le fonctionnement du mécanisme de taux de change;

d) procède à des consultations sur des questions qui relèvent de la compétence des banques centrales nationales et affectent la stabilité des établissements et marchés financiers;

e) exerce les anciennes fonctions du Fonds européen de coopération monétaire, qui avaient été précédemment reprises par l'Institut monétaire européen.

*Article III-200*

Chaque État membre faisant l'objet d'une dérogation traite sa politique de change comme un problème d'intérêt commun. Il tient compte, ce faisant, des expériences acquises grâce à la coopération dans le cadre du mécanisme de taux de change.

*Article III-201*

1. En cas de difficultés ou de menace grave de difficultés dans la balance des paiements d'un État membre faisant l'objet d'une dérogation, provenant soit d'un déséquilibre global de la balance, soit de la nature des devises dont il dispose, et susceptibles notamment de compromettre le fonctionnement du marché intérieur ou la réalisation de la politique commerciale commune, la Commission procède sans délai à un examen de la situation de cet État, ainsi que de l'action qu'il a entreprise ou qu'il peut entreprendre conformément à la Constitution, en faisant appel à tous les moyens dont il dispose. La Commission indique les mesures dont elle recommande l'adoption par l'État membre intéressé.

Si l'action entreprise par un État membre faisant l'objet d'une dérogation et les mesures suggérées par la Commission ne paraissent pas suffisantes pour aplanir les difficultés ou menaces de difficultés rencontrées, la Commission recommande au Conseil, après consultation du comité économique et financier, le concours mutuel et les méthodes appropriées.

La Commission tient le Conseil régulièrement informé de l'état de la situation et de son évolution.

2. Le Conseil adopte les règlements ou décisions européens accordant le concours mutuel et fixant les conditions et modalités de celui-ci. Le concours mutuel peut prendre notamment la forme:

a) d'une action concertée auprès d'autres organisations internationales, auxquelles les États membres faisant l'objet d'une dérogation peuvent avoir recours;

b) de mesures nécessaires pour éviter des détournements de trafic lorsque l'État membre faisant l'objet d'une dérogation, qui est en difficulté, maintient ou rétablit des restrictions quantitatives à l'égard des pays tiers;

c) d'octroi de crédits limités de la part d'autres États membres, sous réserve de leur accord.

3. Si le concours mutuel recommandé par la Commission n'a pas été accordé par le Conseil ou si le concours mutuel accordé et les mesures prises sont insuffisants, la Commission autorise l'État membre faisant l'objet d'une dérogation, qui est en difficulté, à prendre les mesures de sauvegarde dont elle définit les conditions et modalités.

Cette autorisation peut être révoquée et ces conditions et modalités modifiées par le Conseil.

*Article III-202*

1. En cas de crise soudaine dans la balance des paiements et si une décision européenne visée à l'article III-201, paragraphe 2, n'intervient pas immédiatement, un État membre faisant l'objet d'une dérogation peut prendre, à titre conservatoire, les mesures de sauvegarde nécessaires. Ces mesures doivent causer le minimum de perturbations dans le fonctionnement du marché intérieur et ne pas excéder la portée strictement indispensable pour remédier aux difficultés soudaines qui se sont manifestées.

2. La Commission et les autres États membres doivent être informés des mesures de sauvegarde visées au paragraphe 1 au plus tard au moment où elles entrent en vigueur. La Commission peut recommander au Conseil le concours mutuel conformément à l'article III-201.

3. Le Conseil, sur recommandation de la Commission et après consultation du comité économique et financier, peut adopter une décision européenne établissant que l'État membre intéressé doit modifier, suspendre ou supprimer les mesures de sauvegarde visées au paragraphe 1.

## *CHAPITRE III*

## POLITIQUES DANS D'AUTRES DOMAINES

### *SECTION 1*

### EMPLOI

#### *Article III-203*

L'Union et les États membres s'attachent, conformément à la présente section, à élaborer une stratégie coordonnée pour l'emploi et en particulier à promouvoir une main-d'œuvre qualifiée, formée et susceptible de s'adapter ainsi que des marchés du travail aptes à réagir rapidement à l'évolution de l'économie, en vue d'atteindre les objectifs visés à l'article I-3.

#### *Article III-204*

1. Les États membres, au moyen de leurs politiques de l'emploi, contribuent à la réalisation des objectifs visés à l'article III-203 d'une manière compatible avec les grandes orientations des politiques économiques des États membres et de l'Union, adoptées en application de l'article III-179, paragraphe 2.

2. Les États membres, compte tenu des pratiques nationales liées aux responsabilités des partenaires sociaux, considèrent la promotion de l'emploi comme une question d'intérêt commun et coordonnent leur action à cet égard au sein du Conseil, conformément à l'article III-206.

#### *Article III-205*

1. L'Union contribue à la réalisation d'un niveau d'emploi élevé en encourageant la coopération entre les États membres et en soutenant et, au besoin, en complétant leur action. Ce faisant, elle respecte pleinement les compétences des États membres en la matière.

2. L'objectif consistant à atteindre un niveau d'emploi élevé est pris en compte dans la définition et la mise en œuvre des politiques et des actions de l'Union.

#### *Article III-206*

1. Le Conseil européen examine, chaque année, la situation de l'emploi dans l'Union et adopte des conclusions à ce sujet, sur la base d'un rapport annuel conjoint du Conseil et de la Commission.

2. Sur la base des conclusions du Conseil européen, le Conseil, sur proposition de la Commission, adopte chaque année des lignes directrices, dont les États membres tiennent compte dans leurs politiques de l'emploi. Il statue après consultation du Parlement européen, du Comité des régions, du Comité économique et social et du comité de l'emploi.

Ces lignes directrices sont compatibles avec les grandes orientations adoptées en application de l'article III-179, paragraphe 2.

3. Chaque État membre transmet au Conseil et à la Commission un rapport annuel sur les principales mesures qu'il a prises pour mettre en œuvre sa politique de l'emploi, à la lumière des lignes directrices pour l'emploi visées au paragraphe 2.

4. Sur la base des rapports visés au paragraphe 3 et après avoir obtenu l'avis du comité de l'emploi, le Conseil procède annuellement, à la lumière des lignes directrices pour l'emploi, à un examen de la mise en œuvre des politiques de l'emploi des États membres. Le Conseil, sur recommandation de la Commission, peut adopter des recommandations qu'il adresse aux États membres.

5. Sur la base des résultats de cet examen, le Conseil et la Commission adressent un rapport annuel conjoint au Conseil européen concernant la situation de l'emploi dans l'Union et la mise en œuvre des lignes directrices pour l'emploi.

*Article III-207*

La loi ou loi-cadre européenne peut établir des actions d'encouragement destinées à favoriser la coopération entre les États membres et à soutenir leur action dans le domaine de l'emploi par des initiatives visant à développer les échanges d'informations et de meilleures pratiques, en fournissant des analyses comparatives et des conseils ainsi qu'en promouvant les approches novatrices et en évaluant les expériences, notamment en ayant recours aux projets pilotes. Elle est adoptée après consultation du Comité des régions et du Comité économique et social.

La loi ou loi-cadre européenne ne comporte pas d'harmonisation des dispositions législatives et réglementaires des États membres.

*Article III-208*

Le Conseil adopte, à la majorité simple, une décision européenne instituant un comité de l'emploi à caractère consultatif afin de promouvoir la coordination, entre les États membres, des politiques en matière d'emploi et de marché du travail. Il statue après consultation du Parlement européen.

Le comité a pour mission:

a) de suivre l'évolution de la situation de l'emploi et des politiques de l'emploi dans l'Union et dans les États membres;

b) sans préjudice de l'article III-344, de formuler des avis, soit à la demande du Conseil ou de la Commission, soit de sa propre initiative, et de contribuer à la préparation des délibérations du Conseil visées à l'article III-206.

Dans l'accomplissement de son mandat, le comité consulte les partenaires sociaux.

Chaque État membre et la Commission nomment deux membres du comité.

*SECTION 2*

POLITIQUE SOCIALE

*Article III-209*

L'Union et les États membres, conscients des droits sociaux fondamentaux, tels que ceux énoncés dans la Charte sociale européenne signée à Turin le 18 octobre 1961 et dans la Charte communautaire des droits sociaux fondamentaux des travailleurs de 1989, ont pour objectifs la promotion de l'emploi, l'amélioration des conditions de vie et de travail, permettant leur égalisation dans le progrès, une protection sociale adéquate, le dialogue social, le développement des ressources humaines permettant un niveau d'emploi élevé et durable, et la lutte contre les exclusions.

À cette fin, l'Union et les États membres agissent en tenant compte de la diversité des pratiques nationales, en particulier dans le domaine des relations conventionnelles, ainsi que de la nécessité de maintenir la compétitivité de l'économie de l'Union.

Ils estiment qu'une telle évolution résultera tant du fonctionnement du marché intérieur, qui favorisera l'harmonisation des systèmes sociaux, que des procédures prévues par la Constitution et du rapprochement des dispositions législatives, réglementaires et administratives des États membres.

*Article III-210*

1. En vue de réaliser les objectifs visés à l'article III-209, l'Union soutient et complète l'action des États membres dans les domaines suivants:

a) l'amélioration, en particulier, du milieu de travail pour protéger la santé et la sécurité des travailleurs;

b) les conditions de travail;

c) la sécurité sociale et la protection sociale des travailleurs;

d) la protection des travailleurs en cas de résiliation du contrat de travail;

e) l'information et la consultation des travailleurs;

f) la représentation et la défense collective des intérêts des travailleurs et des employeurs, y compris la cogestion, sous réserve du paragraphe 6;

g) les conditions d'emploi des ressortissants des pays tiers se trouvant en séjour régulier sur le territoire de l'Union;

h) l'intégration des personnes exclues du marché du travail, sans préjudice de l'article III-283;

i) l'égalité entre femmes et hommes en ce qui concerne leurs chances sur le marché du travail et le traitement dans le travail;

j) la lutte contre l'exclusion sociale;

k) la modernisation des systèmes de protection sociale, sans préjudice du point c).

2. Aux fins du paragraphe 1:

a) la loi ou loi-cadre européenne peut établir des mesures destinées à encourager la coopération entre États membres par des initiatives visant à améliorer les connaissances, à développer les échanges d'informations et de meilleures pratiques, à promouvoir des approches novatrices et à évaluer les expériences, à l'exclusion de toute harmonisation des dispositions législatives et réglementaires des États membres;

b) dans les domaines visés au paragraphe 1, points a) à i), la loi-cadre européenne peut établir des prescriptions minimales applicables progressivement, compte tenu des conditions et des réglementations techniques existant dans chacun des États membres. Elle évite d'imposer des contraintes administratives, financières et juridiques telles qu'elles contrarieraient la création et le développement de petites et moyennes entreprises.

Dans tous les cas, la loi ou loi-cadre européenne est adoptée après consultation du Comité des régions et du Comité économique et social.

3. Par dérogation au paragraphe 2, dans les domaines visés au paragraphe 1, points c), d), f) et g), la loi ou loi-cadre européenne est adoptée par le Conseil statuant à l'unanimité, après consultation du Parlement européen, du Comité des régions et du Comité économique et social.

Le Conseil peut, sur proposition de la Commission, adopter une décision européenne pour rendre la procédure législative ordinaire applicable au paragraphe 1, points d), f) et g). Il statue à l'unanimité, après consultation du Parlement européen.

4. Un État membre peut confier aux partenaires sociaux, à leur demande conjointe, la mise en œuvre des lois-cadres européennes adoptées en application des paragraphes 2 et 3, ou, le cas échéant, la mise en œuvre des règlements ou décisions européens adoptés conformément à l'article III-212.

Dans ce cas, il s'assure que, au plus tard à la date à laquelle une loi-cadre européenne doit être transposée et à la date à laquelle un règlement européen ou une décision européenne doit être mis en œuvre, les partenaires sociaux ont mis en place les dispositions nécessaires par voie d'accord, l'État membre concerné devant prendre toute disposition nécessaire lui permettant d'être à tout moment en mesure de garantir les résultats imposés par ces loi-cadre, règlement ou décision.

5. Les lois et lois-cadres européennes adoptées en vertu du présent article:

a) ne portent pas atteinte à la faculté reconnue aux États membres de définir les principes fondamentaux de leur système de sécurité sociale et ne doivent pas en affecter sensiblement l'équilibre financier;

b) ne peuvent empêcher un État membre de maintenir ou d'établir des mesures de protection plus strictes compatibles avec la Constitution.

6. Le présent article ne s'applique ni aux rémunérations, ni au droit d'association, ni au droit de grève, ni au droit de lock-out.

*Article III-211*

1. La Commission promeut la consultation des partenaires sociaux au niveau de l'Union et adopte toute mesure utile pour faciliter leur dialogue en veillant à un soutien équilibré des parties.

2. Aux fins du paragraphe 1, la Commission, avant de présenter des propositions dans le domaine de la politique sociale, consulte les partenaires sociaux sur l'orientation possible d'une action de l'Union.

3. Si la Commission, après la consultation visée au paragraphe 2, estime qu'une action de l'Union est souhaitable, elle consulte les partenaires sociaux sur le contenu de la proposition envisagée. Les partenaires sociaux remettent à la Commission un avis ou, le cas échéant, une recommandation.

4. À l'occasion des consultations visées aux paragraphes 2 et 3, les partenaires sociaux peuvent informer la Commission de leur volonté d'engager le processus prévu à l'article III-212, paragraphe 1. La durée de ce processus ne peut pas dépasser neuf mois, sauf prolongation décidée en commun par les partenaires sociaux concernés et la Commission.

*Article III-212*

1. Le dialogue entre partenaires sociaux au niveau de l'Union peut conduire, si ceux-ci le souhaitent, à des relations conventionnelles, y compris des accords.

2. La mise en œuvre des accords conclus au niveau de l'Union intervient soit selon les procédures et pratiques propres aux partenaires sociaux et aux États membres, soit, dans les matières relevant de l'article III-210, à la demande conjointe des parties signataires, par des règlements ou décisions européens adoptés par le Conseil sur proposition de la Commission. Le Parlement européen est informé.

Lorsque l'accord en question contient une ou plusieurs dispositions relatives à l'un des domaines pour lesquels l'unanimité est requise en vertu de l'article III-210, paragraphe 3, le Conseil statue à l'unanimité.

*Article III-213*

En vue de réaliser les objectifs visés à l'article III-209 et sans préjudice des autres dispositions de la Constitution, la Commission encourage la coopération entre les États membres et facilite la coordination de leur action dans tous les domaines de la politique sociale relevant de la présente section, notamment dans les matières relatives:

a) à l'emploi;

b) au droit du travail et aux conditions de travail;

c) à la formation et au perfectionnement professionnels;

d) à la sécurité sociale;

e) à la protection contre les accidents et les maladies professionnels;

f) à l'hygiène du travail;

g) au droit syndical et aux négociations collectives entre employeurs et travailleurs.

À cet effet, la Commission agit en contact étroit avec les États membres, par des études, des avis et par l'organisation de consultations, tant en ce qui concerne les problèmes qui se posent sur le plan national que ceux qui intéressent les organisations internationales, notamment par des initiatives en vue d'établir des orientations et des indicateurs, d'organiser l'échange des meilleures pratiques et de préparer les éléments nécessaires à la surveillance et à l'évaluation périodiques. Le Parlement européen est pleinement informé.

Avant d'émettre les avis prévus par le présent article, la Commission consulte le Comité économique et social.

*Article III-214*

1. Chaque État membre assure l'application du principe de l'égalité des rémunérations entre travailleurs féminins et masculins pour un même travail ou un travail de même valeur.

2. Aux fins du présent article, on entend par «rémunération», le salaire ou traitement ordinaire de base ou minimum, et tous autres avantages payés directement ou indirectement, en espèces ou en nature, par l'employeur au travailleur en raison de l'emploi de ce dernier.

L'égalité de rémunération, sans discrimination fondée sur le sexe, implique:

a) que la rémunération accordée pour un même travail payé à la tâche soit établie sur la base d'une même unité de mesure;

b) que la rémunération accordée pour un travail payé au temps soit la même pour un même poste de travail.

3. La loi ou loi-cadre européenne établit les mesures visant à assurer l'application du principe de l'égalité des chances et de l'égalité de traitement entre les femmes et les hommes en matière d'emploi et de travail, y compris le principe de l'égalité des rémunérations pour un même travail ou un travail de même valeur. Elle est adoptée après consultation du Comité économique et social.

4. Pour assurer concrètement une pleine égalité entre femmes et hommes dans la vie professionnelle, le principe de l'égalité de traitement n'empêche pas un État membre de maintenir ou d'adopter des mesures prévoyant des avantages spécifiques destinés à faciliter l'exercice d'une activité professionnelle par le sexe sous-représenté ou à prévenir ou à compenser des désavantages dans la carrière professionnelle.

*Article III-215*

Les États membres s'attachent à maintenir l'équivalence existante des régimes de congés payés.

*Article III-216*

La Commission établit, chaque année, un rapport sur l'évolution de la réalisation des objectifs visés à l'article III-209, y compris la situation démographique dans l'Union. Elle transmet ce rapport au Parlement européen, au Conseil et au Comité économique et social.

*Article III-217*

Le Conseil adopte, à la majorité simple, une décision européenne instituant un comité de la protection sociale à caractère consultatif afin de promouvoir la coopération en matière de protection sociale entre les États membres et avec la Commission. Le Conseil statue après consultation du Parlement européen.

Le comité a pour mission:

a) de suivre la situation sociale et l'évolution des politiques de protection sociale dans les États membres et dans l'Union;

b) de faciliter les échanges d'informations, d'expériences et de bonnes pratiques entre les États membres et avec la Commission;

c) sans préjudice de l'article III-344, de préparer des rapports, de formuler des avis ou d'entreprendre d'autres activités dans les domaines relevant de ses attributions, soit à la demande du Conseil ou de la Commission, soit de sa propre initiative.

Dans l'accomplissement de son mandat, le comité établit des contacts appropriés avec les partenaires sociaux.

Chaque État membre et la Commission nomment deux membres du comité.

*Article III-218*

La Commission consacre, dans son rapport annuel au Parlement européen, un chapitre spécial à l'évolution de la situation sociale dans l'Union.

Le Parlement européen peut inviter la Commission à établir des rapports sur des problèmes particuliers concernant la situation sociale.

*Article III-219*

1. Afin d'améliorer les possibilités d'emploi des travailleurs dans le marché intérieur et de contribuer ainsi au relèvement du niveau de vie, il est institué un Fonds social européen, qui vise à promouvoir à l'intérieur de l'Union les facilités d'emploi et la mobilité géographique et professionnelle des travailleurs, ainsi qu'à faciliter l'adaptation aux mutations industrielles et à l'évolution des systèmes de production, notamment par la formation et la reconversion professionnelles.

2. La Commission administre le Fonds. Elle est assistée dans cette tâche par un comité présidé par un membre de la Commission et composé de représentants des États membres et des organisations syndicales de travailleurs et d'employeurs.

3. La loi européenne établit les mesures d'application relatives au Fonds. Elle est adoptée après consultation du Comité des régions et du Comité économique et social.

## *SECTION 3*

## COHÉSION ÉCONOMIQUE, SOCIALE ET TERRITORIALE

### *Article III-220*

Afin de promouvoir un développement harmonieux de l'ensemble de l'Union, celle-ci développe et poursuit son action tendant au renforcement de sa cohésion économique, sociale et territoriale.

En particulier, l'Union vise à réduire l'écart entre les niveaux de développement des diverses régions et le retard des régions les moins favorisées.

Parmi les régions concernées, une attention particulière est accordée aux zones rurales, aux zones où s'opère une transition industrielle et aux régions qui souffrent de handicaps naturels ou démographiques graves et permanents telles que les régions les plus septentrionales à très faible densité de population et les régions insulaires, transfrontalières et de montagne.

### *Article III-221*

Les États membres conduisent leur politique économique et la coordonnent en vue également d'atteindre les objectifs visés à l'article III-220. La formulation et la mise en œuvre des politiques et actions de l'Union ainsi que la mise en œuvre du marché intérieur prennent en compte ces objectifs et participent à leur réalisation. L'Union soutient aussi cette réalisation par l'action qu'elle mène au travers des fonds à finalité structurelle (Fonds européen d'orientation et de garantie agricole, section «orientation»; Fonds social européen; Fonds européen de développement régional), de la Banque européenne d'investissement et des autres instruments financiers existants.

La Commission présente au Parlement européen, au Conseil, au Comité des régions et au Comité économique et social, tous les trois ans, un rapport sur les progrès accomplis dans la réalisation de la cohésion économique, sociale et territoriale et sur la façon dont les divers moyens prévus au présent article y ont contribué. Ce rapport est, le cas échéant, assorti des propositions appropriées.

La loi ou loi-cadre européenne peut établir toute mesure spécifique en dehors des fonds, sans préjudice des mesures adoptées dans le cadre des autres politiques de l'Union. Elle est adoptée après consultation du Comité des régions et du Comité économique et social.

*Article III-222*

Le Fonds européen de développement régional est destiné à contribuer à la correction des principaux déséquilibres régionaux dans l'Union par une participation au développement et à l'ajustement structurel des régions en retard de développement et à la reconversion des régions industrielles en déclin.

*Article III-223*

1. Sans préjudice de l'article III-224, la loi européenne définit les missions, les objectifs prioritaires et l'organisation des fonds à finalité structurelle, ce qui peut comporter le regroupement des fonds, les règles générales applicables aux fonds, ainsi que les dispositions nécessaires pour assurer leur efficacité et la coordination des fonds entre eux et avec les autres instruments financiers existants.

Un Fonds de cohésion, créé par la loi européenne, contribue financièrement à la réalisation de projets dans le domaine de l'environnement et dans celui des réseaux transeuropéens en matière d'infrastructure des transports.

Dans tous les cas, la loi européenne est adoptée après consultation du Comité des régions et du Comité économique et social.

2. Les premières dispositions relatives aux fonds à finalité structurelle et au Fonds de cohésion adoptées à la suite de celles en vigueur à la date de la signature du traité établissant une Constitution pour l'Europe sont établies par une loi européenne du Conseil. Le Conseil statue à l'unanimité, après approbation du Parlement européen.

*Article III-224*

La loi européenne établit les mesures d'application relatives au Fonds européen de développement régional. Elle est adoptée après consultation du Comité des régions et du Comité économique et social.

En ce qui concerne le Fonds européen d'orientation et de garantie agricole, section «orientation», et le Fonds social européen, l'article III-231 et l'article III-219, paragraphe 3, sont respectivement d'application.

## *SECTION 4*

## AGRICULTURE ET PÊCHE

*Article III-225*

L'Union définit et met en œuvre une politique commune de l'agriculture et de la pêche.

Par «produits agricoles», on entend les produits du sol, de l'élevage et de la pêcherie, ainsi que les produits de première transformation qui sont en rapport direct avec ces produits. Les références à la politique agricole commune ou à l'agriculture et l'utilisation du terme «agricole» s'entendent comme visant aussi la pêche, eu égard aux caractéristiques particulières de ce secteur.

*Article III-226*

1. Le marché intérieur s'étend à l'agriculture et au commerce des produits agricoles.

2. Sauf dispositions contraires des articles III-227 à III-232, les règles prévues pour l'établissement ou le fonctionnement du marché intérieur sont applicables aux produits agricoles.

3. Les produits énumérés à l'annexe I relèvent des articles III-227 à III-232.

4. Le fonctionnement et le développement du marché intérieur pour les produits agricoles doivent s'accompagner d'une politique agricole commune.

*Article III-227*

1. La politique agricole commune a pour but:

a) d'accroître la productivité de l'agriculture en développant le progrès technique et en assurant le développement rationnel de la production agricole ainsi qu'un emploi optimum des facteurs de production, notamment de la main-d'œuvre;

b) d'assurer ainsi un niveau de vie équitable à la population agricole, notamment par le relèvement du revenu individuel de ceux qui travaillent dans l'agriculture;

c) de stabiliser les marchés;

d) de garantir la sécurité des approvisionnements;

e) d'assurer des prix raisonnables dans les livraisons aux consommateurs.

2. Dans l'élaboration de la politique agricole commune et des méthodes spéciales qu'elle peut impliquer, il est tenu compte:

a) du caractère particulier de l'activité agricole, découlant de la structure sociale de l'agriculture et des disparités structurelles et naturelles entre les diverses régions agricoles;

b) de la nécessité d'opérer graduellement les ajustements opportuns;

c) du fait que, dans les États membres, l'agriculture constitue un secteur intimement lié à l'ensemble de l'économie.

*Article III-228*

1. En vue d'atteindre les objectifs visés à l'article III-227, il est établi une organisation commune des marchés agricoles.

Suivant les produits, cette organisation prend l'une des formes ci-après:

a) des règles communes en matière de concurrence;

b) une coordination obligatoire des diverses organisations nationales de marché;

c) une organisation européenne du marché.

2. L'organisation commune sous une des formes prévues au paragraphe 1 peut comporter toutes les mesures nécessaires pour atteindre les objectifs visés à l'article III-227, notamment des réglementations des prix, des subventions tant à la production qu'à la commercialisation des différents produits, des systèmes de stockage et de report et des mécanismes communs de stabilisation à l'importation ou à l'exportation.

Elle doit se limiter à poursuivre les objectifs visés à l'article III-227 et doit exclure toute discrimination entre producteurs ou consommateurs de l'Union.

Une politique commune éventuelle des prix doit être fondée sur des critères communs et sur des méthodes de calcul uniformes.

3. Afin de permettre à l'organisation commune visée au paragraphe 1 d'atteindre ses objectifs, il peut être créé un ou plusieurs Fonds d'orientation et de garantie agricole.

*Article III-229*

Pour permettre d'atteindre les objectifs visés à l'article III-227, il peut notamment être prévu dans le cadre de la politique agricole commune:

a) une coordination efficace des efforts entrepris dans les domaines de la formation professionnelle, de la recherche et de la vulgarisation agronomique, pouvant comporter des projets ou institutions financés en commun;

b) des actions communes pour le développement de la consommation de certains produits.

*Article III-230*

1. La section relative aux règles de concurrence n'est applicable à la production et au commerce des produits agricoles que dans la mesure déterminée par la loi ou loi-cadre européenne conformément à l'article III-231, paragraphe 2, compte tenu des objectifs visés à l'article III-227.

2. Le Conseil, sur proposition de la Commission, peut adopter un règlement européen ou une décision européenne autorisant l'octroi d'aides:

a) pour la protection des exploitations défavorisées par des conditions structurelles ou naturelles;

b) dans le cadre de programmes de développement économique.

*Article III-231*

1. La Commission présente des propositions en ce qui concerne l'élaboration et la mise en œuvre de la politique agricole commune, y compris la substitution aux organisations nationales de l'une des formes d'organisation commune prévues à l'article III-228, paragraphe 1, ainsi que la mise en œuvre des mesures visées à la présente section.

Ces propositions tiennent compte de l'interdépendance des questions agricoles visées à la présente section.

2. La loi ou loi-cadre européenne établit l'organisation commune des marchés agricoles prévue à l'article III-228, paragraphe 1, ainsi que les autres dispositions nécessaires à la poursuite des objectifs de la politique commune de l'agriculture et de la pêche. Elle est adoptée après consultation du Comité économique et social.

3. Le Conseil, sur proposition de la Commission, adopte les règlements ou décisions européens relatifs à la fixation des prix, des prélèvements, des aides et des limitations quantitatives, ainsi qu'à la fixation et à la répartition des possibilités de pêche.

4. L'organisation commune prévue à l'article III-228, paragraphe 1, peut être substituée aux organisations nationales du marché, dans les conditions prévues au paragraphe 2:

a) si l'organisation commune offre aux États membres opposés à cette mesure et disposant eux-mêmes d'une organisation nationale pour la production en cause des garanties équivalentes pour l'emploi et le niveau de vie des producteurs intéressés, compte tenu du rythme des adaptations possibles et des spécialisations nécessaires, et

b) si cette organisation assure aux échanges à l'intérieur de l'Union des conditions analogues à celles qui existent dans un marché national.

5. S'il est créé une organisation commune pour certaines matières premières, sans qu'il n'existe encore une organisation commune pour les produits de transformation correspondants, les matières premières en cause utilisées pour les produits de transformation destinés à l'exportation vers les pays tiers peuvent être importées de l'extérieur de l'Union.

*Article III-232*

Lorsque, dans un État membre, un produit fait l'objet d'une organisation nationale du marché ou de toute réglementation interne d'effet équivalent affectant la position concurrentielle d'une production similaire dans un autre État membre, une taxe compensatoire à l'entrée est appliquée par les États membres à ce produit en provenance de l'État membre où l'organisation ou la réglementation existe, à moins que cet État n'applique une taxe compensatoire à la sortie.

La Commission adopte des règlements ou décisions européens fixant le montant de ces taxes dans la mesure nécessaire pour rétablir l'équilibre. Elle peut également autoriser le recours à d'autres mesures dont elle définit les conditions et modalités.

## *SECTION 5*

## ENVIRONNEMENT

### *Article III-233*

1. La politique de l'Union dans le domaine de l'environnement contribue à la poursuite des objectifs suivants:

a) la préservation, la protection et l'amélioration de la qualité de l'environnement;

b) la protection de la santé des personnes;

c) l'utilisation prudente et rationnelle des ressources naturelles;

d) la promotion, sur le plan international, de mesures destinées à faire face aux problèmes régionaux ou planétaires de l'environnement.

2. La politique de l'Union dans le domaine de l'environnement vise un niveau de protection élevé, en tenant compte de la diversité des situations dans les différentes régions de l'Union. Elle est fondée sur les principes de précaution et d'action préventive, sur le principe de la correction, par priorité à la source, des atteintes à l'environnement et sur le principe du pollueur-payeur.

Dans ce contexte, les mesures d'harmonisation répondant aux exigences en matière de protection de l'environnement comportent, dans les cas appropriés, une clause de sauvegarde autorisant les États membres à prendre, pour des motifs environnementaux non économiques, des dispositions provisoires soumises à une procédure de contrôle par l'Union.

3. Dans l'élaboration de sa politique dans le domaine de l'environnement, l'Union tient compte:

a) des données scientifiques et techniques disponibles;

b) des conditions de l'environnement dans les diverses régions de l'Union;

c) des avantages et des charges qui peuvent résulter de l'action ou de l'absence d'action;

d) du développement économique et social de l'Union dans son ensemble et du développement équilibré de ses régions.

4. Dans le cadre de leurs compétences respectives, l'Union et les États membres coopèrent avec les pays tiers et les organisations internationales compétentes. Les modalités de la coopération de l'Union peuvent faire l'objet d'accords entre celle-ci et les tierces parties concernées.

Le premier alinéa ne préjuge pas la compétence des États membres pour négocier dans les instances internationales et conclure des accords internationaux.

*Article III-234*

1. La loi ou loi-cadre européenne établit les actions à entreprendre pour réaliser les objectifs visés à l'article III-233. Elle est adoptée après consultation du Comité des régions et du Comité économique et social.

2. Par dérogation au paragraphe 1 et sans préjudice de l'article III-172, le Conseil adopte à l'unanimité des lois ou lois-cadres européennes établissant:

a) des dispositions essentiellement de nature fiscale;

b) les mesures affectant:

i) l'aménagement du territoire;

ii) la gestion quantitative des ressources hydriques ou touchant directement ou indirectement la disponibilité desdites ressources;

iii) l'affectation des sols, à l'exception de la gestion des déchets;

c) les mesures affectant sensiblement le choix d'un État membre entre différentes sources d'énergie et la structure générale de son approvisionnement énergétique.

Le Conseil, sur proposition de la Commission, peut adopter à l'unanimité une décision européenne pour rendre la procédure législative ordinaire applicable aux domaines visés au premier alinéa.

Dans tous les cas, le Conseil statue après consultation du Parlement européen, du Comité des régions et du Comité économique et social.

3. La loi européenne établit des programmes d'action à caractère général qui fixent les objectifs prioritaires à atteindre. Elle est adoptée après consultation du Comité des régions et du Comité économique et social.

Les mesures nécessaires à la mise en œuvre de ces programmes sont adoptées conformément aux conditions prévues au paragraphe 1 ou 2, selon le cas.

4. Sans préjudice de certaines mesures adoptées par l'Union, les États membres assurent le financement et l'exécution de la politique en matière d'environnement.

5. Sans préjudice du principe du pollueur-payeur, lorsqu'une mesure fondée sur le paragraphe 1 implique des coûts jugés disproportionnés pour les pouvoirs publics d'un État membre, cette mesure prévoit sous une forme appropriée:

a) des dérogations temporaires, et/ou

b) un soutien financier du Fonds de cohésion.

6. Les mesures de protection adoptées en vertu du présent article ne font pas obstacle au maintien et à l'établissement, par chaque État membre, de mesures de protection renforcées. Ces mesures doivent être compatibles avec la Constitution. Elles sont notifiées à la Commission.

## *SECTION 6*

## PROTECTION DES CONSOMMATEURS

### *Article III-235*

1. Afin de promouvoir les intérêts des consommateurs et d'assurer un niveau élevé de protection des consommateurs, l'Union contribue à la protection de la santé, de la sécurité et des intérêts économiques des consommateurs, ainsi qu'à la promotion de leur droit à l'information, à l'éducation et à s'organiser afin de préserver leurs intérêts.

2. L'Union contribue à la réalisation des objectifs visés au paragraphe 1 par:

a) des mesures adoptées en application de l'article III-172 dans le cadre de l'établissement ou du fonctionnement du marché intérieur;

b) des mesures qui appuient et complètent la politique menée par les États membres, et en assurent le suivi.

3. La loi ou loi-cadre européenne établit les mesures visées au paragraphe 2, point b). Elle est adoptée après consultation du Comité économique et social.

4. Les actes adoptés en application du paragraphe 3 ne peuvent empêcher un État membre de maintenir ou d'établir des dispositions de protection plus strictes. Ces dispositions doivent être compatibles avec la Constitution. Elles sont notifiées à la Commission.

## *SECTION 7*

## TRANSPORTS

### *Article III-236*

1. Les objectifs de la Constitution sont poursuivis, en ce qui concerne la matière régie par la présente section, dans le cadre d'une politique commune des transports.

2. La loi ou loi-cadre européenne met en œuvre le paragraphe 1, en tenant compte des aspects spéciaux des transports. Elle est adoptée après consultation du Comité des régions et du Comité économique et social.

La loi ou loi-cadre européenne établit:

a) des règles communes applicables aux transports internationaux exécutés au départ ou à destination du territoire d'un État membre, ou traversant le territoire d'un ou de plusieurs États membres;

b) les conditions d'admission de transporteurs non résidents aux transports nationaux dans un État membre;

c) les mesures permettant d'améliorer la sécurité des transports;

d) toute autre mesure utile.

3. Lors de l'adoption de la loi ou loi-cadre européenne visée au paragraphe 2, il est tenu compte des cas où son application serait susceptible d'affecter gravement le niveau de vie et l'emploi dans certaines régions, ainsi que l'exploitation des équipements de transport.

*Article III-237*

Jusqu'à l'adoption de la loi ou loi-cadre européenne visée à l'article III-236, paragraphe 2, et sauf adoption à l'unanimité d'une décision européenne du Conseil accordant une dérogation, aucun État membre ne peut rendre moins favorables, dans leur effet direct ou indirect à l'égard des transporteurs des autres États membres par rapport aux transporteurs nationaux, les dispositions diverses régissant la matière au 1er janvier 1958 ou, pour les États adhérents, à la date de leur adhésion.

*Article III-238*

Sont compatibles avec la Constitution les aides qui répondent aux besoins de la coordination des transports ou qui correspondent au remboursement de certaines servitudes inhérentes à la notion de service public.

*Article III-239*

Toute mesure dans le domaine des prix et conditions de transport, adoptée dans le cadre de la Constitution, doit tenir compte de la situation économique des transporteurs.

*Article III-240*

1. Dans le trafic à l'intérieur de l'Union, sont interdites les discriminations qui consistent en l'application par un transporteur, pour les mêmes marchandises sur les mêmes relations de trafic, de prix et conditions de transport différents en raison de l'État membre d'origine ou de destination des produits transportés.

2. Le paragraphe 1 n'exclut pas que d'autres lois ou lois-cadres européennes puissent être adoptées en application de l'article III-236, paragraphe 2.

3. Le Conseil, sur proposition de la Commission, adopte des règlements ou décisions européens assurant la mise en œuvre du paragraphe 1. Il statue après consultation du Parlement européen et du Comité économique et social.

Il peut notamment adopter les règlements et décisions européens nécessaires pour permettre aux institutions de veiller au respect de la règle visée au paragraphe 1 et pour en assurer l'entier bénéfice aux usagers.

4. La Commission, de sa propre initiative ou à la demande d'un État membre, examine les cas de discrimination visés au paragraphe 1 et, après consultation de tout État membre intéressé, adopte, dans le cadre des règlements et décisions européens visés au paragraphe 3, les décisions européennes nécessaires.

*Article III-241*

1. L'application imposée par un État membre, aux transports exécutés à l'intérieur de l'Union, de prix et conditions comportant tout élément de soutien ou de protection dans l'intérêt d'une ou de plusieurs entreprises ou industries particulières est interdite, sauf si elle est autorisée par une décision européenne de la Commission.

2. La Commission, de sa propre initiative ou à la demande d'un État membre, examine les prix et conditions visés au paragraphe 1 en tenant compte, notamment, d'une part, des exigences d'une politique économique régionale appropriée, des besoins des régions sous-développées, ainsi que des problèmes des régions gravement affectées par les circonstances politiques et, d'autre part, des effets de ces prix et conditions sur la concurrence entre les modes de transport.

Après consultation de tout État membre intéressé, elle adopte les décisions européennes nécessaires.

3. L'interdiction visée au paragraphe 1 ne s'applique pas aux tarifs de concurrence.

*Article III-242*

Les taxes ou redevances qui, indépendamment des prix de transport, sont perçues par un transporteur au passage des frontières ne doivent pas dépasser un niveau raisonnable, compte tenu des frais réels effectivement entraînés par ce passage.

Les États membres s'efforcent de réduire ces frais.

La Commission peut adresser aux États membres des recommandations en vue de l'application du présent article.

*Article III-243*

Les dispositions de la présente section ne font pas obstacle aux mesures prises dans la République fédérale d'Allemagne, pour autant qu'elles soient nécessaires pour compenser les désavantages économiques causés, par la division de l'Allemagne, à l'économie de certaines régions de la République fédérale affectées par cette division. Cinq ans après l'entrée en vigueur du traité établissant une Constitution pour l'Europe, le Conseil, sur proposition de la Commission, peut adopter une décision européenne abrogeant le présent article.

*Article III-244*

Un comité de caractère consultatif, composé d'experts désignés par les gouvernements des États membres, est institué auprès de la Commission. Celle-ci le consulte chaque fois qu'elle le juge utile en matière de transports.

*Article III-245*

1. La présente section s'applique aux transports par chemin de fer, par route et par voie navigable.

2. La loi ou loi-cadre européenne peut établir les mesures appropriées pour la navigation maritime et aérienne. Elle est adoptée après consultation du Comité des régions et du Comité économique et social.

*SECTION 8*

RÉSEAUX TRANSEUROPÉENS

*Article III-246*

1. En vue de contribuer à la réalisation des objectifs visés aux articles III-130 et III-220 et de permettre aux citoyens de l'Union, aux opérateurs économiques, ainsi qu'aux collectivités régionales et locales de bénéficier pleinement des avantages découlant de la mise en place d'un espace sans frontières intérieures, l'Union contribue à l'établissement et au développement de réseaux transeuropéens dans les secteurs des infrastructures du transport, des télécommunications et de l'énergie.

2. Dans le cadre d'un système de marchés ouverts et concurrentiels, l'action de l'Union vise à favoriser l'interconnexion et l'interopérabilité des réseaux nationaux ainsi que l'accès à ces réseaux. Elle tient compte en particulier de la nécessité de relier les régions insulaires, enclavées et périphériques aux régions centrales de l'Union.

*Article III-247*

1. Afin de réaliser les objectifs visés à l'article III-246, l'Union:

a) établit un ensemble d'orientations couvrant les objectifs, les priorités ainsi que les grandes lignes des actions envisagées dans le domaine des réseaux transeuropéens; ces orientations identifient des projets d'intérêt commun;

b) met en œuvre toute action qui peut s'avérer nécessaire pour assurer l'interopérabilité des réseaux, en particulier dans le domaine de l'harmonisation des normes techniques;

c) peut soutenir des projets d'intérêt commun soutenus par les États membres et définis dans le cadre des orientations visées au point a), en particulier sous forme d'études de faisabilité, de garanties d'emprunt ou de bonifications d'intérêts; l'Union peut également contribuer au financement, dans les États membres, de projets spécifiques en matière d'infrastructure des transports par le biais du Fonds de cohésion.

L'action de l'Union tient compte de la viabilité économique potentielle des projets.

2. La loi ou loi-cadre européenne établit les orientations et les autres mesures visées au paragraphe 1. Elle est adoptée après consultation du Comité des régions et du Comité économique et social.

Les orientations et projets d'intérêt commun qui concernent le territoire d'un État membre requièrent l'accord de l'État membre concerné.

3. Les États membres coordonnent entre eux, en liaison avec la Commission, les politiques menées au niveau national qui peuvent avoir un impact significatif sur la réalisation des objectifs visés à l'article III-246. La Commission peut prendre, en étroite collaboration avec les États membres, toute initiative utile pour promouvoir cette coordination.

4. L'Union peut coopérer avec les pays tiers pour promouvoir des projets d'intérêt commun et assurer l'interopérabilité des réseaux.

*SECTION 9*

## RECHERCHE ET DÉVELOPPEMENT TECHNOLOGIQUE ET ESPACE

### *Article III-248*

1. L'action de l'Union vise à renforcer ses bases scientifiques et technologiques, par la réalisation d'un espace européen de la recherche dans lequel les chercheurs, les connaissances scientifiques et les technologies circulent librement, à favoriser le développement de sa compétitivité, y compris celle de son industrie, ainsi qu'à promouvoir les actions de recherche jugées nécessaires au titre d'autres chapitres de la Constitution.

2. Aux fins visées au paragraphe 1, elle encourage dans l'ensemble de l'Union les entreprises, y compris les petites et moyennes entreprises, les centres de recherche et les universités dans leurs efforts de recherche et de développement technologique de haute qualité. Elle soutient leurs efforts de coopération, en visant tout particulièrement à permettre aux chercheurs de coopérer librement au-delà des frontières et aux entreprises d'exploiter les potentialités du marché intérieur à la faveur, notamment, de l'ouverture des marchés publics nationaux, de la définition de normes communes et de l'élimination des obstacles juridiques et fiscaux à cette coopération.

3. Toutes les actions de l'Union dans le domaine de la recherche et du développement technologique, y compris les actions de démonstration, sont décidées et mises en œuvre conformément à la présente section.

### *Article III-249*

Dans la poursuite des objectifs visés à l'article III-248, l'Union mène les actions suivantes, qui complètent les actions entreprises dans les États membres:

a) mise en œuvre de programmes de recherche, de développement technologique et de démonstration en promouvant la coopération avec et entre les entreprises, les centres de recherche et les universités;

b) promotion de la coopération en matière de recherche, de développement technologique et de démonstration de l'Union avec les pays tiers et les organisations internationales;

c) diffusion et valorisation des résultats des activités en matière de recherche, de développement technologique et de démonstration de l'Union;

d) stimulation de la formation et de la mobilité des chercheurs de l'Union.

*Article III-250*

1. L'Union et les États membres coordonnent leur action en matière de recherche et de développement technologique, afin d'assurer la cohérence réciproque des politiques nationales et de la politique de l'Union.

2. La Commission peut prendre, en étroite collaboration avec les États membres, toute initiative utile pour promouvoir la coordination visée au paragraphe 1, notamment des initiatives en vue d'établir des orientations et des indicateurs, d'organiser l'échange des meilleures pratiques et de préparer les éléments nécessaires à la surveillance et à l'évaluation périodiques. Le Parlement européen est pleinement informé.

*Article III-251*

1. La loi européenne établit le programme-cadre pluriannuel, dans lequel est repris l'ensemble des actions financées par l'Union. Elle est adoptée après consultation du Comité économique et social.

Le programme-cadre:

a) fixe les objectifs scientifiques et technologiques à réaliser par les actions visées à l'article III-249 et les priorités qui s'y attachent;

b) indique les grandes lignes de ces actions;

c) fixe le montant global maximum et les modalités de la participation financière de l'Union au programme-cadre, ainsi que les quotes-parts respectives de chacune des actions envisagées.

2. Le programme-cadre pluriannuel est adapté ou complété en fonction de l'évolution des situations.

3. Une loi européenne du Conseil établit les programmes spécifiques qui mettent en œuvre le programme-cadre pluriannuel à l'intérieur de chacune des actions. Chaque programme spécifique précise les modalités de sa réalisation, fixe sa durée et prévoit les moyens estimés nécessaires. La somme des montants estimés nécessaires, fixés par les programmes spécifiques, ne peut pas dépasser le montant global maximum fixé pour le programme-cadre et pour chaque action. Cette loi est adoptée après consultation du Parlement européen et du Comité économique et social.

4. En complément des actions prévues dans le programme-cadre pluriannuel, la loi européenne établit les mesures nécessaires à la mise en œuvre de l'espace européen de recherche. Elle est adoptée après consultation du Comité économique et social.

*Article III-252*

1. Pour la mise en œuvre du programme-cadre pluriannuel, la loi ou loi-cadre européenne établit:

a) les règles de participation des entreprises, des centres de recherche et des universités;

b) les règles applicables à la diffusion des résultats de la recherche.

La loi ou loi-cadre européenne est adoptée après consultation du Comité économique et social.

2. Dans la mise en œuvre du programme-cadre pluriannuel, la loi européenne peut établir des programmes complémentaires auxquels ne participent que certains États membres qui assurent leur financement, sous réserve d'une participation éventuelle de l'Union.

La loi européenne fixe les règles applicables aux programmes complémentaires, notamment en matière de diffusion des connaissances et d'accès d'autres États membres. Elle est adoptée après consultation du Comité économique et social et avec l'accord des États membres concernés.

3. Dans la mise en œuvre du programme-cadre pluriannuel, la loi européenne peut prévoir, en accord avec les États membres concernés, une participation à des programmes de recherche et de développement entrepris par plusieurs États membres, y compris la participation aux structures créées pour l'exécution de ces programmes.

La loi européenne est adoptée après consultation du Comité économique et social.

4. Dans la mise en œuvre du programme-cadre pluriannuel, l'Union peut prévoir une coopération en matière de recherche, de développement technologique et de démonstration de l'Union avec des pays tiers ou des organisations internationales.

Les modalités de cette coopération peuvent faire l'objet d'accords entre l'Union et les tierces parties concernées.

*Article III-253*

Le Conseil, sur proposition de la Commission, peut adopter des règlements ou des décisions européens visant à créer des entreprises communes ou toute autre structure nécessaire à la bonne exécution des programmes de recherche, de développement technologique et de démonstration de l'Union. Il statue après consultation du Parlement européen et du Comité économique et social.

*Article III-254*

1. Afin de favoriser le progrès scientifique et technique, la compétitivité industrielle et la mise en œuvre de ses politiques, l'Union élabore une politique spatiale européenne. À cette fin, elle peut promouvoir des initiatives communes, soutenir la recherche et le développement technologique et coordonner les efforts nécessaires pour l'exploration et l'utilisation de l'espace.

2. Pour contribuer à la réalisation des objectifs visés au paragraphe 1, la loi ou loi-cadre européenne établit les mesures nécessaires, qui peuvent prendre la forme d'un programme spatial européen.

3. L'Union établit toute liaison utile avec l'Agence spatiale européenne.

*Article III-255*

Au début de chaque année, la Commission présente un rapport au Parlement européen et au Conseil. Ce rapport porte notamment sur les activités menées en matière de recherche, de développement technologique et de diffusion des résultats durant l'année précédente et sur le programme de travail de l'année en cours.

SECTION 10

ÉNERGIE

*Article III-256*

1. Dans le cadre de l'établissement ou du fonctionnement du marché intérieur et en tenant compte de l'exigence de préserver et d'améliorer l'environnement, la politique de l'Union dans le domaine de l'énergie vise:

a) à assurer le fonctionnement du marché de l'énergie;

b) à assurer la sécurité de l'approvisionnement énergétique dans l'Union, et

c) à promouvoir l'efficacité énergétique et les économies d'énergie ainsi que le développement des énergies nouvelles et renouvelables.

2. Sans préjudice de l'application d'autres dispositions de la Constitution, la loi ou loi-cadre européenne établit les mesures nécessaires pour atteindre les objectifs visés au paragraphe 1. Elle est adoptée après consultation du Comité des régions et du Comité économique et social.

La loi ou loi-cadre européenne n'affecte pas le droit d'un État membre de déterminer les conditions d'exploitation de ses ressources énergétiques, son choix entre différentes sources d'énergie et la structure générale de son approvisionnement énergétique, sans préjudice de l'article III-234, paragraphe 2, point c).

3. Par dérogation au paragraphe 2, une loi ou loi-cadre européenne du Conseil établit les mesures qui y sont visées lorsqu'elles sont essentiellement de nature fiscale. Le Conseil statue à l'unanimité, après consultation du Parlement européen.

## CHAPITRE IV

## ESPACE DE LIBERTÉ, DE SÉCURITÉ ET DE JUSTICE

### SECTION 1

### DISPOSITIONS GÉNÉRALES

#### Article III-257

1. L'Union constitue un espace de liberté, de sécurité et de justice dans le respect des droits fondamentaux et des différents systèmes et traditions juridiques des États membres.

2. Elle assure l'absence de contrôles des personnes aux frontières intérieures et développe une politique commune en matière d'asile, d'immigration et de contrôle des frontières extérieures qui est fondée sur la solidarité entre États membres et qui est équitable à l'égard des ressortissants des pays tiers. Aux fins du présent chapitre, les apatrides sont assimilés aux ressortissants des pays tiers.

3. L'Union œuvre pour assurer un niveau élevé de sécurité par des mesures de prévention de la criminalité, du racisme et de la xénophobie, ainsi que de lutte contre ceux-ci, par des mesures de coordination et de coopération entre autorités policières et judiciaires et autres autorités compétentes, ainsi que par la reconnaissance mutuelle des décisions judiciaires en matière pénale et, si nécessaire, par le rapprochement des législations pénales.

4. L'Union facilite l'accès à la justice, notamment par le principe de reconnaissance mutuelle des décisions judiciaires et extrajudiciaires en matière civile.

#### Article III-258

Le Conseil européen définit les orientations stratégiques de la programmation législative et opérationnelle dans l'espace de liberté, de sécurité et de justice.

#### Article III-259

Les parlements nationaux veillent, à l'égard des propositions et initiatives législatives présentées dans le cadre des sections 4 et 5, au respect du principe de subsidiarité, conformément au protocole sur l'application des principes de subsidiarité et de proportionnalité.

#### Article III-260

Sans préjudice des articles III-360 à III-362, le Conseil, sur proposition de la Commission, peut adopter des règlements ou décisions européens établissant des modalités par lesquelles les États membres, en collaboration avec la Commission, procèdent à une évaluation objective et impartiale de la mise en œuvre, par les autorités des États membres, des politiques de l'Union visées au présent chapitre, en particulier afin de favoriser la pleine application du principe de reconnaissance mutuelle. Le Parlement européen et les parlements nationaux sont informés de la teneur et des résultats de cette évaluation.

*Article III-261*

Un comité permanent est institué au sein du Conseil afin d'assurer à l'intérieur de l'Union la promotion et le renforcement de la coopération opérationnelle en matière de sécurité intérieure. Sans préjudice de l'article III-344, il favorise la coordination de l'action des autorités compétentes des États membres. Les représentants des organes et organismes concernés de l'Union peuvent être associés aux travaux du comité. Le Parlement européen et les parlements nationaux sont tenus informés des travaux.

*Article III-262*

Le présent chapitre ne porte pas atteinte à l'exercice des responsabilités qui incombent aux États membres pour le maintien de l'ordre public et la sauvegarde de la sécurité intérieure.

*Article III-263*

Le Conseil adopte des règlements européens pour assurer une coopération administrative entre les services compétents des États membres dans les domaines visés par le présent chapitre, ainsi qu'entre ces services et la Commission. Il statue sur proposition de la Commission, sous réserve de l'article III-264, et après consultation du Parlement européen.

*Article III-264*

Les actes visés aux sections 4 et 5, ainsi que les règlements européens visés à l'article III-263 qui assurent une coopération administrative dans les domaines visés à ces sections, sont adoptés:

a) sur proposition de la Commission, ou

b) sur initiative d'un quart des États membres.

## *SECTION 2*

## POLITIQUES RELATIVES AUX CONTRÔLES AUX FRONTIÈRES, À L'ASILE ET À L'IMMIGRATION

*Article III-265*

1. L'Union développe une politique visant:

a) à assurer l'absence de tout contrôle des personnes, quelle que soit leur nationalité, lorsqu'elles franchissent les frontières intérieures;

b) à assurer le contrôle des personnes et la surveillance efficace du franchissement des frontières extérieures;

c) à mettre en place progressivement un système intégré de gestion des frontières extérieures.

2. Aux fins du paragraphe 1, la loi ou loi-cadre européenne établit les mesures portant sur:

a) la politique commune de visas et d'autres titres de séjour de courte durée;

b) les contrôles auxquels sont soumises les personnes franchissant les frontières extérieures;

c) les conditions dans lesquelles les ressortissants des pays tiers peuvent circuler librement dans l'Union pendant une courte durée;

d) toute mesure nécessaire pour l'établissement progressif d'un système intégré de gestion des frontières extérieures;

e) l'absence de contrôle des personnes, quelle que soit leur nationalité, lorsqu'elles franchissent les frontières intérieures.

3. Le présent article n'affecte pas la compétence des États membres concernant la délimitation géographique de leurs frontières, conformément au droit international.

*Article III-266*

1. L'Union développe une politique commune en matière d'asile, de protection subsidiaire et de protection temporaire visant à offrir un statut approprié à tout ressortissant d'un pays tiers nécessitant une protection internationale et à assurer le respect du principe de non-refoulement. Cette politique doit être conforme à la Convention de Genève du 28 juillet 1951 et au protocole du 31 janvier 1967 relatifs au statut des réfugiés, ainsi qu'aux autres traités pertinents.

2. Aux fins du paragraphe 1, la loi ou loi-cadre européenne établit les mesures relatives à un système européen commun d'asile comportant:

a) un statut uniforme d'asile en faveur de ressortissants de pays tiers, valable dans toute l'Union;

b) un statut uniforme de protection subsidiaire pour les ressortissants des pays tiers qui, sans obtenir l'asile européen, ont besoin d'une protection internationale;

c) un système commun visant, en cas d'afflux massif, une protection temporaire des personnes déplacées;

d) des procédures communes pour l'octroi et le retrait du statut uniforme d'asile ou de protection subsidiaire;

e) des critères et mécanismes de détermination de l'État membre responsable de l'examen d'une demande d'asile ou de protection subsidiaire;

f) des normes concernant les conditions d'accueil des demandeurs d'asile ou de protection subsidiaire;

g) le partenariat et la coopération avec des pays tiers pour gérer les flux de personnes demandant l'asile ou une protection subsidiaire ou temporaire.

3. Au cas où un ou plusieurs États membres se trouvent dans une situation d'urgence caractérisée par un afflux soudain de ressortissants de pays tiers, le Conseil, sur proposition de la Commission, peut adopter des règlements ou décisions européens comportant des mesures provisoires au profit du ou des États membres concernés. Il statue après consultation du Parlement européen.

*Article III-267*

1. L'Union développe une politique commune de l'immigration visant à assurer, à tous les stades, une gestion efficace des flux migratoires, un traitement équitable des ressortissants de pays tiers en séjour régulier dans les États membres, ainsi qu'une prévention de l'immigration illégale et de la traite des êtres humains et une lutte renforcée contre celles-ci.

2. Aux fins du paragraphe 1, la loi ou loi-cadre européenne établit les mesures dans les domaines suivants:

a) les conditions d'entrée et de séjour, ainsi que les normes concernant la délivrance par les États membres de visas et de titres de séjour de longue durée, y compris aux fins du regroupement familial;

b) la définition des droits des ressortissants des pays tiers en séjour régulier dans un État membre, y compris les conditions régissant la liberté de circulation et de séjour dans les autres États membres;

c) l'immigration clandestine et le séjour irrégulier, y compris l'éloignement et le rapatriement des personnes en séjour irrégulier;

d) la lutte contre la traite des êtres humains, en particulier des femmes et des enfants.

3. L'Union peut conclure avec des pays tiers des accords visant la réadmission, dans les pays d'origine ou de provenance, de ressortissants de pays tiers qui ne remplissent pas ou qui ne remplissent plus les conditions d'entrée, de présence ou de séjour sur le territoire de l'un des États membres.

4. La loi ou loi-cadre européenne peut établir des mesures pour encourager et appuyer l'action des États membres en vue de favoriser l'intégration des ressortissants de pays tiers en séjour régulier sur leur territoire, à l'exclusion de toute harmonisation des dispositions législatives et réglementaires des États membres.

5. Le présent article n'affecte pas le droit des États membres de fixer les volumes d'entrée des ressortissants de pays tiers, en provenance de pays tiers, sur leur territoire dans le but d'y rechercher un emploi salarié ou non salarié.

*Article III-268*

Les politiques de l'Union visées à la présente section et leur mise en œuvre sont régies par le principe de solidarité et de partage équitable de responsabilités entre les États membres, y compris sur le plan financier. Chaque fois que cela est nécessaire, les actes de l'Union adoptés en vertu de la présente section contiennent des mesures appropriées pour l'application de ce principe.

*SECTION 3*

COOPÉRATION JUDICIAIRE EN MATIÈRE CIVILE

*Article III-269*

1. L'Union développe une coopération judiciaire dans les matières civiles ayant une incidence transfrontière, fondée sur le principe de reconnaissance mutuelle des décisions judiciaires et extrajudiciaires. Cette coopération peut inclure l'adoption de mesures de rapprochement des dispositions législatives et réglementaires des États membres.

2. Aux fins du paragraphe 1, la loi ou loi-cadre européenne établit, notamment lorsque cela est nécessaire au bon fonctionnement du marché intérieur, des mesures visant à assurer:

a) la reconnaissance mutuelle entre les États membres des décisions judiciaires et extrajudiciaires, et leur exécution;

b) la signification et la notification transfrontières des actes judiciaires et extrajudiciaires;

c) la compatibilité des règles applicables dans les États membres en matière de conflit de lois et de compétence;

d) la coopération en matière d'obtention des preuves;

e) un accès effectif à la justice;

f) l'élimination des obstacles au bon déroulement des procédures civiles, au besoin en favorisant la compatibilité des règles de procédure civile applicables dans les États membres;

g) le développement de méthodes alternatives de résolution des litiges;

h) un soutien à la formation des magistrats et des personnels de justice.

3. Par dérogation au paragraphe 2, les mesures relatives au droit de la famille ayant une incidence transfrontière sont établies par une loi ou loi-cadre européenne du Conseil. Celui-ci statue à l'unanimité, après consultation du Parlement européen.

Le Conseil, sur proposition de la Commission, peut adopter une décision européenne déterminant les aspects du droit de la famille ayant une incidence transfrontière susceptibles de faire l'objet d'actes adoptés selon la procédure législative ordinaire. Le Conseil statue à l'unanimité, après consultation du Parlement européen.

*SECTION 4*

## COOPÉRATION JUDICIAIRE EN MATIÈRE PÉNALE

### *Article III-270*

1. La coopération judiciaire en matière pénale dans l'Union est fondée sur le principe de reconnaissance mutuelle des jugements et décisions judiciaires et inclut le rapprochement des dispositions législatives et réglementaires des États membres dans les domaines visés au paragraphe 2 et à l'article III-271.

La loi ou loi-cadre européenne établit les mesures visant:

a) à établir des règles et des procédures pour assurer la reconnaissance, dans l'ensemble de l'Union, de toutes les formes de jugements et de décisions judiciaires;

b) à prévenir et à résoudre les conflits de compétence entre les États membres;

c) à soutenir la formation des magistrats et des personnels de justice;

d) à faciliter la coopération entre les autorités judiciaires ou équivalentes des États membres dans le cadre des poursuites pénales et de l'exécution des décisions.

2. Dans la mesure où cela est nécessaire pour faciliter la reconnaissance mutuelle des jugements et décisions judiciaires, ainsi que la coopération policière et judiciaire dans les matières pénales ayant une dimension transfrontière, la loi-cadre européenne peut établir des règles minimales. Ces règles minimales tiennent compte des différences entre les traditions et systèmes juridiques des États membres.

Elles portent sur:

a) l'admissibilité mutuelle des preuves entre les États membres;

b) les droits des personnes dans la procédure pénale;

c) les droits des victimes de la criminalité;

d) d'autres éléments spécifiques de la procédure pénale, que le Conseil aura identifiés préalablement par une décision européenne; pour l'adoption de cette décision, le Conseil statue à l'unanimité, après approbation du Parlement européen.

L'adoption des règles minimales visées au présent paragraphe n'empêche pas les États membres de maintenir ou d'instituer un niveau de protection plus élevé pour les personnes.

3. Lorsqu'un membre du Conseil estime qu'un projet de loi-cadre européenne visée au paragraphe 2 porterait atteinte aux aspects fondamentaux de son système de justice pénale, il peut demander que le Conseil européen soit saisi. Dans ce cas, la procédure visée à l'article III-396 est suspendue. Après discussion et dans un délai de quatre mois à compter de cette suspension, le Conseil européen:

a) renvoie le projet au Conseil, ce qui met fin à la suspension de la procédure visée à l'article III-396, ou

b) demande à la Commission ou au groupe d'États membres dont émane le projet, d'en présenter un nouveau; dans ce cas, l'acte initialement proposé est réputé non adopté.

4. Si, à l'issue de la période visée au paragraphe 3, le Conseil européen n'a pas agi ou si, dans un délai de douze mois à compter de la présentation d'un nouveau projet au titre du paragraphe 3, point b), la loi-cadre européenne n'a pas été adoptée et qu'au moins un tiers des États membres souhaitent instaurer une coopération renforcée sur la base du projet de loi-cadre concerné, ils en informent le Parlement européen, le Conseil et la Commission.

Dans un tel cas, l'autorisation de procéder à une coopération renforcée, qui est visée à l'article I-44, paragraphe 2, et à l'article III-419, paragraphe 1, est réputée accordée et les dispositions relatives à la coopération renforcée s'appliquent.

*Article III-271*

1. La loi-cadre européenne peut établir des règles minimales relatives à la définition des infractions pénales et des sanctions dans des domaines de criminalité particulièrement grave revêtant une dimension transfrontière résultant du caractère ou des incidences de ces infractions ou d'un besoin particulier de les combattre sur des bases communes.

Ces domaines de criminalité sont les suivants: le terrorisme, la traite des êtres humains et l'exploitation sexuelle des femmes et des enfants, le trafic illicite de drogues, le trafic illicite d'armes, le blanchiment d'argent, la corruption, la contrefaçon de moyens de paiement, la criminalité informatique et la criminalité organisée.

En fonction des développements de la criminalité, le Conseil peut adopter une décision européenne identifiant d'autres domaines de criminalité qui remplissent les critères visés au présent paragraphe. Il statue à l'unanimité, après approbation du Parlement européen.

2. Lorsque le rapprochement des dispositions législatives et réglementaires des États membres en matière pénale s'avère indispensable pour assurer la mise en œuvre efficace d'une politique de l'Union dans un domaine ayant fait l'objet de mesures d'harmonisation, la loi-cadre européenne peut établir des règles minimales relatives à la définition des infractions pénales et des sanctions dans le domaine concerné. Elle est adoptée selon la même procédure que celle utilisée pour l'adoption des mesures d'harmonisation en question, sans préjudice de l'article III-264.

3. Lorsqu'un membre du Conseil estime qu'un projet de loi-cadre européenne visé au paragraphe 1 ou 2 porterait atteinte aux aspects fondamentaux de son système de justice pénale, il peut demander que le Conseil européen soit saisi. Dans ce cas, lorsque la procédure visée à l'article III-396 est applicable, elle est suspendue. Après discussion et dans un délai de quatre mois à compter de cette suspension, le Conseil européen:

a) renvoie le projet au Conseil, ce qui met fin à la suspension de la procédure visée à l'article III-396 lorsque celle-ci est applicable, ou

b) demande à la Commission ou au groupe d'États membres dont émane le projet, d'en présenter un nouveau; dans ce cas, l'acte initialement proposé est réputé non adopté.

4. Si, à l'issue de la période visée au paragraphe 3, le Conseil européen n'a pas agi ou si, dans un délai de douze mois à compter de la présentation d'un nouveau projet au titre du paragraphe 3, point b), la loi-cadre européenne n'a pas été adoptée et qu'au moins un tiers des États membres souhaite instaurer une coopération renforcée sur la base du projet de loi-cadre concerné, ils en informent le Parlement européen, le Conseil et la Commission.

Dans un tel cas, l'autorisation de procéder à une coopération renforcée visée à l'article I-44, paragraphe 2, et à l'article III-419, paragraphe 1, est réputée accordée et les dispositions relatives à la coopération renforcée s'appliquent.

*Article III-272*

La loi ou loi-cadre européenne peut établir des mesures pour encourager et appuyer l'action des États membres dans le domaine de la prévention du crime, à l'exclusion de toute harmonisation des dispositions législatives et réglementaires des États membres.

*Article III-273*

1. La mission d'Eurojust est d'appuyer et de renforcer la coordination et la coopération entre les autorités nationales chargées des enquêtes et des poursuites relatives à la criminalité grave affectant deux ou plusieurs États membres ou exigeant une poursuite sur des bases communes, sur la base des opérations effectuées et des informations fournies par les autorités des États membres et par Europol.

À cet égard, la loi européenne détermine la structure, le fonctionnement, le domaine d'action et les tâches d'Eurojust. Ces tâches peuvent comprendre:

a) le déclenchement d'enquêtes pénales ainsi que la proposition de déclenchement de poursuites conduites par les autorités nationales compétentes, en particulier celles relatives à des infractions portant atteinte aux intérêts financiers de l'Union;

b) la coordination des enquêtes et poursuites visées au point a);

c) le renforcement de la coopération judiciaire, y compris par la résolution de conflits de compétences et par une coopération étroite avec le Réseau judiciaire européen.

La loi européenne fixe également les modalités de l'association du Parlement européen et des parlements nationaux à l'évaluation des activités d'Eurojust.

2. Dans le cadre des poursuites visées au paragraphe 1, et sans préjudice de l'article III-274, les actes officiels de procédure judiciaire sont accomplis par les agents nationaux compétents.

*Article III-274*

1. Pour combattre les infractions portant atteinte aux intérêts financiers de l'Union, une loi européenne du Conseil peut instituer un Parquet européen à partir d'Eurojust. Le Conseil statue à l'unanimité, après approbation du Parlement européen.

2. Le Parquet européen est compétent pour rechercher, poursuivre et renvoyer en jugement, le cas échéant en liaison avec Europol, les auteurs et complices d'infractions portant atteinte aux intérêts financiers de l'Union, tels que déterminés par la loi européenne prévue au paragraphe 1. Il exerce devant les juridictions compétentes des États membres l'action publique relative à ces infractions.

3. La loi européenne visée au paragraphe 1 fixe le statut du Parquet européen, les conditions d'exercice de ses fonctions, les règles de procédure applicables à ses activités, ainsi que celles gouvernant l'admissibilité des preuves, et les règles applicables au contrôle juridictionnel des actes de procédure qu'il arrête dans l'exercice de ses fonctions.

4. Le Conseil européen peut, simultanément ou ultérieurement, adopter une décision européenne modifiant le paragraphe 1 afin d'étendre les attributions du Parquet européen à la lutte contre la criminalité grave ayant une dimension transfrontière et modifiant en conséquence le paragraphe 2 en ce qui concerne les auteurs et les complices de crimes graves affectant plusieurs États membres. Le Conseil européen statue à l'unanimité, après approbation du Parlement européen et après consultation de la Commission.

*SECTION 5*

COOPÉRATION POLICIÈRE

*Article III-275*

1. L'Union développe une coopération policière qui associe toutes les autorités compétentes des États membres, y compris les services de police, les services des douanes et autres services répressifs spécialisés dans les domaines de la prévention ou de la détection des infractions pénales et des enquêtes en la matière.

2. Aux fins du paragraphe 1, la loi ou loi-cadre européenne peut établir des mesures portant sur:

a) la collecte, le stockage, le traitement, l'analyse et l'échange d'informations pertinentes;

b) un soutien à la formation de personnel, ainsi que la coopération relative à l'échange de personnel, aux équipements et à la recherche en criminalistique;

c) les techniques communes d'enquête concernant la détection de formes graves de criminalité organisée.

3. Une loi ou loi-cadre européenne du Conseil peut établir des mesures portant sur la coopération opérationnelle entre les autorités visées au présent article. Le Conseil statue à l'unanimité, après consultation du Parlement européen.

*Article III-276*

1. La mission d'Europol est d'appuyer et de renforcer l'action des autorités policières et des autres services répressifs des États membres ainsi que leur collaboration mutuelle dans la prévention de la criminalité grave affectant deux ou plusieurs États membres, du terrorisme et des formes de criminalité qui portent atteinte à un intérêt commun qui fait l'objet d'une politique de l'Union, ainsi que la lutte contre ceux-ci.

2. La loi européenne détermine la structure, le fonctionnement, le domaine d'action et les tâches d'Europol. Ces tâches peuvent comprendre:

a) la collecte, le stockage, le traitement, l'analyse et l'échange des informations, transmises notamment par les autorités des États membres ou de pays ou instances tiers;

b) la coordination, l'organisation et la réalisation d'enquêtes et d'actions opérationnelles, menées conjointement avec les autorités compétentes des États membres ou dans le cadre d'équipes conjointes d'enquête, le cas échéant en liaison avec Eurojust.

La loi européenne fixe également les modalités de contrôle des activités d'Europol par le Parlement européen, contrôle auquel sont associés les parlements nationaux.

3. Toute action opérationnelle d'Europol doit être menée en liaison et en accord avec les autorités du ou des États membres dont le territoire est concerné. L'application de mesures de contrainte relève exclusivement des autorités nationales compétentes.

*Article III-277*

Une loi ou loi-cadre européenne du Conseil fixe les conditions et les limites dans lesquelles les autorités compétentes des États membres visées aux articles III-270 et III-275 peuvent intervenir sur le territoire d'un autre État membre en liaison et en accord avec les autorités de celui-ci. Le Conseil statue à l'unanimité, après consultation du Parlement européen.

## *CHAPITRE V*

## DOMAINES OÙ L'UNION PEUT DÉCIDER DE MENER UNE ACTION D'APPUI, DE COORDINATION OU DE COMPLÉMENT

### *SECTION 1*

### SANTÉ PUBLIQUE

#### *Article III-278*

1. Un niveau élevé de protection de la santé humaine est assuré dans la définition et la mise en œuvre de toutes les politiques et actions de l'Union.

L'action de l'Union, qui complète les politiques nationales, porte sur l'amélioration de la santé publique, ainsi que la prévention des maladies et affections humaines, et des causes de danger pour la santé physique et mentale. Cette action comprend également:

a) la lutte contre les grands fléaux, en favorisant la recherche sur leurs causes, leur transmission et leur prévention ainsi que l'information et l'éducation en matière de santé;

b) la surveillance de menaces transfrontières graves sur la santé, l'alerte en cas de telles menaces et la lutte contre celles-ci.

L'Union complète l'action menée par les États membres en vue de réduire les effets nocifs de la drogue sur la santé, y compris par l'information et la prévention.

2. L'Union encourage la coopération entre les États membres dans les domaines visés au présent article et, si nécessaire, elle appuie leur action. Elle encourage en particulier la coopération entre les États membres visant à améliorer la complémentarité de leurs services de santé dans les régions frontalières.

Les États membres coordonnent entre eux, en liaison avec la Commission, leurs politiques et programmes dans les domaines visés au paragraphe 1. La Commission peut prendre, en contact étroit avec les États membres, toute initiative utile pour promouvoir cette coordination, notamment des initiatives en vue d'établir des orientations et des indicateurs, d'organiser l'échange des meilleures pratiques et de préparer les éléments nécessaires à la surveillance et à l'évaluation périodiques. Le Parlement européen est pleinement informé.

3. L'Union et les États membres favorisent la coopération avec les pays tiers et les organisations internationales compétentes en matière de santé publique.

4. Par dérogation à l'article I-12, paragraphe 5, et à l'article I-17, point a), et conformément à l'article I-14, paragraphe 2, point k), la loi ou loi-cadre européenne contribue à la réalisation des objectifs visés au présent article en établissant les mesures ci-après afin de faire face aux enjeux communs de sécurité:

a) des mesures fixant des normes élevées de qualité et de sécurité des organes et substances d'origine humaine, du sang et des dérivés du sang; ces mesures ne peuvent empêcher un État membre de maintenir ou d'établir des mesures de protection plus strictes;

b) des mesures dans les domaines vétérinaire et phytosanitaire ayant directement pour objectif la protection de la santé publique;

c) des mesures fixant des normes élevées de qualité et de sécurité des médicaments et des dispositifs à usage médical;

d) des mesures concernant la surveillance des menaces transfrontières graves sur la santé, l'alerte en cas de telles menaces et la lutte contre celles-ci.

La loi ou loi-cadre européenne est adoptée après consultation du Comité des régions et du Comité économique et social.

5. La loi ou loi-cadre européenne peut également établir des mesures d'encouragement visant à protéger et à améliorer la santé humaine et notamment à lutter contre les grands fléaux transfrontières, ainsi que des mesures ayant directement pour objectif la protection de la santé publique en ce qui concerne le tabac et l'abus d'alcool, à l'exclusion de toute harmonisation des dispositions législatives et réglementaires des États membres. Elle est adoptée après consultation du Comité des régions et du Comité économique et social.

6. Aux fins du présent article, le Conseil, sur proposition de la Commission, peut également adopter des recommandations.

7. L'action de l'Union est menée dans le respect des responsabilités des États membres en ce qui concerne la définition de leur politique de santé, ainsi que l'organisation et la fourniture de services de santé et de soins médicaux. Les responsabilités des États membres incluent la gestion de services de santé et de soins médicaux, ainsi que l'allocation des ressources qui leur sont affectées. Les mesures visées au paragraphe 4, point a), ne portent pas atteinte aux dispositions nationales relatives aux dons d'organes et de sang ou à leur utilisation à des fins médicales.

*SECTION 2*

INDUSTRIE

*Article III-279*

1. L'Union et les États membres veillent à ce que les conditions nécessaires à la compétitivité de l'industrie de l'Union soient assurées.

À cette fin, conformément à un système de marchés ouverts et concurrentiels, leur action vise à:

a) accélérer l'adaptation de l'industrie aux changements structurels;

b) encourager un environnement favorable à l'initiative et au développement des entreprises de l'ensemble de l'Union, notamment des petites et moyennes entreprises;

c) encourager un environnement favorable à la coopération entre entreprises;

d) favoriser une meilleure exploitation du potentiel industriel des politiques d'innovation, de recherche et de développement technologique.

2. Les États membres se consultent mutuellement, en liaison avec la Commission et, en tant que de besoin, coordonnent leurs actions. La Commission peut prendre toute initiative utile pour promouvoir cette coordination, notamment des initiatives en vue d'établir des orientations et des indicateurs, d'organiser l'échange des meilleures pratiques et de préparer les éléments nécessaires à la surveillance et à l'évaluation périodiques. Le Parlement européen est pleinement informé.

3. L'Union contribue à la réalisation des objectifs visés au paragraphe 1 au travers des politiques et actions qu'elle mène au titre d'autres dispositions de la Constitution. La loi ou la loi-cadre européenne peut établir des mesures spécifiques destinées à appuyer les actions menées dans les États membres afin de réaliser les objectifs visés au paragraphe 1, à l'exclusion de toute harmonisation des dispositions législatives et réglementaires des États membres. Elle est adoptée après consultation du Comité économique et social.

La présente section ne constitue pas une base pour l'introduction, par l'Union, de quelque mesure que ce soit pouvant entraîner des distorsions de concurrence ou comportant des dispositions fiscales ou relatives aux droits et intérêts des travailleurs salariés.

*SECTION 3*

CULTURE

*Article III-280*

1. L'Union contribue à l'épanouissement des cultures des États membres dans le respect de leur diversité nationale et régionale, tout en mettant en évidence l'héritage culturel commun.

2. L'action de l'Union vise à encourager la coopération entre États membres et, si nécessaire, à appuyer et à compléter leur action dans les domaines suivants:

a) l'amélioration de la connaissance et de la diffusion de la culture et de l'histoire des peuples européens;

b) la conservation et la sauvegarde du patrimoine culturel d'importance européenne;

c) les échanges culturels non commerciaux;

d) la création artistique et littéraire, y compris dans le secteur de l'audiovisuel.

3. L'Union et les États membres favorisent la coopération avec les pays tiers et les organisations internationales compétentes dans le domaine de la culture, en particulier avec le Conseil de l'Europe.

4. L'Union tient compte des aspects culturels dans son action au titre d'autres dispositions de la Constitution, afin notamment de respecter et de promouvoir la diversité de ses cultures.

5. Pour contribuer à la réalisation des objectifs visés au présent article:

a) la loi ou loi-cadre européenne établit des actions d'encouragement, à l'exclusion de toute harmonisation des dispositions législatives et réglementaires des États membres. Elle est adoptée après consultation du Comité des régions;

b) le Conseil, sur proposition de la Commission, adopte des recommandations.

## *SECTION 4*

## TOURISME

### *Article III-281*

1. L'Union complète l'action des États membres dans le secteur du tourisme, notamment en promouvant la compétitivité des entreprises de l'Union dans ce secteur.

À cette fin, l'action de l'Union vise:

a) à encourager la création d'un environnement favorable au développement des entreprises dans ce secteur;

b) à favoriser la coopération entre États membres, notamment par l'échange des bonnes pratiques.

2. La loi ou loi-cadre européenne établit les mesures particulières destinées à compléter les actions menées dans les États membres afin de réaliser les objectifs visés au présent article, à l'exclusion de toute harmonisation des dispositions législatives et réglementaires des États membres.

SECTION 5

## ÉDUCATION, JEUNESSE, SPORT ET FORMATION PROFESSIONNELLE

### *Article III-282*

1. L'Union contribue au développement d'une éducation de qualité en encourageant la coopération entre États membres et, si nécessaire, en appuyant et en complétant leur action. Elle respecte pleinement la responsabilité des États membres pour le contenu de l'enseignement et l'organisation du système éducatif ainsi que leur diversité culturelle et linguistique.

L'Union contribue à la promotion des enjeux européens du sport, tout en tenant compte de ses spécificités, de ses structures fondées sur le volontariat ainsi que de sa fonction sociale et éducative.

L'action de l'Union vise:

a) à développer la dimension européenne dans l'éducation, notamment par l'apprentissage et la diffusion des langues des États membres;

b) à favoriser la mobilité des étudiants et des enseignants, y compris en encourageant la reconnaissance académique des diplômes et des périodes d'études;

c) à promouvoir la coopération entre les établissements d'enseignement;

d) à développer l'échange d'informations et d'expériences sur les questions communes aux systèmes d'éducation des États membres;

e) à favoriser le développement des échanges de jeunes et d'animateurs socio-éducatifs et à encourager la participation des jeunes à la vie démocratique de l'Europe;

f) à encourager le développement de l'éducation à distance;

g) à développer la dimension européenne du sport, en promouvant l'équité et l'ouverture dans les compétitions sportives et la coopération entre les organismes responsables du sport, ainsi qu'en protégeant l'intégrité physique et morale des sportifs, notamment des jeunes sportifs.

2. L'Union et les États membres favorisent la coopération avec les pays tiers et les organisations internationales compétentes en matière d'éducation et de sport, en particulier avec le Conseil de l'Europe.

3. Pour contribuer à la réalisation des objectifs visés au présent article:

a) la loi ou loi-cadre européenne établit des actions d'encouragement, à l'exclusion de toute harmonisation des dispositions législatives et réglementaires des États membres. Elle est adoptée après consultation du Comité des régions et du Comité économique et social;

b) le Conseil, sur proposition de la Commission, adopte des recommandations.

*Article III-283*

1. L'Union met en œuvre une politique de formation professionnelle, qui appuie et complète les actions des États membres, tout en respectant pleinement la responsabilité des États membres pour le contenu et l'organisation de la formation professionnelle.

L'action de l'Union vise:

a) à faciliter l'adaptation aux mutations industrielles, notamment par la formation et la reconversion professionnelle;

b) à améliorer la formation professionnelle initiale et la formation continue afin de faciliter l'insertion et la réinsertion professionnelle sur le marché du travail;

c) à faciliter l'accès à la formation professionnelle et à favoriser la mobilité des formateurs et des personnes en formation, notamment des jeunes;

d) à stimuler la coopération en matière de formation entre établissements d'enseignement ou de formation professionnelle et entreprises;

e) à développer l'échange d'informations et d'expériences sur les questions communes aux systèmes de formation des États membres.

2. L'Union et les États membres favorisent la coopération avec les pays tiers et les organisations internationales compétentes en matière de formation professionnelle.

3. Pour contribuer à la réalisation des objectifs visés au présent article:

a) la loi ou loi-cadre européenne établit les mesures nécessaires, à l'exclusion de toute harmonisation des dispositions législatives et réglementaires des États membres. Elle est adoptée après consultation du Comité des régions et du Comité économique et social;

b) le Conseil, sur proposition de la Commission, adopte des recommandations.

*SECTION 6*

PROTECTION CIVILE

*Article III-284*

1. L'Union encourage la coopération entre les États membres afin de renforcer l'efficacité des systèmes de prévention des catastrophes naturelles ou d'origine humaine et de protection contre celles-ci.

L'action de l'Union vise:

a) à soutenir et à compléter l'action des États membres aux niveaux national, régional et local portant sur la prévention des risques, sur la préparation des acteurs de la protection civile dans les

États membres et sur l'intervention en cas de catastrophes naturelles ou d'origine humaine à l'intérieur de l'Union;

b) à promouvoir une coopération opérationnelle rapide et efficace à l'intérieur de l'Union entre les services de protection civile nationaux;

c) à favoriser la cohérence des actions entreprises au niveau international en matière de protection civile.

2. La loi ou loi-cadre européenne établit les mesures nécessaires pour contribuer à la réalisation des objectifs visés au paragraphe 1, à l'exclusion de toute harmonisation des dispositions législatives et réglementaires des États membres.

### *SECTION 7*

### COOPÉRATION ADMINISTRATIVE

#### *Article III-285*

1. La mise en œuvre effective du droit de l'Union par les États membres, qui est essentielle au bon fonctionnement de l'Union, est considérée comme une question d'intérêt commun.

2. L'Union peut appuyer les efforts des États membres pour améliorer leur capacité administrative à mettre en œuvre le droit de l'Union. Cette action peut consister notamment à faciliter les échanges d'informations et de fonctionnaires ainsi qu'à soutenir des programmes de formation. Aucun État membre n'est tenu de recourir à cet appui. La loi européenne établit les mesures nécessaires à cette fin, à l'exclusion de toute harmonisation des dispositions législatives et réglementaires des États membres.

3. Le présent article est sans préjudice de l'obligation des États membres de mettre en œuvre le droit de l'Union ainsi que des prérogatives et devoirs de la Commission. Il est également sans préjudice des autres dispositions de la Constitution qui prévoient une coopération administrative entre les États membres ainsi qu'entre eux et l'Union.

## TITRE IV

## **L'ASSOCIATION DES PAYS ET TERRITOIRES D'OUTRE-MER**

#### *Article III-286*

1. Les pays et territoires non européens entretenant avec le Danemark, la France, les Pays-Bas et le Royaume-Uni des relations particulières sont associés à l'Union. Ces pays et territoires, ci-après dénommés «pays et territoires», sont énumérés à l'annexe II.

Le présent titre est applicable au Groenland, sous réserve des dispositions particulières du protocole sur le régime particulier applicable au Groenland.

2. Le but de l'association est la promotion du développement économique et social des pays et territoires, et l'établissement de relations économiques étroites entre eux et l'Union.

L'association doit en priorité permettre de favoriser les intérêts des habitants de ces pays et territoires et leur prospérité, de manière à les conduire au développement économique, social et culturel qu'ils attendent.

*Article III-287*

L'association poursuit les objectifs suivants:

a) les États membres appliquent à leurs échanges commerciaux avec les pays et territoires le régime qu'ils s'accordent entre eux en vertu de la Constitution;

b) chaque pays ou territoire applique à ses échanges commerciaux avec les États membres et les autres pays et territoires le régime qu'il applique à l'État européen avec lequel il entretient des relations particulières;

c) les États membres contribuent aux investissements que demande le développement progressif de ces pays et territoires;

d) pour les investissements financés par l'Union, la participation aux adjudications et fournitures est ouverte, à égalité de conditions, à toutes les personnes physiques et morales ressortissantes des États membres et des pays et territoires;

e) dans les relations entre les États membres et les pays et territoires, le droit d'établissement des ressortissants et sociétés est réglé conformément aux dispositions du titre III, chapitre I, section 2, sous-section 2, relative à la liberté d'établissement, et en application des procédures prévues par ladite sous-section, ainsi que sur une base non discriminatoire, sous réserve des actes adoptés en vertu de l'article III-291.

*Article III-288*

1. Les importations originaires des pays et territoires bénéficient à leur entrée dans les États membres de l'interdiction des droits de douane entre États membres prévue par la Constitution.

2. À l'entrée dans chaque pays et territoire, les droits de douane frappant les importations des États membres et des autres pays et territoires sont interdits conformément à l'article III-151, paragraphe 4.

3. Toutefois, les pays et territoires peuvent percevoir des droits de douane qui répondent aux nécessités de leur développement et aux besoins de leur industrialisation ou qui, de caractère fiscal, ont pour but d'alimenter leur budget.

Les droits visés au premier alinéa ne peuvent excéder ceux qui frappent les importations des produits en provenance de l'État membre avec lequel chaque pays ou territoire entretient des relations particulières.

4. Le paragraphe 2 n'est pas applicable aux pays et territoires qui, en raison des obligations internationales particulières auxquelles ils sont soumis, appliquent déjà un tarif douanier non discriminatoire.

5. L'établissement ou la modification de droits de douane frappant les marchandises importées dans les pays et territoires ne doit pas donner lieu, en droit ou en fait, à une discrimination directe ou indirecte entre les importations en provenance des divers États membres.

*Article III-289*

Si le niveau des droits applicables aux marchandises en provenance d'un pays tiers à l'entrée dans un pays ou territoire est, compte tenu de l'application de l'article III-288, paragraphe 1, de nature à provoquer des détournements de trafic au détriment d'un des États membres, celui-ci peut demander à la Commission de proposer aux autres États membres de prendre les mesures nécessaires pour remédier à cette situation.

*Article III-290*

Sous réserve des dispositions qui régissent la santé publique, la sécurité publique et l'ordre public, la liberté de circulation des travailleurs des pays et territoires dans les États membres et des travailleurs des États membres dans les pays et territoires est régie par des actes adoptés conformément à l'article III-291.

*Article III-291*

Le Conseil, sur proposition de la Commission, adopte à l'unanimité, à partir des réalisations acquises dans le cadre de l'association entre les pays et territoires et l'Union, les lois, lois-cadres, règlements et décisions européens relatifs aux modalités et à la procédure de l'association entre les pays et territoires et l'Union. Ces lois et lois-cadres sont adoptées après consultation du Parlement européen.

## TITRE V

## L'ACTION EXTÉRIEURE DE L'UNION

### *CHAPITRE I*

### DISPOSITIONS D'APPLICATION GÉNÉRALE

*Article III-292*

1. L'action de l'Union sur la scène internationale repose sur les principes qui ont présidé à sa création, à son développement et à son élargissement et qu'elle vise à promouvoir dans le reste du monde: la démocratie, l'État de droit, l'universalité et l'indivisibilité des droits de l'homme et des libertés fondamentales, le respect de la dignité humaine, les principes d'égalité et de solidarité et le respect des principes de la charte des Nations unies et du droit international.

L'Union s'efforce de développer des relations et de construire des partenariats avec les pays tiers et avec les organisations internationales, régionales ou mondiales qui partagent les principes visés au premier alinéa. Elle favorise des solutions multilatérales aux problèmes communs, en particulier dans le cadre des Nations unies.

2. L'Union définit et mène des politiques communes et des actions et œuvre pour assurer un haut degré de coopération dans tous les domaines des relations internationales afin:

a) de sauvegarder ses valeurs, ses intérêts fondamentaux, sa sécurité, son indépendance et son intégrité;

b) de consolider et de soutenir la démocratie, l'État de droit, les droits de l'homme et les principes du droit international;

c) de préserver la paix, de prévenir les conflits et de renforcer la sécurité internationale, conformément aux buts et aux principes de la charte des Nations unies, ainsi qu'aux principes de l'acte final d'Helsinki et aux objectifs de la charte de Paris, y compris ceux relatifs aux frontières extérieures;

d) de soutenir le développement durable sur le plan économique, social et environnemental des pays en développement dans le but essentiel d'éradiquer la pauvreté;

e) d'encourager l'intégration de tous les pays dans l'économie mondiale, y compris par la suppression progressive des obstacles au commerce international;

f) de contribuer à l'élaboration de mesures internationales pour préserver et améliorer la qualité de l'environnement et la gestion durable des ressources naturelles mondiales, afin d'assurer un développement durable;

g) d'aider les populations, les pays et les régions confrontés à des catastrophes naturelles ou d'origine humaine; et

h) de promouvoir un système international fondé sur une coopération multilatérale renforcée et une bonne gouvernance mondiale.

3. L'Union respecte les principes et poursuit les objectifs visés aux paragraphes 1 et 2 dans l'élaboration et la mise en œuvre de son action extérieure dans les différents domaines couverts par le présent titre, ainsi que de ses autres politiques dans leurs aspects extérieurs.

L'Union veille à la cohérence entre les différents domaines de son action extérieure et entre ceux-ci et ses autres politiques. Le Conseil et la Commission, assistés par le ministre des Affaires étrangères de l'Union, assurent cette cohérence et coopèrent à cet effet.

*Article III-293*

1. Sur la base des principes et objectifs énumérés à l'article III-292, le Conseil européen identifie les intérêts et objectifs stratégiques de l'Union.

Les décisions européennes du Conseil européen sur les intérêts et objectifs stratégiques de l'Union portent sur la politique étrangère et de sécurité commune ainsi que sur d'autres domaines relevant de l'action extérieure de l'Union. Elles peuvent concerner les relations de l'Union avec un pays ou une région, ou avoir une approche thématique. Elles définissent leur durée et les moyens que devront fournir l'Union et les États membres.

Le Conseil européen statue à l'unanimité sur recommandation du Conseil, adoptée par celui-ci selon les modalités prévues pour chaque domaine. Les décisions européennes du Conseil européen sont mises en œuvre selon les procédures prévues par la Constitution.

2. Le ministre des Affaires étrangères de l'Union, pour le domaine de la politique étrangère et de sécurité commune, et la Commission, pour les autres domaines de l'action extérieure, peuvent présenter des propositions conjointes au Conseil.

## *CHAPITRE II*

## LA POLITIQUE ÉTRANGÈRE ET DE SÉCURITÉ COMMUNE

### *SECTION 1*

### DISPOSITIONS COMMUNES

#### *Article III-294*

1. Dans le cadre des principes et objectifs de son action extérieure, l'Union définit et met en œuvre une politique étrangère et de sécurité commune couvrant tous les domaines de la politique étrangère et de sécurité.

2. Les États membres appuient activement et sans réserve la politique étrangère et de sécurité commune dans un esprit de loyauté et de solidarité mutuelle.

Les États membres œuvrent de concert au renforcement et au développement de leur solidarité politique mutuelle. Ils s'abstiennent de toute action contraire aux intérêts de l'Union ou susceptible de nuire à son efficacité en tant que force de cohésion dans les relations internationales.

Le Conseil et le ministre des Affaires étrangères de l'Union veillent au respect de ces principes.

3. L'Union conduit la politique étrangère et de sécurité commune:

a) en définissant les orientations générales;

b) en adoptant des décisions européennes qui définissent:

   i) les actions à mener par l'Union;

   ii) les positions à prendre par l'Union;

iii) les modalités de la mise en œuvre des décisions européennes visées aux points i) et ii);

c) et en renforçant la coopération systématique entre les États membres pour la conduite de leur politique.

*Article III-295*

1. Le Conseil européen définit les orientations générales de la politique étrangère et de sécurité commune, y compris pour les questions ayant des implications en matière de défense.

Si un développement international l'exige, le président du Conseil européen convoque une réunion extraordinaire du Conseil européen afin de définir les lignes stratégiques de la politique de l'Union face à ce développement.

2. Le Conseil adopte les décisions européennes nécessaires à la définition et à la mise en œuvre de la politique étrangère et de sécurité commune, sur la base des orientations générales et des lignes stratégiques définies par le Conseil européen.

*Article III-296*

1. Le ministre des Affaires étrangères de l'Union, qui préside le Conseil des affaires étrangères, contribue par ses propositions à l'élaboration de la politique étrangère et de sécurité commune et assure la mise en œuvre des décisions européennes adoptées par le Conseil européen et le Conseil.

2. Le ministre des Affaires étrangères représente l'Union pour les matières relevant de la politique étrangère et de sécurité commune. Il conduit au nom de l'Union le dialogue politique avec les tiers et exprime la position de l'Union dans les organisations internationales et au sein des conférences internationales.

3. Dans l'accomplissement de son mandat, le ministre des Affaires étrangères de l'Union s'appuie sur un service européen pour l'action extérieure. Ce service travaille en collaboration avec les services diplomatiques des États membres et est composé de fonctionnaires des services compétents du secrétariat général du Conseil et de la Commission ainsi que de personnel détaché des services diplomatiques nationaux. L'organisation et le fonctionnement du service européen pour l'action extérieure sont fixés par une décision européenne du Conseil. Le Conseil statue sur proposition du ministre des affaires étrangères de l'Union, après consultation du Parlement européen et approbation de la Commission.

*Article III-297*

1. Lorsqu'une situation internationale exige une action opérationnelle de l'Union, le Conseil adopte les décisions européennes nécessaires. Ces décisions fixent les objectifs, la portée et les moyens à mettre à la disposition de l'Union, ainsi que les conditions relatives à la mise en œuvre de l'action et, si nécessaire, sa durée.

S'il se produit un changement de circonstances ayant une nette incidence sur une question faisant l'objet d'une telle décision européenne, le Conseil révise les principes et les objectifs de cette décision et adopte les décisions européennes nécessaires.

2. Les décisions européennes visées au paragraphe 1 engagent les États membres dans leurs prises de position et dans la conduite de leur action.

3. Toute prise de position ou toute action nationale envisagée en application d'une décision européenne visée au paragraphe 1 fait l'objet d'une information par l'État membre concerné dans des délais permettant, en cas de nécessité, une concertation préalable au sein du Conseil. L'obligation d'information préalable ne s'applique pas aux mesures qui constituent une simple transposition de ladite décision sur le plan national.

4. En cas de nécessité impérieuse liée à l'évolution de la situation et à défaut d'une révision de la décision européenne, visée au paragraphe 1, les États membres peuvent prendre d'urgence les mesures qui s'imposent, en tenant compte des objectifs généraux de ladite décision. L'État membre qui prend de telles mesures en informe immédiatement le Conseil.

5. En cas de difficultés majeures pour appliquer une décision européenne visée au présent article, un État membre saisit le Conseil, qui en délibère et recherche les solutions appropriées. Celles-ci ne peuvent aller à l'encontre des objectifs de l'action ni nuire à son efficacité.

*Article III-298*

Le Conseil adopte des décisions européennes qui définissent la position de l'Union sur une question particulière de nature géographique ou thématique. Les États membres veillent à la conformité de leurs politiques nationales avec les positions de l'Union.

*Article III-299*

1. Chaque État membre, le ministre des Affaires étrangères de l'Union, ou ce ministre avec le soutien de la Commission, peut saisir le Conseil de toute question relevant de la politique étrangère et de sécurité commune et lui soumettre, respectivement, des initiatives ou des propositions.

2. Dans les cas exigeant une décision rapide, le ministre des Affaires étrangères de l'Union convoque, soit d'office, soit à la demande d'un État membre, dans un délai de quarante-huit heures ou, en cas de nécessité absolue, dans un délai plus bref, une réunion extraordinaire du Conseil.

*Article III-300*

1. Les décisions européennes visées au présent chapitre sont adoptées par le Conseil statuant à l'unanimité.

Tout membre du Conseil qui s'abstient lors d'un vote peut assortir son abstention d'une déclaration formelle. Dans ce cas, il n'est pas tenu d'appliquer la décision européenne, mais il accepte qu'elle engage l'Union. Dans un esprit de solidarité mutuelle, l'État membre concerné s'abstient de toute action susceptible d'entrer en conflit avec l'action de l'Union fondée sur cette décision ou d'y faire obstacle et les autres États membres respectent sa position. Si les membres du Conseil qui assortissent leur abstention d'une telle déclaration représentent au moins un tiers des États membres réunissant au moins un tiers de la population de l'Union, la décision n'est pas adoptée.

2. Par dérogation au paragraphe 1, le Conseil statue à la majorité qualifiée:

a) lorsqu'il adopte une décision européenne qui définit une action ou une position de l'Union sur la base d'une décision européenne du Conseil européen portant sur les intérêts et objectifs stratégiques de l'Union, visée à l'article III-293, paragraphe 1;

b) lorsqu'il adopte une décision européenne qui définit une action ou une position de l'Union sur proposition du ministre des affaires étrangères de l'Union présentée à la suite d'une demande spécifique que le Conseil européen lui a adressée de sa propre initiative ou à l'initiative du ministre;

c) lorsqu'il adopte une décision européenne mettant en œuvre une décision européenne qui définit une action ou une position de l'Union;

d) lorsqu'il adopte une décision européenne portant sur la nomination d'un représentant spécial conformément à l'article III-302.

Si un membre du Conseil déclare que, pour des raisons de politique nationale vitales qu'il expose, il a l'intention de s'opposer à l'adoption d'une décision européenne devant être adoptée à la majorité qualifiée, il n'est pas procédé au vote. Le ministre des Affaires étrangères de l'Union recherche, en étroite consultation avec l'État membre concerné, une solution acceptable pour celui-ci. En l'absence d'un résultat, le Conseil, statuant à la majorité qualifiée, peut demander que le Conseil européen soit saisi de la question en vue d'une décision européenne à l'unanimité.

3. Conformément à l'article I-40, paragraphe 7, le Conseil européen peut, à l'unanimité, adopter une décision européenne prévoyant que le Conseil statue à la majorité qualifiée dans d'autres cas que ceux visés au paragraphe 2 du présent article.

4. Les paragraphes 2 et 3 ne s'appliquent pas aux décisions ayant des implications militaires ou dans le domaine de la défense.

*Article III-301*

1. Lorsque le Conseil européen ou le Conseil a défini une approche commune de l'Union au sens de l'article I-40, paragraphe 5, le ministre des Affaires étrangères de l'Union et les ministres des affaires étrangères des États membres coordonnent leurs activités au sein du Conseil.

2. Les missions diplomatiques des États membres et les délégations de l'Union dans les pays tiers et auprès des organisations internationales coopèrent entre elles et contribuent à la formulation et à la mise en œuvre de l'approche commune visée au paragraphe 1.

*Article III-302*

Le Conseil peut nommer, sur proposition du ministre des affaires étrangères de l'Union, un représentant spécial auquel il confère un mandat en liaison avec des questions politiques particulières. Le représentant spécial exerce son mandat sous l'autorité du ministre.

*Article III-303*

L'Union peut conclure des accords avec un ou plusieurs États ou organisations internationales dans les domaines relevant du présent chapitre.

*Article III-304*

1. Le ministre des Affaires étrangères de l'Union consulte et informe le Parlement européen conformément à l'article I-40, paragraphe 8, et à l'article I-41, paragraphe 8. Il veille à ce que les vues du Parlement européen soient dûment prises en considération. Les représentants spéciaux peuvent être associés à l'information du Parlement européen.

2. Le Parlement européen peut adresser des questions ou formuler des recommandations à l'intention du Conseil et du ministre des affaires étrangères de l'Union. Il procède deux fois par an à un débat sur les progrès réalisés dans la mise en œuvre de la politique étrangère et de sécurité commune, y compris la politique de sécurité et de défense commune.

*Article III-305*

1. Les États membres coordonnent leur action au sein des organisations internationales et lors des conférences internationales. Ils défendent dans ces enceintes les positions de l'Union. Le ministre des Affaires étrangères de l'Union assure l'organisation de cette coordination.

Au sein des organisations internationales et lors des conférences internationales auxquelles tous les États membres ne participent pas, ceux qui y participent défendent les positions de l'Union.

2. Conformément à l'article I-16, paragraphe 2, les États membres représentés dans des organisations internationales ou des conférences internationales auxquelles tous les États membres ne participent pas tiennent ces derniers, ainsi que le ministre des Affaires étrangères de l'Union, informés de toute question présentant un intérêt commun.

Les États membres qui sont aussi membres du Conseil de sécurité des Nations unies se concertent et tiennent les autres États membres ainsi que le ministre des Affaires étrangères de l'Union pleinement informés. Les États membres qui sont membres du Conseil de sécurité défendront, dans l'exercice de leurs fonctions, les positions et les intérêts de l'Union, sans préjudice des responsabilités qui leur incombent en vertu de la charte des Nations unies.

Lorsque l'Union a défini une position sur un thème à l'ordre du jour du Conseil de sécurité des Nations unies, les États membres qui y siègent demandent que le ministre des Affaires étrangères de l'Union soit invité à présenter la position de l'Union.

*Article III-306*

Les missions diplomatiques et consulaires des États membres et les délégations de l'Union dans les pays tiers et les conférences internationales ainsi que leurs représentations auprès des organisations internationales coopèrent pour assurer le respect et la mise en œuvre des décisions européennes qui définissent des positions et des actions de l'Union adoptées en vertu du présent chapitre. Elles intensifient leur coopération en échangeant des informations et en procédant à des évaluations communes.

Elles contribuent à la mise en œuvre du droit de protection des citoyens européens sur le territoire des pays tiers, visé à l'article I-10, paragraphe 2, point c), ainsi que des mesures adoptées en application de l'article III-127.

*Article III-307*

1. Sans préjudice de l'article III-344, un comité politique et de sécurité suit la situation internationale dans les domaines relevant de la politique étrangère et de sécurité commune et contribue à la définition des politiques en émettant des avis à l'intention du Conseil, à la demande de celui-ci, du ministre des affaires étrangères de l'Union, ou de sa propre initiative. Il surveille également la mise en œuvre des politiques convenues, sans préjudice des attributions du ministre des affaires étrangères de l'Union.

2. Dans le cadre du présent chapitre, le comité politique et de sécurité exerce, sous la responsabilité du Conseil et du ministre des affaires étrangères de l'Union, le contrôle politique et la direction stratégique des opérations de gestion de crise visées à l'article III-309.

Le Conseil peut autoriser le comité, aux fins d'une opération de gestion de crise et pour la durée de celle-ci, telles que déterminées par le Conseil, à prendre les mesures appropriées concernant le contrôle politique et la direction stratégique de l'opération.

*Article III-308*

La mise en œuvre de la politique étrangère et de sécurité commune n'affecte pas l'application des procédures et l'étendue respective des attributions des institutions prévues par la Constitution pour l'exercice des compétences de l'Union visées aux articles I-13 à I-15 et à l'article I-17.

De même, la mise en œuvre des politiques visées auxdits articles n'affecte pas l'application des procédures et l'étendue respective des attributions des institutions prévues par la Constitution pour l'exercice des compétences de l'Union au titre du présent chapitre.

## *SECTION 2*

## LA POLITIQUE DE SÉCURITÉ ET DE DÉFENSE COMMUNE

*Article III-309*

1. Les missions visées à l'article I-41, paragraphe 1, dans lesquelles l'Union peut avoir recours à des moyens civils et militaires, incluent les actions conjointes en matière de désarmement, les missions humanitaires et d'évacuation, les missions de conseil et d'assistance en matière militaire, les missions de prévention des conflits et de maintien de la paix, les missions de forces de combat pour la gestion des crises, y compris les missions de rétablissement de la paix et les opérations de stabilisation à la fin des conflits. Toutes ces missions peuvent contribuer à la lutte contre le terrorisme, y compris par le soutien apporté à des pays tiers pour combattre le terrorisme sur leur territoire.

2. Le Conseil adopte des décisions européennes portant sur les missions visées au paragraphe 1 en définissant leur objectif et leur portée ainsi que les modalités générales de leur mise en œuvre. Le ministre des Affaires étrangères de l'Union, sous l'autorité du Conseil et en contact étroit et permanent avec le comité politique et de sécurité, veille à la coordination des aspects civils et militaires de ces missions.

*Article III-310*

1. Dans le cadre des décisions européennes adoptées conformément à l'article III-309, le Conseil peut confier la mise en œuvre d'une mission à un groupe d'États membres qui le souhaitent et disposent des capacités nécessaires pour une telle mission. Ces États membres, en association avec le ministre des Affaires étrangères de l'Union, conviennent entre eux de la gestion de la mission.

2. Les États membres qui participent à la réalisation de la mission informent régulièrement le Conseil de l'état de la mission de leur propre initiative ou à la demande d'un autre État membre. Les États membres participants saisissent immédiatement le Conseil si la réalisation de la mission entraîne des conséquences majeures ou requiert une modification de l'objectif, de la portée ou des modalités de la mission fixés par les décisions européennes visées au paragraphe 1. Dans ces cas, le Conseil adopte les décisions européennes nécessaires.

*Article III-311*

1. L'Agence dans le domaine du développement des capacités de défense, de la recherche, des acquisitions et de l'armement (l'Agence européenne de défense), instituée par l'article I-41, paragraphe 3, et placée sous l'autorité du Conseil, a pour mission:

a) de contribuer à identifier les objectifs de capacités militaires des États membres et à évaluer le respect des engagements de capacités souscrits par les États membres;

b) de promouvoir une harmonisation des besoins opérationnels et l'adoption de méthodes d'acquisition performantes et compatibles;

c) de proposer des projets multilatéraux pour remplir les objectifs en termes de capacités militaires et d'assurer la coordination des programmes exécutés par les États membres et la gestion de programmes de coopération spécifiques;

d) de soutenir la recherche en matière de technologie de défense, de coordonner et de planifier des activités de recherche conjointes et des études de solutions techniques répondant aux besoins opérationnels futurs;

e) de contribuer à identifier et, le cas échéant, de mettre en œuvre, toute mesure utile pour renforcer la base industrielle et technologique du secteur de la défense et pour améliorer l'efficacité des dépenses militaires.

2. L'Agence européenne de défense est ouverte à tous les États membres qui souhaitent y participer. Le Conseil, statuant à la majorité qualifiée, adopte une décision européenne définissant le statut, le siège et les modalités de fonctionnement de l'Agence. Cette décision tient compte du degré de participation effective aux activités de l'Agence. Des groupes spécifiques sont constitués au sein de l'Agence, rassemblant des États membres qui mènent des projets conjoints. L'Agence accomplit ses missions en liaison avec la Commission en tant que de besoin.

*Article III-312*

1. Les États membres souhaitant participer à la coopération structurée permanente visée à l'article I-41, paragraphe 6, qui remplissent les critères et souscrivent aux engagements en matière de capacités militaires repris au protocole sur la coopération structurée permanente, notifient leur intention au Conseil et au ministre des affaires étrangères de l'Union.

2. Dans un délai de trois mois suivant la notification visée au paragraphe 1, le Conseil adopte une décision européenne établissant la coopération structurée permanente et fixant la liste des États membres participants. Le Conseil statue à la majorité qualifiée, après consultation du ministre des affaires étrangères de l'Union.

3. Tout État membre qui, à un stade ultérieur, souhaite participer à la coopération structurée permanente, notifie son intention au Conseil et au ministre des affaires étrangères de l'Union.

Le Conseil adopte une décision européenne qui confirme la participation de l'État membre concerné qui remplit les critères et souscrit aux engagements visés aux articles 1 et 2 du protocole sur la coopération structurée permanente. Le Conseil statue à la majorité qualifiée, après consultation du ministre des affaires étrangères de l'Union. Seuls les membres du Conseil représentant les États membres participants prennent part au vote.

La majorité qualifiée se définit comme étant égale à au moins 55 % des membres du Conseil représentant les États membres participants, réunissant au moins 65 % de la population de ces États.

Une minorité de blocage doit inclure au moins le nombre minimum de membres du Conseil représentant plus de 35 % de la population des États membres participants, plus un membre, faute de quoi la majorité qualifiée est réputée acquise.

4. Si un État membre participant ne remplit plus les critères ou ne peut plus assumer les engagements visés aux articles 1 et 2 du protocole sur la coopération structurée permanente, le Conseil peut adopter une décision européenne suspendant la participation de cet État.

Le Conseil statue à la majorité qualifiée. Seuls les membres du Conseil représentant les États membres participants, à l'exception de l'État membre concerné, prennent part au vote.

La majorité qualifiée se définit comme étant égale à au moins 55 % des membres du Conseil représentant les États membres participants, réunissant au moins 65 % de la population de ces États.

Une minorité de blocage doit inclure au moins le nombre minimum de membres du Conseil représentant plus de 35 % de la population des États membres participants, plus un membre, faute de quoi la majorité qualifiée est réputée acquise.

5. Si un État membre participant souhaite quitter la coopération structurée permanente, il notifie sa décision au Conseil, qui prend acte de ce que la participation de l'État membre concerné prend fin.

6. Les décisions européennes et les recommandations du Conseil dans le cadre de la coopération structurée permanente, autres que celles prévues aux paragraphes 2 à 5, sont adoptées à l'unanimité. Aux fins du présent paragraphe, l'unanimité est constituée par les voix des seuls représentants des États membres participants.

### *SECTION 3*

### DISPOSITIONS FINANCIÈRES

#### *Article III-313*

1. Les dépenses administratives entraînées pour les institutions par la mise en œuvre du présent chapitre sont à la charge du budget de l'Union.

2. Les dépenses opérationnelles entraînées par la mise en œuvre du présent chapitre sont également à la charge du budget de l'Union, à l'exception des dépenses afférentes à des opérations ayant des implications militaires ou dans le domaine de la défense, et des cas où le Conseil en décide autrement.

Quand une dépense n'est pas mise à la charge du budget de l'Union, elle est à la charge des États membres selon la clé du produit national brut, à moins que le Conseil n'en décide autrement. Pour ce qui est des dépenses afférentes à des opérations ayant des implications militaires ou dans le domaine de la défense, les États membres dont les représentants au Conseil ont fait une déclaration formelle au titre de l'article III-300, paragraphe 1, deuxième alinéa, ne sont pas tenus de contribuer à leur financement.

3. Le Conseil adopte une décision européenne établissant les procédures particulières pour garantir l'accès rapide aux crédits du budget de l'Union destinés au financement d'urgence d'initiatives dans le cadre de la politique étrangère et de sécurité commune, et notamment aux activités préparatoires d'une mission visée à l'article I-41, paragraphe 1, et à l'article III-309. Il statue après consultation du Parlement européen.

Les activités préparatoires des missions visées à l'article I-41, paragraphe 1, et à l'article III-309, qui ne sont pas mises à la charge du budget de l'Union, sont financées par un fonds de lancement, constitué de contributions des États membres.

Le Conseil adopte à la majorité qualifiée, sur proposition du ministre des affaires étrangères de l'Union, les décisions européennes établissant:

a) les modalités de l'institution et du financement du fonds de lancement, notamment les montants financiers alloués au fonds;

b) les modalités de gestion du fonds de lancement;

c) les modalités de contrôle financier.

Lorsque la mission envisagée, conformément à l'article I-41, paragraphe 1, et à l'article III-309, ne peut être mise à la charge du budget de l'Union, le Conseil autorise le ministre des Affaires étrangères de l'Union à utiliser ce fonds. Le ministre des Affaires étrangères de l'Union fait rapport au Conseil sur l'exécution de ce mandat.

## *CHAPITRE III*

## LA POLITIQUE COMMERCIALE COMMUNE

### *Article III-314*

Par l'établissement d'une union douanière conformément à l'article III-151, l'Union contribue, dans l'intérêt commun, au développement harmonieux du commerce mondial, à la suppression progressive des restrictions aux échanges internationaux et aux investissements étrangers directs, ainsi qu'à la réduction des barrières douanières et autres.

### *Article III-315*

1. La politique commerciale commune est fondée sur des principes uniformes, notamment en ce qui concerne les modifications tarifaires, la conclusion d'accords tarifaires et commerciaux relatifs aux échanges de marchandises et de services, et les aspects commerciaux de la propriété intellectuelle, les investissements étrangers directs, l'uniformisation des mesures de libéralisation, la politique d'exportation, ainsi que les mesures de défense commerciale, dont celles à prendre en cas de dumping et de subventions. La politique commerciale commune est menée dans le cadre des principes et objectifs de l'action extérieure de l'Union.

2. La loi européenne établit les mesures définissant le cadre dans lequel est mise en œuvre la politique commerciale commune.

3. Si des accords avec un ou plusieurs pays tiers ou organisations internationales doivent être négociés et conclus, l'article III-325 est applicable, sous réserve des dispositions particulières du présent article.

La Commission présente des recommandations au Conseil, qui l'autorise à ouvrir les négociations nécessaires. Il appartient au Conseil et à la Commission de veiller à ce que les accords négociés soient compatibles avec les politiques et règles internes de l'Union.

Ces négociations sont conduites par la Commission, en consultation avec un comité spécial désigné par le Conseil pour l'assister dans cette tâche, et dans le cadre des directives que le Conseil peut lui adresser. La Commission fait régulièrement rapport au comité spécial, ainsi qu'au Parlement européen, sur l'état d'avancement des négociations.

4. Pour la négociation et la conclusion des accords visés au paragraphe 3, le Conseil statue à la majorité qualifiée.

Pour la négociation et la conclusion d'un accord dans les domaines du commerce de services et des aspects commerciaux de la propriété intellectuelle, ainsi que des investissements étrangers directs, le

Conseil statue à l'unanimité lorsque cet accord comprend des dispositions pour lesquelles l'unanimité est requise pour l'adoption de règles internes.

Le Conseil statue également à l'unanimité pour la négociation et la conclusion d'accords:

a) dans le domaine du commerce des services culturels et audiovisuels, lorsque ces accords risquent de porter atteinte à la diversité culturelle et linguistique de l'Union;

b) dans le domaine du commerce des services sociaux, d'éducation et de santé, lorsque ces accords risquent de perturber gravement l'organisation de ces services au niveau national et de porter atteinte à la responsabilité des États membres pour la fourniture de ces services.

5. La négociation et la conclusion d'accords internationaux dans le domaine des transports relèvent du titre III, chapitre III, section 7, et de l'article III-325.

6. L'exercice des compétences attribuées par le présent article dans le domaine de la politique commerciale commune n'affecte pas la délimitation des compétences entre l'Union et les États membres et n'entraîne pas une harmonisation des dispositions législatives ou réglementaires des États membres dans la mesure où la Constitution exclut une telle harmonisation.

## *CHAPITRE IV*

## LA COOPÉRATION AVEC LES PAYS TIERS ET L'AIDE HUMANITAIRE

### *SECTION 1*

### LA COOPÉRATION AU DÉVELOPPEMENT

#### *Article III-316*

1. La politique de l'Union dans le domaine de la coopération au développement est menée dans le cadre des principes et objectifs de l'action extérieure de l'Union. La politique de coopération au développement de l'Union et celles des États membres se complètent et se renforcent mutuellement.

L'objectif principal de la politique de l'Union dans ce domaine est la réduction et, à terme, l'éradication de la pauvreté. L'Union tient compte des objectifs de la coopération au développement dans la mise en œuvre des politiques qui sont susceptibles d'affecter les pays en développement.

2. L'Union et les États membres respectent les engagements et tiennent compte des objectifs qu'ils ont agréés dans le cadre des Nations unies et des autres organisations internationales compétentes.

#### *Article III-317*

1. La loi ou loi-cadre européenne établit les mesures nécessaires pour la mise en œuvre de la politique de coopération au développement, qui peuvent porter sur des programmes pluriannuels de coopération avec des pays en développement ou des programmes ayant une approche thématique.

2. L'Union peut conclure avec les pays tiers et les organisations internationales compétentes tout accord utile à la réalisation des objectifs visés aux articles III-292 et III-316.

Le premier alinéa ne préjuge pas la compétence des États membres pour négocier dans les instances internationales et conclure des accords.

3. La Banque européenne d'investissement contribue, selon les conditions prévues dans son statut, à la mise en œuvre des mesures visées au paragraphe 1.

*Article III-318*

1. Pour favoriser la complémentarité et l'efficacité de leurs actions, l'Union et les États membres coordonnent leurs politiques en matière de coopération au développement et se concertent sur leurs programmes d'aide, y compris dans les organisations internationales et lors des conférences internationales. Ils peuvent entreprendre des actions conjointes. Les États membres contribuent, si nécessaire, à la mise en œuvre des programmes d'aide de l'Union.

2. La Commission peut prendre toute initiative utile pour promouvoir la coordination visée au paragraphe 1.

3. Dans le cadre de leurs compétences respectives, l'Union et les États membres coopèrent avec les pays tiers et les organisations internationales compétentes.

*SECTION 2*

LA COOPÉRATION ÉCONOMIQUE, FINANCIÈRE ET TECHNIQUE
AVEC LES PAYS TIERS

*Article III-319*

1. Sans préjudice des autres dispositions de la Constitution, et notamment des articles III-316 à III-318, l'Union mène des actions de coopération économique, financière et technique, y compris d'assistance en particulier dans le domaine financier, avec des pays tiers autres que les pays en développement. Ces actions sont cohérentes avec la politique de développement de l'Union et sont menées dans le cadre des principes et objectifs de son action extérieure. Les actions de l'Union et des États membres se complètent et se renforcent mutuellement.

2. La loi ou loi-cadre européenne établit les mesures nécessaires pour la mise en œuvre du paragraphe 1.

3. Dans le cadre de leurs compétences respectives, l'Union et les États membres coopèrent avec les pays tiers et les organisations internationales compétentes. Les modalités de la coopération de l'Union peuvent faire l'objet d'accords entre celle-ci et les tierces parties concernées.

Le premier alinéa ne préjuge pas la compétence des États membres pour négocier dans les instances internationales et conclure des accords.

*Article III-320*

Lorsque la situation dans un pays tiers exige une assistance financière à caractère urgent de la part de l'Union, le Conseil, sur proposition de la Commission, adopte les décisions européennes nécessaires.

*SECTION 3*

L'AIDE HUMANITAIRE

*Article III-321*

1. Les actions de l'Union dans le domaine de l'aide humanitaire sont menées dans le cadre des principes et objectifs de l'action extérieure de l'Union. Ces actions visent, de manière ponctuelle, à porter assistance et secours aux populations des pays tiers, victimes de catastrophes naturelles ou d'origine humaine, et à les protéger, pour faire face aux besoins humanitaires résultant de ces différentes situations. Les actions de l'Union et des États membres se complètent et se renforcent mutuellement.

2. Les actions d'aide humanitaire sont menées conformément aux principes du droit international et aux principes d'impartialité, de neutralité et de non-discrimination.

3. La loi ou loi-cadre européenne établit les mesures définissant le cadre dans lequel sont mises en œuvre les actions d'aide humanitaire de l'Union.

4. L'Union peut conclure avec les pays tiers et les organisations internationales compétentes tout accord utile à la réalisation des objectifs visés au paragraphe 1 et à l'article III-292.

Le premier alinéa ne préjuge pas la compétence des États membres pour négocier dans les instances internationales et conclure des accords.

5. Afin d'établir un cadre pour des contributions communes des jeunes Européens aux actions d'aide humanitaire de l'Union, un Corps volontaire européen d'aide humanitaire est créé. La loi européenne fixe son statut et les modalités de son fonctionnement.

6. La Commission peut prendre toute initiative utile pour promouvoir la coordination entre les actions de l'Union et celles des États membres, afin de renforcer l'efficacité et la complémentarité des dispositifs de l'Union et des dispositifs nationaux d'aide humanitaire.

7. L'Union veille à ce que ses actions d'aide humanitaire soient coordonnées et cohérentes avec celles des organisations et organismes internationaux, en particulier ceux qui font partie du système des Nations unies.

## *CHAPITRE V*

## LES MESURES RESTRICTIVES

### *Article III-322*

1. Lorsqu'une décision européenne, adoptée conformément au chapitre II, prévoit l'interruption ou la réduction, en tout ou en partie, des relations économiques et financières avec un ou plusieurs pays tiers, le Conseil, statuant à la majorité qualifiée, sur proposition conjointe du ministre des affaires étrangères de l'Union et de la Commission, adopte les règlements ou décisions européens nécessaires. Il en informe le Parlement européen.

2. Lorsqu'une décision européenne, adoptée conformément au chapitre II, le prévoit, le Conseil peut adopter, selon la procédure visée au paragraphe 1, des mesures restrictives à l'encontre de personnes physiques ou morales, de groupes ou d'entités non étatiques.

3. Les actes visés au présent article contiennent les dispositions nécessaires en matière de garanties juridiques.

## *CHAPITRE VI*

## ACCORDS INTERNATIONAUX

### *Article III-323*

1. L'Union peut conclure un accord avec un ou plusieurs pays tiers ou organisations internationales lorsque la Constitution le prévoit ou lorsque la conclusion d'un accord, soit est nécessaire pour réaliser, dans le cadre des politiques de l'Union, l'un des objectifs visés par la Constitution, soit est prévue dans un acte juridique contraignant de l'Union, soit encore est susceptible d'affecter des règles communes ou d'en altérer la portée.

2. Les accords conclus par l'Union lient les institutions de l'Union et les États membres.

### *Article III-324*

L'Union peut conclure un accord d'association avec un ou plusieurs pays tiers ou organisations internationales pour créer une association caractérisée par des droits et obligations réciproques, des actions en commun et des procédures particulières.

### *Article III-325*

1. Sans préjudice des dispositions particulières de l'article III-315, les accords entre l'Union et des pays tiers ou organisations internationales sont négociés et conclus selon la procédure ci-après.

2. Le Conseil autorise l'ouverture des négociations, arrête les directives de négociation, autorise la signature et conclut les accords.

3. La Commission, ou le ministre des Affaires étrangères de l'Union lorsque l'accord envisagé porte exclusivement ou principalement sur la politique étrangère et de sécurité commune, présente des recommandations au Conseil, qui adopte une décision européenne autorisant l'ouverture des négociations et désignant, en fonction de la matière de l'accord envisagé, le négociateur ou le chef de l'équipe de négociation de l'Union.

4. Le Conseil peut adresser des directives au négociateur et désigner un comité spécial, les négociations devant être conduites en consultation avec ce comité.

5. Le Conseil, sur proposition du négociateur, adopte une décision européenne autorisant la signature de l'accord et, le cas échéant, son application provisoire avant l'entrée en vigueur.

6. Le Conseil, sur proposition du négociateur, adopte une décision européenne portant conclusion de l'accord.

Sauf lorsque l'accord porte exclusivement sur la politique étrangère et de sécurité commune, le Conseil adopte la décision européenne de conclusion de l'accord:

a) après approbation du Parlement européen dans les cas suivants:

   i) accords d'association;

   ii) adhésion de l'Union à la Convention européenne de sauvegarde des droits de l'Homme et des libertés fondamentales;

   iii) accords créant un cadre institutionnel spécifique en organisant des procédures de coopération;

   iv) accords ayant des implications budgétaires notables pour l'Union;

   v) accords couvrant des domaines auxquels s'applique la procédure législative ordinaire ou la procédure législative spéciale lorsque l'approbation du Parlement européen est requise.

   Le Parlement européen et le Conseil peuvent, en cas d'urgence, convenir d'un délai pour l'approbation.

b) après consultation du Parlement européen, dans les autres cas. Le Parlement européen émet son avis dans un délai que le Conseil peut fixer en fonction de l'urgence. En l'absence d'avis dans ce délai, le Conseil peut statuer.

7. Par dérogation aux paragraphes 5, 6 et 9, le Conseil peut, lors de la conclusion d'un accord, habiliter le négociateur à approuver, au nom de l'Union, les modifications de l'accord, lorsque celui-ci prévoit que ces modifications doivent être adoptées selon une procédure simplifiée ou par une instance créée par ledit accord. Le Conseil peut assortir cette habilitation de conditions spécifiques.

8. Tout au long de la procédure, le Conseil statue à la majorité qualifiée.

Toutefois, il statue à l'unanimité lorsque l'accord porte sur un domaine pour lequel l'unanimité est requise pour l'adoption d'un acte de l'Union ainsi que pour les accords d'association et les accords visés à l'article III-319 avec les États candidats à l'adhésion.

9. Le Conseil, sur proposition de la Commission ou du ministre des affaires étrangères de l'Union, adopte une décision européenne sur la suspension de l'application d'un accord et établissant les positions à prendre au nom de l'Union dans une instance créée par un accord, lorsque cette instance est appelée à adopter des actes ayant des effets juridiques, à l'exception des actes complétant ou modifiant le cadre institutionnel de l'accord.

10. Le Parlement européen est immédiatement et pleinement informé à toutes les étapes de la procédure.

11. Un État membre, le Parlement européen, le Conseil ou la Commission peut recueillir l'avis de la Cour de justice sur la compatibilité d'un accord envisagé avec la Constitution. En cas d'avis négatif de la Cour de justice, l'accord envisagé ne peut entrer en vigueur, sauf modification de celui-ci ou révision de la Constitution.

*Article III-326*

1. Par dérogation à l'article III-325, le Conseil, soit sur recommandation de la Banque centrale européenne, soit sur recommandation de la Commission et après consultation de la Banque centrale européenne en vue de parvenir à un consensus compatible avec l'objectif de la stabilité des prix, peut conclure des accords formels portant sur un système de taux de change pour l'euro vis-à-vis des monnaies d'États tiers. Le Conseil statue à l'unanimité, après consultation du Parlement européen et conformément à la procédure prévue au paragraphe 3.

Le Conseil, soit sur recommandation de la Banque centrale européenne, soit sur recommandation de la Commission et après consultation de la Banque centrale européenne en vue de parvenir à un consensus compatible avec l'objectif de la stabilité des prix, peut adopter, modifier ou abandonner les cours centraux de l'euro dans le système des taux de change. Le président du Conseil informe le Parlement européen de l'adoption, de la modification ou de l'abandon des cours centraux de l'euro.

2. En l'absence d'un système de taux de change vis-à-vis d'une ou de plusieurs monnaies d'États tiers au sens du paragraphe 1, le Conseil, statuant soit sur recommandation de la Banque centrale européenne, soit sur recommandation de la Commission et après consultation de la Banque centrale européenne, peut formuler les orientations générales de politique de change vis-à-vis de ces monnaies. Ces orientations générales n'affectent pas l'objectif principal du Système européen de banques centrales, à savoir le maintien de la stabilité des prix.

3. Par dérogation à l'article III-325, au cas où des accords sur des questions se rapportant au régime monétaire ou de change doivent faire l'objet de négociations entre l'Union et un ou plusieurs États tiers ou organisations internationales, le Conseil, statuant sur recommandation de la Commission et après consultation de la Banque centrale européenne, décide des arrangements relatifs aux négociations et à la conclusion de ces accords. Ces arrangements doivent assurer que l'Union exprime une position unique. La Commission est pleinement associée aux négociations.

4. Sans préjudice des compétences et des accords de l'Union dans le domaine de l'union économique et monétaire, les États membres peuvent négocier dans les instances internationales et conclure des accords.

## *CHAPITRE VII*

## RELATIONS DE L'UNION AVEC LES ORGANISATIONS INTERNATIONALES ET LES PAYS TIERS ET DÉLÉGATIONS DE L'UNION

### *Article III-327*

1. L'Union établit toute coopération utile avec les organes des Nations unies et de leurs institutions spécialisées, le Conseil de l'Europe, l'Organisation pour la sécurité et la coopération en Europe et l'Organisation de coopération et de développement économiques.

L'Union assure, en outre, les liaisons opportunes avec d'autres organisations internationales.

2. Le ministre des Affaires étrangères de l'Union et la Commission sont chargés de la mise en œuvre du présent article.

### *Article III-328*

1. Les délégations de l'Union dans les pays tiers et auprès des organisations internationales assurent la représentation de l'Union.

2. Les délégations de l'Union sont placées sous l'autorité du ministre des affaires étrangères de l'Union. Elles agissent en étroite coopération avec les missions diplomatiques et consulaires des États membres.

## *CHAPITRE VIII*

## MISE EN ŒUVRE DE LA CLAUSE DE SOLIDARITÉ

### *Article III-329*

1. Si un État membre est l'objet d'une attaque terroriste ou la victime d'une catastrophe naturelle ou d'origine humaine, les autres États membres lui portent assistance à la demande de ses autorités politiques. À cette fin, les États membres se coordonnent au sein du Conseil.

2. Les modalités de mise en œuvre par l'Union de la clause de solidarité visée à l'article I-43 sont définies par une décision européenne adoptée par le Conseil, sur proposition conjointe de la Commission et du ministre des affaires étrangères de l'Union. Lorsque cette décision a des implications dans le domaine de la défense, le Conseil statue conformément à l'article III-300, paragraphe 1. Le Parlement européen est informé.

Dans le cadre du présent paragraphe, et sans préjudice de l'article III-344, le Conseil est assisté par le comité politique et de sécurité, avec le soutien des structures développées dans le cadre de la politique de sécurité et de défense commune, et par le comité visé à l'article III-261, qui lui présentent, le cas échéant, des avis conjoints.

3. Afin de permettre à l'Union et à ses États membres d'agir d'une manière efficace, le Conseil européen procède à une évaluation régulière des menaces auxquelles l'Union est confrontée.

# TITRE VI

# LE FONCTIONNEMENT DE L'UNION

## *CHAPITRE I*

## DISPOSITIONS INSTITUTIONNELLES

### *SECTION 1*

### LES INSTITUTIONS

#### *Sous-section 1*

#### **Le Parlement européen**

##### *Article III-330*

1. Une loi ou loi-cadre européenne du Conseil établit les mesures nécessaires pour permettre l'élection des membres du Parlement européen au suffrage universel direct selon une procédure uniforme dans tous les États membres ou conformément à des principes communs à tous les États membres.

Le Conseil statue à l'unanimité, sur initiative du Parlement européen, après approbation de celui-ci, qui se prononce à la majorité des membres qui le composent. Cette loi ou loi-cadre entre en vigueur après son approbation par les États membres conformément à leurs règles constitutionnelles respectives.

2. Une loi européenne du Parlement européen fixe le statut et les conditions générales d'exercice des fonctions de ses membres. Le Parlement européen statue, de sa propre initiative, après avis de la Commission et après approbation du Conseil. Le Conseil statue à l'unanimité sur toute règle ou condition relative au régime fiscal des membres ou des anciens membres.

##### *Article III-331*

La loi européenne fixe le statut des partis politiques au niveau européen visés à l'article I-46, paragraphe 4, et notamment les règles relatives à leur financement.

*Article III-332*

Le Parlement européen peut, à la majorité des membres qui le composent, demander à la Commission de soumettre toute proposition appropriée sur les questions qui lui paraissent nécessiter l'élaboration d'un acte de l'Union pour la mise en œuvre de la Constitution. Si la Commission ne soumet pas de proposition, elle en communique les raisons au Parlement européen.

*Article III-333*

Dans le cadre de l'accomplissement de ses missions, le Parlement européen peut, à la demande d'un quart des membres qui le composent, constituer une commission temporaire d'enquête pour examiner, sans préjudice des attributions conférées dans la Constitution à d'autres institutions ou organes, les allégations d'infraction ou de mauvaise administration dans l'application du droit de l'Union, sauf si les faits allégués sont en cause devant une juridiction et aussi longtemps que la procédure juridictionnelle n'est pas achevée.

L'existence de la commission temporaire d'enquête prend fin par le dépôt de son rapport.

Une loi européenne du Parlement européen fixe les modalités d'exercice du droit d'enquête. Le Parlement européen statue, de sa propre initiative, après approbation du Conseil et de la Commission.

*Article III-334*

Conformément à l'article I-10, paragraphe 2, point d), tout citoyen de l'Union, ainsi que toute personne physique ou morale résidant ou ayant son siège statutaire dans un État membre, a le droit de présenter, à titre individuel ou en association avec d'autres personnes, une pétition au Parlement européen sur un sujet relevant des domaines d'activité de l'Union et qui le concerne directement.

*Article III-335*

1. Le Parlement européen élit le médiateur européen. Conformément à l'article I-10, paragraphe 2, point d), et à l'article I-49, celui-ci est habilité à recevoir les plaintes émanant de tout citoyen de l'Union ou de toute personne physique ou morale résidant ou ayant son siège statutaire dans un État membre et relatives à des cas de mauvaise administration dans l'action des institutions, organes ou organismes de l'Union, à l'exclusion de la Cour de justice de l'Union européenne dans l'exercice de ses fonctions juridictionnelles.

Conformément à sa mission, le médiateur procède aux enquêtes qu'il estime justifiées, soit de sa propre initiative, soit sur la base des plaintes qui lui ont été présentées directement ou par l'intermédiaire d'un membre du Parlement européen, sauf si les faits allégués font ou ont fait l'objet d'une procédure juridictionnelle. Dans les cas où le médiateur a constaté un cas de mauvaise administration, il saisit l'institution, organe ou organisme concerné, qui dispose d'un délai de trois mois pour lui faire part de son avis. Le médiateur transmet ensuite un rapport au Parlement européen et à l'institution, organe ou organisme concerné. La personne dont émane la plainte est informée du résultat de ces enquêtes.

Chaque année, le médiateur présente un rapport au Parlement européen sur les résultats de ses enquêtes.

2. Le médiateur est élu après chaque élection du Parlement européen pour la durée de la législature. Son mandat est renouvelable.

Le médiateur peut être déclaré démissionnaire par la Cour de justice, à la requête du Parlement européen, s'il ne remplit plus les conditions nécessaires à l'exercice de ses fonctions ou s'il a commis une faute grave.

3. Le médiateur exerce ses fonctions en toute indépendance. Dans l'accomplissement de ses devoirs, il ne sollicite ni n'accepte d'instructions d'aucune institution, organe ou organisme. Pendant la durée de ses fonctions, le médiateur ne peut exercer aucune autre activité professionnelle, rémunérée ou non.

4. Une loi européenne du Parlement européen fixe le statut et les conditions générales d'exercice des fonctions du médiateur. Le Parlement européen statue, de sa propre initiative, après avis de la Commission et approbation du Conseil.

*Article III-336*

Le Parlement européen tient une session annuelle. Il se réunit de plein droit le deuxième mardi de mars.

Le Parlement européen peut se réunir en période de session extraordinaire à la demande de la majorité des membres qui le composent, du Conseil ou de la Commission.

*Article III-337*

1. Le Conseil européen et le Conseil sont entendus par le Parlement européen dans les conditions prévues par le règlement intérieur du Conseil européen et par celui du Conseil.

2. La Commission peut assister à toutes les séances du Parlement européen et est entendue à sa demande. Elle répond oralement ou par écrit aux questions qui lui sont posées par le Parlement européen ou par ses membres.

3. Le Parlement européen procède, en séance publique, à la discussion du rapport général annuel qui lui est soumis par la Commission.

*Article III-338*

Sauf dispositions contraires de la Constitution, le Parlement européen statue à la majorité des suffrages exprimés. Son règlement intérieur fixe le quorum.

*Article III-339*

Le Parlement européen adopte son règlement intérieur à la majorité des membres qui le composent.

Les actes du Parlement européen sont publiés dans les conditions prévues par la Constitution et par le règlement intérieur de celui-ci.

*Article III-340*

Le Parlement européen, saisi d'une motion de censure sur la gestion de la Commission, ne peut se prononcer sur cette motion que trois jours au moins après son dépôt et par un scrutin public.

Si la motion de censure est adoptée à la majorité des deux tiers des suffrages exprimés et à la majorité des membres qui composent le Parlement européen, les membres de la Commission doivent démissionner collectivement de leurs fonctions et le ministre des Affaires étrangères de l'Union doit démissionner des fonctions qu'il exerce au sein de la Commission. Ils restent en fonction et continuent à expédier les affaires courantes jusqu'à leur remplacement conformément aux articles I-26 et I-27. Dans ce cas, le mandat des membres de la Commission nommés pour les remplacer expire à la date à laquelle aurait dû expirer le mandat des membres de la Commission obligés de démissionner collectivement de leurs fonctions.

*Sous-section 2*

**Le Conseil européen**

*Article III-341*

1. En cas de vote, chaque membre du Conseil européen peut recevoir délégation d'un seul des autres membres.

L'abstention de membres présents ou représentés ne fait pas obstacle à l'adoption des délibérations du Conseil européen qui requièrent l'unanimité.

2. Le président du Parlement européen peut être invité à être entendu par le Conseil européen.

3. Le Conseil européen statue à la majorité simple pour les questions de procédure ainsi que pour l'adoption de son règlement intérieur.

4. Le Conseil européen est assisté par le secrétariat général du Conseil.

*Sous-section 3*

**Le Conseil des ministres**

*Article III-342*

Le Conseil se réunit sur convocation de son président à l'initiative de celui-ci, d'un de ses membres ou de la Commission.

*Article III-343*

1. En cas de vote, chaque membre du Conseil peut recevoir délégation d'un seul des autres membres.

2. Pour les délibérations qui requièrent la majorité simple, le Conseil statue à la majorité des membres qui le composent.

3. L'abstention de membres présents ou représentés ne fait pas obstacle à l'adoption des délibérations du Conseil qui requièrent l'unanimité.

*Article III-344*

1. Un comité composé des représentants permanents des gouvernements des États membres est responsable de la préparation des travaux du Conseil et de l'exécution des mandats que celui-ci lui confie. Le comité peut adopter des décisions de procédure dans les cas prévus par le règlement intérieur du Conseil.

2. Le Conseil est assisté d'un secrétariat général, placé sous la responsabilité d'un secrétaire général nommé par le Conseil.

Le Conseil décide à la majorité simple de l'organisation du secrétariat général.

3. Le Conseil statue à la majorité simple pour les questions de procédure ainsi que pour l'adoption de son règlement intérieur.

*Article III-345*

Le Conseil peut, à la majorité simple, demander à la Commission de procéder à toutes les études qu'il juge opportunes pour la réalisation des objectifs communs et de lui soumettre toutes propositions appropriées. Si la Commission ne soumet pas de proposition, elle en communique les raisons au Conseil.

*Article III-346*

Le Conseil adopte des décisions européennes fixant le statut des comités prévus par la Constitution. Il statue à la majorité simple, après consultation de la Commission.

*Sous-section 4*

**La Commission européenne**

*Article III-347*

Les membres de la Commission s'abstiennent de tout acte incompatible avec leurs fonctions. Les États membres respectent leur indépendance et ne cherchent pas à les influencer dans l'exécution de leurs tâches.

Les membres de la Commission ne peuvent, pendant la durée de leurs fonctions, exercer aucune autre activité professionnelle, rémunérée ou non. Ils prennent, lors de leur installation, l'engagement solennel de respecter, pendant la durée de leurs fonctions et après la cessation de celles-ci, les obligations découlant de leur charge, notamment les devoirs d'honnêteté et de délicatesse quant à l'acceptation, après cette cessation, de certaines fonctions ou de certains avantages. En cas de violation de ces obligations, la Cour de justice, saisie par le Conseil, statuant à la majorité simple, ou par la Commission, peut, selon le cas, prononcer la démission d'office dans les conditions prévues à l'article III-349 ou la déchéance du droit à pension de l'intéressé ou d'autres avantages en tenant lieu.

*Article III-348*

1. En dehors des renouvellements réguliers et des décès, les fonctions des membres de la Commission prennent fin individuellement par démission volontaire ou d'office.

2. Le membre de la Commission démissionnaire ou décédé est remplacé pour la durée du mandat restant à courir par un nouveau membre de la même nationalité nommé par le Conseil, d'un commun accord avec le président de la Commission, après consultation du Parlement européen et conformément aux critères visés à l'article I-26, paragraphe 4.

Le Conseil, statuant à l'unanimité, sur proposition du président de la Commission, peut décider qu'il n'y a pas lieu à remplacement, notamment lorsque la durée du mandat du membre de la Commission restant à courir est courte.

3. En cas de démission volontaire, de démission d'office ou de décès, le président est remplacé pour la durée du mandat restant à courir, conformément à l'article I-27, paragraphe 1.

4. En cas de démission volontaire, de démission d'office ou de décès, le ministre des Affaires étrangères de l'Union est remplacé, pour la durée du mandat restant à courir, conformément à l'article I-28, paragraphe 1.

5. En cas de démission volontaire de l'ensemble des membres de la Commission, ceux-ci restent en fonction et continuent à expédier les affaires courantes jusqu'à leur remplacement, pour la durée du mandat restant à courir, conformément aux articles I-26 et I-27.

*Article III-349*

Tout membre de la Commission, s'il ne remplit plus les conditions nécessaires à l'exercice de ses fonctions ou s'il a commis une faute grave, peut être déclaré démissionnaire par la Cour de justice, à la requête du Conseil, statuant à la majorité simple, ou de la Commission.

*Article III-350*

Sans préjudice de l'article I-28, paragraphe 4, les responsabilités incombant à la Commission sont structurées et réparties entre ses membres par son président, conformément à l'article I-27, paragraphe 3. Le président peut remanier la répartition de ces responsabilités en cours de mandat. Les membres de la Commission exercent les fonctions qui leur sont dévolues par le président, sous l'autorité de celui-ci.

*Article III-351*

Les délibérations de la Commission sont acquises à la majorité de ses membres. Son règlement intérieur fixe le quorum.

*Article III-352*

1. La Commission adopte son règlement intérieur en vue d'assurer son fonctionnement et celui de ses services. Elle assure la publication de ce règlement.

2. La Commission publie tous les ans, un mois au moins avant l'ouverture de la session du Parlement européen, un rapport général sur l'activité de l'Union.

*Sous-section 5*

**La Cour de justice de l'Union européenne**

*Article III-353*

La Cour de justice siège en chambres, en grande chambre ou en assemblée plénière, conformément au statut de la Cour de justice de l'Union européenne.

*Article III-354*

La Cour de justice est assistée de huit avocats généraux. Si la Cour de justice le demande, le Conseil peut, statuant à l'unanimité, adopter une décision européenne pour augmenter le nombre des avocats généraux.

L'avocat général a pour rôle de présenter publiquement, en toute impartialité et en toute indépendance, des conclusions motivées sur les affaires qui, conformément au statut de la Cour de justice de l'Union européenne, requièrent son intervention.

*Article III-355*

Les juges et les avocats généraux de la Cour de justice, choisis parmi des personnalités offrant toutes garanties d'indépendance et qui réunissent les conditions requises pour l'exercice, dans leurs pays respectifs, des plus hautes fonctions juridictionnelles, ou qui sont des jurisconsultes possédant des compétences notoires, sont nommés d'un commun accord par les gouvernements des États membres, après consultation du comité prévu à l'article III-357.

Un renouvellement partiel des juges et des avocats généraux a lieu tous les trois ans dans les conditions prévues par le statut de la Cour de justice de l'Union européenne.

Les juges désignent parmi eux, pour trois ans, le président de la Cour de justice. Son mandat est renouvelable.

La Cour de justice adopte son règlement de procédure. Ce règlement est soumis à l'approbation du Conseil.

*Article III-356*

Le nombre des juges du Tribunal est fixé par le statut de la Cour de justice de l'Union européenne. Le statut peut prévoir que le Tribunal est assisté d'avocats généraux.

Les membres du Tribunal sont choisis parmi des personnes offrant toutes garanties d'indépendance et possédant la capacité requise pour l'exercice de hautes fonctions juridictionnelles. Ils sont nommés d'un commun accord par les gouvernements des États membres, après consultation du comité prévu à l'article III-357.

Un renouvellement partiel du Tribunal a lieu tous les trois ans.

Les juges désignent parmi eux, pour trois ans, le président du Tribunal. Son mandat est renouvelable.

Le Tribunal adopte son règlement de procédure en accord avec la Cour de justice. Ce règlement est soumis à l'approbation du Conseil.

À moins que le statut n'en dispose autrement, les dispositions de la Constitution relatives à la Cour de justice sont applicables au Tribunal.

*Article III-357*

Un comité est institué afin de donner un avis sur l'adéquation des candidats à l'exercice des fonctions de juge et d'avocat général de la Cour de justice et du Tribunal avant que les gouvernements des États membres ne procèdent aux nominations conformément aux articles III-355 et III-356.

Le comité est composé de sept personnalités choisies parmi d'anciens membres de la Cour de justice et du Tribunal, des membres des juridictions nationales suprêmes et des juristes possédant des compétences notoires, dont l'un est proposé par le Parlement européen. Le Conseil adopte une décision européenne établissant les règles de fonctionnement de ce comité, ainsi qu'une décision européenne en désignant les membres. Il statue sur initiative du président de la Cour de justice.

*Article III-358*

1. Le Tribunal est compétent pour connaître en première instance des recours visés aux articles III-365, III-367, III-370, III-372 et III-374, à l'exception de ceux qui sont attribués à un tribunal spécialisé créé en application de l'article III-359 et de ceux que le statut de la Cour de justice de l'Union européenne réserve à la Cour de justice. Le statut peut prévoir que le Tribunal est compétent pour d'autres catégories de recours.

Les décisions rendues par le Tribunal en vertu du présent paragraphe peuvent faire l'objet d'un pourvoi devant la Cour de justice, limité aux questions de droit, dans les conditions et limites prévues par le statut.

2. Le Tribunal est compétent pour connaître des recours qui sont formés contre les décisions des tribunaux spécialisés.

Les décisions rendues par le Tribunal en vertu du présent paragraphe peuvent exceptionnellement faire l'objet d'un réexamen par la Cour de justice, dans les conditions et limites prévues par le statut de la Cour de justice de l'Union européenne, en cas de risque sérieux d'atteinte à l'unité ou à la cohérence du droit de l'Union.

3. Le Tribunal est compétent pour connaître des questions préjudicielles, soumises en vertu de l'article III-369, dans des matières spécifiques déterminées par le statut de la Cour de justice de l'Union européenne.

Lorsque le Tribunal estime que l'affaire appelle une décision de principe susceptible d'affecter l'unité ou la cohérence du droit de l'Union, il peut renvoyer l'affaire devant la Cour de justice afin qu'elle statue.

Les décisions rendues par le Tribunal sur des questions préjudicielles peuvent exceptionnellement faire l'objet d'un réexamen par la Cour de justice, dans les conditions et limites prévues par le statut, en cas de risque sérieux d'atteinte à l'unité ou à la cohérence du droit de l'Union.

*Article III-359*

1. La loi européenne peut créer des tribunaux spécialisés adjoints au Tribunal, chargés de connaître en première instance de certaines catégories de recours formés dans des matières spécifiques. Elle est adoptée soit sur proposition de la Commission et après consultation de la Cour de justice, soit sur demande de la Cour de justice et après consultation de la Commission.

2. La loi européenne portant création d'un tribunal spécialisé fixe les règles relatives à la composition de ce tribunal et précise l'étendue des attributions qui lui sont conférées.

3. Les décisions des tribunaux spécialisés peuvent faire l'objet d'un pourvoi limité aux questions de droit ou, lorsque la loi européenne portant création du tribunal spécialisé le prévoit, d'un appel portant également sur les questions de fait, devant le Tribunal.

4. Les membres des tribunaux spécialisés sont choisis parmi des personnes offrant toutes les garanties d'indépendance et possédant la capacité requise pour l'exercice de fonctions juridictionnelles. Ils sont nommés par le Conseil, statuant à l'unanimité.

5. Les tribunaux spécialisés adoptent leur règlement de procédure en accord avec la Cour de justice. Ce règlement est soumis à l'approbation du Conseil.

6. À moins que la loi européenne portant création du tribunal spécialisé n'en dispose autrement, les dispositions de la Constitution relatives à la Cour de justice de l'Union européenne et les dispositions du statut de la Cour de justice de l'Union européenne s'appliquent aux tribunaux spécialisés. Le titre I du statut et son article 64 s'appliquent en tout état de cause aux tribunaux spécialisés.

*Article III-360*

Si la Commission estime qu'un État membre a manqué à l'une des obligations qui lui incombent en vertu de la Constitution, elle émet un avis motivé à ce sujet, après avoir mis cet État en mesure de présenter ses observations.

Si l'État en cause ne se conforme pas à cet avis dans le délai déterminé par la Commission, celle-ci peut saisir la Cour de justice de l'Union européenne.

*Article III-361*

Chacun des États membres peut saisir la Cour de justice de l'Union européenne s'il estime qu'un autre État membre a manqué à l'une des obligations qui lui incombent en vertu de la Constitution.

Avant qu'un État membre n'introduise, contre un autre État membre, un recours fondé sur une prétendue violation des obligations qui lui incombent en vertu de la Constitution, il doit en saisir la Commission.

La Commission émet un avis motivé après que les États intéressés ont été mis en mesure de présenter contradictoirement leurs observations écrites et orales.

Si la Commission n'a pas émis l'avis dans un délai de trois mois à compter de la demande, l'absence d'avis ne fait pas obstacle à la saisine de la Cour.

*Article III-362*

1. Si la Cour de justice de l'Union européenne reconnaît qu'un État membre a manqué à l'une des obligations qui lui incombent en vertu de la Constitution, cet État est tenu de prendre les mesures que comporte l'exécution de l'arrêt de la Cour.

2. Si la Commission estime que l'État membre concerné n'a pas pris les mesures que comporte l'exécution de l'arrêt visé au paragraphe 1, elle peut saisir la Cour de justice de l'Union européenne, après avoir mis cet État en mesure de présenter ses observations. Elle indique le montant de la somme forfaitaire ou de l'astreinte à payer par l'État membre concerné qu'elle estime adapté aux circonstances.

Si la Cour reconnaît que l'État membre concerné ne s'est pas conformé à son arrêt, elle peut lui infliger le paiement d'une somme forfaitaire ou d'une astreinte.

Cette procédure est sans préjudice de l'article III-361.

3. Lorsque la Commission saisit la Cour de justice de l'Union européenne d'un recours en vertu de l'article III-360, estimant que l'État membre concerné a manqué à son obligation de communiquer des mesures de transposition d'une loi-cadre européenne, elle peut, lorsqu'elle le considère approprié, indiquer le montant d'une somme forfaitaire ou d'une astreinte à payer par cet État, qu'elle estime adapté aux circonstances.

Si la Cour constate le manquement, elle peut infliger à l'État membre concerné le paiement d'une somme forfaitaire ou d'une astreinte dans la limite du montant indiqué par la Commission. L'obligation de paiement prend effet à la date fixée par la Cour dans son arrêt.

*Article III-363*

Les lois ou règlements européens du Conseil peuvent attribuer à la Cour de justice de l'Union européenne une compétence de pleine juridiction pour les sanctions qu'ils prévoient.

*Article III-364*

Sans préjudice des autres dispositions de la Constitution, la loi européenne peut attribuer à la Cour de justice de l'Union européenne, dans la mesure qu'elle détermine, la compétence pour statuer sur des litiges liés à l'application des actes adoptés sur la base de la Constitution qui créent des titres européens de propriété intellectuelle.

*Article III-365*

1. La Cour de justice de l'Union européenne contrôle la légalité des lois et lois-cadres européennes, des actes du Conseil, de la Commission et de la Banque centrale européenne, autres que les

recommandations et les avis, ainsi que des actes du Parlement européen et du Conseil européen destinés à produire des effets juridiques à l'égard des tiers. Elle contrôle aussi la légalité des actes des organes ou organismes de l'Union destinés à produire des effets juridiques à l'égard des tiers.

2. Aux fins du paragraphe 1, la Cour de justice de l'Union européenne est compétente pour se prononcer sur les recours pour incompétence, violation des formes substantielles, violation de la Constitution ou de toute règle de droit relative à son application, ou détournement de pouvoir, formés par un État membre, le Parlement européen, le Conseil ou la Commission.

3. La Cour de justice de l'Union européenne est compétente, dans les conditions prévues aux paragraphes 1 et 2, pour se prononcer sur les recours formés par la Cour des comptes, par la Banque centrale européenne et par le Comité des régions qui tendent à la sauvegarde des prérogatives de ceux-ci.

4. Toute personne physique ou morale peut former, dans les conditions prévues aux paragraphes 1 et 2, un recours contre les actes dont elle est le destinataire ou qui la concernent directement et individuellement, ainsi que contre les actes réglementaires qui la concernent directement et qui ne comportent pas de mesures d'exécution.

5. Les actes créant les organes et organismes de l'Union peuvent prévoir des conditions et modalités particulières concernant les recours formés par des personnes physiques ou morales contre des actes de ces organes ou organismes destinés à produire des effets juridiques à leur égard.

6. Les recours prévus par le présent article doivent être formés dans un délai de deux mois à compter, suivant le cas, de la publication de l'acte, de sa notification au requérant ou, à défaut, du jour où celui-ci en a eu connaissance.

*Article III-366*

Si le recours est fondé, la Cour de justice de l'Union européenne déclare nul et non avenu l'acte contesté.

Toutefois, elle indique, si elle l'estime nécessaire, ceux des effets de l'acte annulé qui doivent être considérés comme définitifs.

*Article III-367*

Au cas où, en violation de la Constitution, le Parlement européen, le Conseil européen, le Conseil, la Commission ou la Banque centrale européenne s'abstiendraient de statuer, les États membres et les autres institutions de l'Union peuvent saisir la Cour de justice de l'Union européenne pour faire constater cette violation. Le présent article s'applique, dans les mêmes conditions, aux organes et organismes de l'Union qui s'abstiennent de statuer.

Ce recours n'est recevable que si l'institution, l'organe ou l'organisme en cause a été préalablement invité à agir. Si, à l'expiration d'un délai de deux mois à compter de cette invitation, l'institution, l'organe ou l'organisme n'a pas pris position, le recours peut être formé dans un nouveau délai de deux mois.

Toute personne physique ou morale peut saisir la Cour dans les conditions prévues aux premier et deuxième alinéas pour faire grief à l'une des institutions, ou à l'un des organes ou organismes de l'Union d'avoir manqué de lui adresser un acte autre qu'une recommandation ou un avis.

*Article III-368*

L'institution, l'organe ou l'organisme dont émane l'acte annulé, ou dont l'abstention a été déclarée contraire à la Constitution, est tenu de prendre les mesures que comporte l'exécution de l'arrêt de la Cour de justice de l'Union européenne.

Cette obligation ne préjuge pas celle qui peut résulter de l'application de l'article III-431, deuxième alinéa.

*Article III-369*

La Cour de justice de l'Union européenne est compétente pour statuer, à titre préjudiciel sur:

a) l'interprétation de la Constitution;

b) la validité et l'interprétation des actes des institutions, organes et organismes de l'Union.

Lorsqu'une telle question est soulevée devant une juridiction d'un des États membres, cette juridiction peut, si elle estime qu'une décision sur ce point est nécessaire pour rendre son jugement, demander à la Cour de statuer sur cette question.

Lorsqu'une telle question est soulevée dans une affaire pendante devant une juridiction nationale dont les décisions ne sont pas susceptibles d'un recours juridictionnel de droit interne, cette juridiction est tenue de saisir la Cour.

Si une telle question est soulevée dans une affaire pendante devant une juridiction nationale concernant une personne détenue, la Cour statue dans les plus brefs délais.

*Article III-370*

La Cour de justice de l'Union européenne est compétente pour connaître des litiges relatifs à la réparation des dommages visés à l'article III-431, deuxième et troisième alinéas.

*Article III-371*

La Cour de justice n'est compétente pour se prononcer sur la légalité d'un acte adopté par le Conseil européen ou par le Conseil en vertu de l'article I-59 que sur demande de l'État membre qui fait l'objet d'une constatation du Conseil européen ou du Conseil, et qu'en ce qui concerne le respect des seules prescriptions de procédure prévues par ledit article.

Cette demande doit être faite dans un délai d'un mois à compter de ladite constatation. La Cour statue dans un délai d'un mois à compter de la date de la demande.

*Article III-372*

La Cour de justice de l'Union européenne est compétente pour statuer sur tout litige entre l'Union et ses agents dans les limites et conditions déterminées par le statut des fonctionnaires de l'Union et le régime applicable aux autres agents de l'Union.

*Article III-373*

La Cour de justice de l'Union européenne est compétente, dans les limites ci-après, pour connaître des litiges concernant:

a) l'exécution des obligations des États membres résultant du statut de la Banque européenne d'investissement. Le conseil d'administration de la Banque dispose à cet égard des pouvoirs reconnus à la Commission par l'article III-360;

b) les délibérations du conseil des gouverneurs de la Banque européenne d'investissement. Chaque État membre, la Commission et le conseil d'administration de la Banque peuvent former un recours en cette matière dans les conditions prévues à l'article III-365;

c) les délibérations du conseil d'administration de la Banque européenne d'investissement. Les recours contre ces délibérations ne peuvent être formés, dans les conditions prévues à l'article III-365, que par les États membres ou la Commission, et seulement pour violation des formes prévues à l'article 19, paragraphes 2, 5, 6 et 7, du statut de la Banque;

d) l'exécution par les banques centrales nationales des obligations résultant de la Constitution et du statut du Système européen de banques centrales et de la Banque centrale européenne. Le conseil des gouverneurs de la Banque centrale européenne dispose, à cet égard, vis-à-vis des banques centrales nationales, des pouvoirs reconnus à la Commission par l'article III-360 vis-à-vis des États membres. Si la Cour de justice de l'Union européenne reconnaît qu'une banque centrale nationale a manqué à l'une des obligations qui lui incombent en vertu de la Constitution, cette banque est tenue de prendre les dispositions que comporte l'exécution de l'arrêt de la Cour.

*Article III-374*

La Cour de justice de l'Union européenne est compétente pour statuer en vertu d'une clause compromissoire contenue dans un contrat de droit public ou de droit privé passé par l'Union ou pour son compte.

*Article III-375*

1. Sous réserve des compétences attribuées à la Cour de justice de l'Union européenne par la Constitution, les litiges auxquels l'Union est partie ne sont pas, de ce chef, soustraits à la compétence des juridictions nationales.

2. Les États membres s'engagent à ne pas soumettre un différend relatif à l'interprétation ou à l'application de la Constitution à un mode de règlement autre que ceux prévus par celle-ci.

3. La Cour de justice est compétente pour statuer sur tout différend entre États membres en connexité avec l'objet de la Constitution, si ce différend lui est soumis en vertu d'un compromis.

*Article III-376*

La Cour de justice de l'Union européenne n'est pas compétente au regard des articles I-40 et I-41, des dispositions du titre V, chapitre II, concernant la politique étrangère et de sécurité commune et de l'article III-293 en tant qu'il concerne la politique étrangère et de sécurité commune.

Toutefois, la Cour est compétente pour contrôler le respect de l'article III-308 et se prononcer sur les recours, formés dans les conditions prévues à l'article III-365, paragraphe 4, concernant le contrôle de la légalité des décisions européennes prévoyant des mesures restrictives à l'encontre de personnes physiques ou morales adoptées par le Conseil sur la base du titre V, chapitre II.

*Article III-377*

Dans l'exercice de ses attributions concernant les dispositions des sections 4 et 5 du titre III, chapitre IV, relatives à l'espace de liberté, de sécurité et de justice, la Cour de justice de l'Union européenne n'est pas compétente pour vérifier la validité ou la proportionnalité d'opérations menées par la police ou d'autres services répressifs dans un État membre, ni pour statuer sur l'exercice des responsabilités qui incombent aux États membres pour le maintien de l'ordre public et la sauvegarde de la sécurité intérieure.

*Article III-378*

Nonobstant l'expiration du délai prévu à l'article III-365, paragraphe 6, toute partie peut, à l'occasion d'un litige mettant en cause un acte de portée générale adopté par une institution, un organe ou un organisme de l'Union, se prévaloir des moyens prévus à l'article III-365, paragraphe 2, pour invoquer devant la Cour de justice de l'Union européenne l'inapplicabilité de cet acte.

*Article III-379*

1. Les recours formés devant la Cour de justice de l'Union européenne n'ont pas d'effet suspensif. Toutefois, la Cour peut, si elle estime que les circonstances l'exigent, ordonner le sursis à l'exécution de l'acte attaqué.

2. Dans les affaires dont elle est saisie, la Cour de justice de l'Union européenne peut prescrire les mesures provisoires nécessaires.

*Article III-380*

Les arrêts de la Cour de justice de l'Union européenne ont force exécutoire dans les conditions prévues à l'article III-401.

*Article III-381*

Le statut de la Cour de justice de l'Union européenne est fixé par un protocole.

La loi européenne peut modifier les dispositions du statut, à l'exception de son titre I et de son article 64. Elle est adoptée soit sur demande de la Cour de justice et après consultation de la Commission, soit sur proposition de la Commission et après consultation de la Cour de justice.

*Sous-section 6*

**La Banque centrale européenne**

*Article III-382*

1. Le conseil des gouverneurs de la Banque centrale européenne se compose des membres du directoire de la Banque centrale européenne et des gouverneurs des banques centrales nationales des États membres ne faisant pas l'objet d'une dérogation au sens de l'article III-197.

2. Le directoire se compose du président, du vice-président et de quatre autres membres.

Le président, le vice-président et les autres membres du directoire sont nommés par le Conseil européen, statuant à la majorité qualifiée, sur recommandation du Conseil et après consultation du Parlement européen et du conseil des gouverneurs de la Banque centrale européenne, parmi des personnes dont l'autorité et l'expérience professionnelle dans le domaine monétaire ou bancaire sont reconnues.

Leur mandat a une durée de huit ans et n'est pas renouvelable.

Seuls les ressortissants des États membres peuvent être membres du directoire.

*Article III-383*

1. Le président du Conseil et un membre de la Commission peuvent participer sans voix délibérative aux réunions du conseil des gouverneurs de la Banque centrale européenne.

Le président du Conseil peut soumettre une motion à la délibération du conseil des gouverneurs de la Banque centrale européenne.

2. Le président de la Banque centrale européenne est invité à participer aux réunions du Conseil lorsque celui-ci délibère sur des questions relatives aux objectifs et aux missions du Système européen de banques centrales.

3. La Banque centrale européenne adresse un rapport annuel sur les activités du Système européen de banques centrales et sur la politique monétaire de l'année précédente et de l'année en cours au Parlement européen, au Conseil européen, au Conseil et à la Commission. Le président de la Banque centrale européenne présente ce rapport au Parlement européen, qui peut tenir un débat général sur cette base, et au Conseil.

Le président de la Banque centrale européenne et les autres membres du directoire peuvent, à la demande du Parlement européen ou de leur propre initiative, être entendus par les organes compétents du Parlement européen.

*Sous-section 7*

**La Cour des comptes**

*Article III-384*

1. La Cour des comptes examine les comptes de la totalité des recettes et des dépenses de l'Union. Elle examine également les comptes de la totalité des recettes et des dépenses de tout organe ou organisme créé par l'Union, dans la mesure où l'acte instituant cet organe ou cet organisme n'exclut pas cet examen.

La Cour des comptes fournit au Parlement européen et au Conseil une déclaration d'assurance concernant la fiabilité des comptes ainsi que la légalité et la régularité des opérations sous-jacentes, qui est publiée au *Journal officiel de l'Union européenne*. Cette déclaration peut être complétée par des appréciations spécifiques pour chaque domaine majeur de l'activité de l'Union.

2. La Cour des comptes examine la légalité et la régularité des recettes et des dépenses et s'assure de la bonne gestion financière. Ce faisant, elle signale en particulier toute irrégularité.

Le contrôle des recettes s'effectue sur la base des constatations et des versements des recettes à l'Union.

Le contrôle des dépenses s'effectue sur la base des engagements et des paiements.

Ces contrôles peuvent être effectués avant la clôture des comptes de l'exercice budgétaire considéré.

3. Le contrôle a lieu sur pièces et, au besoin, sur place auprès des autres institutions, ainsi que dans les locaux de tout organe ou organisme gérant des recettes ou des dépenses au nom de l'Union et dans les États membres, y compris dans les locaux de toute personne physique ou morale bénéficiaire de versements provenant du budget. Le contrôle dans les États membres s'effectue en liaison avec les institutions de contrôle nationales ou, si celles-ci ne disposent pas des compétences nécessaires, avec les services nationaux compétents. La Cour des comptes et les institutions de contrôle nationales des États membres pratiquent une coopération empreinte de confiance et respectueuse de leur indépendance. Ces institutions ou services font connaître à la Cour des comptes s'ils entendent participer au contrôle.

Tout document ou toute information nécessaire à l'accomplissement de la mission de la Cour des comptes est communiqué à celle-ci, sur sa demande, par les autres institutions, par les organes ou organismes gérant des recettes ou des dépenses au nom de l'Union, par les personnes physiques ou morales bénéficiaires de versements provenant du budget et par les institutions de contrôle nationales ou, si celles-ci ne disposent pas des compétences nécessaires, par les services nationaux compétents.

En ce qui concerne l'activité de gestion de recettes et de dépenses de l'Union exercée par la Banque européenne d'investissement, le droit d'accès de la Cour des comptes aux informations détenues par la Banque est régi par un accord conclu entre la Cour des comptes, la Banque et la Commission. En l'absence d'accord, la Cour des comptes a néanmoins accès aux informations nécessaires pour effectuer le contrôle des recettes et des dépenses de l'Union gérées par la Banque.

4. La Cour des comptes établit un rapport annuel après la clôture de chaque exercice. Ce rapport est transmis aux autres institutions et publié au *Journal officiel de l'Union européenne*, accompagné des réponses desdites institutions aux observations de la Cour des comptes.

Elle peut, en outre, présenter à tout moment ses observations, notamment sous forme de rapports spéciaux, sur des questions particulières et rendre des avis à la demande d'une des autres institutions.

Elle adopte ses rapports annuels, rapports spéciaux ou avis à la majorité des membres qui la composent. Toutefois, elle peut créer en son sein des chambres en vue d'adopter certaines catégories de rapports ou d'avis, dans les conditions prévues par son règlement intérieur.

Elle assiste le Parlement européen et le Conseil dans l'exercice de leur fonction de contrôle de l'exécution du budget.

Elle adopte son règlement intérieur. Ce règlement est soumis à l'approbation du Conseil.

*Article III-385*

1. Les membres de la Cour des comptes sont choisis parmi des personnalités appartenant ou ayant appartenu dans leur État respectif aux institutions de contrôle externe ou possédant une qualification particulière pour cette fonction. Ils doivent offrir toutes garanties d'indépendance.

2. Les membres de la Cour des comptes sont nommés pour six ans. Leur mandat est renouvelable. Le Conseil adopte une décision européenne fixant la liste des membres établie conformément aux propositions faites par chaque État membre. Il statue après consultation du Parlement européen.

Les membres de la Cour des comptes désignent parmi eux, pour trois ans, leur président. Son mandat est renouvelable.

3. Dans l'accomplissement de leurs devoirs, les membres de la Cour des comptes ne sollicitent ni n'acceptent d'instructions d'aucun gouvernement ni d'aucun organisme. Ils s'abstiennent de tout acte incompatible avec leurs fonctions.

4. Les membres de la Cour des comptes ne peuvent, pendant la durée de leurs fonctions, exercer aucune autre activité professionnelle, rémunérée ou non. Ils prennent, lors de leur installation, l'engagement solennel de respecter, pendant la durée de leurs fonctions et après la cessation de celles-ci, les obligations découlant de leur charge, notamment les devoirs d'honnêteté et de délicatesse quant à l'acceptation, après cette cessation, de certaines fonctions ou de certains avantages.

5. En dehors des renouvellements réguliers et des décès, les fonctions de membre de la Cour des comptes prennent fin individuellement par démission volontaire ou par démission d'office déclarée par la Cour de justice conformément au paragraphe 6.

L'intéressé est remplacé pour la durée du mandat restant à courir.

Sauf en cas de démission d'office, les membres de la Cour des comptes restent en fonctions jusqu'à ce qu'il soit pourvu à leur remplacement.

6. Les membres de la Cour des comptes ne peuvent être relevés de leurs fonctions ni déclarés déchus de leur droit à pension, ou d'autres avantages en tenant lieu, que si la Cour de justice constate, à la demande de la Cour des comptes, qu'ils ont cessé de répondre aux conditions requises ou de satisfaire aux obligations découlant de leur charge.

### *SECTION 2*

### LES ORGANES CONSULTATIFS DE L'UNION

#### *Sous-section 1*

#### **Le Comité des régions**

##### *Article III-386*

Le nombre des membres du Comité des régions ne dépasse pas trois cent cinquante. Le Conseil, statuant à l'unanimité, sur proposition de la Commission, adopte une décision européenne fixant la composition du Comité.

Les membres du Comité, ainsi qu'un nombre égal de suppléants, sont nommés pour cinq ans. Leur mandat est renouvelable. Ils ne peuvent pas être simultanément membres du Parlement européen.

Le Conseil adopte la décision européenne fixant la liste des membres et des suppléants établie conformément aux propositions faites par chaque État membre.

À l'échéance du mandat visé à l'article I-32, paragraphe 2, en vertu duquel ils ont été proposés, le mandat des membres du Comité prend fin d'office et ils sont remplacés, selon la même procédure, pour la durée du mandat restant à courir.

##### *Article III-387*

Le Comité des régions désigne, parmi ses membres, son président et son bureau pour une durée de deux ans et demi.

Il est convoqué par son président à la demande du Parlement européen, du Conseil ou de la Commission. Il peut également se réunir de sa propre initiative.

Il adopte son règlement intérieur.

##### *Article III-388*

Le Comité des régions est consulté par le Parlement européen, par le Conseil ou par la Commission dans les cas prévus par la Constitution et dans tous les autres cas où l'une de ces institutions le juge opportun, en particulier lorsqu'ils ont trait à la coopération transfrontière.

S'il l'estime nécessaire, le Parlement européen, le Conseil ou la Commission impartit au Comité, pour présenter son avis, un délai qui ne peut être inférieur à un mois à compter de la communication qui est adressée à cet effet au président. À l'expiration du délai imparti, il peut être passé outre à l'absence d'avis.

Lorsque le Comité économique et social est consulté, le Comité des régions est informé par le Parlement européen, le Conseil ou la Commission de cette demande d'avis. Le Comité des régions peut, lorsqu'il estime que des intérêts régionaux spécifiques sont en jeu, émettre un avis à ce sujet. Il peut également émettre un avis de sa propre initiative.

L'avis du Comité ainsi qu'un compte rendu de ses délibérations sont transmis au Parlement européen, au Conseil et à la Commission.

*Sous-section 2*

**Le Comité économique et social**

*Article III-389*

Le nombre des membres du Comité économique et social ne dépasse pas trois cent cinquante. Le Conseil, statuant à l'unanimité sur proposition de la Commission, adopte une décision européenne fixant la composition du Comité.

*Article III-390*

Les membres du Comité économique et social sont nommés pour cinq ans. Leur mandat est renouvelable.

Le Conseil adopte la décision européenne fixant la liste des membres établie conformément aux propositions faites par chaque État membre.

Le Conseil statue après consultation de la Commission. Il peut recueillir l'opinion des organisations européennes représentatives des différents secteurs économiques et sociaux, et de la société civile, concernés par l'activité de l'Union.

*Article III-391*

Le Comité économique et social désigne parmi ses membres son président et son bureau pour une durée de deux ans et demi.

Il est convoqué par son président à la demande du Parlement européen, du Conseil ou de la Commission. Il peut également se réunir de sa propre initiative.

Il adopte son règlement intérieur.

*Article III-392*

Le Comité économique et social est consulté par le Parlement européen, par le Conseil ou par la Commission dans les cas prévus par la Constitution. Il peut être consulté par ces institutions dans tous les cas où elles le jugent opportun. Il peut également émettre un avis de sa propre initiative.

S'il l'estime nécessaire, le Parlement européen, le Conseil ou la Commission impartit au Comité, pour présenter son avis, un délai qui ne peut pas être inférieur à un mois à compter de la communication qui est adressée à cet effet au président. À l'expiration du délai imparti, il peut être passé outre à l'absence d'avis.

L'avis du Comité ainsi qu'un compte rendu de ses délibérations sont transmis au Parlement européen, au Conseil et à la Commission.

## SECTION 3

## LA BANQUE EUROPÉENNE D'INVESTISSEMENT

*Article III-393*

La Banque européenne d'investissement a la personnalité juridique.

Ses membres sont les États membres.

Le statut de la Banque européenne d'investissement fait l'objet d'un protocole.

Une loi européenne du Conseil peut modifier le statut de la Banque européenne d'investissement. Le Conseil statue à l'unanimité, soit sur demande de la Banque européenne d'investissement et après consultation du Parlement européen et de la Commission, soit sur proposition de la Commission et après consultation du Parlement européen et de la Banque européenne d'investissement.

*Article III-394*

La Banque européenne d'investissement a pour mission de contribuer, en faisant appel aux marchés des capitaux et à ses ressources propres, au développement équilibré et sans heurt du marché intérieur dans l'intérêt de l'Union. À cette fin, elle facilite, notamment par l'octroi de prêts et de garanties, sans poursuivre de but lucratif, le financement des projets ci-après, dans tous les secteurs de l'économie:

a) projets envisageant la mise en valeur des régions moins développées;

b) projets visant la modernisation ou la conversion d'entreprises ou la création d'activités nouvelles induites par l'établissement ou le fonctionnement du marché intérieur, qui, par leur ampleur ou par leur nature, ne peuvent être entièrement couverts par les divers moyens de financement existant dans chacun des États membres;

c) projets d'intérêt commun pour plusieurs États membres, qui, par leur ampleur ou par leur nature, ne peuvent être entièrement couverts par les divers moyens de financement existant dans chacun des États membres.

Dans l'accomplissement de sa mission, la Banque européenne d'investissement facilite le financement de programmes d'investissement en liaison avec les interventions des fonds à finalité structurelle et des autres instruments financiers de l'Union.

*SECTION 4*

## DISPOSITIONS COMMUNES AUX INSTITUTIONS, ORGANES ET ORGANISMES DE L'UNION

### *Article III-395*

1. Lorsque, en vertu de la Constitution, le Conseil statue sur proposition de la Commission, il ne peut amender cette proposition qu'en statuant à l'unanimité, sauf dans les cas visés aux articles I-55 et I-56, à l'article III-396, paragraphes 10 et 13, à l'article III-404 et à l'article III-405, paragraphe 2.

2. Tant que le Conseil n'a pas statué, la Commission peut modifier sa proposition tout au long des procédures conduisant à l'adoption d'un acte de l'Union.

### *Article III-396*

1. Lorsque, en vertu de la Constitution, les lois ou lois-cadres européennes sont adoptées selon la procédure législative ordinaire, les dispositions ci-après sont applicables.

2. La Commission présente une proposition au Parlement européen et au Conseil.

**Première lecture**

3. Le Parlement européen arrête sa position en première lecture et la transmet au Conseil.

4. Si le Conseil approuve la position du Parlement européen, l'acte concerné est adopté dans la formulation qui correspond à la position du Parlement européen.

5. Si le Conseil n'approuve pas la position du Parlement européen, il adopte sa position en première lecture et la transmet au Parlement européen.

6. Le Conseil informe pleinement le Parlement européen des raisons qui l'ont conduit à adopter sa position en première lecture. La Commission informe pleinement le Parlement européen de sa position.

**Deuxième lecture**

7. Si, dans un délai de trois mois après cette transmission, le Parlement européen:

a) approuve la position du Conseil en première lecture ou ne s'est pas prononcé, l'acte concerné est réputé adopté dans la formulation qui correspond à la position du Conseil;

b) rejette, à la majorité des membres qui le composent, la position du Conseil en première lecture, l'acte proposé est réputé non adopté;

c) propose, à la majorité des membres qui le composent, des amendements à la position du Conseil en première lecture, le texte ainsi amendé est transmis au Conseil et à la Commission, qui émet un avis sur ces amendements.

8. Si, dans un délai de trois mois après réception des amendements du Parlement européen, le Conseil, statuant à la majorité qualifiée:

a) approuve tous ces amendements, l'acte concerné est réputé adopté;

b) n'approuve pas tous les amendements, le président du Conseil, en accord avec le président du Parlement européen, convoque le comité de conciliation dans un délai de six semaines.

9. Le Conseil statue à l'unanimité sur les amendements ayant fait l'objet d'un avis négatif de la Commission.

**Conciliation**

10. Le comité de conciliation, qui réunit les membres du Conseil ou leurs représentants et autant de membres représentant le Parlement européen, a pour mission d'aboutir à un accord sur un projet commun à la majorité qualifiée des membres du Conseil ou de leurs représentants et à la majorité des membres représentant le Parlement européen dans un délai de six semaines à partir de sa convocation, sur la base des positions du Parlement européen et du Conseil en deuxième lecture.

11. La Commission participe aux travaux du comité de conciliation et prend toute initiative nécessaire en vue de promouvoir un rapprochement des positions du Parlement européen et du Conseil.

12. Si, dans un délai de six semaines après sa convocation, le comité de conciliation n'approuve pas de projet commun, l'acte proposé est réputé non adopté.

**Troisième lecture**

13. Si, dans ce délai, le comité de conciliation approuve un projet commun, le Parlement européen et le Conseil disposent chacun d'un délai de six semaines à compter de cette approbation pour adopter l'acte concerné conformément à ce projet, le Parlement européen statuant à la majorité des suffrages exprimés et le Conseil à la majorité qualifiée. À défaut, l'acte proposé est réputé non adopté.

14. Les délais de trois mois et de six semaines visés au présent article sont prolongés respectivement d'un mois et de deux semaines au maximum à l'initiative du Parlement européen ou du Conseil.

**Dispositions particulières**

15. Lorsque, dans les cas prévus par la Constitution, une loi ou loi-cadre européenne est soumise à la procédure législative ordinaire sur initiative d'un groupe d'États membres, sur recommandation de la Banque centrale européenne ou sur demande de la Cour de justice, le paragraphe 2, le paragraphe 6, deuxième phrase, et le paragraphe 9 ne sont pas applicables.

Dans ces cas, le Parlement européen et le Conseil transmettent à la Commission le projet d'acte ainsi que leurs positions en première et deuxième lectures. Le Parlement européen ou le Conseil peut demander l'avis de la Commission tout au long de la procédure, avis que la Commission peut également émettre de sa propre initiative. Elle peut également, si elle l'estime nécessaire, participer au comité de conciliation conformément au paragraphe 11.

*Article III-397*

Le Parlement européen, le Conseil et la Commission procèdent à des consultations réciproques et organisent d'un commun accord les modalités de leur coopération. À cet effet, ils peuvent, dans le respect de la Constitution, conclure des accords interinstitutionnels qui peuvent revêtir un caractère contraignant.

*Article III-398*

1. Dans l'accomplissement de leurs missions, les institutions, organes et organismes de l'Union s'appuient sur une administration européenne ouverte, efficace et indépendante.

2. Dans le respect du statut et du régime adoptés sur la base de l'article III-427, la loi européenne fixe les dispositions à cet effet.

*Article III-399*

1. Les institutions, organes et organismes de l'Union assurent la transparence de leurs travaux et arrêtent, en application de l'article I-50, dans leurs règlements intérieurs, les dispositions particulières concernant l'accès du public à leurs documents. La Cour de justice de l'Union européenne, la Banque centrale européenne et la Banque européenne d'investissement ne sont soumises à l'article I-50, paragraphe 3, et au présent article que lorsqu'elles exercent des fonctions administratives.

2. Le Parlement européen et le Conseil assurent la publicité des documents relatifs aux procédures législatives dans les conditions prévues par la loi européenne visée à l'article I-50, paragraphe 3.

*Article III-400*

1. Le Conseil adopte des règlements et décisions européens fixant:

a) les traitements, indemnités et pensions du président du Conseil européen, du président de la Commission, du ministre des affaires étrangères de l'Union, des membres de la Commission, des présidents, des membres et des greffiers de la Cour de justice de l'Union européenne ainsi que du secrétaire général du Conseil;

b) les conditions d'emploi, notamment les traitements, indemnités et pensions, du président et des membres de la Cour des comptes;

c) toutes indemnités tenant lieu de rémunération des personnes visées aux points a) et b).

2. Le Conseil adopte des règlements et décisions européens fixant les indemnités des membres du Comité économique et social.

*Article III-401*

Les actes du Conseil, de la Commission ou de la Banque centrale européenne qui comportent, à la charge des personnes autres que les États membres, une obligation pécuniaire forment titre exécutoire.

L'exécution forcée est régie par les règles de la procédure civile en vigueur dans l'État membre sur le territoire duquel elle a lieu. La formule exécutoire est apposée, sans autre contrôle que celui de la vérification de l'authenticité du titre, par l'autorité nationale que le gouvernement de chacun des États membres désigne à cet effet et dont il informe la Commission et la Cour de justice de l'Union européenne.

Après l'accomplissement de ces formalités à la demande de l'intéressé, celui-ci peut poursuivre l'exécution forcée en saisissant directement l'autorité compétente, conformément à la législation nationale.

L'exécution forcée ne peut être suspendue qu'en vertu d'une décision de la Cour de justice de l'Union européenne. Toutefois, le contrôle de la régularité des dispositions d'exécution relève de la compétence des juridictions nationales.

## *CHAPITRE II*

## DISPOSITIONS FINANCIÈRES

### *SECTION 1*

### LE CADRE FINANCIER PLURIANNUEL

*Article III-402*

1. Le cadre financier pluriannuel est établi pour une période d'au moins cinq années conformément à l'article I-55.

2. Le cadre financier fixe les montants des plafonds annuels des crédits pour engagements par catégorie de dépenses et du plafond annuel des crédits pour paiements. Les catégories de dépenses, d'un nombre limité, correspondent aux grands secteurs d'activité de l'Union.

3. Le cadre financier prévoit toute autre disposition utile au bon déroulement de la procédure budgétaire annuelle.

4. Lorsque la loi européenne du Conseil fixant un nouveau cadre financier n'a pas été adoptée à l'échéance du cadre financier précédent, les plafonds et autres dispositions correspondant à la dernière année de celui-ci sont prorogés jusqu'à l'adoption de cette loi.

5. Tout au long de la procédure conduisant à l'adoption du cadre financier, le Parlement européen, le Conseil et la Commission prennent toute mesure nécessaire pour faciliter l'aboutissement de la procédure.

### *SECTION 2*

### LE BUDGET ANNUEL DE L'UNION

#### *Article III-403*

L'exercice budgétaire commence le 1^er^ janvier et s'achève le 31 décembre.

#### *Article III-404*

La loi européenne établit le budget annuel de l'Union conformément aux dispositions ci-après.

1. Chaque institution dresse, avant le 1^er^ juillet, un état prévisionnel de ses dépenses pour l'exercice budgétaire suivant. La Commission groupe ces états dans un projet de budget qui peut comporter des prévisions divergentes.

Ce projet comprend une prévision des recettes et une prévision des dépenses.

2. La Commission présente une proposition contenant le projet de budget au Parlement européen et au Conseil au plus tard le 1^er^ septembre de l'année qui précède celle de l'exécution du budget.

La Commission peut modifier le projet de budget au cours de la procédure jusqu'à la convocation du comité de conciliation visé au paragraphe 5.

3. Le Conseil adopte sa position sur le projet de budget et la transmet au Parlement européen au plus tard le 1^er^ octobre de l'année qui précède celle de l'exécution du budget. Il informe pleinement le Parlement européen des raisons qui l'ont conduit à adopter sa position.

4. Si, dans un délai de quarante-deux jours après cette transmission, le Parlement européen:

a) approuve la position du Conseil, la loi européenne établissant le budget est adoptée;

b) n'a pas statué, la loi européenne établissant le budget est réputée adoptée;

c) adopte, à la majorité des membres qui le composent, des amendements, le projet ainsi amendé est transmis au Conseil et à la Commission. Le président du Parlement européen, en accord avec le président du Conseil, convoque sans délai le comité de conciliation. Toutefois, le comité de conciliation ne se réunit pas si, dans un délai de dix jours après cette transmission, le Conseil informe le Parlement européen qu'il approuve tous ses amendements.

5. Le comité de conciliation, qui réunit les membres du Conseil ou leurs représentants et autant de membres représentant le Parlement européen, a pour mission d'aboutir, sur la base des positions du Parlement européen et du Conseil, à un accord sur un projet commun à la majorité qualifiée des membres du Conseil ou de leurs représentants et à la majorité des membres représentant le Parlement européen, dans un délai de vingt et un jours à partir de sa convocation.

La Commission participe aux travaux du comité de conciliation et prend toutes les initiatives nécessaires en vue de promouvoir un rapprochement des positions du Parlement européen et du Conseil.

6. Si, dans le délai de vingt et un jours visé au paragraphe 5, le comité de conciliation parvient à un accord sur un projet commun, le Parlement européen et le Conseil disposent chacun d'un délai de quatorze jours à compter de la date de cet accord pour approuver le projet commun.

7. Si, dans le délai de quatorze jours visé au paragraphe 6:

a) le Parlement européen et le Conseil approuvent tous deux le projet commun ou ne parviennent pas à statuer, ou si l'une de ces institutions approuve le projet commun tandis que l'autre ne parvient pas à statuer, la loi européenne établissant le budget est réputée définitivement adoptée conformément au projet commun, ou

b) le Parlement européen, statuant à la majorité des membres qui le composent, et le Conseil rejettent tous deux le projet commun, ou si l'une de ces institutions rejette le projet commun tandis que l'autre ne parvient pas à statuer, un nouveau projet de budget est présenté par la Commission, ou

c) le Parlement européen, statuant à la majorité des membres qui le composent, rejette le projet commun tandis que le Conseil l'approuve, un nouveau projet de budget est présenté par la Commission, ou

d) le Parlement européen approuve le projet commun tandis que le Conseil le rejette, le Parlement européen peut, dans un délai de quatorze jours à compter de la date du rejet par le Conseil et statuant à la majorité des membres qui le composent et des trois cinquièmes des suffrages exprimés, décider de confirmer l'ensemble ou une partie des amendements visés au paragraphe 4, point c). Si l'un des amendements du Parlement européen n'est pas confirmé, la position agréée au sein du comité de conciliation concernant la ligne budgétaire qui fait l'objet de cet amendement est retenue. La loi européenne établissant le budget est réputée définitivement adoptée sur cette base.

8. Si, dans le délai de vingt et un jours visé au paragraphe 5, le comité de conciliation ne parvient pas à un accord sur un projet commun, un nouveau projet de budget est présenté par la Commission.

9. Lorsque la procédure prévue au présent article est achevée, le président du Parlement européen constate que la loi européenne établissant le budget est définitivement adoptée.

10. Chaque institution exerce les pouvoirs qui lui sont dévolus par le présent article dans le respect de la Constitution et des actes adoptés en vertu de celle-ci, notamment en matière de ressources propres de l'Union et d'équilibre des recettes et des dépenses.

*Article III-405*

1. Si, au début d'un exercice budgétaire, la loi européenne établissant le budget n'a pas été définitivement adoptée, les dépenses peuvent être effectuées mensuellement par chapitre conformément à la loi européenne visée à l'article III-412, dans la limite du douzième des crédits inscrits au chapitre en question du budget de l'exercice précédent, sans pouvoir dépasser le douzième des crédits prévus au même chapitre du projet de budget.

2. Le Conseil, sur proposition de la Commission et dans le respect des autres conditions prévues au paragraphe 1, peut adopter une décision européenne autorisant des dépenses qui excèdent le douzième, conformément à la loi européenne visée à l'article III-412. Il la transmet immédiatement au Parlement européen.

Cette décision européenne prévoit les mesures nécessaires en matière de ressources pour l'application du présent article, dans le respect des lois européennes visées à l'article I-54, paragraphes 3 et 4.

Elle entre en vigueur trente jours après son adoption si, dans ce délai, le Parlement européen, statuant à la majorité des membres qui le composent, ne décide pas de réduire ces dépenses.

*Article III-406*

Dans les conditions prévues par la loi européenne visée à l'article III-412, les crédits, autres que ceux relatifs aux dépenses de personnel, qui sont inutilisés à la fin de l'exercice budgétaire peuvent faire l'objet d'un report qui est limité au seul exercice suivant.

Les crédits sont spécialisés par chapitres groupant les dépenses selon leur nature ou leur destination, et subdivisés, conformément à la loi européenne visée à l'article III-412.

Les dépenses:

— du Parlement européen,

— du Conseil européen et du Conseil,

— de la Commission, ainsi que

— de la Cour de justice de l'Union européenne,

font l'objet de sections distinctes du budget, sans préjudice d'un régime spécial pour certaines dépenses communes.

*SECTION 3*

L'EXÉCUTION DU BUDGET ET LA DÉCHARGE

*Article III-407*

La Commission exécute le budget en coopération avec les États membres, conformément à la loi européenne visée à l'article III-412, sous sa propre responsabilité et dans la limite des crédits alloués, conformément au principe de la bonne gestion financière. Les États membres coopèrent avec la Commission pour faire en sorte que les crédits soient utilisés conformément à ce même principe.

La loi européenne visée à l'article III-412 établit les obligations de contrôle et d'audit des États membres dans l'exécution du budget ainsi que les responsabilités qui en découlent. Elle établit les responsabilités et les modalités particulières selon lesquelles chaque institution participe à l'exécution de ses propres dépenses.

À l'intérieur du budget, la Commission peut procéder, dans les limites et conditions prévues par la loi européenne visée à l'article III-412, à des virements de crédits, soit de chapitre à chapitre, soit de subdivision à subdivision.

*Article III-408*

La Commission soumet chaque année au Parlement européen et au Conseil les comptes de l'exercice écoulé afférents aux opérations du budget. En outre, elle leur communique un bilan financier décrivant l'actif et le passif de l'Union.

La Commission présente également au Parlement européen et au Conseil un rapport d'évaluation des finances de l'Union fondé sur les résultats obtenus notamment par rapport aux indications données par le Parlement européen et le Conseil en vertu de l'article III-409.

*Article III-409*

1. Le Parlement européen, sur recommandation du Conseil, donne décharge à la Commission sur l'exécution du budget. À cet effet, il examine, à la suite du Conseil, les comptes, le bilan financier et le rapport d'évaluation visés à l'article III-408, le rapport annuel de la Cour des comptes, accompagné des réponses des institutions contrôlées aux observations de la Cour des comptes, la déclaration d'assurance visée à l'article III-384, paragraphe 1, second alinéa, ainsi que les rapports spéciaux pertinents de la Cour des comptes.

2. Avant de donner décharge à la Commission ou à toute autre fin se situant dans le cadre de l'exercice des attributions de celle-ci en matière d'exécution du budget, le Parlement européen peut demander à entendre la Commission sur l'exécution des dépenses ou le fonctionnement des systèmes de contrôle financier. La Commission soumet au Parlement européen, à la demande de ce dernier, toute information nécessaire.

3. La Commission met tout en œuvre pour donner suite aux observations accompagnant les décisions de décharge et aux autres observations du Parlement européen concernant l'exécution des dépenses, ainsi qu'aux commentaires accompagnant les recommandations de décharge adoptées par le Conseil.

4. À la demande du Parlement européen ou du Conseil, la Commission fait rapport sur les mesures prises à la lumière de ces observations et commentaires, et notamment sur les instructions données aux services chargés de l'exécution du budget. Ces rapports sont également transmis à la Cour des comptes.

### *SECTION 4*

### DISPOSITIONS COMMUNES

#### *Article III-410*

Le cadre financier pluriannuel et le budget annuel sont établis en euros.

#### *Article III-411*

La Commission peut, sous réserve d'en informer les autorités compétentes des États membres concernés, transférer dans la monnaie de l'un des États membres les avoirs qu'elle détient dans la monnaie d'un autre État membre, dans la mesure nécessaire à l'utilisation de ces avoirs aux fins prévues par la Constitution. La Commission évite, dans la mesure du possible, de procéder à de tels transferts si elle détient des avoirs disponibles ou mobilisables dans les monnaies dont elle a besoin.

La Commission communique avec chacun des États membres concernés par l'intermédiaire de l'autorité qu'il désigne. Dans l'exécution des opérations financières, elle a recours à la banque d'émission de l'État membre concerné ou à une autre institution financière agréée par celui-ci.

#### *Article III-412*

1. La loi européenne établit:

a) les règles financières qui fixent notamment les modalités relatives à l'établissement et à l'exécution du budget, et à la reddition et à la vérification des comptes;

b) les règles qui organisent le contrôle de la responsabilité des acteurs financiers, et notamment des ordonnateurs et des comptables.

La loi européenne est adoptée après consultation de la Cour des comptes.

2. Le Conseil adopte, sur proposition de la Commission, un règlement européen fixant les modalités et la procédure selon lesquelles les recettes budgétaires prévues dans le régime des ressources propres de l'Union sont mises à la disposition de la Commission, ainsi que les mesures à appliquer pour faire face, le cas échéant, aux besoins de trésorerie. Il statue après consultation du Parlement européen et de la Cour de comptes.

3. Le Conseil statue à l'unanimité jusqu'au 31 décembre 2006 dans tous les cas visés par le présent article.

*Article III-413*

Le Parlement européen, le Conseil et la Commission veillent à la disponibilité des moyens financiers permettant à l'Union de remplir ses obligations juridiques à l'égard des tiers.

*Article III-414*

Des rencontres régulières des présidents du Parlement européen, du Conseil et de la Commission sont convoquées, à l'initiative de la Commission, dans le cadre des procédures budgétaires visées au présent chapitre. Les présidents prennent toutes les mesures nécessaires pour promouvoir la concertation et le rapprochement des positions des institutions qu'ils président, afin de faciliter la mise en œuvre du présent chapitre.

## SECTION 5

## LUTTE CONTRE LA FRAUDE

*Article III-415*

1. L'Union et les États membres combattent la fraude et toute autre activité illégale portant atteinte aux intérêts financiers de l'Union par des mesures prises conformément au présent article. Ces mesures sont dissuasives et offrent une protection effective dans les États membres ainsi que dans les institutions, organes et organismes de l'Union.

2. Pour combattre la fraude portant atteinte aux intérêts financiers de l'Union, les États membres prennent les mêmes mesures que celles qu'ils prennent pour combattre la fraude portant atteinte à leurs propres intérêts financiers.

3. Sans préjudice d'autres dispositions de la Constitution, les États membres coordonnent leur action visant à protéger les intérêts financiers de l'Union contre la fraude. À cette fin, ils organisent, avec la Commission, une collaboration étroite et régulière entre les autorités compétentes.

4. La loi ou loi-cadre européenne établit les mesures nécessaires dans les domaines de la prévention de la fraude portant atteinte aux intérêts financiers de l'Union et de la lutte contre cette fraude en vue d'offrir une protection effective et équivalente dans les États membres ainsi que dans les institutions, organes et organismes de l'Union. Elle est adoptée après consultation de la Cour des comptes.

5. La Commission, en coopération avec les États membres, adresse chaque année au Parlement européen et au Conseil un rapport sur les mesures prises pour la mise en œuvre du présent article.

## *CHAPITRE III*

## COOPÉRATIONS RENFORCÉES

### *Article III-416*

Les coopérations renforcées respectent la Constitution et le droit de l'Union.

Elles ne peuvent porter atteinte ni au marché intérieur ni à la cohésion économique, sociale et territoriale. Elles ne peuvent constituer ni une entrave ni une discrimination aux échanges entre les États membres ni provoquer de distorsions de concurrence entre ceux-ci.

### *Article III-417*

Les coopérations renforcées respectent les compétences, droits et obligations des États membres qui n'y participent pas. Ceux-ci n'entravent pas leur mise en œuvre par les États membres qui y participent.

### *Article III-418*

1. Lors de leur instauration, les coopérations renforcées sont ouvertes à tous les États membres, sous réserve de respecter les conditions éventuelles de participation fixées par la décision européenne d'autorisation. Elles le sont également à tout autre moment, sous réserve de respecter, outre les conditions éventuelles susvisées, les actes déjà adoptés dans ce cadre.

La Commission et les États membres participant à une coopération renforcée veillent à promouvoir la participation du plus grand nombre possible d'États membres.

2. La Commission et, le cas échéant, le ministre des Affaires étrangères de l'Union informent régulièrement le Parlement européen et le Conseil de l'évolution des coopérations renforcées.

### *Article III-419*

1. Les États membres qui souhaitent instaurer entre eux une coopération renforcée dans l'un des domaines visés par la Constitution, à l'exception des domaines de compétence exclusive et de la politique étrangère et de sécurité commune, adressent une demande à la Commission en précisant le champ d'application et les objectifs poursuivis par la coopération renforcée envisagée. La Commission peut soumettre au Conseil une proposition en ce sens. Si la Commission ne soumet pas de proposition, elle en communique les raisons aux États membres concernés.

L'autorisation de procéder à une coopération renforcée est accordée par une décision européenne du Conseil, qui statue sur proposition de la Commission et après approbation du Parlement européen.

2. La demande des États membres qui souhaitent instaurer entre eux une coopération renforcée dans le cadre de la politique étrangère et de sécurité commune est adressée au Conseil. Elle est transmise au ministre des affaires étrangères de l'Union, qui donne son avis sur la cohérence de la coopération renforcée envisagée avec la politique étrangère et de sécurité commune de l'Union, ainsi

qu'à la Commission, qui donne son avis, notamment sur la cohérence de la coopération renforcée envisagée avec les autres politiques de l'Union. Elle est également transmise au Parlement européen pour information.

L'autorisation de procéder à une coopération renforcée est accordée par une décision européenne du Conseil, statuant à l'unanimité.

*Article III-420*

1. Tout État membre qui souhaite participer à une coopération renforcée en cours dans l'un des domaines visés à l'article III-419, paragraphe 1, notifie son intention au Conseil et à la Commission.

La Commission, dans un délai de quatre mois à compter de la date de réception de la notification, confirme la participation de l'État membre en question. Elle constate, le cas échéant, que les conditions de participation sont remplies et adopte les mesures transitoires nécessaires concernant l'application des actes déjà adoptés dans le cadre de la coopération renforcée.

Toutefois, si la Commission estime que les conditions de participation ne sont pas remplies, elle indique les dispositions à prendre pour remplir ces conditions et fixe un délai pour réexaminer la demande. À l'expiration de ce délai, elle réexamine la demande, conformément à la procédure prévue au deuxième alinéa. Si la Commission estime que les conditions de participation ne sont toujours pas remplies, l'État membre en question peut saisir le Conseil à ce sujet, qui se prononce sur la demande. Le Conseil statue conformément à l'article I-44, paragraphe 3. Il peut également adopter, sur proposition de la Commission, les mesures transitoires visées au deuxième alinéa.

2. Tout État membre qui souhaite participer à une coopération renforcée en cours dans le cadre de la politique étrangère et de sécurité commune notifie son intention au Conseil, au ministre des affaires étrangères de l'Union et à la Commission.

Le Conseil confirme la participation de l'État membre en question, après consultation du ministre des affaires étrangères de l'Union et après avoir constaté, le cas échéant, que les conditions de participation sont remplies. Le Conseil, sur proposition du ministre des affaires étrangères de l'Union, peut également adopter les mesures transitoires nécessaires concernant l'application des actes déjà adoptés dans le cadre de la coopération renforcée. Toutefois, si le Conseil estime que les conditions de participation ne sont pas remplies, il indique les dispositions à prendre pour remplir ces conditions et fixe un délai pour réexaminer la demande de participation.

Aux fins du présent paragraphe, le Conseil statue à l'unanimité et conformément à l'article I-44, paragraphe 3.

*Article III-421*

Les dépenses résultant de la mise en œuvre d'une coopération renforcée, autres que les coûts administratifs occasionnés pour les institutions, sont à la charge des États membres qui y participent, à moins que le Conseil, statuant à l'unanimité de tous ses membres, après consultation du Parlement européen, n'en décide autrement.

*Article III-422*

1. Lorsqu'une disposition de la Constitution susceptible d'être appliquée dans le cadre d'une coopération renforcée prévoit que le Conseil statue à l'unanimité, le Conseil, statuant à l'unanimité conformément aux modalités prévues à l'article I-44, paragraphe 3, peut adopter une décision européenne prévoyant qu'il statuera à la majorité qualifiée.

2. Lorsqu'une disposition de la Constitution susceptible d'être appliquée dans le cadre d'une coopération renforcée prévoit que le Conseil adopte des lois ou lois-cadres européennes conformément à une procédure législative spéciale, le Conseil, statuant à l'unanimité conformément aux modalités prévues à l'article I-44, paragraphe 3, peut adopter une décision européenne prévoyant qu'il statuera conformément à la procédure législative ordinaire. Le Conseil statue après consultation du Parlement européen.

3. Les paragraphes 1 et 2 ne s'appliquent pas aux décisions ayant des implications militaires ou dans le domaine de la défense.

*Article III-423*

Le Conseil et la Commission assurent la cohérence des actions entreprises dans le cadre d'une coopération renforcée ainsi que la cohérence de ces actions avec les politiques de l'Union, et coopèrent à cet effet.

## TITRE VII

## DISPOSITIONS COMMUNES

*Article III-424*

Compte tenu de la situation économique et sociale structurelle de la Guadeloupe, de la Guyane française, de la Martinique, de la Réunion, des Açores, de Madère et des îles Canaries, qui est aggravée par leur éloignement, l'insularité, leur faible superficie, le relief et le climat difficiles, leur dépendance économique vis-à-vis d'un petit nombre de produits, facteurs dont la permanence et la combinaison nuisent gravement à leur développement, le Conseil, sur proposition de la Commission, adopte des lois, lois-cadres, règlements et décisions européens visant, en particulier, à fixer les conditions d'application de la Constitution à ces régions, y compris les politiques communes. Il statue après consultation du Parlement européen.

Les actes visés au premier alinéa portent notamment sur les politiques douanières et commerciales, la politique fiscale, les zones franches, les politiques dans les domaines de l'agriculture et de la pêche, les conditions d'approvisionnement en matières premières et en biens de consommation de première nécessité, les aides d'État, et les conditions d'accès aux fonds à finalité structurelle et aux programmes horizontaux de l'Union.

Le Conseil adopte les actes visés au premier alinéa en tenant compte des caractéristiques et contraintes particulières des régions ultrapériphériques, sans nuire à l'intégrité et à la cohérence de l'ordre juridique de l'Union, y compris le marché intérieur et les politiques communes.

*Article III-425*

La Constitution ne préjuge en rien le régime de la propriété dans les États membres.

*Article III-426*

Dans chacun des États membres, l'Union possède la capacité juridique la plus large reconnue aux personnes morales par les législations nationales. Elle peut notamment acquérir ou aliéner des biens immobiliers et mobiliers et ester en justice. À cet effet, elle est représentée par la Commission. Toutefois, l'Union est représentée par chacune des institutions, au titre de leur autonomie administrative, pour les questions liées à leur fonctionnement respectif.

*Article III-427*

La loi européenne fixe le statut des fonctionnaires de l'Union et le régime applicable aux autres agents de l'Union. Elle est adoptée après consultation des institutions concernées.

*Article III-428*

Pour l'accomplissement des tâches qui lui sont confiées, la Commission peut recueillir toutes informations et procéder à toutes vérifications nécessaires, dans les limites et conditions prévues par un règlement ou décision européens adopté par le Conseil à la majorité simple.

*Article III-429*

1. Sans préjudice de l'article 5 du protocole fixant le statut du Système européen de banques centrales et de la Banque centrale européenne, la loi ou loi-cadre européenne fixe les mesures pour l'établissement de statistiques, lorsque cela est nécessaire à l'accomplissement des activités de l'Union.

2. L'établissement des statistiques se fait dans le respect de l'impartialité, de la fiabilité, de l'objectivité, de l'indépendance scientifique, de l'efficacité au regard du coût et de la confidentialité des informations statistiques. Il ne doit pas entraîner de charges excessives pour les opérateurs économiques.

*Article III-430*

Les membres des institutions de l'Union, les membres des comités, ainsi que les fonctionnaires et agents de l'Union sont tenus, même après la cessation de leurs fonctions, de ne pas divulguer les informations qui, par leur nature, sont couvertes par le secret professionnel, notamment les renseignements relatifs aux entreprises et concernant leurs relations commerciales ou les éléments de leur prix de revient.

*Article III-431*

La responsabilité contractuelle de l'Union est régie par le droit applicable au contrat en cause.

En matière de responsabilité non contractuelle, l'Union doit réparer, conformément aux principes généraux communs aux droits des États membres, les dommages causés par ses institutions ou par ses agents dans l'exercice de leurs fonctions.

Par dérogation au deuxième alinéa, la Banque centrale européenne doit réparer, conformément aux principes généraux communs aux droits des États membres, les dommages causés par elle-même ou par ses agents dans l'exercice de leurs fonctions.

La responsabilité personnelle des agents envers l'Union est réglée par les dispositions fixant leur statut ou le régime qui leur est applicable.

*Article III-432*

Le siège des institutions de l'Union est fixé d'un commun accord par les gouvernements des États membres.

*Article III-433*

Le Conseil adopte à l'unanimité un règlement européen fixant le régime linguistique des institutions de l'Union, sans préjudice du statut de la Cour de justice de l'Union européenne.

*Article III-434*

L'Union jouit sur le territoire des États membres des privilèges et immunités nécessaires à l'accomplissement de sa mission dans les conditions prévues par le protocole sur les privilèges et immunités de l'Union européenne.

*Article III-435*

Les droits et obligations résultant de conventions conclues antérieurement au 1er janvier 1958 ou, pour les États adhérents, antérieurement à la date de leur adhésion, entre un ou plusieurs États membres, d'une part, et un ou plusieurs États tiers, d'autre part, ne sont pas affectés par la Constitution.

Dans la mesure où ces conventions ne sont pas compatibles avec la Constitution, le ou les États membres en cause recourent à tous les moyens appropriés pour éliminer les incompatibilités constatées. En cas de besoin, les États membres se prêtent une assistance mutuelle en vue d'arriver à cette fin et adoptent, le cas échéant, une attitude commune.

Lorsqu'ils appliquent les conventions visées au premier alinéa, les États membres tiennent compte du fait que les avantages consentis dans la Constitution par chacun des États membres font partie intégrante de l'Union et sont, de ce fait, inséparablement liés à la création d'institutions dotées d'attributions par la Constitution et à l'octroi d'avantages identiques par tous les autres États membres.

*Article III-436*

1. La Constitution ne fait pas obstacle aux règles suivantes:

a) aucun État membre n'est tenu de fournir des renseignements dont il estimerait la divulgation contraire aux intérêts essentiels de sa sécurité;

b) tout État membre peut prendre les mesures qu'il estime nécessaires à la protection des intérêts essentiels de sa sécurité et qui se rapportent à la production ou au commerce d'armes, de munitions et de matériel de guerre; ces mesures ne doivent pas altérer les conditions de la concurrence dans le marché intérieur en ce qui concerne les produits non destinés à des fins spécifiquement militaires.

2. Le Conseil, sur proposition de la Commission, peut adopter à l'unanimité une décision européenne modifiant la liste du 15 avril 1958 des produits auxquels les dispositions du paragraphe 1, point b), s'appliquent.

## PARTIE IV

### DISPOSITIONS GÉNÉRALES ET FINALES

*Article IV-437*

**Abrogation des traités antérieurs**

1. Le présent traité établissant une Constitution pour l'Europe abroge le traité instituant la Communauté européenne et le traité sur l'Union européenne, ainsi que, dans les conditions prévues par le protocole relatif aux actes et traités ayant complété ou modifié le traité instituant la Communauté européenne et le traité sur l'Union européenne, les actes et traités qui les ont complétés ou modifiés, sous réserve du paragraphe 2 du présent article.

2. Les traités relatifs à l'adhésion:

a) du Royaume de Danemark, de l'Irlande et du Royaume-Uni de Grande-Bretagne et de l'Irlande du Nord;

b) de la République hellénique;

c) du Royaume d'Espagne et de la République portugaise;

d) de la République d'Autriche, de la République de Finlande et du Royaume de Suède, et

e) de la République tchèque, de la République d'Estonie, de la République de Chypre, de la République de Lettonie, de la République de Lituanie, de la République de Hongrie, de la République de Malte, de la République de Pologne, de la République de Slovénie et de la République slovaque

sont abrogés.

Toutefois:

— les dispositions des traités visés aux point a) à d) qui sont reprises ou visées dans le protocole relatif aux traités et actes d'adhésion du Royaume de Danemark, de l'Irlande et du Royaume-Uni de Grande-Bretagne et de l'Irlande du Nord, de la République hellénique, du Royaume d'Espagne et de la République portugaise, et de la République d'Autriche, de la République de Finlande et du Royaume de Suède restent en vigueur et leurs effets juridiques sont préservés conformément à ce protocole,

— les dispositions du traité visé au point e) qui sont reprises ou visées dans le protocole relatif au traité et acte d'adhésion de la République tchèque, de la République d'Estonie, de la République de Chypre, de la République de Lettonie, de la République de Lituanie, de la République de Hongrie, de la République de Malte, de la République de Pologne, de la République de Slovénie et de la République slovaque restent en vigueur et leurs effets juridiques sont préservés conformément à ce protocole.

*Article IV-438*

## Succession et continuité juridique

1. L'Union européenne établie par le présent traité succède à l'Union européenne instituée par le traité sur l'Union européenne et à la Communauté européenne.

2. Sous réserve de l'article IV-439, les institutions, organes et organismes existant à la date d'entrée en vigueur du présent traité exercent, dans leur composition à cette date, leurs attributions au sens du présent traité, aussi longtemps que de nouvelles dispositions n'auront pas été adoptées en application de celui-ci ou jusqu'à la fin de leur mandat.

3. Les actes des institutions, organes et organismes, adoptés sur la base des traités et actes abrogés par l'article IV-437, demeurent en vigueur. Leurs effets juridiques sont préservés aussi longtemps que ces actes n'auront pas été abrogés, annulés ou modifiés en application du présent traité. Il en va de même pour les conventions conclues entre États membres sur la base des traités et actes abrogés par l'article IV-437.

Les autres éléments de l'acquis communautaire et de l'Union existant au moment de l'entrée en vigueur du présent traité, notamment les accords interinstitutionnels, les décisions et accords convenus par les représentants des gouvernements des États membres, réunis au sein du Conseil, les accords conclus par les États membres relatifs au fonctionnement de l'Union ou de la Communauté ou présentant un lien avec l'action de celles-ci, les déclarations, y compris celles faites dans le cadre de conférences intergouvernementales, ainsi que les résolutions ou autres prises de position du Conseil européen ou du Conseil et celles relatives à l'Union ou à la Communauté qui ont été adoptées d'un commun accord par les États membres, sont également préservés aussi longtemps qu'ils n'auront pas été supprimés ou modifiés.

4. La jurisprudence de la Cour de justice des Communautés européennes et du Tribunal de première instance relative à l'interprétation et à l'application des traités et actes abrogés par l'article IV-437, ainsi que des actes et conventions adoptés pour leur application, reste, mutatis mutandis, la source de l'interprétation du droit de l'Union, et notamment des dispositions comparables de la Constitution.

5. La continuité des procédures administratives et juridictionnelles engagées avant la date d'entrée en vigueur du présent traité est assurée dans le respect de la Constitution. Les institutions, organes et organismes responsables de ces procédures prennent toutes mesures appropriées à cet effet.

*Article IV-439*

## Dispositions transitoires relatives à certaines institutions

Les dispositions transitoires relatives à la composition du Parlement européen, à la définition de la majorité qualifiée au Conseil européen et au Conseil, y compris dans les cas où tous les membres du Conseil européen ou du Conseil ne prennent pas part au vote, et à la composition de la Commission, y compris le ministre des Affaires étrangères de l'Union, sont prévues par le protocole sur les dispositions transitoires relatives aux institutions et organes de l'Union.

*Article IV-440*

## Champ d'application territoriale

1. Le présent traité s'applique au Royaume de Belgique, à la République tchèque, au Royaume de Danemark, à la République fédérale d'Allemagne, à la République d'Estonie, à la République hellénique, au Royaume d'Espagne, à la République française, à l'Irlande, à la République italienne, à la République de Chypre, à la République de Lettonie, à la République de Lituanie, au Grand-Duché de Luxembourg, à la République de Hongrie, à la République de Malte, au Royaume des Pays-Bas, à la République d'Autriche, à la République de Pologne, à la République portugaise, à la République de Slovénie et à la République Slovaque, à la République de Finlande, au Royaume de Suède et au Royaume-Uni de Grande-Bretagne et d'Irlande du Nord.

2. Le présent traité s'applique à la Guadeloupe, à la Guyane française, à la Martinique, à la Réunion, aux Açores, à Madère et aux îles Canaries conformément à l'article III-424.

3. Les pays et territoires d'outre-mer dont la liste figure à l'annexe II font l'objet du régime spécial d'association défini dans la partie III, titre IV.

Le présent traité ne s'applique pas aux pays et territoires d'outre-mer entretenant des relations particulières avec le Royaume-Uni de Grande-Bretagne et d'Irlande du Nord qui ne sont pas énumérés dans cette liste.

4. Le présent traité s'applique aux territoires européens dont un État membre assume les relations extérieures.

5. Le présent traité s'applique aux îles Åland avec les dérogations qui figuraient à l'origine dans le traité visé à l'article IV-437, paragraphe 2, point d), et qui ont été reprises au titre V, section 5, du protocole relatif aux traités et actes d'adhésion du Royaume de Danemark, de l'Irlande et du Royaume-Uni de Grande-Bretagne et d'Irlande du Nord, de la République hellénique, du Royaume d'Espagne et de la République portugaise, et de la République d'Autriche, de la République de Finlande et du Royaume de Suède.

6. Par dérogation aux paragraphes 1 à 5:

a) le présent traité ne s'applique pas aux îles Féroé;

b) le présent traité ne s'applique à Akrotiri et Dhekelia, zones de souveraineté du Royaume-Uni de Grande-Bretagne et d'Irlande du Nord à Chypre, que dans la mesure nécessaire pour assurer l'application du régime prévu à l'origine dans le protocole sur les zones de souveraineté du Royaume-Uni de Grande-Bretagne et d'Irlande du Nord à Chypre annexé à l'acte d'adhésion qui fait partie intégrante du traité visé à l'article IV-437, paragraphe 2, point e), et qui a été repris à la partie II, titre III, du protocole relatif au traité et acte d'adhésion de la République tchèque, de la République d'Estonie, de la République de Chypre, de la République de Lettonie, de la République de Lituanie, de la République de Hongrie, de la République de Malte, de la République de Pologne, de la République de Slovénie et de la République slovaque;

c) le présent traité ne s'applique aux îles anglo-normandes et à l'île de Man que dans la mesure nécessaire pour assurer l'application du régime prévu pour ces îles à l'origine par le traité visé à l'article IV-437, paragraphe 2, point a), et qui a été repris au titre II, section 3, du protocole relatif aux traités et actes d'adhésion du Royaume de Danemark, de l'Irlande et du Royaume-Uni de Grande-Bretagne et d'Irlande du Nord, de la République hellénique, du Royaume d'Espagne et de la République portugaise, et de la République d'Autriche, de la République de Finlande et du Royaume de Suède.

7. Le Conseil européen, sur initiative de l'État membre concerné, peut adopter une décision européenne modifiant le statut à l'égard de l'Union d'un pays ou territoire danois, français ou néerlandais visé aux paragraphes 2 et 3. Le Conseil européen statue à l'unanimité, après consultation de la Commission.

*Article IV-441*

## Unions régionales

Le présent traité ne fait pas obstacle à l'existence et à l'accomplissement des unions régionales entre la Belgique et le Luxembourg, ainsi qu'entre la Belgique, le Luxembourg et les Pays-Bas, dans la mesure où les objectifs de ces unions régionales ne sont pas atteints en application dudit traité.

*Article IV-442*

## Protocoles et annexes

Les protocoles et annexes du présent traité en font partie intégrante.

*Article IV-443*

## Procédure de révision ordinaire

1. Le gouvernement de tout État membre, le Parlement européen ou la Commission peut soumettre au Conseil des projets tendant à la révision du présent traité. Ces projets sont transmis par le Conseil au Conseil européen et notifiés aux parlements nationaux.

2. Si le Conseil européen, après consultation du Parlement européen et de la Commission, adopte à la majorité simple une décision favorable à l'examen des modifications proposées, le président du Conseil européen convoque une Convention composée de représentants des parlements nationaux, des chefs d'État ou de gouvernement des États membres, du Parlement européen et de la Commission. La Banque centrale européenne est également consultée dans le cas de modifications institutionnelles dans le domaine monétaire. La Convention examine les projets de révision et adopte par consensus une recommandation à une Conférence des représentants des gouvernements des États membres telle que prévue au paragraphe 3.

Le Conseil européen peut décider à la majorité simple, après approbation du Parlement européen, de ne pas convoquer de Convention lorsque l'ampleur des modifications ne le justifie pas. Dans ce dernier cas, le Conseil européen établit le mandat pour une Conférence des représentants des gouvernements des États membres.

3. Une Conférence des représentants des gouvernements des États membres est convoquée par le président du Conseil en vue d'arrêter d'un commun accord les modifications à apporter au présent traité.

Les modifications entrent en vigueur après avoir été ratifiées par tous les États membres conformément à leurs règles constitutionnelles respectives.

4. Si à l'issue d'un délai de deux ans à compter de la signature du traité modifiant le présent traité, les quatre cinquièmes des États membres ont ratifié ledit traité et qu'un ou plusieurs États membres ont rencontré des difficultés pour procéder à ladite ratification, le Conseil européen se saisit de la question.

*Article IV-444*

## Procédure de révision simplifiée

1. Lorsque la partie III prévoit que le Conseil statue à l'unanimité dans un domaine ou dans un cas déterminé, le Conseil européen peut adopter une décision européenne autorisant le Conseil à statuer à la majorité qualifiée dans ce domaine ou dans ce cas.

Le présent paragraphe ne s'applique pas aux décisions ayant des implications militaires ou dans le domaine de la défense.

2. Lorsque la partie III prévoit que des lois ou lois-cadres européennes sont adoptées par le Conseil conformément à une procédure législative spéciale, le Conseil européen peut adopter une décision européenne autorisant l'adoption desdites lois ou lois-cadres conformément à la procédure législative ordinaire.

3. Toute initiative prise par le Conseil européen sur la base des paragraphes 1 ou 2 est transmise aux parlements nationaux. En cas d'opposition d'un parlement national notifiée dans un délai de six mois après cette transmission, la décision européenne visée aux paragraphes 1 ou 2 n'est pas adoptée. En l'absence d'opposition, le Conseil européen peut adopter ladite décision.

Pour l'adoption des décisions européennes visées aux paragraphes 1 et 2, le Conseil européen statue à l'unanimité, après approbation du Parlement européen, qui se prononce à la majorité des membres qui le composent.

*Article IV-445*

## Procédure de révision simplifiée concernant les politiques et actions internes de l'Union

1. Le gouvernement de tout État membre, le Parlement européen ou la Commission peut soumettre au Conseil européen des projets tendant à la révision de tout ou partie des dispositions de la partie III, titre III, relatives aux politiques et actions internes de l'Union.

2. Le Conseil européen peut adopter une décision européenne modifiant tout ou partie des dispositions de la partie III, titre III. Le Conseil européen statue à l'unanimité, après consultation du Parlement européen et de la Commission ainsi que de la Banque centrale européenne dans le cas de modifications institutionnelles dans le domaine monétaire.

Cette décision européenne n'entre en vigueur qu'après son approbation par les États membres, conformément à leurs règles constitutionnelles respectives.

3. La décision européenne visée au paragraphe 2 ne peut pas accroître les compétences attribuées à l'Union dans le présent traité.

*Article IV-446*

**Durée**

Le présent traité est conclu pour une durée illimitée.

*Article IV-447*

**Ratification et entrée en vigueur**

1. Le présent traité est ratifié par les Hautes Parties Contractantes, conformément à leurs règles constitutionnelles respectives. Les instruments de ratification sont déposés auprès du gouvernement de la République italienne.

2. Le présent traité entre en vigueur le 1er novembre 2006, à condition que tous les instruments de ratification aient été déposés, ou, à défaut, le premier jour du deuxième mois suivant le dépôt de l'instrument de ratification de l'État signataire qui procède le dernier à cette formalité.

*Article IV-448*

**Textes authentiques et traductions**

1. Le présent traité rédigé en un exemplaire unique, en langues allemande, anglaise, danoise, espagnole, estonienne, française, finnoise, grecque, hongroise, irlandaise, italienne, lettonne, lituanienne, maltaise, néerlandaise, polonaise, portugaise, slovaque, slovène, suédoise et tchèque, les textes établis dans chacune de ces langues faisant également foi, sera déposé dans les archives du gouvernement de la République italienne, qui remettra une copie certifiée conforme à chacun des gouvernements des autres États signataires.

2. Le présent traité peut aussi être traduit dans toute autre langue déterminée par les États membres parmi celles qui, en vertu de l'ordre constitutionnel de ces États membres, jouissent du statut de langue officielle sur tout ou partie de leur territoire. L'État membre concerné fournit une copie certifiée de ces traductions, qui sera versée aux archives du Conseil.

EN FE DE LO CUAL, los plenipotenciarios infrascritos suscriben el presente Tratado
Na DŮKAZ ČEHOŽ připojili níže podepsaní zplnomocnění zástupci k této smlouvě své podpisy
TIL BEKRÆFTELSE HERAF har undertegnede befuldmægtigede underskrevet denne traktat
ZU URKUND DESSEN haben die unterzeichneten Bevollmächtigten ihre Unterschriften unter diesen Vertrag gesetzt
SELLE KINNITUSEKS on nimetatud täievolilised esindajad käesolevale lepingule alla kirjutanud
ΕΙΣ ΠΙΣΤΩΣΗ ΤΩΝ ΑΝΩΤΕΡΩ, οι υπογεγραμμένοι πληρεξούσιοι υπέγραψαν την παρούσα Συνθήκη
IN WITNESS WHEREOF, the undersigned plenipotentiaries have signed this Treaty
EN FOI DE QUOI, les plénipotentiaires soussignés ont apposé leur signature au bas du présent traité
DÁ FHIANÚ SIN, chuir na Lánchumhachtaigh thíos-sínithe a lámh leis an gConradh seo
IN FEDE DI CHE, i plenipotenziari sottoscritti hanno apposto la loro firma in calce al presente trattato
TO APLIECINOT, attiecīgi pilnvarotas personas ir parakstījušas šo Līgumu
TAI PALIUDYDAMI šią Sutartį pasirašė toliau nurodyti įgaliotieji atstovai
FENTIEK HITELÉÜL az alulírott meghatalmazottak aláírták ezt a szerződést
B'XIEHDA TA' DAN, il-plenipotenzjarji sottoskritti ffirmaw dan it-Trattat
TEN BLIJKE WAARVAN de ondergetekende gevolmachtigden hun handtekening onder dit verdrag hebben gesteld
W DOWÓD CZEGO niżej podpisani pełnomocnicy złożyli swoje podpisy pod niniejszym Traktatem
EM FÉ DO QUE os plenipotenciários abaixo assinados apuseram as suas assinaturas no final do presente Tratado
NA DÔKAZ TOHO dolupodpísaní splnomocnení zástupcovia podpísali túto zmluvu
V POTRDITEV TEGA so spodaj podpisani pooblaščenci podpisali to pogodbo
TÄMÄN VAKUUDEKSI alla mainitut täysivaltaiset edustajat ovat allekirjoittaneet tämän sopimuksen
TILL BEVIS HÄRPÅ har undertecknade befullmäktigade undertecknat detta fördrag

Hecho en Roma, el veintinueve de octubre del dos mil cuatro.
V Římě dne dvacátého devátého října dva tisíce čtyři
Udfærdiget i Rom den niogtyvende oktober to tusind og fire.
Geschehen zu Rom am neunundzwanzigsten Oktober zweitausendundvier.
Kahe tuhande neljanda aasta oktoobrikuu kahekümne üheksandal päeval Roomas
Έγινε στις Ρώμη, στις είκοσι εννέα Οκτωβρίου δύο χιλιάδες τέσσερα.
Done at Rome on the twenty-ninth day of October in the year two thousand and four.
Fait à Rome, le vingt-neuf octobre deux mille quatre.
Arna dhéanamh sa Róimh, an naoú lá fichead de Dheireadh Fómhair sa bhliain dhá mhíle is a ceathair
Fatto a Roma, addì ventinove ottobre duemilaquattro.
Romā, divi tūkstoši ceturtā gada divdesmit devītajā oktobrī
Priimta du tūkstančiai ketvirtų metų spalio dvidešimt devintą dieną Romoje
Kelt Rómában, a kétezer-negyedik év október havának huszonkilencedik napján

Magħmul f'Ruma fid-disa' u għoxrin jum ta' Ottubru tas-sena elfejn u erbgħa
Gedaan te Rome, de negenentwintigste oktober tweeduizendvier.
Sporządzono w Rzymie dnia dwudziestego dziewiątego października roku dwutysięcznego czwartego
Feito em Roma, em vinte e nove de Outubro de dois mil e quatro
V Ríme dvadsiatehodeviateho októbra dvetisícštyri
V Rimu, devetindvajsetega oktobra leta dva tisoč štiri
Tehty Roomassa kahdentenakymmenentenäyhdeksäntenä päivänä lokakuuta vuonna kaksituhattaneljä.
Som skedde i Rom den tjugonionde oktober tjugohundrafyra.

Pour Sa Majesté le Roi des Belges
Voor Zijne Majesteit de Koning der Belgen
Für Seine Majestät den König der Belgier

Cette signature engage également la Communauté française, la Communauté flamande, la Communauté germanophone, la Région wallonne, la Région flamande et la Région de Bruxelles-Capitale.

Deze handtekening verbindt eveneens de Vlaamse Gemeenschap, de Franse Gemeenschap, de Duitstalige Gemeenschap, het Vlaamse Gewest, het Waalse Gewest en het Brussels Hoofdstedelijk Gewest.

Diese Unterschrift bindet zugleich die Deutschsprachige Gemeinschaft, die Flämische Gemeinschaft, die Französische Gemeinschaft, die Wallonische Region, die Flämische Region und die Region Brüssel-Hauptstadt.

Za prezidenta České republiky

For Hendes Majestæt Danmarks Dronning

Für den Präsidenten der Bundesrepublik Deutschland

Eesti Vabariigi Presidendi nimel

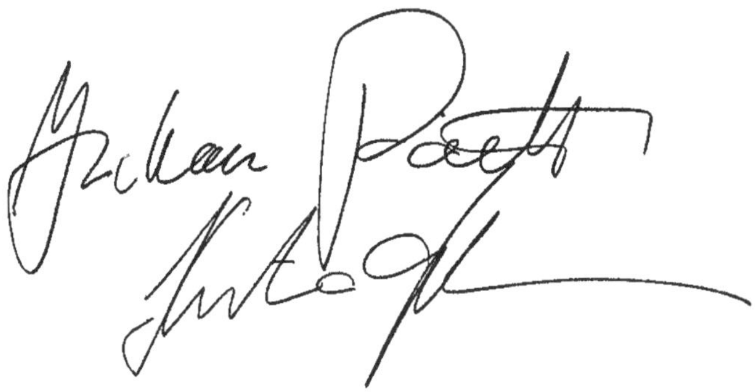

Για τον Πρόεδρο της Ελληνικής Δημοκρατίας

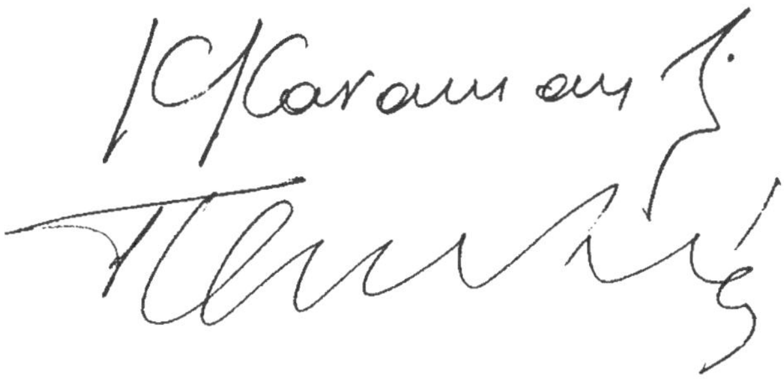

Por Su Majestad el Rey de España

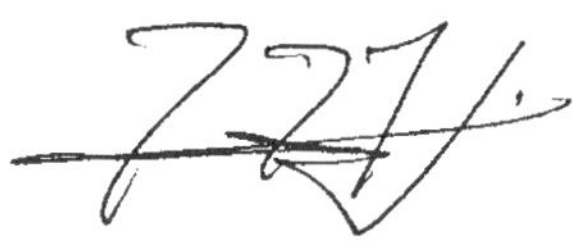

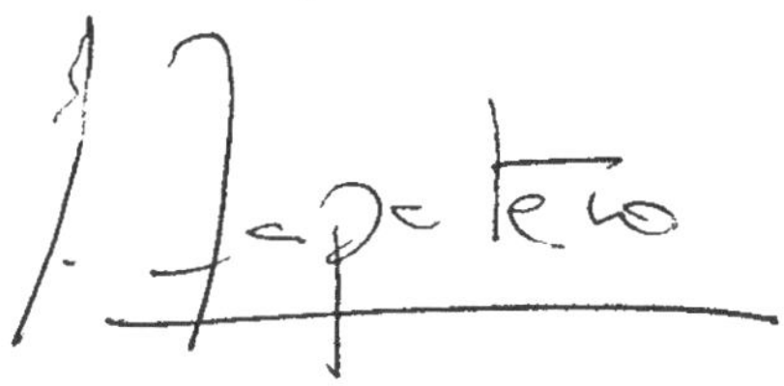

Pour le Président de la République française

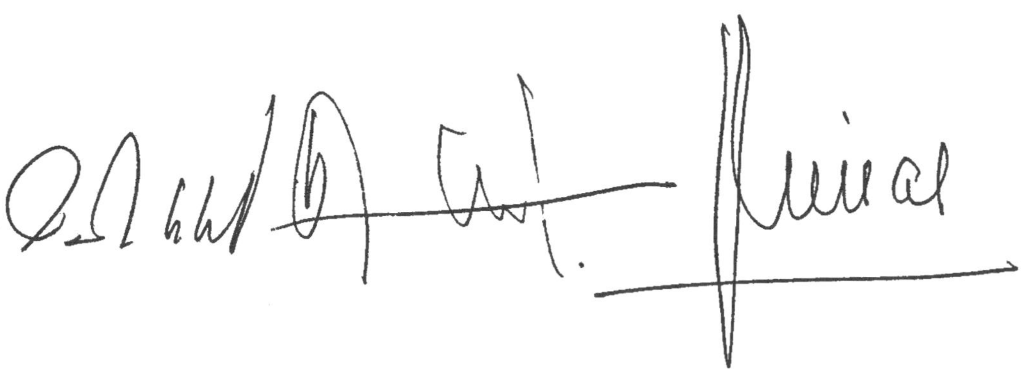

Thar ceann Uachtarán na hÉireann
For the President of Ireland

Per il Presidente della Repubblica italiana

Για τον Πρόεδρο της Κυπριακής Δημοκρατίας

Latvijas Republikas Valsts prezidentes vārdā

Lietuvos Respublikos Prezidento vardu

Pour Son Altesse Royale le Grand-Duc de Luxembourg

A Magyar Köztársaság Elnöke részéről

Għall-President ta' Malta

Voor Hare Majesteit de Koningin der Nederlanden

Für den Bundespräsidenten der Republik Österreich

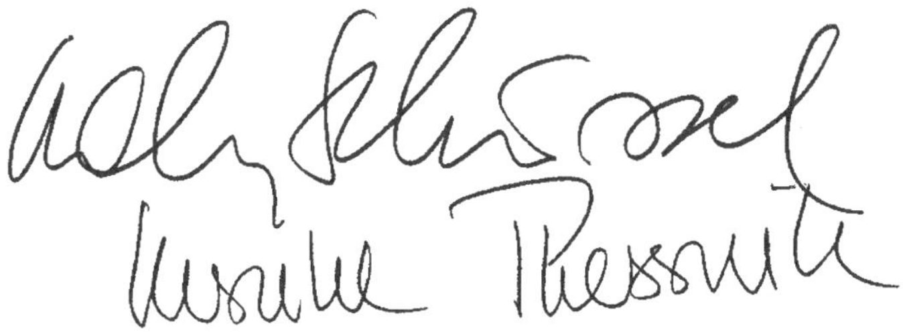

Za Prezydenta Rzeczypospolitej Polskiej

Pelo Presidente da República Portuguesa

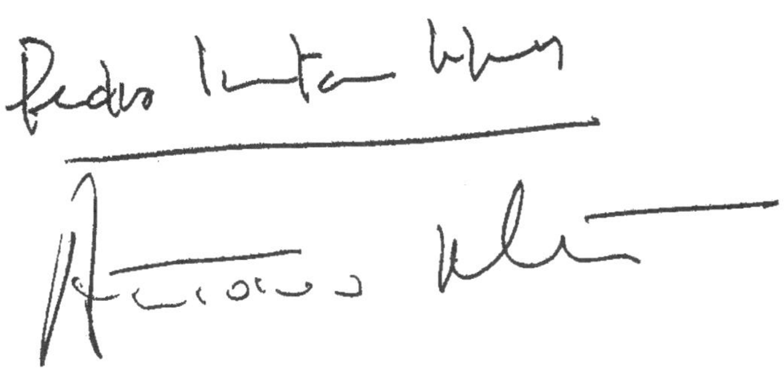

Za predsednika Republike Slovenije

Za prezidenta Slovenskej republiky

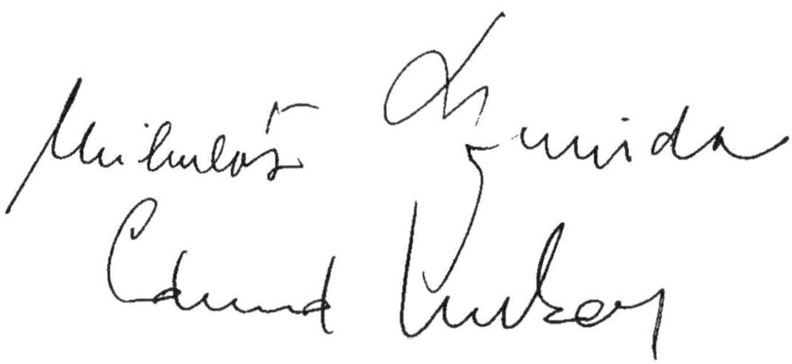

Suomen Tasavallan Presidentin puolesta
För Republiken Finlands President

För Konungariket Sveriges regering

For Her Majesty the Queen of the United Kingdom of Great Britain and Northern Ireland

# PROTOCOLES ET ANNEXES

## A. PROTOCOLES

### ANNEXÉS AU TRAITÉ ÉTABLISSANT UNE CONSTITUTION POUR L'EUROPE

# 1. PROTOCOLE SUR LE RÔLE DES PARLEMENTS NATIONAUX DANS L'UNION EUROPÉENNE

LES HAUTES PARTIES CONTRACTANTES,

RAPPELANT que la manière dont les parlements nationaux exercent leur contrôle sur leur gouvernement pour ce qui touche aux activités de l'Union relève de l'organisation et de la pratique constitutionnelles propres à chaque État membre;

DÉSIREUSES d'encourager une participation accrue des parlements nationaux aux activités de l'Union européenne et de renforcer leur capacité à exprimer leur point de vue sur les projets d'actes législatifs européens ainsi que sur d'autres questions qui peuvent présenter pour eux un intérêt particulier,

SONT CONVENUES des dispositions ci-après, qui sont annexées au traité établissant une Constitution pour l'Europe et au traité instituant la Communauté européenne de l'énergie atomique:

## TITRE I

## INFORMATIONS DESTINÉES AUX PARLEMENTS NATIONAUX

### *Article premier*

Les documents de consultation de la Commission (livres verts, livres blancs et communications) sont transmis directement par la Commission aux parlements nationaux lors de leur publication. La Commission transmet également aux parlements nationaux le programme législatif annuel ainsi que tout autre instrument de programmation législative ou de stratégie politique en même temps qu'elle les transmet au Parlement européen et au Conseil.

### *Article 2*

Les projets d'actes législatifs européens adressés au Parlement européen et au Conseil sont transmis aux parlements nationaux.

Aux fins du présent protocole, on entend par «projet d'acte législatif européen», les propositions de la Commission, les initiatives d'un groupe d'États membres, les initiatives du Parlement européen, les demandes de la Cour de justice, les recommandations de la Banque centrale européenne et les demandes de la Banque européenne d'investissement, visant à l'adoption d'un acte législatif européen.

Les projets d'actes législatifs européens émanant de la Commission sont transmis directement par la Commission aux parlements nationaux, en même temps qu'au Parlement européen et au Conseil.

Les projets d'actes législatifs européens émanant du Parlement européen sont transmis directement par le Parlement européen aux parlements nationaux.

Les projets d'actes législatifs européens émanant d'un groupe d'États membres, de la Cour de justice, de la Banque centrale européenne ou de la Banque européenne d'investissement sont transmis par le Conseil aux parlements nationaux.

*Article 3*

Les parlements nationaux peuvent adresser aux présidents du Parlement européen, du Conseil et de la Commission, un avis motivé concernant la conformité d'un projet d'acte législatif européen avec le principe de subsidiarité, selon la procédure prévue par le protocole sur l'application des principes de subsidiarité et de proportionnalité.

Si le projet d'acte législatif européen émane d'un groupe d'États membres, le président du Conseil transmet le ou les avis motivés aux gouvernements de ces États membres.

Si le projet d'acte législatif européen émane de la Cour de justice, de la Banque centrale européenne ou de la Banque européenne d'investissement, le président du Conseil transmet le ou les avis motivés à l'institution ou l'organe concerné.

*Article 4*

Un délai de six semaines est observé entre le moment où un projet d'acte législatif européen est mis à la disposition des parlements nationaux dans les langues officielles de l'Union et la date à laquelle il est inscrit à l'ordre du jour provisoire du Conseil en vue de son adoption ou de l'adoption d'une position dans le cadre d'une procédure législative. Des exceptions sont possibles en cas d'urgence, dont les motifs sont exposés dans l'acte ou la position du Conseil. Sauf dans des cas urgents dûment motivés, aucun accord ne peut être constaté sur un projet d'acte législatif européen au cours de ces six semaines. Sauf dans les cas urgents dûment motivés, un délai de dix jours est observé entre l'inscription d'un projet d'acte législatif européen à l'ordre du jour provisoire du Conseil et l'adoption d'une position.

*Article 5*

Les ordres du jour et les résultats des sessions du Conseil, y compris les procès-verbaux des sessions au cours desquelles le Conseil délibère sur des projets d'actes législatifs européens, sont transmis directement aux parlements nationaux, en même temps qu'aux gouvernements des États membres.

*Article 6*

Lorsque le Conseil européen envisage de recourir à l'article IV-444, paragraphe 1 ou 2, de la Constitution, les parlements nationaux sont informés de l'initiative du Conseil européen au moins six mois avant qu'une décision européenne ne soit adoptée.

*Article 7*

La Cour des comptes transmet à titre d'information son rapport annuel aux parlements nationaux, en même temps qu'au Parlement européen et au Conseil.

*Article 8*

Lorsque le système parlementaire national n'est pas monocaméral, les articles 1 à 7 s'appliquent aux chambres qui le composent.

# TITRE II

## COOPÉRATION INTERPARLEMENTAIRE

### *Article 9*

Le Parlement européen et les parlements nationaux définissent ensemble l'organisation et la promotion d'une coopération interparlementaire efficace et régulière au sein de l'Union.

### *Article 10*

Une conférence des organes parlementaires spécialisés dans les affaires de l'Union peut soumettre toute contribution qu'elle juge appropriée à l'attention du Parlement européen, du Conseil et de la Commission. Cette conférence promeut, en outre, l'échange d'informations et de meilleures pratiques entre les parlements nationaux et le Parlement européen, y compris entre leurs commissions spécialisées. Elle peut également organiser des conférences inter-parlementaires sur des thèmes particuliers, notamment pour débattre des questions de politique étrangère et de sécurité commune, y compris la politique de sécurité et de défense commune. Les contributions de la conférence ne lient pas les parlements nationaux et ne préjugent pas de leur position.

## 2. PROTOCOLE SUR L'APPLICATION DES PRINCIPES DE SUBSIDIARITÉ ET DE PROPORTIONNALITÉ

LES HAUTES PARTIES CONTRACTANTES,

DÉSIREUSES de faire en sorte que les décisions soient prises le plus près possible des citoyens de l'Union;

DÉTERMINÉES à fixer les conditions d'application des principes de subsidiarité et de proportionnalité fixés à l'article I-11 de la Constitution, ainsi qu'à établir un système de contrôle de l'application de ces principes,

SONT CONVENUES des dispositions ci-après, qui sont annexées au traité établissant une Constitution pour l'Europe:

### *Article premier*

Chaque institution veille de manière continue au respect des principes de subsidiarité et de proportionnalité définis à l'article I-11 de la Constitution.

### *Article 2*

Avant de proposer un acte législatif européen, la Commission procède à de larges consultations. Ces consultations doivent tenir compte, le cas échéant, de la dimension régionale et locale des actions envisagées. En cas d'urgence exceptionnelle, la Commission ne procède pas à ces consultations. Elle motive sa décision dans sa proposition.

### *Article 3*

Aux fins du présent protocole, on entend par «projet d'acte législatif européen», les propositions de la Commission, les initiatives d'un groupe d'États membres, les initiatives du Parlement européen, les demandes de la Cour de justice, les recommandations de la Banque centrale européenne et les demandes de la Banque européenne d'investissement, visant à l'adoption d'un acte législatif européen.

### *Article 4*

La Commission transmet ses projets d'actes législatifs européens ainsi que ses projets modifiés aux parlements nationaux en même temps qu'au législateur de l'Union.

Le Parlement européen transmet ses projets d'actes législatifs européens ainsi que ses projets modifiés aux parlements nationaux.

Le Conseil transmet les projets d'actes législatifs européens émanant d'un groupe d'États membres, de la Cour de justice, de la Banque centrale européenne ou de la Banque européenne d'investissement, ainsi que les projets modifiés, aux parlements nationaux.

Dès leur adoption, les résolutions législatives du Parlement européen et les positions du Conseil sont transmises par ceux-ci aux parlements nationaux.

*Article 5*

Les projets d'actes législatifs européens sont motivés au regard des principes de subsidiarité et de proportionnalité. Tout projet d'acte législatif européen devrait comporter une fiche contenant des éléments circonstanciés permettant d'apprécier le respect des principes de subsidiarité et de proportionnalité. Cette fiche devrait comporter des éléments permettant d'évaluer son impact financier et, lorsqu'il s'agit d'une loi-cadre européenne, ses implications sur la réglementation à mettre en œuvre par les États membres, y compris, le cas échéant, la législation régionale. Les raisons permettant de conclure qu'un objectif de l'Union peut être mieux atteint au niveau de celle-ci s'appuient sur des indicateurs qualitatifs et, chaque fois que c'est possible, quantitatifs. Les projets d'actes législatifs européens tiennent compte de la nécessité de faire en sorte que toute charge, financière ou administrative, incombant à l'Union, aux gouvernements nationaux, aux autorités régionales ou locales, aux opérateurs économiques et aux citoyens soit la moins élevée possible et à la mesure de l'objectif à atteindre.

*Article 6*

Tout parlement national ou toute chambre de l'un de ces parlements peut, dans un délai de six semaines à compter de la date de transmission d'un projet d'acte législatif européen, adresser aux présidents du Parlement européen, du Conseil et de la Commission un avis motivé exposant les raisons pour lesquelles il estime que le projet en cause n'est pas conforme au principe de subsidiarité. Il appartient à chaque parlement national ou à chaque chambre d'un parlement national de consulter, le cas échéant, les parlements régionaux possédant des pouvoirs législatifs.

Si le projet d'acte législatif européen émane d'un groupe d'États membres, le président du Conseil transmet l'avis aux gouvernements de ces États membres.

Si le projet d'acte législatif européen émane de la Cour de justice, de la Banque centrale européenne ou de la Banque européenne d'investissement, le président du Conseil transmet l'avis à l'institution ou organe concerné.

*Article 7*

Le Parlement européen, le Conseil et la Commission, ainsi que, le cas échéant, le groupe d'États membres, la Cour de justice, la Banque centrale européenne ou la Banque européenne d'investissement, si le projet d'acte législatif émane d'eux, tiennent compte des avis motivés adressés par les parlements nationaux ou par une chambre de l'un de ces parlements.

Chaque parlement national dispose de deux voix, réparties en fonction du système parlementaire national. Dans un système parlementaire national bicaméral, chacune des deux chambres dispose d'une voix.

Dans le cas où les avis motivés sur le non-respect par un projet d'acte législatif européen du principe de subsidiarité représentent au moins un tiers de l'ensemble des voix attribuées aux parlements nationaux conformément au deuxième alinéa, le projet doit être réexaminé. Ce seuil est un quart lorsqu'il s'agit d'un projet d'acte législatif européen présenté sur la base de l'article III-264 de la Constitution relatif à l'espace de liberté, de sécurité et de justice.

À l'issue de ce réexamen, la Commission ou, le cas échéant, le groupe d'États membres, le Parlement européen, la Cour de justice, la Banque centrale européenne ou la Banque européenne d'investissement, si le projet d'acte législatif européen émane d'eux, peut décider, soit de maintenir le projet, soit de le modifier, soit de le retirer. Cette décision doit être motivée.

*Article 8*

La Cour de justice de l'Union européenne est compétente pour se prononcer sur les recours pour violation, par un acte législatif européen, du principe de subsidiarité formés, conformément aux modalités prévues à l'article III-365 de la Constitution, par un État membre ou transmis par celui-ci conformément à son ordre juridique au nom de son parlement national ou d'une chambre de celui-ci.

Conformément aux modalités prévues audit article, de tels recours peuvent aussi être formés par le Comité des régions contre des actes législatifs européens pour l'adoption desquels la Constitution prévoit sa consultation.

*Article 9*

La Commission présente chaque année au Conseil européen, au Parlement européen, au Conseil et aux parlements nationaux un rapport sur l'application de l'article I-11 de la Constitution. Ce rapport annuel est également transmis au Comité des régions et au Comité économique et social.

## 3. PROTOCOLE FIXANT LE STATUT DE LA COUR DE JUSTICE DE L'UNION EUROPÉENNE

LES HAUTES PARTIES CONTRACTANTES,

DÉSIRANT fixer le statut de la Cour de justice de l'Union européenne prévu à l'article III-381 de la Constitution,

SONT CONVENUES des dispositions ci-après, qui sont annexées au traité établissant une Constitution pour l'Europe et au traité instituant la Communauté européenne de l'énergie atomique:

*Article premier*

La Cour de justice de l'Union européenne est constituée et exerce ses fonctions conformément à la Constitution, au traité instituant la Communauté européenne de l'énergie atomique (traité CEEA) et au présent statut.

### TITRE I

### STATUT DES JUGES ET DES AVOCATS GÉNÉRAUX

*Article 2*

Avant d'entrer en fonctions, tout juge doit, devant la Cour de justice siégeant en séance publique, prêter serment d'exercer ses fonctions en pleine impartialité et en toute conscience et de ne rien divulguer du secret des délibérations.

*Article 3*

Les juges jouissent de l'immunité de juridiction. En ce qui concerne les actes accomplis par eux, y compris leurs paroles et écrits, en leur qualité officielle, ils continuent à bénéficier de l'immunité après la cessation de leurs fonctions.

La Cour de justice, siégeant en assemblée plénière, peut lever l'immunité. Lorsque la décision concerne un membre du Tribunal ou d'un tribunal spécialisé, la Cour décide après consultation du tribunal concerné.

Au cas où, l'immunité ayant été levée, une action pénale est engagée contre un juge, celui-ci n'est justiciable, dans chacun des États membres, que de l'instance compétente pour juger les magistrats appartenant à la plus haute juridiction nationale.

Les articles 11 à 14 et l'article 17 du protocole sur les privilèges et immunités de l'Union sont applicables aux juges, aux avocats généraux, aux greffiers et aux rapporteurs adjoints de la Cour de justice de l'Union européenne, sans préjudice des dispositions relatives à l'immunité de juridiction des juges qui figurent aux premier, deuxième et troisième alinéas du présent article.

*Article 4*

Les juges ne peuvent exercer aucune fonction politique ou administrative.

Ils ne peuvent exercer aucune activité professionnelle, rémunérée ou non, sauf dérogation accordée à titre exceptionnel par une décision européenne du Conseil, statuant à la majorité simple.

Ils prennent, lors de leur installation, l'engagement solennel de respecter, pendant la durée de leurs fonctions et après la cessation de celles-ci, les obligations découlant de leur charge, notamment les devoirs d'honnêteté et de délicatesse quant à l'acceptation, après cette cessation, de certaines fonctions ou de certains avantages.

En cas de doute, la Cour de justice décide. Lorsque la décision concerne un membre du Tribunal ou d'un tribunal spécialisé, la Cour décide après consultation du tribunal concerné.

*Article 5*

En dehors des renouvellements réguliers et des décès, les fonctions de juge prennent fin individuellement par démission.

En cas de démission d'un juge, la lettre de démission est adressée au président de la Cour de justice pour être transmise au président du Conseil. Cette dernière notification emporte vacance de siège.

À l'exception des cas où l'article 6 est applicable, le juge continue à siéger jusqu'à l'entrée en fonctions de son successeur.

*Article 6*

Les juges ne peuvent être relevés de leurs fonctions ni déclarés déchus de leur droit à pension ou d'autres avantages en tenant lieu que si, de l'avis unanime des juges et des avocats généraux de la Cour de justice, ils ont cessé de répondre aux conditions requises ou de satisfaire aux obligations découlant de leur charge. L'intéressé ne participe pas à ces délibérations. Lorsque l'intéressé est un membre du Tribunal ou d'un tribunal spécialisé, la Cour décide après consultation du tribunal concerné.

Le greffier porte la décision de la Cour à la connaissance des présidents du Parlement européen et de la Commission et la notifie au président du Conseil.

En cas de décision relevant un juge de ses fonctions, cette dernière notification emporte vacance de siège.

*Article 7*

Les juges dont les fonctions prennent fin avant l'expiration de leur mandat sont remplacés pour la durée du mandat restant à courir.

*Article 8*

Les dispositions des articles 2 à 7 sont applicables aux avocats généraux.

TITRE II

## ORGANISATION DE LA COUR DE JUSTICE

*Article 9*

Le renouvellement partiel des juges, qui a lieu tous les trois ans, porte alternativement sur treize et douze juges.

Le renouvellement partiel des avocats généraux, qui a lieu tous les trois ans, porte chaque fois sur quatre avocats généraux.

*Article 10*

Le greffier prête serment devant la Cour de justice d'exercer ses fonctions en pleine impartialité et en toute conscience et de ne rien divulguer du secret des délibérations.

*Article 11*

La Cour de justice organise la suppléance du greffier pour le cas d'empêchement de celui-ci.

*Article 12*

Des fonctionnaires et autres agents sont attachés à la Cour de justice pour permettre d'en assurer le fonctionnement. Ils relèvent du greffier sous l'autorité du président.

*Article 13*

La loi européenne peut prévoir la nomination de rapporteurs adjoints et en fixer le statut. Elle est adoptée sur demande de la Cour de justice. Les rapporteurs adjoints peuvent être appelés, dans les conditions fixées par le règlement de procédure, à participer à l'instruction des affaires dont la Cour est saisie et à collaborer avec le juge rapporteur.

Les rapporteurs adjoints, choisis parmi des personnes offrant toutes garanties d'indépendance et réunissant les titres juridiques nécessaires, sont nommés par une décision européenne du Conseil, statuant à la majorité simple. Ils prêtent serment devant la Cour d'exercer leurs fonctions en pleine impartialité et en toute conscience, et de ne rien divulguer du secret des délibérations.

*Article 14*

Les juges, les avocats généraux et le greffier sont tenus de résider au siège de la Cour de justice.

*Article 15*

La Cour de justice demeure en fonctions d'une manière permanente. La durée des vacances judiciaires est fixée par la Cour, compte tenu des nécessités du service.

*Article 16*

La Cour de justice constitue en son sein des chambres de trois et de cinq juges. Les juges élisent parmi eux les présidents des chambres. Les présidents des chambres à cinq juges sont élus pour trois ans. Leur mandat est renouvelable une fois.

La grande chambre comprend treize juges. Elle est présidée par le président de la Cour. Font aussi partie de la grande chambre, les présidents des chambres à cinq juges et d'autres juges désignés dans les conditions prévues par le règlement de procédure.

La Cour siège en grande chambre lorsqu'un État membre ou une institution de l'Union qui est partie à l'instance le demande.

La Cour siège en assemblée plénière lorsqu'elle est saisie en application de l'article III-335, paragraphe 2, de l'article III-347, deuxième alinéa, de l'article III-349 ou de l'article III-385, paragraphe 6, de la Constitution.

En outre, lorsqu'elle estime qu'une affaire dont elle est saisie revêt une importance exceptionnelle, la Cour peut décider, l'avocat général entendu, de renvoyer l'affaire devant l'assemblée plénière.

*Article 17*

La Cour de justice ne peut valablement délibérer qu'en nombre impair.

Les délibérations des chambres composées de trois ou de cinq juges ne sont valables que si elles sont prises par trois juges.

Les délibérations de la grande chambre ne sont valables que si neuf juges sont présents.

Les délibérations de la Cour siégeant en assemblée plénière ne sont valables que si quinze juges sont présents.

En cas d'empêchement de l'un des juges composant une chambre, il peut être fait appel à un juge faisant partie d'une autre chambre dans les conditions fixées par le règlement de procédure.

*Article 18*

Les juges et les avocats généraux ne peuvent participer au règlement d'aucune affaire dans laquelle ils sont antérieurement intervenus comme agent, conseil ou avocat de l'une des parties, ou sur laquelle ils ont été appelés à se prononcer comme membre d'un tribunal, d'une commission d'enquête ou à tout autre titre.

Si, pour une raison spéciale, un juge ou un avocat général estime ne pas pouvoir participer au jugement ou à l'examen d'une affaire déterminée, il en fait part au président. Au cas où le président estime qu'un juge ou un avocat général ne doit pas, pour une raison spéciale, siéger ou conclure dans une affaire déterminée, il en avertit l'intéressé.

En cas de difficulté sur l'application du présent article, la Cour de justice statue.

Une partie ne peut invoquer soit la nationalité d'un juge, soit l'absence, au sein de la Cour ou d'une de ses chambres, d'un juge de sa nationalité pour demander la modification de la composition de la Cour ou d'une de ses chambres.

TITRE III

**PROCÉDURE DEVANT LA COUR DE JUSTICE**

*Article 19*

Les États membres ainsi que les institutions de l'Union sont représentés devant la Cour de justice par un agent nommé pour chaque affaire. L'agent peut être assisté d'un conseil ou d'un avocat.

Les États parties à l'accord sur l'Espace économique européen, autres que les États membres, ainsi que l'Autorité de surveillance de l'Association européenne de libre-échange (AELE) visée par ledit accord, sont représentés de la même manière.

Les autres parties doivent être représentées par un avocat.

Seul un avocat habilité à exercer devant une juridiction d'un État membre ou d'un autre État partie à l'accord sur l'Espace économique européen peut représenter ou assister une partie devant la Cour.

Les agents, conseils et avocats comparaissant devant la Cour jouissent des droits et garanties nécessaires à l'exercice indépendant de leurs fonctions, dans les conditions fixées par le règlement de procédure.

La Cour jouit à l'égard des conseils et avocats qui se présentent devant elle des pouvoirs généralement reconnus en la matière aux cours et tribunaux, dans les conditions fixées par le règlement de procédure.

Les professeurs ressortissants des États membres dont la législation leur reconnaît un droit de plaider jouissent devant la Cour des droits reconnus aux avocats par le présent article.

*Article 20*

La procédure devant la Cour de justice comporte deux phases: l'une écrite, l'autre orale.

La procédure écrite comprend la communication aux parties, ainsi qu'aux institutions, organes ou organismes de l'Union dont les actes sont en cause, des requêtes, mémoires, défenses et observations et, éventuellement, des répliques, ainsi que de toutes pièces et documents à l'appui ou de leurs copies certifiées conformes.

Les communications sont faites par les soins du greffier dans l'ordre et les délais fixés par le règlement de procédure.

La procédure orale comprend la lecture du rapport présenté par un juge rapporteur, l'audition par la Cour des agents, conseils et avocats et des conclusions de l'avocat général, ainsi que, s'il y a lieu, l'audition des témoins et experts.

Lorsqu'elle estime que l'affaire ne soulève aucune question de droit nouvelle, la Cour peut décider, l'avocat général entendu, que l'affaire sera jugée sans conclusions de l'avocat général.

*Article 21*

La Cour de justice est saisie par une requête adressée au greffier. La requête doit contenir l'indication du nom et du domicile du requérant et de la qualité du signataire, l'indication de la partie ou des parties contre lesquelles la requête est formée, l'objet du litige, les conclusions et un exposé sommaire des moyens invoqués.

Elle doit être accompagnée, s'il y a lieu, de l'acte dont l'annulation est demandée ou, dans l'hypothèse visée à l'article III-367 de la Constitution, d'une pièce justifiant de la date de l'invitation prévue audit article. Si ces pièces n'ont pas été jointes à la requête, le greffier invite l'intéressé à en effectuer la production dans un délai raisonnable, sans qu'aucune forclusion ne puisse être opposée au cas où la régularisation interviendrait après l'expiration du délai de recours.

*Article 22*

Dans les cas visés à l'article 18 du traité CEEA, la Cour de justice est saisie par un recours adressé au greffier. Le recours doit contenir l'indication du nom et du domicile du requérant et de la qualité du signataire, l'indication de la décision contre laquelle le recours est formé, l'indication des parties adverses, l'objet du litige, les conclusions et un exposé sommaire des moyens invoqués.

Le recours doit être accompagné d'une copie conforme de la décision du comité d'arbitrage attaquée.

Si la Cour rejette le recours, la décision du comité d'arbitrage devient définitive.

Si la Cour annule la décision du comité d'arbitrage, la procédure peut être reprise, s'il y a lieu, à la diligence d'une des parties au procès, devant le comité d'arbitrage. Celui-ci doit se conformer aux points de droit arrêtés par la Cour.

*Article 23*

Dans les cas visés à l'article III-369 de la Constitution, la décision de la juridiction nationale qui suspend la procédure et saisit la Cour de justice est notifiée à celle-ci à la diligence de cette juridiction nationale. Cette décision est ensuite notifiée par les soins du greffier de la Cour aux parties en cause, aux États membres et à la Commission, ainsi qu'à l'institution, organe ou organisme de l'Union qui a adopté l'acte dont la validité ou l'interprétation est contestée.

Dans un délai de deux mois à compter de cette dernière notification, les parties, les États membres, la Commission et, le cas échéant, l'institution, l'organe ou l'organisme de l'Union qui a adopté l'acte dont la validité ou l'interprétation est contestée ont le droit de déposer devant la Cour des mémoires ou des observations écrites.

La décision de la juridiction nationale est, en outre, notifiée par les soins du greffier de la Cour aux États parties à l'accord sur l'Espace économique européen, autres que les États membres, ainsi qu'à l'Autorité de surveillance AELE visée par ledit accord qui, dans un délai de deux mois à compter de la notification, et lorsque l'un des domaines d'application de l'accord est concerné, peuvent déposer devant la Cour des mémoires ou des observations écrites. Le présent alinéa ne s'applique pas aux questions relevant du champ d'application du traité CEEA.

Lorsqu'un accord portant sur un domaine déterminé conclu par le Conseil et un ou plusieurs pays tiers prévoit que ces derniers ont la faculté de présenter des mémoires ou des observations écrites dans le cas où une juridiction d'un État membre saisit la Cour d'une question préjudicielle concernant le domaine d'application de l'accord, la décision de la juridiction nationale comportant une telle question est également notifiée aux pays tiers concernés qui, dans un délai de deux mois à compter de la notification, peuvent déposer devant la Cour des mémoires ou des observations écrites.

*Article 24*

La Cour de justice peut demander aux parties de produire tous documents et de fournir toutes informations qu'elle estime souhaitables. En cas de refus, elle en prend acte.

La Cour peut également demander aux États membres et aux institutions, organes ou organismes de l'Union qui ne sont pas parties au procès tous renseignements qu'elle estime nécessaires aux fins du procès.

*Article 25*

À tout moment, la Cour de justice peut confier une expertise à toute personne, corps, bureau, commission ou organe de son choix.

*Article 26*

Des témoins peuvent être entendus dans les conditions fixées par le règlement de procédure.

*Article 27*

La Cour de justice jouit à l'égard des témoins défaillants des pouvoirs généralement reconnus en la matière aux cours et tribunaux et peut infliger des sanctions pécuniaires, dans les conditions fixées par le règlement de procédure.

*Article 28*

Les témoins et experts peuvent être entendus sous la foi du serment selon la formule fixée par le règlement de procédure ou suivant les modalités prévues par la législation nationale du témoin ou de l'expert.

*Article 29*

La Cour de justice peut ordonner qu'un témoin ou un expert soit entendu par l'autorité judiciaire de son domicile.

Cette ordonnance est adressée aux fins d'exécution à l'autorité judiciaire compétente dans les conditions fixées par le règlement de procédure. Les pièces résultant de l'exécution de la commission rogatoire sont renvoyées à la Cour dans les mêmes conditions.

La Cour assume les frais, sous réserve de les mettre, le cas échéant, à la charge des parties.

*Article 30*

Chaque État membre regarde toute violation des serments des témoins et des experts comme le délit correspondant commis devant un tribunal national statuant en matière civile. Sur dénonciation de la Cour de justice, il poursuit les auteurs de ce délit devant la juridiction nationale compétente.

*Article 31*

L'audience est publique, à moins qu'il n'en soit décidé autrement par la Cour de justice, d'office ou sur demande des parties, pour des motifs graves.

*Article 32*

Au cours des débats, la Cour de justice peut interroger les experts, les témoins ainsi que les parties elles-mêmes. Toutefois, ces dernières ne peuvent plaider que par l'organe de leur représentant.

*Article 33*

Il est tenu de chaque audience un procès-verbal signé par le président et le greffier.

*Article 34*

Le rôle des audiences est arrêté par le président.

*Article 35*

Les délibérations de la Cour de justice sont et restent secrètes.

*Article 36*

Les arrêts sont motivés. Ils mentionnent les noms des juges qui ont délibéré.

*Article 37*

Les arrêts sont signés par le président et le greffier. Ils sont lus en séance publique.

*Article 38*

La Cour de justice statue sur les dépens.

*Article 39*

Le président de la Cour de justice peut statuer, selon une procédure sommaire dérogeant, en tant que de besoin, à certaines des règles du présent statut et qui est fixée par le règlement de procédure, sur des conclusions tendant soit à l'obtention du sursis prévu à l'article III-379, paragraphe 1, de la Constitution et à l'article 157 du traité CEEA, soit à l'application de mesures provisoires en vertu de l'article III-379, paragraphe 2, de la Constitution, soit encore à la suspension de l'exécution forcée conformément à l'article III-401, quatrième alinéa, de la Constitution ou à l'article 164, troisième alinéa, du traité CEEA.

En cas d'empêchement du président, celui-ci est remplacé par un autre juge dans les conditions fixées par le règlement de procédure.

L'ordonnance rendue par le président ou son remplaçant n'a qu'un caractère provisoire et ne préjuge en rien la décision de la Cour statuant au principal.

*Article 40*

Les États membres et les institutions de l'Union peuvent intervenir dans les litiges soumis à la Cour de justice.

Le même droit appartient aux organes et organismes de l'Union et à toute autre personne, s'ils peuvent justifier d'un intérêt à la solution du litige soumis à la Cour. Les personnes physiques ou morales ne peuvent pas intervenir dans les affaires entre États membres, entre institutions de l'Union ou entre États membres, d'une part, et institutions de l'Union, d'autre part.

Sans préjudice du deuxième alinéa, les États parties à l'accord sur l'Espace économique européen, autres que les États membres, ainsi que l'Autorité de surveillance AELE visée par ledit accord, peuvent intervenir dans les litiges soumis à la Cour lorsque ceux-ci concernent un des domaines d'application de cet accord.

Les conclusions de la requête en intervention ne peuvent avoir d'autre objet que le soutien des conclusions de l'une des parties.

*Article 41*

Lorsque la partie défenderesse, régulièrement mise en cause, s'abstient de déposer des conclusions écrites, l'arrêt est rendu par défaut à son égard. L'arrêt est susceptible d'opposition dans le délai d'un mois à compter de sa notification. Sauf décision contraire de la Cour de justice, l'opposition ne suspend pas l'exécution de l'arrêt rendu par défaut.

*Article 42*

Les États membres, les institutions, organes et organismes de l'Union et toutes autres personnes physiques ou morales peuvent, dans les cas et dans les conditions fixées par le règlement de procédure, former tierce opposition contre les arrêts rendus sans qu'ils aient été appelés, si ces arrêts préjudicient à leurs droits.

*Article 43*

En cas de difficulté sur le sens et la portée d'un arrêt, la Cour de justice l'interprète, à la demande d'une partie ou d'une institution de l'Union justifiant d'un intérêt à cette fin.

*Article 44*

La révision de l'arrêt ne peut être demandée à la Cour de justice qu'en raison de la découverte d'un fait de nature à exercer une influence décisive et qui, avant le prononcé de l'arrêt, était inconnu de la Cour et de la partie qui demande la révision.

La procédure de révision s'ouvre par un arrêt de la Cour constatant expressément l'existence d'un fait nouveau, lui reconnaissant les caractères qui donnent ouverture à la révision et déclarant de ce chef la demande recevable.

Aucune demande de révision ne pourra être formée après l'expiration d'un délai de dix ans à dater de l'arrêt.

*Article 45*

Des délais de distance sont fixés par le règlement de procédure.

Aucune déchéance tirée de l'expiration des délais ne peut être opposée lorsque l'intéressé établit l'existence d'un cas fortuit ou de force majeure.

*Article 46*

Les actions contre l'Union en matière de responsabilité non contractuelle se prescrivent par cinq ans à compter de la survenance du fait qui y donne lieu. La prescription est interrompue soit par la requête formée devant la Cour de justice, soit par la demande préalable que la victime peut adresser à l'institution compétente de l'Union. Dans ce dernier cas, la requête doit être formée dans le délai de deux mois prévu à l'article III-365 de la Constitution. L'article III-367, deuxième alinéa, de la Constitution est applicable.

Le présent article est également applicable aux actions contre la Banque centrale européenne en matière de responsabilité non contractuelle.

## TITRE IV

## LE TRIBUNAL

*Article 47*

L'article 9, premier alinéa, les articles 14 et 15, l'article 17, premier, deuxième, quatrième et cinquième alinéas, et l'article 18 s'appliquent au Tribunal et à ses membres.

Les articles 10, 11 et 14 s'appliquent, mutatis mutandis, au greffier du Tribunal.

*Article 48*

Le Tribunal est formé de vingt-cinq juges.

*Article 49*

Les membres du Tribunal peuvent être appelés à exercer les fonctions d'avocat général.

L'avocat général a pour rôle de présenter publiquement, en toute impartialité et en toute indépendance, des conclusions motivées sur certaines affaires soumises au Tribunal pour assister celui-ci dans l'accomplissement de sa mission.

Les critères de sélection des affaires, ainsi que les modalités de désignation des avocats généraux, sont fixés par le règlement de procédure du Tribunal.

Un membre du Tribunal appelé à exercer la fonction d'avocat général dans une affaire ne peut pas prendre part au jugement de cette affaire.

*Article 50*

Le Tribunal siège en chambres, composées de trois ou de cinq juges. Les juges élisent parmi eux les présidents des chambres. Les présidents des chambres à cinq juges sont élus pour trois ans. Leur mandat est renouvelable une fois.

Le règlement de procédure détermine la composition des chambres et l'attribution des affaires à ces dernières. Dans certains cas, fixés par le règlement de procédure, le Tribunal peut siéger en formation plénière ou à juge unique.

Le règlement de procédure peut également prévoir que le Tribunal siège en grande chambre dans les cas et les conditions qu'il précise.

*Article 51*

Par dérogation à la règle énoncée à l'article III-358, paragraphe 1, de la Constitution, sont réservés à la Cour de justice les recours visés aux articles III-365 et III-367 de la Constitution qui sont formés par un État membre et dirigés:

a) contre un acte ou une abstention de statuer du Parlement européen ou du Conseil, ou de ces deux institutions statuant conjointement, à l'exclusion:

   — des décisions européennes adoptées par le Conseil au titre de l'article III-168, paragraphe 2, troisième alinéa, de la Constitution;

   — des actes du Conseil adoptés en vertu d'un acte du Conseil relatif aux mesures de défense commerciale au sens de l'article III-315 de la Constitution;

   — des actes du Conseil par lesquels ce dernier exerce des compétences d'exécution conformément à l'article I-37, paragraphe 2, de la Constitution,

b) contre un acte ou une abstention de statuer de la Commission au titre de l'article III-420, paragraphe 1, de la Constitution.

Sont également réservés à la Cour de justice les recours, visés aux mêmes articles, qui sont formés par une institution de l'Union contre un acte ou une abstention de statuer du Parlement européen, du Conseil, de ces deux institutions statuant conjointement ou de la Commission, ainsi que par une institution contre un acte ou une abstention de statuer de la Banque centrale européenne.

*Article 52*

Le président de la Cour de justice et le président du Tribunal fixent d'un commun accord les modalités selon lesquelles des fonctionnaires et autres agents attachés à la Cour prêtent leur service au Tribunal pour permettre d'en assurer le fonctionnement. Certains fonctionnaires ou autres agents relèvent du greffier du Tribunal sous l'autorité du président du Tribunal.

*Article 53*

La procédure devant le Tribunal est régie par le titre III.

La procédure devant le Tribunal est précisée et complétée, en tant que de besoin, par son règlement de procédure. Le règlement de procédure peut déroger à l'article 40, quatrième alinéa, et à l'article 41 pour tenir compte des spécificités du contentieux relevant du domaine de la propriété intellectuelle.

Par dérogation à l'article 20, quatrième alinéa, l'avocat général peut présenter ses conclusions motivées par écrit.

*Article 54*

Lorsqu'une requête ou un autre acte de procédure adressé au Tribunal est déposé par erreur auprès du greffier de la Cour de justice, il est immédiatement transmis par celui-ci au greffier du Tribunal. De même, lorsqu'une requête ou un autre acte de procédure adressé à la Cour est déposé par erreur auprès du greffier du Tribunal, il est immédiatement transmis par celui-ci au greffier de la Cour.

Lorsque le Tribunal constate qu'il n'est pas compétent pour connaître d'un recours qui relève de la compétence de la Cour, il le renvoie à la Cour. De même, lorsque la Cour constate qu'un recours relève de la compétence du Tribunal, elle le renvoie à ce dernier, qui ne peut alors décliner sa compétence.

Lorsque la Cour et le Tribunal sont saisis d'affaires ayant le même objet, soulevant la même question d'interprétation ou mettant en cause la validité du même acte, le Tribunal, après avoir entendu les parties, peut suspendre la procédure jusqu'au prononcé de l'arrêt de la Cour ou, s'il s'agit de recours introduits en vertu de l'article III-365 de la Constitution ou de l'article 146 du traité CEEA, se dessaisir afin que la Cour puisse statuer sur ces recours. Dans les mêmes conditions, la Cour peut également décider de suspendre la procédure dont elle est saisie. Dans ce cas, la procédure devant le Tribunal se poursuit.

Lorsqu'un État membre et une institution contestent le même acte, le Tribunal se dessaisit afin que la Cour puisse statuer sur ces recours.

*Article 55*

Les décisions du Tribunal mettant fin à l'instance, tranchant partiellement le litige au fond ou mettant fin à un incident de procédure portant sur une exception d'incompétence ou d'irrecevabilité sont notifiées par le greffier du Tribunal à toutes les parties ainsi qu'à tous les États membres et aux institutions de l'Union, même s'ils ne sont pas intervenus dans le litige devant le Tribunal.

*Article 56*

Un pourvoi peut être formé devant la Cour de justice, dans un délai de deux mois à compter de la notification de la décision attaquée, contre les décisions du Tribunal mettant fin à l'instance, ainsi que contre ses décisions qui tranchent partiellement le litige au fond ou qui mettent fin à un incident de procédure portant sur une exception d'incompétence ou d'irrecevabilité.

Ce pourvoi peut être formé par toute partie ayant partiellement ou totalement succombé en ses conclusions. Les parties intervenantes autres que les États membres et les institutions de l'Union ne peuvent, toutefois, former ce pourvoi que lorsque la décision du Tribunal les affecte directement.

Sauf dans les cas de litiges opposant l'Union à leurs agents, ce pourvoi peut également être formé par les États membres et les institutions de l'Union qui ne sont pas intervenus au litige devant le Tribunal. Dans ce cas, les États membres et les institutions sont dans une position identique à celle d'États membres ou d'institutions qui seraient intervenus en première instance.

*Article 57*

Un pourvoi peut être formé devant la Cour de justice contre les décisions du Tribunal rejetant une demande d'intervention, dans un délai de deux semaines à compter de la notification de la décision de rejet, par toute personne dont la demande a été rejetée.

Un pourvoi peut être formé devant la Cour par les parties à la procédure contre les décisions du Tribunal prises au titre de l'article III-379, paragraphe 1 ou 2, ou de l'article III-401, quatrième alinéa, de la Constitution ou au titre de l'article 157 ou de l'article 164, troisième alinéa, du traité CEEA, dans un délai de deux mois à compter de leur notification.

Il est statué sur les pourvois visés aux premier et deuxième alinéas selon la procédure prévue à l'article 39.

*Article 58*

Le pourvoi devant la Cour de justice est limité aux questions de droit. Il peut être fondé sur des moyens tirés de l'incompétence du Tribunal, d'irrégularités de procédure devant le Tribunal portant atteinte aux intérêts de la partie requérante ainsi que de la violation du droit de l'Union par le Tribunal.

Un pourvoi ne peut porter uniquement sur la charge et le montant des dépens.

*Article 59*

En cas de pourvoi contre une décision du Tribunal, la procédure devant la Cour de justice comporte une phase écrite et une phase orale. Dans les conditions fixées par le règlement de procédure, la Cour, l'avocat général et les parties entendus, peut statuer sans procédure orale.

*Article 60*

Sans préjudice de l'article III-379, paragraphes 1 et 2, de la Constitution ou de l'article 157 du traité CEEA, le pourvoi n'a pas d'effet suspensif.

Par dérogation à l'article III-380 de la Constitution, les décisions du Tribunal annulant une loi européenne ou un règlement européen obligatoire dans tous ses éléments et directement applicable dans tout État membre ne prennent effet qu'à compter de l'expiration du délai visé à l'article 56, premier alinéa, du présent statut ou, si un pourvoi a été introduit dans ce délai, à compter du rejet de celui-ci, sans préjudice de la faculté pour une partie de saisir la Cour de justice, en vertu de l'article III-379, paragraphes 1 et 2, de la Constitution ou de l'article 157 du traité CEEA, d'une demande tendant à la suspension des effets de la loi européenne ou du règlement européen annulés ou à la prescription de toute autre mesure provisoire.

*Article 61*

Lorsque le pourvoi est fondé, la Cour de justice annule la décision du Tribunal. Elle peut alors soit statuer elle-même définitivement sur le litige, lorsque celui-ci est en état d'être jugé, soit renvoyer l'affaire devant le Tribunal pour qu'il statue.

En cas de renvoi, le Tribunal est lié par les points de droit tranchés par la décision de la Cour.

Lorsqu'un pourvoi formé par un État membre ou une institution de l'Union qui ne sont pas intervenus au litige devant le Tribunal est fondé, la Cour peut, si elle l'estime nécessaire, indiquer ceux des effets de la décision annulée du Tribunal qui doivent être considérés comme définitifs à l'égard des parties au litige.

*Article 62*

Dans les cas prévus à l'article III-358, paragraphes 2 et 3, de la Constitution, le premier avocat général peut, lorsqu'il estime qu'il existe un risque sérieux d'atteinte à l'unité ou à la cohérence du droit de l'Union, proposer à la Cour de justice de réexaminer la décision du Tribunal.

La proposition doit être faite dans un délai d'un mois à compter du prononcé de la décision du Tribunal. La Cour décide, dans un délai d'un mois à compter de la proposition qui lui a été faite par le premier avocat général, s'il y a lieu de réexaminer ou non la décision.

## TITRE V

## DISPOSITIONS FINALES

*Article 63*

Les règlements de procédure de la Cour de justice et du Tribunal contiennent toutes dispositions nécessaires pour appliquer et compléter le présent statut, en tant que de besoin.

*Article 64*

Les règles relatives au régime linguistique applicable à la Cour de justice de l'Union européenne sont fixées par un règlement européen du Conseil statuant à l'unanimité. Ce règlement est adopté, soit sur demande de la Cour de justice et après consultation de la Commission et du Parlement européen, soit sur proposition de la Commission et après consultation de la Cour de justice et du Parlement européen.

Jusqu'à l'adoption de ces règles, les dispositions du règlement de procédure de la Cour de justice et du règlement de procédure du Tribunal relatives au régime linguistique sont applicables. Par dérogation aux articles III-355 et III-356 de la Constitution, toute modification ou abrogation de ces dispositions requiert l'approbation unanime du Conseil.

*Article 65*

1. Par dérogation à l'article IV-437 de la Constitution, toutes modifications du protocole sur le statut de la Cour de justice, annexé au traité sur l'Union européenne, au traité instituant la Communauté européenne et au traité CEEA, adoptées entre la signature et l'entrée en vigueur du traité établissant une Constitution pour l'Europe demeurent en vigueur.

2. Afin de les intégrer dans le dispositif du présent statut, les modifications visées au paragraphe 1 font l'objet d'une codification officielle par une loi européenne du Conseil, adoptée sur demande de la Cour de justice. Lors de l'entrée en vigueur de cette loi européenne de codification, le présent article est abrogé.

# 4. PROTOCOLE FIXANT LE STATUT DU SYSTÈME EUROPÉEN DE BANQUES CENTRALES ET DE LA BANQUE CENTRALE EUROPÉENNE

LES HAUTES PARTIES CONTRACTANTES,

DÉSIREUSES de fixer le statut du Système européen de banques centrales et de la Banque centrale européenne visés à l'article I-30 et à l'article III-187, paragraphe 2, de la Constitution,

SONT CONVENUES des dispositions ci-après, qui sont annexées au traité établissant une Constitution pour l'Europe:

## CHAPITRE I

## LE SYSTÈME EUROPÉEN DE BANQUES CENTRALES

*Article premier*

### Le Système européen de banques centrales

1. Conformément à l'article I-30, paragraphe 1, de la Constitution, la Banque centrale européenne et les banques centrales nationales constituent le Système européen de banques centrales. La Banque centrale européenne et les banques centrales nationales des États membres dont la monnaie est l'euro constituent l'Eurosystème.

2. Le Système européen de banques centrales et la Banque centrale européenne remplissent leurs fonctions et exercent leurs activités conformément à la Constitution et au présent statut.

## CHAPITRE II

## OBJECTIFS ET MISSIONS DU SYSTÈME EUROPÉEN DE BANQUES CENTRALES

*Article 2*

### Objectifs

Conformément à l'article I-30, paragraphe 2, et à l'article III-185, paragraphe 1, de la Constitution, l'objectif principal du Système européen de banques centrales est de maintenir la stabilité des prix. Sans préjudice de cet objectif, le Système européen de banques centrales apporte son soutien aux politiques économiques générales dans l'Union pour contribuer à la réalisation des objectifs de celle-ci, tels que définis à l'article I-3 de la Constitution. Le Système européen de banques centrales agit conformément au principe d'une économie de marché ouverte où la concurrence est libre, en favorisant une allocation efficace des ressources et en respectant les principes fixés à l'article III-177 de la Constitution.

*Article 3*

**Missions**

1. Conformément à l'article III-185, paragraphe 2, de la Constitution, les missions fondamentales relevant du Système européen de banques centrales consistent à:

a) définir et mettre en œuvre la politique monétaire de l'Union;

b) conduire les opérations de change conformément à l'article III-326 de la Constitution;

c) détenir et gérer les réserves officielles de change des États membres;

d) promouvoir le bon fonctionnement des systèmes de paiement.

2. Conformément à l'article III-185, paragraphe 3, de la Constitution, le paragraphe 1, point c), du présent article s'applique, sans préjudice de la détention et de la gestion, par les gouvernements des États membres, de fonds de roulement en devises.

3. Conformément à l'article III-185, paragraphe 5, de la Constitution, le Système européen de banques centrales contribue à la bonne conduite des politiques menées par les autorités compétentes en ce qui concerne le contrôle prudentiel des établissements de crédit et la stabilité du système financier.

*Article 4*

**Fonctions consultatives**

Conformément à l'article III-185, paragraphe 4, de la Constitution, la Banque centrale européenne est consultée:

a) sur tout acte de l'Union proposé dans les domaines relevant de ses attributions;

b) par les autorités nationales, sur tout projet de réglementation dans les domaines relevant de sa compétence, mais dans les limites et selon les conditions fixées par le Conseil conformément à la procédure prévue à l'article 41.

La Banque centrale européenne peut, dans les domaines relevant de ses attributions, soumettre des avis aux institutions, organes ou organismes de l'Union ou aux autorités nationales.

*Article 5*

**Collecte d'informations statistiques**

1. Afin d'assurer les missions du Système européen de banques centrales, la Banque centrale européenne, assistée par les banques centrales nationales, collecte les informations statistiques nécessaires, soit auprès des autorités nationales compétentes, soit directement auprès des agents économiques. À ces fins, elle coopère avec les institutions, organes ou organismes de l'Union et avec

les autorités compétentes des États membres ou des pays tiers et avec les organisations internationales.

2. Les banques centrales nationales exécutent, dans la mesure du possible, les missions visées au paragraphe 1.

3. La Banque centrale européenne est chargée de promouvoir l'harmonisation, en tant que de besoin, des règles et pratiques régissant la collecte, l'établissement et la diffusion des statistiques dans les domaines relevant de ses attributions.

4. Le Conseil définit, selon la procédure prévue à l'article 41, les personnes physiques et morales soumises aux obligations de déclaration, le régime de confidentialité et les dispositions adéquates d'exécution et de sanction.

*Article 6*

## Coopération internationale

1. Dans le domaine de la coopération internationale concernant les missions confiées au Système européen de banques centrales, la Banque centrale européenne décide de la manière dont le Système européen de banques centrales est représenté.

2. La Banque centrale européenne et, sous réserve de son accord, les banques centrales nationales sont habilitées à participer aux institutions monétaires internationales.

3. Les paragraphes 1 et 2 s'appliquent, sans préjudice de l'article III-196 de la Constitution.

CHAPITRE III

### ORGANISATION DU SYSTÈME EUROPÉEN DE BANQUES CENTRALES

*Article 7*

## Indépendance

Conformément à l'article III-188 de la Constitution, dans l'exercice des pouvoirs et dans l'accomplissement des missions et des devoirs qui leur ont été conférés par la Constitution et par le présent statut, ni la Banque centrale européenne, ni une banque centrale nationale, ni un membre quelconque de leurs organes de décision ne peuvent solliciter ni accepter des instructions des institutions, organes ou organismes de l'Union, des gouvernements des États membres ou de tout autre organisme. Les institutions, organes ou organismes de l'Union ainsi que les gouvernements des États membres s'engagent à respecter ce principe et à ne pas chercher à influencer les membres des organes de décision de la Banque centrale européenne ou des banques centrales nationales dans l'accomplissement de leurs missions.

*Article 8*

## Principe général

Le Système européen de banques centrales est dirigé par les organes de décision de la Banque centrale européenne.

*Article 9*

## La Banque centrale européenne

1. La Banque centrale européenne, qui, en vertu de l'article I-30, paragraphe 3, de la Constitution, a la personnalité juridique, jouit, dans chacun des États membres, de la capacité juridique la plus large reconnue aux personnes morales par la législation nationale. La Banque centrale européenne peut notamment acquérir ou aliéner des biens mobiliers et immobiliers et ester en justice.

2. La Banque centrale européenne veille à ce que les missions conférées au Système européen de banques centrales en vertu de l'article III-185, paragraphes 2, 3 et 5, de la Constitution soient exécutées par ses soins, conformément au présent statut, ou par les banques centrales nationales, conformément à l'article 12, paragraphe 1, et à l'article 14.

3. Conformément à l'article III-187, paragraphe 1, de la Constitution, les organes de décision de la Banque centrale européenne sont le conseil des gouverneurs et le directoire.

*Article 10*

## Le conseil des gouverneurs

1. Conformément à l'article III-382, paragraphe 1, de la Constitution, le conseil des gouverneurs se compose des membres du directoire et des gouverneurs des banques centrales nationales des États membres ne faisant pas l'objet d'une dérogation au sens de l'article III-197 de la Constitution.

2. Chaque membre du conseil des gouverneurs dispose d'une voix. À compter de la date à laquelle le nombre de membres du conseil des gouverneurs est supérieur à vingt et un, chaque membre du directoire dispose d'une voix et le nombre de gouverneurs disposant du droit de vote est de quinze. Ces droits de vote sont attribués et font l'objet d'une rotation comme suit:

a) à compter de la date à laquelle le nombre de gouverneurs est supérieur à quinze et jusqu'à ce qu'il s'élève à vingt-deux, les gouverneurs sont répartis en deux groupes, en fonction d'un classement selon la taille de la part de l'État membre de la banque centrale nationale concernée dans le produit intérieur brut total aux prix du marché et dans le bilan agrégé total des institutions financières monétaires des États membres dont la monnaie est l'euro. Les parts dans le produit intérieur brut total aux prix du marché et dans le bilan agrégé total des institutions financières monétaires font l'objet respectivement d'une pondération de 5/6 et de 1/6. Le premier groupe est composé de cinq gouverneurs et le second groupe des autres gouverneurs. La fréquence des droits de vote des gouverneurs appartenant au premier groupe n'est pas inférieure à celle des droits de vote des gouverneurs appartenant au second groupe. Sous réserve de la phrase précédente, quatre droits de vote sont attribués au premier groupe et onze droits de vote sont attribués au second groupe;

b) à compter de la date à laquelle le nombre de gouverneurs s'élève à vingt-deux, les gouverneurs sont répartis en trois groupes en fonction d'un classement fondé sur les critères fixés au point a). Le premier groupe est composé de cinq gouverneurs et quatre droits de vote lui sont attribués. Le deuxième groupe est composé de la moitié du nombre total de gouverneurs, toute fraction étant arrondie au nombre entier supérieur, et huit droits de vote lui sont attribués. Le troisième groupe est composé des autres gouverneurs et trois droits de vote lui sont attribués;

c) au sein de chaque groupe, les gouverneurs disposent de leur droit de vote pour une durée identique;

d) l'article 29, paragraphe 2, est applicable au calcul des parts dans le produit intérieur brut total aux prix du marché. Le bilan agrégé total des institutions financières monétaires est calculé conformément au cadre statistique applicable au sein de l'Union au moment du calcul;

e) chaque fois que le produit intérieur brut total aux prix du marché est adapté conformément à l'article 29, paragraphe 3, ou chaque fois que le nombre de gouverneurs augmente, la taille et/ou la composition des groupes sont adaptées conformément aux principes fixés au présent alinéa;

f) le conseil des gouverneurs, statuant à la majorité des deux tiers de l'ensemble de ses membres, disposant ou non du droit de vote, prend toutes les mesures nécessaires à la mise en œuvre des principes fixés au présent alinéa, et peut décider de différer l'application du système de rotation jusqu'à la date à laquelle le nombre de gouverneurs est supérieur à dix-huit.

Le droit de vote est exercé en personne. Par dérogation à cette règle, le règlement intérieur visé à l'article 12, paragraphe 3, peut prévoir que des membres du conseil des gouverneurs peuvent voter par téléconférence. Ce règlement prévoit également qu'un membre du conseil des gouverneurs empêché d'assister aux réunions du conseil des gouverneurs pendant une période prolongée peut désigner un suppléant pour le remplacer en tant que membre du conseil des gouverneurs.

Les premier et deuxième alinéas sont sans préjudice du droit de vote de tous les membres du conseil des gouverneurs, disposant ou non du droit de vote, en vertu du paragraphe 3, et de l'article 40, paragraphes 2 et 3. Sauf disposition contraire figurant dans le présent statut, les décisions du conseil des gouverneurs sont prises à la majorité simple des membres ayant le droit de vote. En cas de partage des voix, celle du président est prépondérante.

Pour que le conseil des gouverneurs puisse voter, le quorum fixé est de deux tiers des membres ayant le droit de vote. Si le quorum n'est pas atteint, le président peut convoquer une réunion extraordinaire au cours de laquelle les décisions peuvent être prises sans ce quorum.

3. Pour toutes les décisions devant être prises en vertu des articles 28, 29, 30, 32, 33 et 49, les suffrages des membres du conseil des gouverneurs sont pondérés conformément à la répartition du capital souscrit de la Banque centrale européenne entre les banques centrales nationales. La pondération des suffrages des membres du directoire est égale à zéro. Une décision requérant la majorité qualifiée est adoptée si les suffrages exprimant un vote favorable représentent au moins deux tiers du capital souscrit de la Banque centrale européenne et au moins la moitié des actionnaires. Si un gouverneur ne peut être présent, il peut désigner un suppléant pour exercer son vote pondéré.

4. Les réunions sont confidentielles. Le conseil des gouverneurs peut décider de rendre public le résultat de ses délibérations.

5. Le conseil des gouverneurs se réunit au moins dix fois par an.

*Article 11*

**Le directoire**

1. Conformément à l'article III-382, paragraphe 2, premier alinéa, de la Constitution, le directoire se compose du président, du vice-président et de quatre autres membres.

Les membres assurent leurs fonctions à temps plein. Aucun membre ne peut exercer une profession, rémunérée ou non, à moins qu'une dérogation ne lui ait été accordée à titre exceptionnel par le conseil des gouverneurs.

2. Conformément à l'article III-382, paragraphe 2, de la Constitution, le président, le vice-président et les autres membres du directoire sont nommés par le Conseil européen, statuant à la majorité qualifiée, sur recommandation du Conseil et après consultation du Parlement européen et du conseil des gouverneurs, parmi des personnes dont l'autorité et l'expérience professionnelle dans le domaine monétaire ou bancaire sont reconnues.

Leur mandat a une durée de huit ans et n'est pas renouvelable.

Seuls les ressortissants des États membres peuvent être membres du directoire.

3. Les conditions d'emploi des membres du directoire, en particulier leurs émoluments, pensions et autres avantages de sécurité sociale, font l'objet de contrats conclus avec la Banque centrale européenne et sont fixées par le conseil des gouverneurs sur proposition d'un comité comprenant trois membres nommés par le conseil des gouverneurs et trois membres nommés par le Conseil. Les membres du directoire ne disposent pas du droit de vote sur les questions régies par le présent paragraphe.

4. Si un membre du directoire ne remplit plus les conditions nécessaires à l'exercice de ses fonctions ou s'il a commis une faute grave, la Cour de justice peut, à la requête du conseil des gouverneurs ou du directoire, le démettre d'office de ses fonctions.

5. Chaque membre du directoire présent aux séances a le droit de vote et dispose à cet effet d'une voix. Sauf disposition contraire, les décisions du directoire sont prises à la majorité simple des suffrages exprimés. En cas de partage des voix, celle du président est prépondérante. Les modalités de vote sont précisées dans le règlement intérieur visé à l'article 12, paragraphe 3.

6. Le directoire est responsable de la gestion courante de la Banque centrale européenne.

7. Il est pourvu à toute vacance au sein du directoire par la nomination d'un nouveau membre, conformément au paragraphe 2.

*Article 12*

## Responsabilités des organes de décision

1. Le conseil des gouverneurs arrête les orientations et prend les décisions nécessaires à l'accomplissement des missions confiées au Système européen de banques centrales par la Constitution et le présent statut. Le conseil des gouverneurs définit la politique monétaire de l'Union, y compris, le cas échéant, les décisions concernant les objectifs monétaires intermédiaires, les taux directeurs et l'approvisionnement en réserves dans le Système européen de banques centrales, et arrête les orientations nécessaires à leur exécution.

Le directoire met en œuvre la politique monétaire conformément aux orientations et aux décisions arrêtées par le conseil des gouverneurs. Dans ce cadre, le directoire donne les instructions nécessaires aux banques centrales nationales. En outre, le directoire peut recevoir délégation de certains pouvoirs par décision du conseil des gouverneurs.

Dans la mesure jugée possible et adéquate, et sans préjudice du présent article, la Banque centrale européenne recourt aux banques centrales nationales pour l'exécution des opérations faisant partie des missions du Système européen de banques centrales.

2. Le directoire est responsable de la préparation des réunions du conseil des gouverneurs.

3. Le conseil des gouverneurs adopte un règlement intérieur déterminant l'organisation interne de la Banque centrale européenne et de ses organes de décision.

4. Les fonctions consultatives visées à l'article 4 sont exercées par le conseil des gouverneurs.

5. Le conseil des gouverneurs prend les décisions visées à l'article 6.

*Article 13*

## Le président

1. Le président ou, en son absence, le vice-président préside le conseil des gouverneurs et le directoire de la Banque centrale européenne.

2. Sans préjudice de l'article 38, le président ou la personne qu'il désigne à cet effet représente la Banque centrale européenne à l'extérieur.

*Article 14*

## Les banques centrales nationales

1. Conformément à l'article III-189 de la Constitution, chaque État membre veille à la compatibilité de sa législation nationale, y compris les statuts de sa banque centrale nationale, avec la Constitution et le présent statut.

2. Les statuts des banques centrales nationales prévoient en particulier que la durée du mandat du gouverneur d'une banque centrale nationale n'est pas inférieure à cinq ans.

Un gouverneur ne peut être relevé de ses fonctions que s'il ne remplit plus les conditions nécessaires à l'exercice de ses fonctions ou s'il a commis une faute grave. Un recours contre la décision prise à cet effet peut être introduit auprès de la Cour de justice par le gouverneur concerné ou le conseil des gouverneurs pour violation de la Constitution ou de toute règle de droit relative à son application. Ces recours doivent être formés dans un délai de deux mois à compter, suivant le cas, de la publication de l'acte, de sa notification au requérant ou, à défaut, du jour où celui-ci en a eu connaissance.

3. Les banques centrales nationales font partie intégrante du Système européen de banques centrales et agissent conformément aux orientations et aux instructions de la Banque centrale européenne. Le conseil des gouverneurs prend les mesures nécessaires pour assurer le respect des orientations et des instructions de la Banque centrale européenne, et exige que toutes les informations nécessaires lui soient fournies.

4. Les banques centrales nationales peuvent exercer d'autres fonctions que celles qui sont spécifiées dans les présents statuts, à moins que le conseil des gouverneurs ne décide, à la majorité des deux tiers des suffrages exprimés, que ces fonctions interfèrent avec les objectifs et les missions du Système européen de banques centrales. Ces fonctions, que les banques centrales nationales exercent sous leur propre responsabilité et à leurs propres risques, ne sont pas considérées comme faisant partie des fonctions du Système européen de banques centrales.

*Article 15*

## Obligation de présenter des rapports

1. La Banque centrale européenne établit et publie des rapports sur les activités du Système européen de banques centrales au moins chaque trimestre.

2. Une situation financière consolidée du Système européen de banques centrales est publiée chaque semaine.

3. Conformément à l'article III-383, paragraphe 3, de la Constitution, la Banque centrale européenne adresse au Parlement européen, au Conseil européen, au Conseil et à la Commission, un rapport annuel sur les activités du Système européen de banques centrales et sur la politique monétaire de l'année précédente et de l'année en cours.

4. Les rapports et situations visés au présent article sont mis gratuitement à la disposition des personnes intéressées.

*Article 16*

## Billets

Conformément à l'article III-186, paragraphe 1, de la Constitution, le conseil des gouverneurs est seul habilité à autoriser l'émission de billets de banque en euros dans l'Union. La Banque centrale européenne et les banques centrales nationales peuvent émettre de tels billets. Les billets de banque émis par la Banque centrale européenne et les banques centrales nationales sont les seuls à avoir cours légal dans l'Union.

La Banque centrale européenne respecte autant que possible les pratiques existantes en ce qui concerne l'émission et la présentation des billets de banque.

CHAPITRE IV

## FONCTIONS MONÉTAIRES ET OPÉRATIONS ASSURÉES PAR LE SYSTÈME EUROPÉEN DE BANQUES CENTRALES

*Article 17*

### Comptes auprès de la Banque centrale européenne et des banques centrales nationales

Afin d'effectuer leurs opérations, la Banque centrale européenne et les banques centrales nationales peuvent ouvrir des comptes aux établissements de crédit, aux organismes publics et aux autres intervenants du marché et accepter des actifs, y compris des titres en compte courant, comme garantie.

*Article 18*

### Opérations d'open market et de crédit

1. Afin d'atteindre les objectifs du Système européen de banques centrales et d'accomplir ses missions, la Banque centrale européenne et les banques centrales nationales peuvent:

a) intervenir sur les marchés de capitaux, soit en achetant et en vendant ferme (au comptant et à terme), soit en prenant et en mettant en pension, soit en prêtant ou en empruntant des créances et des titres négociables, libellés en euros ou d'autres monnaies, ainsi que des métaux précieux;

b) effectuer des opérations de crédit avec des établissements de crédit et d'autres intervenants du marché sur la base d'une sûreté appropriée pour les prêts.

2. La Banque centrale européenne définit les principes généraux des opérations d'open market et de crédit effectuées par elle-même ou par les banques centrales nationales, y compris de l'annonce des conditions dans lesquelles celles-ci sont disposées à pratiquer ces opérations.

*Article 19*

### Réserves obligatoires

1. Sous réserve de l'article 2, la Banque centrale européenne est habilitée à imposer aux établissements de crédit établis dans les États membres la constitution de réserves obligatoires auprès de la Banque centrale européenne et des banques centrales nationales, conformément aux objectifs en matière de politique monétaire. Les modalités de calcul et la détermination du montant exigé peuvent être fixées par le conseil des gouverneurs. Tout manquement constaté à cet égard met la Banque centrale européenne en droit de percevoir des intérêts à titre de pénalité et d'infliger d'autres sanctions ayant un effet analogue.

2. Aux fins de l'application du présent article, le Conseil définit, conformément à la procédure prévue à l'article 41, la base des réserves obligatoires et les rapports maximaux autorisés entre ces réserves et leur base, ainsi que les sanctions appropriées en cas de non-respect.

*Article 20*

**Autres instruments de contrôle monétaire**

Le conseil des gouverneurs peut décider, à la majorité des deux tiers des suffrages exprimés, de recourir aux autres méthodes opérationnelles de contrôle monétaire qu'il jugera opportunes, sous réserve de l'article 2.

Si ces méthodes entraînent des obligations pour des tiers, le Conseil en définit la portée conformément à la procédure prévue à l'article 41.

*Article 21*

**Opérations avec les organismes publics**

1. Conformément à l'article III-181 de la Constitution, il est interdit à la Banque centrale européenne et aux banques centrales nationales d'accorder des découverts ou tout autre type de crédit aux institutions, organes ou organismes de l'Union, aux administrations centrales, aux autorités régionales ou locales, aux autres autorités publiques, aux autres organismes ou entreprises publics des États membres. L'acquisition directe, auprès d'eux, par la Banque centrale européenne ou les banques centrales nationales, des instruments de leur dette est également interdite.

2. La Banque centrale européenne et les banques centrales nationales peuvent agir en qualité d'agents fiscaux pour le compte des entités visées au paragraphe 1.

3. Le présent article ne s'applique pas aux établissements publics de crédit qui, dans le cadre de la mise à disposition de liquidités par les banques centrales, bénéficient, de la part des banques centrales nationales et de la Banque centrale européenne, du même traitement que les établissements privés de crédit.

*Article 22*

**Systèmes de compensation et de paiement**

La Banque centrale européenne et les banques centrales nationales peuvent accorder des facilités, et la Banque centrale européenne peut arrêter des règlements, en vue d'assurer l'efficacité et la solidité des systèmes de compensation et de paiement au sein de l'Union et avec les pays tiers.

*Article 23*

**Opérations extérieures**

La Banque centrale européenne et les banques centrales nationales peuvent:

a) entrer en relation avec les banques centrales et les établissements financiers des pays tiers et, en tant que de besoin, avec les organisations internationales;

b) acquérir et vendre, au comptant et à terme, toutes catégories d'avoirs de réserves de change et des métaux précieux. Le terme «avoirs de change» comprend les titres et tous les autres avoirs libellés dans la devise de tout pays ou en unités de compte, quelle que soit la forme sous laquelle ils sont détenus;

c) détenir et gérer les avoirs visés au présent article;

d) effectuer tous les types d'opérations bancaires avec les pays tiers et les organisations internationales, y compris les opérations de prêt et d'emprunt.

*Article 24*

**Autres opérations**

Outre les opérations résultant de leurs missions, la Banque centrale européenne et les banques centrales nationales peuvent effectuer des opérations aux fins de leur infrastructure administrative ou au bénéfice de leur personnel.

CHAPITRE V

**CONTRÔLE PRUDENTIEL**

*Article 25*

**Contrôle prudentiel**

1. La Banque centrale européenne est habilitée à donner des avis et à être consultée par le Conseil, la Commission et les autorités compétentes des États membres sur la portée et l'application des actes juridiquement contraignants de l'Union concernant le contrôle prudentiel des établissements de crédit et la stabilité du système financier.

2. Conformément à toute loi européenne adoptée en vertu de l'article III-185, paragraphe 6, de la Constitution, la Banque centrale européenne peut accomplir des missions spécifiques ayant trait aux politiques en matière de contrôle prudentiel des établissements de crédit et autres établissements financiers, à l'exception des entreprises d'assurances.

## CHAPITRE VI

### DISPOSITIONS FINANCIÈRES DU SYSTÈME EUROPÉEN DE BANQUES CENTRALES

*Article 26*

### Comptes financiers

1. L'exercice de la Banque centrale européenne et des banques centrales nationales commence le premier jour du mois de janvier et se termine le dernier jour du mois de décembre.

2. Les comptes annuels de la Banque centrale européenne sont établis par le directoire conformément aux principes déterminés par le conseil des gouverneurs. Les comptes sont approuvés par le conseil des gouverneurs et sont ensuite publiés.

3. Pour les besoins de l'analyse et de la gestion, le directoire établit un bilan consolidé du Système européen de banques centrales comprenant les actifs et les passifs des banques centrales nationales, qui relèvent du Système européen de banques centrales.

4. Aux fins de l'application du présent article, le conseil des gouverneurs arrête les règles nécessaires à la normalisation des procédures comptables et d'information relatives aux opérations des banques centrales nationales.

*Article 27*

### Vérification des comptes

1. Les comptes de la Banque centrale européenne et des banques centrales nationales sont vérifiés par des commissaires aux comptes extérieurs indépendants désignés sur recommandation du conseil des gouverneurs et agréés par le Conseil. Les commissaires aux comptes ont tout pouvoir pour examiner tous les livres et comptes de la Banque centrale européenne et des banques centrales nationales, et pour obtenir toutes informations sur leurs opérations.

2. L'article III-384 de la Constitution s'applique uniquement à un examen de l'efficience de la gestion de la Banque centrale européenne.

*Article 28*

### Capital de la Banque centrale européenne

1. Le capital de la Banque centrale européenne s'élève à 5 milliards d'euros. Le capital peut être augmenté par décision européenne du conseil des gouverneurs statuant à la majorité qualifiée prévue à l'article 10, paragraphe 3, dans les limites et selon les conditions fixées par le Conseil conformément à la procédure prévue à l'article 41.

2. Les banques centrales nationales sont seules autorisées à souscrire et à détenir le capital de la Banque centrale européenne. La souscription du capital s'effectue selon la clé de répartition déterminée conformément à l'article 29.

3. Le conseil des gouverneurs, statuant à la majorité qualifiée prévue à l'article 10, paragraphe 3, détermine le montant exigible et les modalités de libération du capital.

4. Sous réserve du paragraphe 5, les parts des banques centrales nationales dans le capital souscrit de la Banque centrale européenne ne peuvent pas être cédées, nanties ou saisies.

5. Si la clé de répartition visée à l'article 29 est modifiée, les banques centrales nationales transfèrent entre elles les parts de capital correspondantes de sorte que la répartition de ces parts corresponde à la nouvelle clé. Le conseil des gouverneurs fixe les modalités de ces transferts.

*Article 29*

## Clé de répartition pour la souscription au capital

1. La clé de répartition pour la souscription au capital de la Banque centrale européenne, fixée pour la première fois en 1998 lors de la mise en place du Système européen de banques centrales, est déterminée en attribuant à chaque banque centrale nationale une pondération dans cette clé, qui est égale à la somme de:

— 50 % de la part de la population de l'État membre concerné dans la population de l'Union l'avant-dernière année précédant la mise en place du Système européen de banques centrales;

— 50 % de la part du produit intérieur brut de l'État membre concerné dans le produit intérieur brut de l'Union aux prix du marché, telle qu'elle a été constatée au cours des cinq années précédant l'avant-dernière année avant la mise en place du Système européen de banques centrales.

Les pourcentages sont arrondis vers le bas ou vers le haut au multiple le plus proche de 0,0001 %.

2. Les données statistiques nécessaires à l'application du présent article sont établies par la Commission conformément aux règles fixées par le Conseil conformément à l'article 41.

3. Les pondérations attribuées aux banques centrales nationales sont adaptées tous les cinq ans après la mise en place du Système européen de banques centrales, par analogie avec le paragraphe 1. La clé adaptée prend effet le premier jour de l'année suivante.

4. Le conseil des gouverneurs prend toutes les autres mesures nécessaires à l'application du présent article.

*Article 30*

## Transfert d'avoirs de réserve de change à la Banque centrale européenne

1. Sans préjudice de l'article 28, la Banque centrale européenne est dotée par les banques centrales nationales d'avoirs de réserve de change autres que les monnaies des États membres, les euros, les positions de réserve auprès du Fonds monétaire international et les droits de tirage spéciaux, jusqu'à concurrence d'un montant équivalant à 50 milliards d'euros. Le conseil des gouverneurs décide des proportions à appeler par la Banque centrale européenne. La Banque centrale européenne est pleinement habilitée à détenir et à gérer les avoirs de réserve qui lui ont été transférés et à les utiliser aux fins fixées dans le présent statut.

2. La contribution de chaque banque centrale nationale est fixée proportionnellement à sa part dans le capital souscrit de la Banque centrale européenne.

3. Chaque banque centrale nationale reçoit de la Banque centrale européenne une créance équivalente à sa contribution. Le conseil des gouverneurs détermine la dénomination et la rémunération de ces créances.

4. Des avoirs de réserve supplémentaires peuvent être appelés par la Banque centrale européenne, conformément au paragraphe 2, au-delà de la limite fixée au paragraphe 1, dans les limites et selon les conditions fixées par le Conseil conformément à la procédure prévue à l'article 41.

5. La Banque centrale européenne peut détenir et gérer des positions de réserve auprès du Fonds monétaire international et de droits de tirage spéciaux, et accepter la mise en commun de ces avoirs.

6. Le conseil des gouverneurs prend toutes les autres mesures nécessaires à l'application du présent article.

*Article 31*

**Avoirs de réserve de change détenus par les banques centrales nationales**

1. Les banques centrales nationales sont autorisées à effectuer les opérations liées à l'accomplissement de leurs obligations envers les organisations internationales conformément à l'article 23.

2. Toutes les autres opérations sur les avoirs de réserve de change qui demeurent dans les banques centrales nationales après les transferts visés à l'article 30 et les transactions effectuées par les États membres avec leurs fonds de roulement en devises sont, au-delà d'une certaine limite à fixer dans le cadre du paragraphe 3, soumises à l'autorisation de la Banque centrale européenne afin d'assurer la cohérence avec la politique de change et la politique monétaire de l'Union.

3. Le conseil des gouverneurs arrête des orientations afin de faciliter ces opérations.

*Article 32*

**Répartition du revenu monétaire des banques centrales nationales**

1. Le revenu dégagé par les banques centrales nationales dans l'exercice des missions de politique monétaire du Système européen de banques centrales, ci-après dénommé «revenu monétaire», est réparti à la fin de chaque exercice conformément au présent article.

2. Le montant du revenu monétaire de chaque banque centrale nationale est égal au revenu annuel qu'elle tire des actifs détenus en contrepartie des billets en circulation et des engagements résultant des dépôts constitués par les établissements de crédit. Ces actifs sont identifiés par les banques centrales nationales conformément aux orientations que le conseil des gouverneurs aura déterminées.

3. Si le conseil des gouverneurs estime, après le début de la troisième phase, que les structures du bilan des banques centrales nationales ne permettent pas l'application du paragraphe 2, il peut décider, à la majorité qualifiée, que, par dérogation au paragraphe 2, le revenu monétaire doit être calculé selon une autre méthode pendant une période ne dépassant pas cinq ans.

4. Le montant du revenu monétaire de chaque banque centrale nationale est réduit de toute charge d'intérêt payée par cette banque centrale sur les engagements résultant des dépôts constitués par les établissements de crédit conformément à l'article 19.

Le conseil des gouverneurs peut décider d'indemniser les banques centrales nationales pour les frais encourus à l'occasion de l'émission de billets ou, dans des circonstances exceptionnelles, pour des pertes particulières afférentes aux opérations de politique monétaire réalisées pour le compte du Système européen de banques centrales. L'indemnisation prend la forme que le conseil des gouverneurs juge appropriée. Ces montants peuvent être compensés avec le revenu monétaire des banques centrales nationales.

5. La somme des revenus monétaires des banques centrales nationales est répartie entre elles proportionnellement à leurs parts libérées dans le capital de la Banque centrale européenne, sous réserve de toute décision prise par le conseil des gouverneurs conformément à l'article 33, paragraphe 2.

6. La compensation et le règlement des soldes provenant de la répartition du revenu monétaire sont réalisés par la Banque centrale européenne conformément aux orientations établies par le conseil des gouverneurs.

7. Le conseil des gouverneurs prend toutes les autres mesures nécessaires à l'application du présent article.

*Article 33*

## Répartition des bénéfices et pertes nets de la Banque centrale européenne

1. Le bénéfice net de la Banque centrale européenne est transféré dans l'ordre suivant:

a) un montant à déterminer par le conseil des gouverneurs, qui ne peut dépasser 20 % du bénéfice net, est transféré au fonds de réserve générale dans la limite de 100 % du capital;

b) le bénéfice net restant est distribué aux détenteurs de parts de la Banque centrale européenne proportionnellement aux parts qu'ils ont libérées.

2. Si la Banque centrale européenne enregistre une perte, celle-ci est couverte par le fonds de réserve général de la Banque centrale européenne et, si nécessaire, après décision du conseil des gouverneurs, par les revenus monétaires de l'exercice financier concerné au prorata et jusqu'à concurrence des montants alloués aux banques centrales nationales conformément à l'article 32, paragraphe 5.

## CHAPITRE VII

## DISPOSITIONS GÉNÉRALES

*Article 34*

### Actes juridiques

1. Conformément à l'article III-190 de la Constitution, la Banque centrale européenne adopte:

a) des règlements européens dans la mesure nécessaire à l'accomplissement des missions définies à l'article 3, paragraphe 1, point a), à l'article 19, paragraphe 1, à l'article 22 ou à l'article 25, paragraphe 2, du présent statut, ainsi que dans les cas qui sont prévus dans les règlements et décisions européens visés à l'article 41;

b) les décisions européennes nécessaires à l'accomplissement des missions confiées au Système européen de banques centrales en vertu de la Constitution et du présent statut;

c) des recommandations et des avis.

2. La Banque centrale européenne peut décider de publier ses décisions européennes, recommandations et avis.

3. Dans les limites et selon les conditions arrêtées par le Conseil conformément à la procédure prévue à l'article 41, la Banque centrale européenne est habilitée à infliger aux entreprises des amendes et des astreintes en cas de non-respect de ses règlements et décisions européens.

*Article 35*

### Contrôle juridictionnel et questions connexes

1. La Cour de justice de l'Union européenne peut connaître des actes ou omissions de la Banque centrale européenne ou être saisie de leur interprétation dans les cas et selon les conditions fixées par la Constitution. La Banque centrale européenne peut former des recours dans les cas et selon les conditions fixées par la Constitution.

2. Les litiges entre la Banque centrale européenne, d'une part, et ses créanciers, débiteurs ou toute autre personne, d'autre part, sont tranchés par les tribunaux nationaux compétents, à moins que la Cour de justice de l'Union européenne n'ait été déclarée compétente.

3. La Banque centrale européenne est soumise au régime de responsabilité prévu à l'article III-431 de la Constitution. La responsabilité des banques centrales nationales est déterminée en fonction de leur droit national respectif.

4. La Cour de justice de l'Union européenne est compétente pour statuer en vertu d'une clause compromissoire contenue dans un contrat de droit public ou de droit privé passé par la Banque centrale européenne ou pour le compte de celle-ci.

5. La décision de la Banque centrale européenne de saisir la Cour de justice de l'Union européenne est prise par le conseil des gouverneurs.

6. La Cour de justice de l'Union européenne est compétente pour statuer sur les litiges relatifs à l'accomplissement par les banques centrales nationales des obligations qui leur incombent au titre de la Constitution et du présent statut. Si la Banque centrale européenne considère qu'une banque centrale nationale a manqué à une des obligations qui lui incombent au titre de la Constitution et du présent statut, elle émet sur l'affaire un avis motivé après avoir donné à la banque centrale nationale concernée la possibilité de présenter ses observations. Si la banque centrale nationale concernée ne se conforme pas audit avis dans le délai fixé par la Banque centrale européenne, celle-ci peut saisir la Cour de justice de l'Union européenne.

*Article 36*

**Personnel**

1. Le conseil des gouverneurs arrête, sur proposition du directoire, le régime applicable au personnel de la Banque centrale européenne.

2. La Cour de justice de l'Union européenne est compétente pour connaître de tout litige entre la Banque centrale européenne et ses agents dans les limites et selon les conditions prévues par le régime qui leur est applicable.

*Article 37*

**Secret professionnel**

1. Les membres des organes de décision et du personnel de la Banque centrale européenne et des banques centrales nationales sont tenus, même après la cessation de leurs fonctions, de ne pas divulguer les informations qui, par leur nature, sont couvertes par le secret professionnel.

2. Les personnes ayant accès à des données soumises à un acte juridiquement contraignant de l'Union imposant l'obligation du secret sont assujetties à cette obligation.

*Article 38*

**Signataires**

La Banque centrale européenne est juridiquement engagée vis-à-vis des tiers par le président ou deux membres du directoire, ou par la signature de deux membres de son personnel dûment autorisés par le président à signer au nom de la Banque centrale européenne.

*Article 39*

**Privilèges et immunités**

La Banque centrale européenne jouit sur le territoire des États membres des privilèges et immunités nécessaires à l'accomplissement de ses missions, selon les conditions définies par le protocole sur les privilèges et immunités de l'Union européenne.

CHAPITRE VIII

## RÉVISION DU STATUT ET RÉGLEMENTATION COMPLÉMENTAIRE

*Article 40*

### Procédures de révision simplifiées

1. Conformément à l'article III-187, paragraphe 3, de la Constitution, l'article 5, paragraphes 1, 2 et 3, les articles 17 et 18, l'article 19, paragraphe 1, les articles 22, 23, 24 et 26, l'article 32, paragraphes 2, 3, 4 et 6, l'article 33, paragraphe 1, point a), et l'article 36 du présent statut peuvent être révisés par la loi européenne:

a) soit sur proposition de la Commission et après consultation de la Banque centrale européenne;

b) soit sur recommandation de la Banque centrale européenne et après consultation de la Commission.

2. L'article 10, paragraphe 2, peut être modifié par une décision européenne du Conseil européen, statuant à l'unanimité, soit sur recommandation de la Banque centrale européenne et après consultation du Parlement européen et de la Commission, soit sur recommandation de la Commission et après consultation du Parlement européen et de la Banque centrale européenne. Ces modifications n'entrent en vigueur qu'après leur approbation par les États membres conformément à leurs règles constitutionnelles respectives.

3. Une recommandation faite par la Banque centrale européenne en vertu du présent article requiert une décision unanime du conseil des gouverneurs.

*Article 41*

### Réglementation complémentaire

Conformément à l'article III-187, paragraphe 4, de la Constitution, le Conseil adopte les règlements et décisions européens établissant les mesures visées à l'article 4, à l'article 5, paragraphe 4, à l'article 19, paragraphe 2, à l'article 20, à l'article 28, paragraphe 1, à l'article 29, paragraphe 2, à l'article 30, paragraphe 4, et à l'article 34, paragraphe 3, du présent statut. Il statue après consultation du Parlement européen:

a) soit sur proposition de la Commission et après consultation de la Banque centrale européenne;

b) soit sur recommandation de la Banque centrale européenne et après consultation de la Commission.

CHAPITRE IX

## DISPOSITIONS TRANSITOIRES ET AUTRES DISPOSITIONS CONCERNANT LE SYSTÈME EUROPÉEN DE BANQUES CENTRALES

*Article 42*

### Dispositions générales

1. La dérogation visée à l'article III-197, paragraphe 1, de la Constitution a pour effet que les articles suivants du présent statut ne confèrent aucun droit et n'imposent aucune obligation à l'État membre concerné: articles 3 et 6, article 9, paragraphe 2, article 12, paragraphe 1, article 14, paragraphe 3, articles 16, 18, 19, 20, 22 et 23, article 26, paragraphe 2, articles 27, 30, 31, 32, 33, 34 et 50.

2. Les banques centrales des États membres faisant l'objet d'une dérogation, tels que définis à l'article III-197, paragraphe 1, de la Constitution, conservent leurs compétences dans le domaine de la politique monétaire, conformément au droit national.

3. Conformément à l'article III-197, paragraphe 2, second alinéa, de la Constitution, à l'article 3, à l'article 11, paragraphe 2, et à l'article 19 du présent statut, on entend par «États membres», les États membres dont la monnaie est l'euro.

4. À l'article 9, paragraphe 2, à l'article 10, paragraphes 2 et 3, à l'article 12, paragraphe 1, aux articles 16, 17, 18, 22, 23, 27, 30, 31 et 32, à l'article 33, paragraphe 2, et à l'article 50, on entend par «banques centrales nationales», les banques centrales des États membres dont la monnaie est l'euro.

5. À l'article 10, paragraphe 3, et à l'article 33, paragraphe 1, on entend par «actionnaires», les banques centrales nationales des États membres dont la monnaie est l'euro.

6. À l'article 10, paragraphe 3, et à l'article 30, paragraphe 2, on entend par «capital souscrit», le capital de la Banque centrale européenne souscrit par les banques centrales nationales des États membres dont la monnaie est l'euro.

*Article 43*

### Missions transitoires de la Banque centrale européenne

La Banque centrale européenne assure les anciennes fonctions de l'Institut monétaire européen visées à l'article III-199, paragraphe 2, de la Constitution qui, en raison des dérogations dont un ou plusieurs États membres font l'objet, doivent encore être exécutées après l'introduction de l'euro.

La Banque centrale européenne donne des avis au cours des préparatifs concernant l'abrogation des dérogations visées à l'article III-198 de la Constitution.

*Article 44*

**Le conseil général de la Banque centrale européenne**

1. Sans préjudice de l'article III-187, paragraphe 1, de la Constitution, le conseil général est constitué comme troisième organe de décision de la Banque centrale européenne.

2. Le conseil général se compose du président et du vice-président de la Banque centrale européenne ainsi que des gouverneurs des banques centrales nationales. Les autres membres du directoire peuvent participer, sans droit de vote, aux réunions du conseil général.

3. Les responsabilités du conseil général sont énumérées de manière exhaustive à l'article 46.

*Article 45*

**Fonctionnement du conseil général**

1. Le président ou, en son absence, le vice-président de la Banque centrale européenne préside le conseil général de la Banque centrale européenne.

2. Le président du Conseil et un membre de la Commission peuvent participer, sans droit de vote, aux réunions du conseil général.

3. Le président prépare les réunions du conseil général.

4. Par dérogation à l'article 12, paragraphe 3, le conseil général adopte son règlement intérieur.

5. Le secrétariat du conseil général est assuré par la Banque centrale européenne.

*Article 46*

**Responsabilités du conseil général**

1. Le conseil général:

a) exécute les missions visées à l'article 43;

b) contribue aux fonctions consultatives visées à l'article 4 et à l'article 25, paragraphe 1.

2. Le conseil général contribue:

a) à collecter les informations statistiques visées à l'article 5;

b) à établir les rapports d'activités de la Banque centrale européenne visés à l'article 15;

c) à établir les règles, visées à l'article 26, paragraphe 4, nécessaires à l'application de l'article 26;

d) à prendre toutes les autres mesures, visées à l'article 29, paragraphe 4, nécessaires à l'application de l'article 29;

e) à définir les conditions d'emploi du personnel de la Banque centrale européenne, prévues à l'article 36.

3. Le conseil général contribue aux préparatifs nécessaires à la fixation irrévocable des taux de change des monnaies des États membres faisant l'objet d'une dérogation par rapport à l'euro, telle que visée à l'article III-198, paragraphe 3, de la Constitution.

4. Le conseil général est informé des décisions du conseil des gouverneurs par le président de la Banque centrale européenne.

*Article 47*

**Dispositions transitoires concernant le capital de la Banque centrale européenne**

Conformément à l'article 29, chaque banque centrale nationale se voit attribuer une pondération dans la clé de répartition pour la souscription au capital de la Banque centrale européenne. Par dérogation à l'article 28, paragraphe 3, les banques centrales des États membres faisant l'objet d'une dérogation ne libèrent pas leur capital souscrit, sauf si le conseil général, statuant à une majorité représentant au moins deux tiers du capital souscrit de la Banque centrale européenne et au moins la moitié des actionnaires, décide qu'un pourcentage minimum doit être libéré à titre de participation aux coûts de fonctionnement de la Banque centrale européenne.

*Article 48*

**Paiement différé du capital, des réserves et des provisions de la Banque centrale européenne**

1. La banque centrale d'un État membre dont la dérogation a pris fin libère sa part souscrite au capital de la Banque centrale européenne dans les mêmes proportions que les autres banques centrales des États membres dont la monnaie est l'euro et transfère à la Banque centrale européenne ses avoirs de réserve de change, conformément à l'article 30, paragraphe 1. Le montant à transférer est déterminé en multipliant la valeur en euros, aux taux de change en vigueur, des avoirs de réserve susmentionnés qui ont déjà été transférés à la Banque centrale européenne, conformément à l'article 30, paragraphe 1, par le rapport entre le nombre de parts souscrites par la banque centrale nationale concernée et le nombre de parts déjà libérées par les autres banques centrales nationales.

2. Outre le paiement prévu au paragraphe 1, la banque centrale nationale concernée contribue aux réserves de la Banque centrale européenne, aux provisions équivalant à des réserves et au montant qui doit encore être affecté aux réserves et aux provisions, qui correspond au solde du compte de pertes et profits au 31 décembre de l'année précédant l'abrogation de la dérogation. La somme à verser est calculée en multipliant le montant des réserves, telles que définies ci-dessus et telles qu'elles apparaissent au bilan approuvé de la Banque centrale européenne, par le rapport entre le nombre de parts souscrites par la banque centrale concernée et le nombre de parts déjà libérées par les autres banques centrales.

3. Lorsqu'un ou plusieurs États deviennent membres de l'Union et que leurs banques centrales nationales entrent dans le Système européen de banques centrales, le capital souscrit de la Banque centrale européenne ainsi que le plafond des avoirs de réserves de change pouvant être transférés à la Banque centrale européenne sont automatiquement augmentés. Le montant de l'augmentation est obtenu par la multiplication des montants respectifs alors en vigueur par le ratio, dans le cadre de la

clé de répartition des souscriptions au capital élargi, entre la pondération des banques centrales nationales entrantes concernées et la pondération des banques centrales nationales qui sont déjà membres du Système européen de banques centrales. La pondération de chaque banque centrale nationale dans la clé de répartition est calculée par analogie avec l'article 29, paragraphe 1, et conformément à l'article 29, paragraphe 2. Les périodes de référence utilisées pour l'établissement des statistiques sont les mêmes que celles qui ont été utilisées pour la dernière adaptation quinquennale des pondérations prévue à l'article 29, paragraphe 3.

*Article 49*

**Dérogation à l'article 32**

1. Si, après le début de la troisième phase, le conseil des gouverneurs décide que l'application de l'article 32 modifie de manière significative la position relative des banques centrales nationales en matière de revenu, le montant du revenu à répartir conformément à l'article 32 est abaissé d'un pourcentage uniforme qui ne dépasse pas 60 % lors du premier exercice suivant le début de la troisième phase et qui diminuera d'au moins 12 points de pourcentage au cours de chacun des exercices suivants.

2. Le paragraphe 1 s'applique au maximum pendant cinq exercices complets après le début de la troisième phase.

*Article 50*

**Échange des billets libellés en monnaies des États membres**

Après la fixation irrévocable des taux de change conformément à l'article III-198, paragraphe 3, de la Constitution, le conseil des gouverneurs prend les mesures nécessaires pour assurer que les billets libellés en monnaies des États membres ayant des taux de change irrévocablement fixés sont échangés au pair par les banques centrales nationales.

*Article 51*

**Applicabilité des mesures transitoires**

Les articles 42 à 47 sont applicables si et tant qu'il existe des États membres faisant l'objet d'une dérogation.

## 5. PROTOCOLE FIXANT LE STATUT DE LA BANQUE EUROPÉENNE D'INVESTISSEMENT

LES HAUTES PARTIES CONTRACTANTES,

DÉSIRANT fixer le statut de la Banque européenne d'investissement, prévu à l'article III-393 de la Constitution,

SONT CONVENUES des dispositions ci-après, qui sont annexées au traité établissant une Constitution pour l'Europe:

*Article premier*

La Banque européenne d'investissement visée à l'article III-393 de la Constitution, ci-après dénommée «Banque», est constituée et exerce ses fonctions et son activité conformément à la Constitution et au présent statut.

*Article 2*

La mission de la Banque est définie par l'article III-394 de la Constitution.

*Article 3*

Conformément à l'article III-393 de la Constitution, les États membres sont les membres de la Banque.

*Article 4*

1. La Banque est dotée d'un capital de 163 653 737 000 euros souscrit par les États membres à concurrence des montants suivants:

| | |
|---|---|
| Allemagne | 26 649 532 500 |
| France | 26 649 532 500 |
| Italie | 26 649 532 500 |
| Royaume-Uni | 26 649 532 500 |
| Espagne | 15 989 719 500 |
| Belgique | 7 387 065 000 |
| Pays-Bas | 7 387 065 000 |
| Suède | 4 900 585 500 |
| Danemark | 3 740 283 000 |
| Autriche | 3 666 973 500 |
| Pologne | 3 411 263 500 |
| Finlande | 2 106 816 000 |

| | |
|---|---|
| Grèce | 2 003 725 500 |
| Portugal | 1 291 287 000 |
| République tchèque | 1 258 785 500 |
| Hongrie | 1 190 868 500 |
| Irlande | 935 070 000 |
| Slovaquie | 428 490 500 |
| Slovénie | 397 815 000 |
| Lituanie | 249 617 500 |
| Luxembourg | 187 015 500 |
| Chypre | 183 382 000 |
| Lettonie | 152 335 000 |
| Estonie | 117 640 000 |
| Malte | 69 804 000 |

Les États membres ne sont responsables que jusqu'à concurrence de leur quote-part du capital souscrit et non versé.

2. L'admission d'un nouveau membre entraîne une augmentation du capital souscrit correspondant à l'apport du nouveau membre.

3. Le conseil des gouverneurs, statuant à l'unanimité, peut décider une augmentation du capital souscrit.

4. La quote-part du capital souscrit ne peut être ni cédée ni donnée en nantissement et est insaisissable.

*Article 5*

1. Le capital souscrit est versé par les États membres à concurrence de 5 % en moyenne des montants fixés à l'article 4, paragraphe 1.

2. En cas d'augmentation du capital souscrit, le conseil des gouverneurs, statuant à l'unanimité, fixe le pourcentage qui doit être versé ainsi que les modalités de versement. Les versements en numéraire ont lieu exclusivement en euros.

3. Le conseil d'administration peut exiger le versement du solde du capital souscrit pour autant que ce versement est rendu nécessaire pour faire face aux obligations de la Banque.

Le versement est effectué par chaque État membre proportionnellement à sa quote-part du capital souscrit.

*Article 6*

La Banque est administrée et gérée par un conseil des gouverneurs, un conseil d'administration et un comité de direction.

*Article 7*

1. Le conseil des gouverneurs se compose des ministres désignés par les États membres.

2. Le conseil des gouverneurs établit les directives générales relatives à la politique de crédit de la Banque, conformément aux objectifs de l'Union.

Il veille à l'exécution de ces directives.

3. En outre, le conseil des gouverneurs:

a) décide de l'augmentation du capital souscrit, conformément à l'article 4, paragraphe 3, et à l'article 5, paragraphe 2;

b) aux fins de l'article 9, paragraphe 1, détermine les principes applicables aux opérations de financement dans le cadre de la mission de la Banque;

c) exerce les pouvoirs prévus par les articles 9 et 11 pour la nomination et la démission d'office des membres du conseil d'administration et du comité de direction, ainsi que ceux prévus par l'article 11, paragraphe 1, second alinéa;

d) décide de l'octroi des financements pour des opérations d'investissement à réaliser en tout ou en partie hors des territoires des États membres, conformément à l'article 16, paragraphe 1;

e) approuve le rapport annuel établi par le conseil d'administration;

f) approuve le bilan annuel, de même que le compte des profits et pertes;

g) approuve le règlement intérieur de la Banque;

h) exerce les autres pouvoirs conférés par le présent statut.

4. Le conseil des gouverneurs peut adopter, statuant à l'unanimité, dans le cadre de la Constitution et du présent statut, toutes décisions relatives à la suspension de l'activité de la Banque et à sa liquidation éventuelle.

*Article 8*

1. Sauf dispositions contraires du présent statut, les décisions du conseil des gouverneurs sont prises à la majorité des membres qui le composent. Cette majorité doit représenter au moins 50 % du capital souscrit.

La majorité qualifiée requiert la réunion de dix-huit voix et 68 % du capital souscrit.

2. L'abstention de membres présents ou représentés ne fait pas obstacle à l'adoption des délibérations qui requièrent l'unanimité.

*Article 9*

1. Le conseil d'administration décide de l'octroi de financements, notamment sous forme de crédits et de garanties, et de la conclusion d'emprunts, fixe les taux d'intérêt pour les prêts, ainsi que les commissions et autres charges. Il peut, sur la base d'une décision prise à la majorité qualifiée, déléguer certaines de ses attributions au comité de direction. Il détermine les conditions et modalités de cette délégation et il en supervise l'exécution.

Le conseil d'administration contrôle la saine administration de la Banque et assure la conformité de la gestion de la Banque avec la Constitution, le présent statut et les directives générales fixées par le conseil des gouverneurs.

À l'expiration de l'exercice, il soumet un rapport au conseil des gouverneurs et le publie après approbation.

2. Le conseil d'administration est composé de vingt-six administrateurs et seize suppléants.

Les administrateurs sont nommés pour une période de cinq ans par le conseil des gouverneurs, chaque État membre en désignant un. La Commission en désigne également un.

Les administrateurs suppléants sont nommés pour une période de cinq ans par le conseil des gouverneurs à raison de:

— deux suppléants désignés par la République fédérale d'Allemagne,

— deux suppléants désignés par la République française,

— deux suppléants désignés par la République italienne,

— deux suppléants désignés par le Royaume-Uni de Grande-Bretagne et d'Irlande du Nord,

— un suppléant désigné d'un commun accord par le Royaume d'Espagne et la République portugaise,

— un suppléant désigné d'un commun accord par le Royaume de Belgique, le Grand-Duché de Luxembourg et le Royaume des Pays-Bas,

— un suppléant désigné d'un commun accord par le Royaume de Danemark, la République hellénique et l'Irlande,

— un suppléant désigné d'un commun accord par la République d'Autriche, la République de Finlande et le Royaume de Suède,

— trois suppléants désignés d'un commun accord par la République tchèque, la République d'Estonie, la République de Chypre, la République de Lettonie, la République de Lituanie, la République de Hongrie, la République de Malte, la République de Pologne, la République de Slovénie et la République slovaque,

— un suppléant désigné par la Commission.

Le conseil d'administration coopte six experts sans droit de vote: trois en tant que titulaires et trois en tant que suppléants.

Le mandat des administrateurs et des suppléants est renouvelable.

Le règlement intérieur établit les modalités de participation aux séances du conseil d'administration et les dispositions applicables aux membres suppléants ainsi qu'aux experts cooptés.

Le président, ou, à défaut, un des vice-présidents du comité de direction, préside les séances du conseil d'administration sans prendre part au vote.

Les membres du conseil d'administration sont choisis parmi les personnalités offrant toutes garanties d'indépendance et de compétence. Ils ne sont responsables qu'envers la Banque.

3. Dans le seul cas où un administrateur ne remplit plus les conditions nécessaires pour exercer ses fonctions, le conseil des gouverneurs, statuant à la majorité qualifiée, peut prononcer sa démission d'office.

La non-approbation du rapport annuel entraîne la démission du conseil d'administration.

4. En cas de vacance, par suite de décès ou de démission volontaire, d'office ou collective, il est procédé au remplacement selon les règles fixées au paragraphe 2. En dehors des renouvellements généraux, les membres sont remplacés pour la durée de leur mandat restant à courir.

5. Le conseil des gouverneurs fixe la rétribution des membres du conseil d'administration. Il établit les incompatibilités éventuelles avec les fonctions d'administrateur et de suppléant.

*Article 10*

1. Chaque administrateur dispose d'une voix au conseil d'administration. Il peut déléguer sa voix dans tous les cas, selon des modalités à déterminer dans le règlement intérieur de la Banque.

2. Sauf dispositions contraires du présent statut, les décisions du conseil d'administration sont prises par au moins un tiers des membres du conseil ayant une voix délibérative, représentant au moins 50 % du capital souscrit. La majorité qualifiée requiert la réunion de dix-huit voix et 68 % du capital souscrit. Le règlement intérieur de la Banque fixe le quorum nécessaire pour la validité des délibérations du conseil d'administration.

*Article 11*

1. Le comité de direction se compose d'un président et de huit vice-présidents nommés pour une période de six ans par le conseil des gouverneurs sur proposition du conseil d'administration. Leur mandat est renouvelable.

Le conseil des gouverneurs, statuant à l'unanimité, peut modifier le nombre des membres du comité de direction.

2. Sur proposition du conseil d'administration ayant statué à la majorité qualifiée, le conseil des gouverneurs, statuant à la majorité qualifiée, peut prononcer la démission d'office des membres du comité de direction.

3. Le comité de direction assure la gestion des affaires courantes de la Banque, sous l'autorité du président et sous le contrôle du conseil d'administration.

Il prépare les décisions du conseil d'administration, en particulier en ce qui concerne la conclusion d'emprunts et l'octroi de financements, notamment sous forme de crédits et de garanties. Il assure l'exécution de ces décisions.

4. Le comité de direction, statuant à la majorité, adopte ses avis sur les propositions de conclusion d'emprunts et d'octroi de financements, notamment sous forme de crédits et de garanties.

5. Le conseil des gouverneurs fixe la rétribution des membres du comité de direction et établit les incompatibilités avec leurs fonctions.

6. Le président, ou, en cas d'empêchement, l'un des vice-présidents, représente la Banque en matière judiciaire ou extrajudiciaire.

7. Les membres du personnel de la Banque sont placés sous l'autorité du président. Ils sont engagés et licenciés par lui. Dans le choix du personnel, il est tenu compte non seulement des aptitudes personnelles et des qualifications professionnelles, mais encore d'une participation équitable des ressortissants des États membres. Le règlement intérieur détermine l'organe compétent pour adopter les dispositions applicables au personnel.

8. Le comité de direction et le personnel de la Banque ne sont responsables qu'envers cette dernière et exercent leurs fonctions en pleine indépendance.

*Article 12*

1. Un comité, composé de six membres nommés par le conseil des gouverneurs en raison de leur compétence, vérifie que les activités de la Banque sont conformes aux meilleures pratiques bancaires et est responsable de la vérification des comptes de la Banque.

2. Le comité visé au paragraphe 1 examine chaque année la régularité des opérations et des livres de la Banque. À cet effet, il vérifie que les opérations de la Banque ont été réalisées dans le respect des formalités et des procédures prévues par le présent statut et le règlement intérieur.

3. Le comité visé au paragraphe 1 confirme que les états financiers, ainsi que toute information financière contenue dans les comptes annuels établis par le conseil d'administration, donnent une image fidèle de la situation financière de la Banque, à l'actif comme au passif, ainsi que des résultats de ses opérations et des flux de trésorerie pour l'exercice financier considéré.

4. Le règlement intérieur précise les qualifications que les membres du comité visé au paragraphe 1 doivent posséder et détermine les conditions et modalités de l'activité du comité.

*Article 13*

La Banque communique avec chaque État membre par l'intermédiaire de l'autorité désignée par celui-ci. Dans l'exécution des opérations financières, elle a recours à la banque centrale nationale de l'État membre intéressé ou à d'autres institutions financières agréées par celui-ci.

*Article 14*

1. La Banque coopère avec toutes les organisations internationales dont l'activité s'exerce dans des domaines analogues aux siens.

2. La Banque recherche tous les contacts utiles en vue de coopérer avec les institutions bancaires et financières des pays auxquels elle étend ses opérations.

*Article 15*

À la demande d'un État membre ou de la Commission, ou, d'office, le conseil des gouverneurs interprète ou complète, dans les conditions dans lesquelles elles ont été arrêtées, les directives qu'il a établies en vertu de l'article 7.

*Article 16*

1. Dans le cadre du mandat défini à l'article III-394 de la Constitution, la Banque accorde des financements, notamment sous forme de crédits et de garanties, à ses membres ou à des entreprises privées ou publiques pour des investissements à réaliser sur les territoires des États membres, pour autant que des moyens provenant d'autres ressources ne sont pas disponibles à des conditions raisonnables.

Toutefois, par décision à la majorité qualifiée du conseil des gouverneurs, sur proposition du conseil d'administration, la Banque peut octroyer des financements pour des investissements à réaliser en tout ou en partie hors des territoires des États membres.

2. L'octroi de prêts est, autant que possible, subordonné à la mise en œuvre d'autres moyens de financement.

3. Lorsqu'un prêt est consenti à une entreprise ou à une collectivité autre qu'un État membre, la Banque subordonne l'octroi de ce prêt soit à une garantie de l'État membre sur le territoire duquel l'investissement sera réalisé, soit à des garanties suffisantes, soit à la solidité financière du débiteur.

En outre, dans le cadre des principes établis par le conseil des gouverneurs au sens de l'article 7, paragraphe 3, point b), et si la réalisation des opérations prévues à l'article III-394 de la Constitution l'exige, le conseil d'administration arrête à la majorité qualifiée les conditions et modalités de tout financement présentant un profil de risque spécifique et considéré à ce titre comme une activité spéciale.

4. La Banque peut garantir des emprunts contractés par des entreprises publiques ou privées ou par des collectivités pour la réalisation d'opérations prévues à l'article III-394 de la Constitution.

5. L'encours total des prêts et des garanties accordés par la Banque ne doit pas excéder 250 % du montant du capital souscrit, des réserves, des provisions non affectées et de l'excédent du compte de profits et pertes. Le montant cumulé des postes en question est calculé déduction faite d'une somme égale au montant souscrit, qu'il soit ou non versé, au titre de toute participation prise par la Banque.

À aucun moment, le montant versé au titre des prises de participation de la Banque ne doit être supérieur au total de la partie libérée de son capital, de ses réserves, des provisions non affectées ainsi que de l'excédent du compte de profits et pertes.

À titre d'exception, les activités spéciales de la Banque, telles que décidées par le conseil des gouverneurs et le conseil d'administration conformément au paragraphe 3, font l'objet d'une dotation spécifique en réserves.

Le présent paragraphe s'applique également aux comptes consolidés de la Banque.

6. La Banque se prémunit contre le risque de change en assortissant les contrats de prêts et de garanties des clauses qu'elle estime appropriées.

*Article 17*

1. Les taux d'intérêt pour les prêts à consentir par la Banque, ainsi que les commissions et autres charges, sont adaptés aux conditions qui prévalent sur le marché des capitaux et sont calculés de façon que les recettes qui en résultent permettent à la Banque de faire face à ses obligations, de couvrir ses frais et ses risques et de constituer un fonds de réserve conformément à l'article 22.

2. La Banque n'accorde pas de réduction sur les taux d'intérêt. Dans le cas où, compte tenu du caractère spécifique de l'investissement à financer, une réduction du taux d'intérêt paraît indiquée, l'État membre intéressé ou une tierce instance peut accorder des bonifications d'intérêts, dans la mesure où leur octroi est compatible avec les règles fixées à l'article III-167 de la Constitution.

*Article 18*

Dans ses opérations de financement, la Banque observe les principes ci-après.

1. Elle veille à ce que ses fonds soient utilisés de la façon la plus rationnelle dans l'intérêt de l'Union.

   Elle ne peut accorder de prêts ou garantir des emprunts que:

   a) lorsque le service d'intérêt et d'amortissement est assuré, soit par les bénéfices d'exploitation, dans le cas d'investissements mis en œuvre par des entreprises du secteur de la production, soit, dans le cas d'autres investissements, par un engagement souscrit par l'État dans lequel l'investissement est mis en œuvre ou de toute autre manière, et

b) lorsque l'exécution de l'investissement contribue à l'accroissement de la productivité économique en général et favorise l'établissement ou le fonctionnement du marché intérieur.

2. Elle n'acquiert aucune participation à des entreprises, et n'assume aucune responsabilité dans la gestion, à moins que la protection de ses droits ne l'exige pour garantir le recouvrement de sa créance.

Toutefois, dans le cadre des principes déterminés par le conseil des gouverneurs en vertu de l'article 7, paragraphe 3, point b), si la réalisation des opérations prévues à l'article III-394 de la Constitution l'exige, le conseil d'administration arrête à la majorité qualifiée les conditions et les modalités d'une prise de participation au capital d'une entreprise commerciale, généralement en complément d'un prêt ou d'une garantie, pour autant que cela soit nécessaire pour le financement d'un investissement ou d'un programme.

3. Elle peut céder ses créances sur le marché des capitaux et, à cet effet, exiger de ses emprunteurs l'émission d'obligations ou d'autres titres.

4. Ni la Banque ni les États membres n'imposent de conditions selon lesquelles les sommes prêtées doivent être dépensées à l'intérieur d'un État membre déterminé.

5. Elle peut subordonner l'octroi de prêts à l'organisation d'adjudications internationales.

6. Elle ne finance, en tout ou en partie, aucun investissement auquel s'oppose l'État membre sur le territoire duquel cet investissement doit être exécuté.

7. En complément de ses activités de crédit, la Banque peut assurer des services d'assistance technique, selon les conditions et modalités définies par le conseil des gouverneurs, statuant à la majorité qualifiée, et dans le respect du présent statut.

*Article 19*

1. La Banque peut être saisie directement d'une demande de financement par toute entreprise ou entité publique ou privée. Elle peut également être saisie soit par l'intermédiaire de la Commission, soit par l'intermédiaire de l'État membre sur le territoire duquel l'investissement sera réalisé.

2. Lorsque les demandes sont adressées par l'intermédiaire de la Commission, elles sont soumises pour avis à l'État membre sur le territoire duquel l'investissement sera réalisé. Lorsqu'elles sont adressées par l'intermédiaire de l'État, elles sont soumises pour avis à la Commission. Lorsqu'elles émanent directement d'une entreprise, elles sont soumises à l'État membre intéressé et à la Commission.

Les États membres intéressés et la Commission donnent leur avis dans un délai de deux mois. À défaut de réponse dans ce délai, la Banque peut considérer que l'investissement en cause ne soulève pas d'objections.

3. Le conseil d'administration statue sur les opérations de financement qui lui sont soumises par le comité de direction.

4. Le comité de direction examine si les opérations de financement qui lui sont soumises sont conformes aux dispositions du présent statut, notamment à celles des articles 16 et 18. Si le comité de direction se prononce en faveur du financement, il soumet la proposition correspondante au conseil d'administration. Il peut subordonner son avis favorable aux conditions qu'il considère comme essentielles. Si le comité de direction se prononce contre l'octroi du financement, il soumet au conseil d'administration les documents appropriés accompagnés de son avis.

5. En cas d'avis négatif du comité de direction, le conseil d'administration ne peut accorder le financement en cause qu'en statuant à l'unanimité.

6. En cas d'avis négatif de la Commission, le conseil d'administration ne peut accorder le financement en cause qu'en statuant à l'unanimité, l'administrateur nommé sur désignation de la Commission s'abstenant de prendre part au vote.

7. En cas d'avis négatif du comité de direction et de la Commission, le conseil d'administration ne peut pas accorder le financement en cause.

8. Lorsqu'une restructuration d'une opération de financement afférente à des investissements approuvés se justifie pour la protection des droits et intérêts de la Banque, le comité de direction prend sans délai les mesures d'urgence qu'il estime nécessaires, sous réserve d'en rendre compte sans délai au conseil d'administration.

*Article 20*

1. La Banque emprunte sur les marchés des capitaux les ressources nécessaires à l'accomplissement de ses tâches.

2. La Banque peut emprunter sur le marché des capitaux des États membres, dans le cadre des dispositions légales applicables à ces marchés.

Les instances compétentes d'un État membre faisant l'objet d'une dérogation au sens de l'article III-197, paragraphe 1, de la Constitution ne peuvent s'y opposer que si des troubles graves dans le marché des capitaux de ce même État sont à craindre.

*Article 21*

1. La Banque peut employer, dans les conditions suivantes, les disponibilités dont elle n'a pas immédiatement besoin pour faire face à ses obligations:

a) elle peut effectuer des placements sur les marchés monétaires;

b) sous réserve des dispositions de l'article 18, paragraphe 2, elle peut acheter ou vendre des titres;

c) elle peut effectuer toute autre opération financière en rapport avec son objet.

2. Sans préjudice des dispositions de l'article 23, la Banque n'effectue, dans la gestion de ses placements, aucun arbitrage de devises qui ne soit directement nécessité par la réalisation de ses prêts ou par l'accomplissement des engagements qu'elle a contractés du fait des emprunts émis par elle ou des garanties octroyées par elle.

3. Dans les domaines visés par le présent article, la Banque agit en accord avec les autorités compétentes des États membres ou avec leurs banques centrales nationales.

*Article 22*

1. Il est constitué progressivement un fonds de réserve à concurrence de 10 % du capital souscrit. Si la situation des engagements de la Banque le justifie, le conseil d'administration peut décider la constitution de réserves supplémentaires. Aussi longtemps que ce fonds de réserve n'est pas entièrement constitué, il y a lieu de l'alimenter par:

a) les recettes d'intérêts provenant des prêts accordés par la Banque sur les sommes à verser par les États membres en vertu de l'article 5;

b) les recettes d'intérêts provenant des prêts accordés par la Banque sur les sommes constituées par le remboursement des prêts visés au point a),

pour autant que ces recettes d'intérêts ne sont pas nécessaires pour exécuter les obligations et pour couvrir les frais de la Banque.

2. Les ressources du fonds de réserve sont placées de façon à être à tout moment en état de répondre à l'objet de ce fonds.

*Article 23*

1. La Banque est toujours autorisée à transférer dans l'une des monnaies des États membres dont la monnaie n'est pas l'euro les avoirs qu'elle détient pour réaliser les opérations financières conformes à son objet tel qu'il est défini à l'article III-394 de la Constitution et compte tenu des dispositions de l'article 21 du présent statut. La Banque évite dans la mesure du possible de procéder à de tels transferts, si elle détient des avoirs disponibles ou mobilisables dans la monnaie dont elle a besoin.

2. La Banque ne peut convertir en devises des pays tiers les avoirs qu'elle détient dans la monnaie d'un des États membres dont la monnaie n'est pas l'euro sans l'assentiment de cet État membre.

3. La Banque peut disposer librement de la fraction de son capital versé, ainsi que des devises empruntées sur des marchés tiers.

4. Les États membres s'engagent à mettre à la disposition des débiteurs de la Banque les devises nécessaires au remboursement en capital et intérêts des prêts accordés ou garantis par la Banque pour des investissements à réaliser sur leur territoire.

*Article 24*

Si un État membre méconnaît ses obligations de membre découlant du présent statut, notamment l'obligation de verser sa quote-part ou d'assurer le service de ses emprunts, l'octroi de prêts ou de garanties à cet État membre ou à ses ressortissants peut être suspendu par décision du conseil des gouverneurs statuant à la majorité qualifiée.

Cette décision ne libère ni l'État membre ni ses ressortissants de leurs obligations à l'égard de la Banque.

*Article 25*

1. Si le conseil des gouverneurs décide de suspendre l'activité de la Banque, toutes les activités sont arrêtées sans délai, à l'exception des opérations nécessaires pour assurer dûment l'utilisation, la protection et la conservation des biens, ainsi que le règlement des engagements.

2. En cas de liquidation, le conseil des gouverneurs nomme les liquidateurs et leur donne des instructions pour effectuer la liquidation. Il veille à la sauvegarde des droits des membres du personnel.

*Article 26*

1. La Banque jouit dans chacun des États membres de la capacité juridique la plus large reconnue aux personnes morales par les législations nationales. Elle peut notamment acquérir et aliéner des biens immobiliers ou mobiliers et ester en justice.

2. Les biens de la Banque ne peuvent être, sous aucune forme, réquisitionnés ou expropriés.

*Article 27*

1. Les litiges entre la Banque, d'une part, et ses prêteurs, ses emprunteurs ou des tiers, d'autre part, sont tranchés par les juridictions nationales compétentes, sous réserve des compétences attribuées à la Cour de justice de l'Union européenne. La Banque peut, dans un contrat, prévoir une procédure d'arbitrage.

2. La Banque élit domicile dans chacun des États membres. Toutefois, elle peut, dans un contrat, procéder à une élection spéciale de domicile.

3. Les biens et avoirs de la Banque ne peuvent être saisis ou soumis à exécution forcée que par décision de justice.

*Article 28*

1. Le conseil des gouverneurs, statuant à l'unanimité, peut décider de créer des filiales ou d'autres entités, dotées de la personnalité juridique et de l'autonomie financière.

2. Le conseil des gouverneurs, statuant à l'unanimité, adopte les statuts des organismes visés au paragraphe 1, en définissant notamment les objectifs, la structure, le capital, les membres, le lieu du siège, les ressources financières, les instruments d'intervention, les règles de contrôle ainsi que leur relation avec les organes de la Banque.

3. La Banque peut participer à la gestion de ces organismes et contribuer à leur capital souscrit à concurrence du montant fixé par le conseil des gouverneurs, statuant à l'unanimité.

4. Le protocole sur les privilèges et immunités de l'Union européenne s'applique aux organismes visés au paragraphe 1, dans la mesure où ils relèvent du droit de l'Union, aux membres de leurs organes dans l'exercice de leurs fonctions et à son personnel, en des termes et dans des conditions identiques à ceux applicables à la Banque.

Les dividendes, plus-values ou autres formes de revenus provenant de tels organismes auxquels ont droit les membres autres que l'Union européenne et la Banque demeurent, toutefois, soumis aux dispositions fiscales de la législation qui leur est applicable.

5. La Cour de justice de l'Union européenne, dans les limites fixées ci-après, connaît des litiges concernant des mesures adoptées par les organes d'un organisme soumis au droit de l'Union. Les recours contre de telles mesures peuvent être formés par tout membre d'un tel organisme, en cette qualité, ou par les États membres dans les conditions prévues à l'article III-365 de la Constitution.

6. Le conseil des gouverneurs, statuant à l'unanimité, peut décider l'admission du personnel des organismes soumis au droit de l'Union à des régimes communs avec la Banque, dans le respect des procédures internes respectives.

## 6. PROTOCOLE SUR LA FIXATION DES SIÈGES DES INSTITUTIONS ET DE CERTAINS ORGANES, ORGANISMES ET SERVICES DE L'UNION EUROPÉENNE

LES HAUTES PARTIES CONTRACTANTES,

VU l'article III-432 de la Constitution,

RAPPELANT ET CONFIRMANT la décision du 8 avril 1965, et sans préjudice des décisions concernant le siège des institutions, organes et organismes et services à venir,

SONT CONVENUS des dispositions ci-après, qui sont annexées au traité établissant une Constitution pour l'Europe et au traité instituant la Communauté européenne de l'énergie atomique:

### *Article unique*

1. Le Parlement européen a son siège à Strasbourg, où se tiennent les douze périodes de sessions plénières mensuelles, y compris la session budgétaire. Les périodes de sessions plénières additionnelles se tiennent à Bruxelles. Les commissions du Parlement européen siègent à Bruxelles. Le secrétariat général du Parlement européen et ses services restent installés à Luxembourg.

2. Le Conseil a son siège à Bruxelles. Pendant les mois d'avril, de juin et d'octobre, le Conseil tient ses sessions à Luxembourg.

3. La Commission a son siège à Bruxelles. Les services énumérés aux articles 7, 8 et 9 de la décision du 8 avril 1965 sont établis à Luxembourg.

4. La Cour de justice de l'Union européenne a son siège à Luxembourg.

5. La Banque centrale européenne a son siège à Francfort.

6. La Cour des comptes a son siège à Luxembourg.

7. Le Comité des régions a son siège à Bruxelles.

8. Le Comité économique et social a son siège à Bruxelles.

9. La Banque européenne d'investissement a son siège à Luxembourg.

10. Europol a son siège à La Haye.

# 7. PROTOCOLE SUR LES PRIVILÈGES ET IMMUNITÉS DE L'UNION EUROPÉENNE

LES HAUTES PARTIES CONTRACTANTES,

CONSIDÉRANT que, en vertu de l'article III-434 de la Constitution, l'Union jouit sur le territoire des États membres des privilèges et immunités nécessaires à l'accomplissement de sa mission,

SONT CONVENUES des dispositions ci-après, qui sont annexées au traité établissant une Constitution pour l'Europe et au traité instituant la Communauté européenne de l'énergie atomique:

## CHAPITRE I

## BIENS, FONDS, AVOIRS ET OPÉRATIONS DE L'UNION

### *Article premier*

Les locaux et les bâtiments de l'Union sont inviolables. Ils ne peuvent être perquisitionnés, réquisitionnés, confisqués ou expropriés. Les biens et avoirs de l'Union ne peuvent être l'objet d'aucune mesure de contrainte administrative ou judiciaire sans une autorisation de la Cour de justice.

### *Article 2*

Les archives de l'Union sont inviolables.

### *Article 3*

L'Union, ses avoirs, revenus et autres biens sont exonérés de tous impôts directs.

Les gouvernements des États membres prennent, chaque fois que cela leur est possible, les dispositions appropriées en vue de la remise ou du remboursement du montant des droits indirects et des taxes à la vente entrant dans les prix des biens immobiliers ou mobiliers lorsque l'Union effectue pour son usage officiel des achats importants dont le prix comprend des droits et taxes de cette nature. Toutefois, l'application de ces dispositions ne doit pas avoir pour effet de fausser la concurrence à l'intérieur de l'Union.

Aucune exonération n'est accordée en ce qui concerne les impôts, taxes et droits qui ne constituent que la simple rémunération de services d'utilité générale.

### *Article 4*

L'Union est exonérée de tous droits de douane, prohibitions et restrictions d'importation et d'exportation à l'égard des articles destinés à son usage officiel. Les articles ainsi importés ne seront pas cédés à titre onéreux ou gratuit sur le territoire de l'État dans lequel ils auront été introduits, à moins que ce ne soit à des conditions agréées par le gouvernement de cet État.

Elle est également exonérée de tout droit de douane et de toute prohibition et restriction d'importation et d'exportation à l'égard de ses publications.

CHAPITRE II

## COMMUNICATIONS ET LAISSEZ-PASSER

### *Article 5*

Pour leurs communications officielles et le transfert de tous leurs documents, les institutions de l'Union bénéficient sur le territoire de chaque État membre du traitement accordé par cet État aux missions diplomatiques.

La correspondance officielle et les autres communications officielles des institutions de l'Union ne peuvent être censurées.

### *Article 6*

Des laissez-passer dont la forme est arrêtée par un règlement européen du Conseil statuant à la majorité simple, et qui sont reconnus comme titres valables de circulation par les autorités des États membres, peuvent être délivrés aux membres et aux agents des institutions de l'Union par les présidents de celles-ci. Ces laissez-passer sont délivrés aux fonctionnaires et autres agents dans les conditions fixées par le statut des fonctionnaires et le régime des autres agents de l'Union.

La Commission peut conclure des accords en vue de faire reconnaître ces laissez-passer comme titres valables de circulation sur le territoire des États tiers.

CHAPITRE III

## MEMBRES DU PARLEMENT EUROPÉEN

### *Article 7*

Aucune restriction d'ordre administratif ou autre n'est apportée au libre déplacement des membres du Parlement européen se rendant au lieu de réunion du Parlement européen ou en revenant.

Les membres du Parlement européen se voient accorder en matière de douane et de contrôle des changes:

a) par leur propre gouvernement, les mêmes facilités que celles reconnues aux hauts fonctionnaires se rendant à l'étranger en mission officielle temporaire;

b) par les gouvernements des autres États membres, les mêmes facilités que celles reconnues aux représentants de gouvernements étrangers en mission officielle temporaire.

*Article 8*

Les membres du Parlement européen ne peuvent être recherchés, détenus ou poursuivis en raison des opinions ou votes émis par eux dans l'exercice de leurs fonctions.

*Article 9*

Pendant la durée des sessions du Parlement européen, les membres de celui-ci:

a) bénéficient, sur leur territoire national, des immunités reconnues aux membres du parlement de leur État;

b) ne peuvent, sur le territoire de tout autre État membre, ni être détenus ni faire l'objet de poursuites judiciaires.

L'immunité les couvre également lorsqu'ils se rendent au lieu de réunion du Parlement européen ou en reviennent.

L'immunité ne peut ni être invoquée en cas de flagrant délit ni faire obstacle au droit du Parlement européen de lever l'immunité d'un de ses membres.

## CHAPITRE IV

## REPRÉSENTANTS DES ÉTATS MEMBRES PARTICIPANT AUX TRAVAUX DES INSTITUTIONS DE L'UNION

*Article 10*

Les représentants des États membres participant aux travaux des institutions de l'Union ainsi que leurs conseillers et experts techniques jouissent, pendant l'exercice de leurs fonctions et au cours de leurs voyages à destination ou en provenance du lieu de la réunion, des privilèges, immunités ou facilités d'usage.

Le présent article s'applique également aux membres des organes consultatifs de l'Union.

## CHAPITRE V

## FONCTIONNAIRES ET AGENTS DE L'UNION

*Article 11*

Sur le territoire de chacun des États membres et quelle que soit leur nationalité, les fonctionnaires et autres agents de l'Union:

a) jouissent de l'immunité de juridiction pour les actes accomplis par eux, y compris leurs paroles et écrits, en leur qualité officielle, sous réserve de l'application des dispositions de la Constitution relatives, d'une part, aux règles de la responsabilité des fonctionnaires et agents envers l'Union et, d'autre part, à la compétence de la Cour de justice de l'Union européenne pour statuer sur les litiges entre l'Union et ses fonctionnaires et autres agents. Ils continuent à bénéficier de cette immunité après la cessation de leurs fonctions;

b) ne sont soumis ni aux dispositions limitant l'immigration ni aux formalités d'enregistrement des étrangers. Il en est de même de leurs conjoints et des membres de leur famille vivant à leur charge;

c) jouissent, en ce qui concerne les réglementations monétaires ou de change, des facilités reconnues par l'usage aux fonctionnaires des organisations internationales;

d) jouissent du droit d'importer en franchise leur mobilier et leurs effets à l'occasion de leur première prise de fonctions dans l'État intéressé, et du droit, à la cessation de leurs fonctions dans ledit État, de réexporter en franchise leur mobilier et leurs effets, sous réserve, dans l'un et l'autre cas, des conditions jugées nécessaires par le gouvernement de l'État où le droit est exercé;

e) jouissent du droit d'importer en franchise leur automobile affectée à leur usage personnel acquise dans l'État de leur dernière résidence ou dans l'État dont ils sont ressortissants aux conditions du marché intérieur de celui-ci et de la réexporter en franchise, sous réserve, dans l'un et l'autre cas, des conditions jugées nécessaires par le gouvernement de l'État intéressé.

*Article 12*

Dans les conditions et suivant la procédure fixées par la loi européenne, les fonctionnaires et autres agents de l'Union sont soumis, au profit de celle-ci, à un impôt sur les traitements, salaires et émoluments versés par elle. Cette loi est adoptée après consultation des institutions concernées.

Les fonctionnaires et autres agents de l'Union sont exempts d'impôts nationaux sur les traitements, salaires et émoluments versés par l'Union.

*Article 13*

Pour l'application des impôts sur les revenus et sur la fortune, des droits de succession ainsi que des conventions tendant à éviter les doubles impositions conclues entre les États membres de l'Union, les fonctionnaires et autres agents de l'Union qui, en raison uniquement de l'exercice de leurs fonctions au service de l'Union, établissent leur résidence sur le territoire d'un État membre autre que l'État du domicile fiscal qu'ils possèdent au moment de leur entrée au service de l'Union sont considérés, tant dans l'État de leur résidence que dans l'État du domicile fiscal, comme ayant conservé leur domicile dans ce dernier État si celui-ci est membre de l'Union. Cette disposition s'applique également au conjoint dans la mesure où celui-ci n'exerce pas d'activité professionnelle propre ainsi qu'aux enfants à charge et sous la garde des personnes visées au présent article.

Les biens meubles appartenant aux personnes visées au premier alinéa et situés sur le territoire de l'État de séjour sont exonérés de l'impôt sur les successions dans cet État. Pour l'établissement de cet impôt, ils sont considérés comme se trouvant dans l'État du domicile fiscal, sous réserve des droits des États tiers et de l'application éventuelle des dispositions des conventions internationales relatives aux doubles impositions.

Les domiciles acquis en raison uniquement de l'exercice de fonctions au service d'autres organisations internationales ne sont pas pris en considération dans l'application des dispositions du présent article.

*Article 14*

La loi européenne établit le régime des prestations sociales applicables aux fonctionnaires et autres agents de l'Union. Elle est adoptée après consultation des institutions concernées.

*Article 15*

La loi européenne détermine les catégories de fonctionnaires et autres agents de l'Union auxquels s'appliquent, en tout ou partie, l'article 11, l'article 12, second alinéa, et l'article 13. Elle est adoptée après consultation des institutions concernées.

Les noms, qualités et adresses des fonctionnaires et autres agents compris dans ces catégories sont communiqués périodiquement aux gouvernements des États membres.

CHAPITRE VI

## PRIVILÈGES ET IMMUNITÉS DES MISSIONS D'ÉTATS TIERS ACCRÉDITÉES AUPRÈS DE L'UNION

*Article 16*

L'État membre sur le territoire duquel est situé le siège de l'Union accorde aux missions des États tiers accréditées auprès de l'Union les privilèges et immunités diplomatiques d'usage.

CHAPITRE VII

## DISPOSITIONS GÉNÉRALES

*Article 17*

Les privilèges, immunités et facilités sont accordés aux fonctionnaires et autres agents de l'Union exclusivement dans l'intérêt de l'Union.

Chaque institution de l'Union est tenue de lever l'immunité accordée à un fonctionnaire, ou autre agent, dans tous les cas où elle estime que la levée de cette immunité n'est pas contraire aux intérêts de l'Union.

*Article 18*

Pour l'application du présent protocole, les institutions de l'Union agissent de concert avec les autorités responsables des États membres intéressés.

*Article 19*

Les articles 11 à 14 et 17 sont applicables aux membres de la Commission.

*Article 20*

Les articles 11 à 14 et 17 sont applicables aux juges, aux avocats généraux, aux greffiers et aux rapporteurs adjoints de la Cour de justice de l'Union européenne, sans préjudice des dispositions de l'article 3 du protocole fixant le statut de la Cour de justice de l'Union européenne relatives à l'immunité de juridiction des juges et des avocats généraux.

Les articles 11 à 14 et 17 sont également applicables aux membres de la Cour des comptes.

*Article 21*

Le présent protocole s'applique également à la Banque centrale européenne, aux membres de ses organes et à son personnel, sans préjudice du protocole fixant le statut du Système européen de banques centrales et de la Banque centrale européenne.

La Banque centrale européenne est, en outre, exonérée de toute imposition fiscale et parafiscale à l'occasion des augmentations de son capital ainsi que des formalités diverses que ces opérations peuvent comporter dans l'État du siège. L'activité de la Banque et de ses organes, s'exerçant dans les conditions prévues par le statut du Système européen de banques centrales et de la Banque centrale européenne, ne donne pas lieu à l'application des taxes sur le chiffre d'affaires.

*Article 22*

Le présent protocole s'applique également à la Banque européenne d'investissement, aux membres de ses organes, à son personnel et aux représentants des États membres qui participent à ses travaux, sans préjudice du protocole fixant le statut de celle-ci.

La Banque européenne d'investissement est, en outre, exonérée de toute imposition fiscale et parafiscale à l'occasion des augmentations de son capital ainsi que des formalités diverses que ces opérations pourront comporter dans l'État du siège. De même, sa dissolution et sa liquidation n'entraînent aucune perception. Enfin, l'activité de la Banque et de ses organes, s'exerçant dans les conditions statutaires, ne donne pas lieu à l'application des taxes sur le chiffre d'affaires.

# 8. PROTOCOLE RELATIF AUX TRAITÉS ET ACTES D'ADHÉSION DU ROYAUME DE DANEMARK, DE L'IRLANDE ET DU ROYAUME-UNI DE GRANDE-BRETAGNE ET D'IRLANDE DU NORD, DE LA RÉPUBLIQUE HELLÉNIQUE, DU ROYAUME D'ESPAGNE ET DE LA RÉPUBLIQUE PORTUGAISE, ET DE LA RÉPUBLIQUE D'AUTRICHE, DE LA RÉPUBLIQUE DE FINLANDE ET DU ROYAUME DE SUÈDE

LES HAUTES PARTIES CONTRACTANTES,

RAPPELANT que le Royaume de Danemark, l'Irlande et le Royaume-Uni de Grande-Bretagne et d'Irlande du Nord ont adhéré aux Communautés européennes le 1^er^ janvier 1973; que la République hellénique a adhéré aux Communautés européennes le 1^er^ janvier 1981; que le Royaume d'Espagne et la République portugaise ont adhéré aux Communautés européennes le 1^er^ janvier 1986; que la République d'Autriche, la République de Finlande et le Royaume de Suède ont adhéré, le 1^er^ janvier 1995, aux Communautés européennes et à l'Union européenne instituée par le traité sur l'Union européenne;

CONSIDÉRANT que l'article IV-437, paragraphe 2, de la Constitution prévoit l'abrogation des traités relatifs aux adhésions visées ci-dessus;

CONSIDÉRANT que certaines dispositions figurant dans lesdits traités d'adhésion et dans les Actes qui y sont joints restent pertinentes; que l'article IV-437, paragraphe 2, de la Constitution prévoit que ces dispositions doivent être reprises ou visées dans un protocole, afin qu'elles restent en vigueur et que leurs effets juridiques soient préservés;

CONSIDÉRANT que ces dispositions doivent être soumises aux adaptations techniques nécessaires pour être mises en conformité avec la Constitution, sans en altérer la portée juridique,

SONT CONVENUES des dispositions ci-après, qui sont annexées au traité établissant une Constitution pour l'Europe et au traité instituant la Communauté européenne de l'énergie atomique:

## TITRE I

## DISPOSITIONS COMMUNES

### *Article premier*

Les droits et obligations résultant des traités d'adhésion visés à l'article IV-437, paragraphe 2, points a) à d), de la Constitution ont pris effet, dans les conditions prévues par ces traités, aux dates suivantes:

a) le 1^er^ janvier 1973 en ce qui concerne le traité relatif à l'adhésion du Royaume de Danemark, de l'Irlande et du Royaume-Uni de Grande-Bretagne et d'Irlande du Nord;

b) le 1^er^ janvier 1981 en ce qui concerne le traité relatif à l'adhésion de la République hellénique;

c) le 1^er^ janvier 1986 en ce qui concerne le traité relatif à l'adhésion du Royaume d'Espagne et de la République portugaise;

d) le 1er janvier 1995 en ce qui concerne le traité relatif à l'adhésion de la République d'Autriche, de la République de Finlande et du Royaume de Suède.

*Article 2*

1. Les États adhérents visés à l'article 1er sont tenus d'adhérer, pour autant que ces accords ou conventions soient encore en vigueur, aux accords ou conventions conclus, avant leur adhésion respective:

a) entre les autres États membres, qui sont fondés sur le traité instituant la Communauté européenne, sur le traité instituant la Communauté européenne de l'énergie atomique ou sur le traité sur l'Union européenne, ou qui sont inséparables de la réalisation des objectifs de ces traités, ou qui sont relatifs au fonctionnement des Communautés ou de l'Union, ou qui présentent un lien avec l'action de celles-ci;

b) par les autres États membres conjointement avec les Communautés européennes, avec un ou plusieurs États tiers ou avec une organisation internationale ainsi qu'aux accords qui sont connexes à ces accords ou conventions. L'Union et les autres États membres prêtent à cet égard assistance aux États adhérents visés à l'article 1er.

2. Les États adhérents visés à l'article 1er prennent les mesures appropriées pour adapter, le cas échéant, leur situation à l'égard des organisations internationales et des accords internationaux, auxquels l'Union ou la Communauté européenne de l'énergie atomique ou d'autres États membres sont également parties, aux droits et obligations résultant de leur adhésion.

*Article 3*

Les dispositions des Actes d'adhésion qui ont pour objet ou pour effet d'abroger ou de modifier autrement qu'à titre transitoire des actes adoptés par les institutions, organes ou organismes des Communautés européennes ou de l'Union européenne instituée par le traité sur l'Union européenne, telles qu'interprétées par la Cour de justice des Communautés européennes et le Tribunal de première instance, demeurent en vigueur, sous réserve du second alinéa.

Les dispositions visées au premier alinéa ont la même nature juridique que les actes qu'elles ont abrogés ou modifiés et sont soumises aux mêmes règles que ceux-ci.

*Article 4*

Les textes des actes des institutions, organes ou organismes des Communautés européennes ou de l'Union européenne instituée par le traité sur l'Union européenne, adoptés avant les adhésions visées à l'article 1er et qui ont été établis successivement en langues anglaise et danoise, en langue grecque, en langues espagnole et portugaise, ainsi qu'en langues finnoise et suédoise, font foi dès l'adhésion respective des États visés à l'article 1er, dans les mêmes conditions que les textes établis et faisant foi dans les autres langues.

*Article 5*

Une loi européenne du Conseil peut abroger les dispositions transitoires figurant au présent protocole, lorsque celles-ci ne sont plus applicables. Le Conseil statue à l'unanimité, après consultation du Parlement européen.

## TITRE II

## DISPOSITIONS REPRISES DE L'ACTE RELATIF AUX CONDITIONS D'ADHÉSION DU ROYAUME DE DANEMARK, DE L'IRLANDE ET DU ROYAUME-UNI DE GRANDE-BRETAGNE ET D'IRLANDE DU NORD

*SECTION 1*

### Dispositions relatives à Gibraltar

*Article 6*

1. Les actes des institutions visant les produits de l'annexe I de la Constitution et les produits soumis à l'importation dans l'Union à une réglementation spécifique comme conséquence de la mise en œuvre de la politique agricole commune, ainsi que les actes en matière d'harmonisation des législations des États membres relatives aux taxes sur le chiffre d'affaires ne sont pas applicables à Gibraltar, à moins que le Conseil n'adopte une décision européenne qui en dispose autrement. Le Conseil statue à l'unanimité, sur proposition de la Commission.

2. La situation de Gibraltar définie au point VI de l'annexe II [1] de l'Acte relatif aux conditions d'adhésion du Royaume de Danemark, de l'Irlande et du Royaume-Uni de Grande-Bretagne et d'Irlande du Nord, est maintenue.

*SECTION 2*

### Dispositions relatives aux îles Féroé

*Article 7*

Les ressortissants danois résidant aux îles Féroé ne sont considérés comme ressortissants d'un État membre en vertu de la Constitution qu'à compter de la date à laquelle celle-ci deviendrait applicable à ces îles.

---

(1) JO L 73 du 27.3.1972, p. 47.

*SECTION 3*

## Dispositions relatives aux îles Anglo-Normandes et à l'île de Man

*Article 8*

1. La réglementation de l'Union en matière douanière et en matière de restrictions quantitatives, notamment les droits de douane, les taxes d'effet équivalent et le tarif douanier commun, s'applique aux îles Anglo-Normandes et à l'île de Man dans les mêmes conditions qu'au Royaume-Uni.

2. Pour les produits agricoles et pour les produits issus de leur transformation qui font l'objet d'un régime d'échange spécial, sont appliqués à l'égard des pays tiers les prélèvements et autres mesures à l'importation prévus par la réglementation de l'Union, applicables par le Royaume-Uni.

Sont également applicables les dispositions de la réglementation de l'Union nécessaires pour permettre la libre circulation et le respect de conditions normales de concurrence dans les échanges de ces produits.

Le Conseil, sur proposition de la Commission, adopte les règlements ou décisions européens établissant les conditions d'application à ces territoires des dispositions visées aux premier et deuxième alinéas.

*Article 9*

Les droits dont bénéficient les ressortissants des territoires visés à l'article 8 au Royaume-Uni ne sont pas affectés par le droit de l'Union. Toutefois, ceux-ci ne bénéficient pas des dispositions du droit de l'Union relatives à la libre circulation des personnes et des services.

*Article 10*

Les dispositions du traité instituant la Communauté européenne de l'énergie atomique applicables aux personnes ou entreprises au sens de l'article 196 dudit traité s'appliquent à des personnes ou entreprises lorsqu'elles sont établies sur les territoires visés à l'article 8 du présent protocole.

*Article 11*

Les autorités des territoires visés à l'article 8 appliquent le même traitement à toutes les personnes physiques ou morales de l'Union.

*Article 12*

Si, lors de l'application du régime défini par la présente section, des difficultés apparaissent de part et d'autre dans les relations entre l'Union et les territoires visés à l'article 8, la Commission propose au Conseil, sans délai, les mesures de sauvegarde qu'elle estime nécessaires, en précisant les conditions et les modalités d'application.

Le Conseil adopte les règlements ou décisions européens appropriés dans un délai d'un mois.

*Article 13*

Est considéré au sens de la présente section comme ressortissant des îles Anglo-Normandes ou de l'île de Man, tout citoyen britannique qui détient cette citoyenneté en vertu du fait que lui-même, l'un de ses parents ou l'un de ses grands-parents est né, a été adopté, naturalisé ou inscrit au registre de l'état civil dans l'une des îles en question. Toutefois, une telle personne n'est pas considérée à cet égard comme ressortissant de ces territoires si elle-même, l'un de ses parents ou grands-parents est né, a été adopté, naturalisé ou inscrit au registre de l'état civil au Royaume-Uni. Elle n'est pas davantage considérée comme tel si à une époque quelconque elle a résidé normalement au Royaume-Uni pendant cinq ans.

Les dispositions administratives nécessaires à son identification sont communiquées à la Commission.

*SECTION 4*

## Dispositions relatives à la mise en exécution de la politique d'industrialisation et de développement économique en Irlande

*Article 14*

Les États membres prennent acte du fait que le gouvernement irlandais est engagé dans la mise en exécution d'une politique d'industrialisation et de développement économique qui a pour but de rapprocher le niveau de vie en Irlande de celui des autres États membres et d'éliminer le sous-emploi, tout en absorbant progressivement les différences régionales de niveau de développement.

Ils reconnaissent qu'il est de leur intérêt commun que les finalités de cette politique soient atteintes et conviennent de recommander à cet effet aux institutions de mettre en œuvre tous les moyens et procédures prévues par la Constitution, en recourant notamment à un emploi adéquat des ressources de l'Union destinées à la réalisation de ses objectifs.

Les États membres reconnaissent en particulier que, dans le cas d'application des articles III-167 et III-168 de la Constitution, il faudra tenir compte des objectifs d'expansion économique et de relèvement du niveau de vie de la population.

*SECTION 5*

## Dispositions relatives aux échanges de connaissances avec le Danemark dans le domaine de l'énergie nucléaire

*Article 15*

1. Dès le 1$^{er}$ janvier 1973, les connaissances communiquées aux États membres, aux personnes et aux entreprises, conformément à l'article 13 du traité instituant la Communauté européenne de l'énergie atomique, sont mises à la disposition du Danemark qui les soumet à diffusion restreinte sur son territoire, dans les conditions prévues audit article.

2. Dès le 1er janvier 1973, le Danemark met à la disposition de la Communauté européenne de l'énergie atomique un volume équivalent de connaissances dans les secteurs précisés au paragraphe 3. L'exposé détaillé de ces connaissances fait l'objet d'un document remis à la Commission. Celle-ci communique ces connaissances aux entreprises de la Communauté, dans les conditions prévues à l'article 13 du traité instituant la Communauté européenne de l'énergie atomique.

3. Les secteurs dans lesquels le Danemark met des informations à la disposition de la Communauté européenne de l'énergie atomique sont les suivants:

a) DOR réacteur modéré à eau lourde et refroidi au liquide organique;

b) DT — 350, DK — 400 Réacteurs à eau lourde à cuve de pression;

c) boucle à gaz haute température;

d) instrumentation et appareillage électronique spécial;

e) fiabilité;

f) physique des réacteurs, dynamique des réacteurs et transfert de chaleur;

g) essais de matériaux et équipement en pile.

4. Le Danemark s'engage à fournir à la Communauté européenne de l'énergie atomique toute information complémentaire aux rapports qu'il communique, notamment au cours de visites d'agents de la Communauté européenne de l'énergie atomique ou des États membres au Centre de Risö, dans des conditions à déterminer d'un commun accord cas par cas.

*Article 16*

1. Dans les secteurs dans lesquels le Danemark met des connaissances à la disposition de la Communauté européenne de l'énergie atomique, les organismes compétents concèdent, sur demande, des licences à des conditions commerciales aux États membres, personnes et entreprises de la Communauté, lorsqu'ils possèdent des droits exclusifs sur des brevets déposés dans les États membres, et pour autant qu'ils n'aient, à l'égard de tiers, aucune obligation ou engagement de concéder ou de proposer la concession d'une licence exclusive ou partiellement exclusive sur les droits de ces brevets.

2. Si une licence exclusive ou partiellement exclusive a été concédée, le Danemark encourage et facilite la concession, à des conditions commerciales, de sous-licences aux États membres, personnes et entreprises de la Communauté, par les détenteurs de telles licences.

La concession de telles licences exclusives ou partiellement exclusives est effectuée sur une base commerciale normale.

*SECTION 6*

## Dispositions relatives aux échanges de connaissances avec l'Irlande dans le domaine de l'énergie nucléaire

*Article 17*

1. Dès le 1er janvier 1973, les connaissances communiquées aux États membres, aux personnes et aux entreprises, conformément à l'article 13 du traité instituant la Communauté européenne de l'énergie atomique, sont mises à la disposition de l'Irlande qui les soumet à diffusion restreinte sur son territoire, dans les conditions prévues audit article.

2. Dès le 1er janvier 1973, l'Irlande met à la disposition de la Communauté européenne de l'énergie atomique un volume équivalent des connaissances à diffusion restreinte obtenues dans le domaine nucléaire en Irlande, pour autant qu'il ne s'agisse pas d'applications strictement commerciales. La Commission communique ces connaissances aux entreprises de la Communauté, dans les conditions prévues à l'article 13 du traité instituant la Communauté européenne de l'énergie atomique.

3. Les connaissances visées aux paragraphes 1 et 2 concernent principalement les études de développement d'un réacteur de puissance et les travaux sur les radio-isotopes et leur application en médecine, y compris les problèmes de radioprotection.

*Article 18*

1. Dans les secteurs dans lesquels l'Irlande met des connaissances à la disposition de la Communauté européenne de l'énergie atomique, les organismes compétents concèdent, sur demande, des licences à des conditions commerciales aux États membres, personnes et entreprises de la Communauté, lorsqu'ils possèdent des droits exclusifs sur des brevets déposés dans les États membres, et pour autant qu'ils n'aient, à l'égard de tiers, aucune obligation ou engagement de concéder ou de proposer la concession d'une licence exclusive ou partiellement exclusive sur les droits de ces brevets.

2. Si une licence exclusive ou partiellement exclusive a été concédée, l'Irlande encourage et facilite la concession, à des conditions commerciales, de sous-licences aux États membres, personnes et entreprises de la Communauté, par les détenteurs de telles licences.

La concession de telles licences exclusives ou partiellement exclusives est effectuée sur une base commerciale normale.

*SECTION 7*

## Dispositions relatives aux échanges de connaissances avec le Royaume-Uni dans le domaine de l'énergie nucléaire

*Article 19*

1. Dès le 1er janvier 1973, les connaissances communiquées aux États membres, aux personnes et aux entreprises, conformément à l'article 13 du traité instituant la Communauté européenne de

l'énergie atomique, sont mises à la disposition du Royaume-Uni qui les soumet à diffusion restreinte sur son territoire, dans les conditions prévues audit article.

2. Dès le 1er janvier 1973, le Royaume-Uni met à la disposition de la Communauté européenne de l'énergie atomique un volume équivalent de connaissances dans les secteurs dont la liste figure à l'annexe ([1]) du protocole nº 28 de l'Acte relatif aux conditions d'adhésion du Royaume de Danemark, de l'Irlande et du Royaume-Uni de Grande-Bretagne et d'Irlande du Nord. L'exposé détaillé de ces connaissances fait l'objet d'un document remis à la Commission. Celle-ci communique ces connaissances aux entreprises de la Communauté, dans les conditions prévues à l'article 13 du traité instituant la Communauté européenne de l'énergie atomique.

3. Compte tenu de l'intérêt plus marqué de la Communauté européenne de l'énergie atomique pour certains secteurs, le Royaume-Uni met plus particulièrement l'accent sur la transmission de connaissances dans les secteurs suivants:

a) recherche et développement en matière de réacteurs rapides (y compris sûreté);

b) recherche de base (applicables aux filières de réacteurs);

c) sécurité des réacteurs autres que rapides;

d) métallurgie, aciers, alliages de zirconium et bétons;

e) compatibilité de matériaux de structure;

f) fabrication expérimentale de combustible;

g) thermohydrodynamique;

h) instrumentation.

*Article 20*

1. Dans les secteurs dans lesquels le Royaume-Uni met des connaissances à la disposition de la Communauté européenne de l'énergie atomique, les organismes compétents concèdent, sur demande, des licences à des conditions commerciales aux États membres, personnes et entreprises de la Communauté, lorsqu'ils possèdent des droits exclusifs sur des brevets déposés dans les États membres de la Communauté, et pour autant qu'ils n'aient, à l'égard de tiers, aucune obligation ou engagement de concéder ou de proposer la concession d'une licence exclusive ou partiellement exclusive sur les droits de ces brevets.

---

([1]) JO L 73 du 27.3.1972, p. 84.

2. Si une licence exclusive ou partiellement exclusive a été concédée, le Royaume-Uni encourage et facilite la concession, à des conditions commerciales, de sous-licences aux États membres, personnes et entreprises de la Communauté, par les détenteurs de telles licences.

La concession de telles licences exclusives ou partiellement exclusives est effectuée sur une base commerciale normale.

TITRE III

**DISPOSITIONS REPRISES DE L'ACTE RELATIF AUX CONDITIONS D'ADHÉSION DE LA RÉPUBLIQUE HELLÉNIQUE**

*SECTION 1*

## Dispositions relatives à l'octroi par la Grèce de l'exonération des droits de douane à l'importation de certaines marchandises

*Article 21*

L'article III-151 de la Constitution ne fait pas obstacle au maintien par la République hellénique des mesures de franchise accordées, avant le 1er janvier 1979, en application:

a) de la loi n° 4171/61 (mesures générales pour assister le développement de l'économie du pays);

b) du décret-loi n° 2687/53 (investissement et protection des capitaux étrangers);

c) de la loi n° 289/76 (incitations en vue de promouvoir le développement des régions frontalières et régissant toutes questions s'y rattachant),

jusqu'à échéance des accords conclus par le gouvernement hellénique avec les bénéficiaires de ces mesures.

*SECTION 2*

## Dispositions relatives à la fiscalité

*Article 22*

Les actes figurant au point II.2 de l'annexe VIII [1] de l'Acte relatif aux conditions d'adhésion de la République hellénique s'appliquent à l'égard de la République hellénique dans les conditions prévues dans ladite annexe, à l'exception des références à ses points 9 et 18.b.

---

(1) JO L 291 du 19.11.1979, p. 163.

*SECTION 3*

## Dispositions relatives au coton

*Article 23*

1. La présente section concerne le coton, non cardé ni peigné, relevant de la sous-position 5201 00 de la nomenclature combinée.

2. Il est instauré dans l'Union un régime destiné notamment à:

a) soutenir la production de coton dans les régions de l'Union où elle est importante pour l'économie agricole;

b) permettre un revenu équitable aux producteurs concernés;

c) stabiliser le marché par l'amélioration des structures au niveau de l'offre et de la mise en marché.

3. Le régime visé au paragraphe 2 comprend l'octroi d'une aide à la production.

4. Afin de permettre aux producteurs de coton de concentrer l'offre et d'adapter la production aux exigences de marché, il est institué un régime d'encouragement à la formation de groupements de producteurs et de leurs unions.

Ce régime prévoit l'octroi d'aides en vue de stimuler la constitution et de faciliter le fonctionnement des groupements de producteurs.

Le bénéfice de ce régime est réservé aux groupements:

a) constitués à l'initiative des producteurs eux-mêmes;

b) offrant une garantie suffisante quant à la durée et l'efficacité de leur action;

c) reconnus par l'État membre concerné.

5. Le régime des échanges de l'Union avec les pays tiers n'est pas affecté. À cet égard, en particulier, aucune mesure restrictive à l'importation ne peut être prévue.

6. Une loi européenne du Conseil établit les adaptations nécessaires du régime prévu par la présente section.

Le Conseil, sur proposition de la Commission, adopte les règlements et décisions européens établissant les règles de base nécessaires à la mise en œuvre des dispositions prévues par la présente section.

Le Conseil statue après consultation du Parlement européen.

*SECTION 4*

## Dispositions relatives au développement économique et industriel de la Grèce

*Article 24*

Les États membres prennent acte du fait que le gouvernement hellénique est engagé dans la mise en œuvre d'une politique d'industrialisation et de développement économique qui a pour but de rapprocher le niveau de vie en Grèce de celui des autres États membres et d'éliminer le sous-emploi, tout en absorbant progressivement les différences régionales de niveau de développement.

Ils reconnaissent qu'il est de leur intérêt commun que les finalités de cette politique soient atteintes.

À cet effet, les institutions mettent en œuvre tous les moyens et procédures prévus par la Constitution en recourant notamment à un emploi adéquat des ressources de l'Union destinées à la réalisation de ses objectifs.

En particulier, en cas d'application des articles III-167 et III-168 de la Constitution, il faut tenir compte des objectifs d'expansion économique et de relèvement du niveau de vie de la population.

*SECTION 5*

## Dispositions relatives aux échanges de connaissances avec la Grèce dans le domaine de l'énergie nucléaire

*Article 25*

1. Dès le 1er janvier 1981, les connaissances communiquées aux États membres, aux personnes et aux entreprises, conformément à l'article 13 du traité instituant la Communauté européenne de l'énergie atomique, sont mises à la disposition de la République hellénique, qui les soumet à diffusion restreinte sur son territoire, dans les conditions prévues audit article.

2. Dès le 1er janvier 1981, la République hellénique met à la disposition de la Communauté européenne de l'énergie atomique des connaissances à diffusion restreinte obtenues dans le domaine nucléaire en Grèce, pour autant qu'il ne s'agisse pas d'applications strictement commerciales. La Commission communique ces connaissances aux entreprises de la Communauté, dans les conditions prévues à l'article 13 du traité instituant la Communauté européenne de l'énergie atomique.

3. Les connaissances visées aux paragraphes 1 et 2 concernent principalement:

a) les études sur l'application des radio-isotopes dans les domaines suivants: médecine, agriculture, entomologie et protection de l'environnement;

b) l'application des techniques nucléaires à l'archéométrie;

c) le développement d'appareillages d'électronique médicale;

d) le développement des méthodes de prospection de minerais radioactifs.

*Article 26*

1. Dans les secteurs dans lesquels la République hellénique met des connaissances à la disposition de la Communauté européenne de l'énergie atomique, les organismes compétents concèdent, sur demande, des licences à des conditions commerciales aux États membres, personnes et entreprises de la Communauté, lorsqu'ils possèdent des droits exclusifs sur des brevets déposés dans les États membres de la Communauté, et pour autant qu'ils n'aient, à l'égard de tiers, aucune obligation ou engagement de concéder ou de proposer la concession d'une licence exclusive ou partiellement exclusive sur les droits de ces brevets.

2. Si une licence exclusive ou partiellement exclusive a été concédée, la République hellénique encourage et facilite la concession, à des conditions commerciales, de sous-licences aux États membres, personnes et entreprises de la Communauté européenne de l'énergie atomique, par les détenteurs de telles licences.

La concession de telles licences exclusives ou partiellement exclusives est effectuée sur une base commerciale normale.

TITRE IV

**DISPOSITIONS REPRISES DE L'ACTE RELATIF AUX CONDITIONS D'ADHÉSION DU ROYAUME D'ESPAGNE ET DE LA RÉPUBLIQUE PORTUGAISE**

*SECTION 1*

## Dispositions financières

*Article 27*

Les ressources propres provenant de la taxe sur la valeur ajoutée sont calculées et contrôlées comme si les îles Canaries et Ceuta et Melilla étaient inclus dans le champ territorial d'application de la sixième directive 77/388/CEE du Conseil du 17 mai 1977 en matière d'harmonisation des législations des États membres relatives aux taxes sur le chiffre d'affaires — Système commun de taxe sur la valeur ajoutée: assiette uniforme.

*SECTION 2*

## Dispositions relatives aux brevets

*Article 28*

Les dispositions de la législation nationale de l'Espagne relatives à la charge de la preuve, adoptées conformément au paragraphe 2 du protocole n° 8 de l'Acte relatif aux conditions d'adhésion du Royaume d'Espagne et de la République portugaise, ne s'appliquent pas si l'action en contrefaçon est dirigée contre le titulaire d'un autre brevet de procédé pour la fabrication d'un produit identique à celui qui est le résultat du procédé breveté du demandeur de l'action, si cet autre brevet a été délivré avant le 1er janvier 1986.

Dans les cas où le renversement de la charge de la preuve n'est pas applicable, le Royaume d'Espagne continue à faire supporter la preuve de la contrefaçon par le titulaire du brevet. Dans tous ces cas, le Royaume d'Espagne applique une procédure judiciaire de saisie-description.

Par «saisie-description», on entend une procédure s'insérant dans le système visé aux premier et deuxième alinéas par laquelle toute personne disposant du droit d'agir en contrefaçon peut, par décision judiciaire rendue à sa requête, faire procéder, sur les lieux du contrefacteur présumé, par huissier assisté d'experts, à la description détaillée des procédés litigieux, notamment par prise de photocopie de documents techniques, avec ou sans saisie réelle. Cette décision judiciaire peut ordonner le versement d'un cautionnement, destiné à accorder des dommages et intérêts au contrefacteur présumé en cas de préjudice causé par la saisie-description.

*Article 29*

Les dispositions de la législation nationale du Portugal relatives à la charge de la preuve, adoptées conformément au paragraphe 2 du protocole n° 19 de l'Acte relatif aux conditions d'adhésion du Royaume d'Espagne et de la République portugaise, ne s'appliquent pas si l'action en contrefaçon est dirigée contre le titulaire d'un autre brevet de procédé pour la fabrication d'un produit identique à celui qui est le résultat du procédé breveté du demandeur de l'action, si cet autre brevet a été délivré avant le 1er janvier 1986.

Dans les cas où le renversement de la charge de la preuve n'est pas applicable, la République portugaise continue à faire supporter la preuve de la contrefaçon par le titulaire du brevet. Dans tous ces cas, la République portugaise applique une procédure judiciaire de saisie-description.

Par «saisie-description», on entend une procédure s'insérant dans le système visé aux premier et deuxième alinéas par laquelle toute personne disposant du droit d'agir en contrefaçon peut, par décision judiciaire rendue à sa requête, faire procéder, sur les lieux du contrefacteur présumé, par huissier assisté d'experts, à la description détaillée des procédés litigieux notamment par prise de photocopie de documents techniques, avec ou sans saisie réelle. Cette décision judiciaire peut ordonner le versement d'un cautionnement, destiné à accorder des dommages et intérêts au contrefacteur présumé en cas de préjudice causé par la saisie-description.

*SECTION 3*

## Dispositions relatives au mécanisme de complément de charge dans le cadre des accords de pêche conclus par l'Union avec des pays tiers

*Article 30*

1. Il est instauré un régime spécifique pour l'exécution d'opérations effectuées en complément d'activités de pêche exercées par les navires battant pavillon d'un État membre dans les eaux relevant de la souveraineté ou de la juridiction d'un pays tiers dans le cadre d'obligations instituées au titre d'accords de pêche conclus par l'Union avec les pays tiers concernés.

2. Les opérations considérées comme susceptibles d'intervenir en complément d'activités de pêche dans les conditions et limites visées aux paragraphes 3 et 4 se rapportent:

a) au traitement, sur le territoire du pays tiers concerné, des produits de la pêche capturés par des navires battant pavillon d'un État membre dans les eaux de ce pays tiers au titre des activités de pêche découlant de l'exécution d'un accord de pêche, en vue de leur introduction sur le marché de l'Union sous des positions tarifaires relevant du chapitre 3 du tarif douanier commun;

b) à l'embarquement, au transbordement à bord d'un navire battant pavillon d'un État membre, intervenant dans le cadre des activités prévues par un tel accord de pêche, des produits de la pêche relevant du chapitre 3 du tarif douanier commun en vue de leur transport ainsi que de leur traitement éventuel aux fins de leur introduction sur le marché de l'Union.

3. L'introduction dans l'Union des produits ayant fait l'objet des opérations visées au paragraphe 2 est effectuée en suspension partielle ou totale des droits du tarif douanier commun ou sous un régime de taxation particulier, dans les conditions et dans les limites de complémentarité fixées annuellement en relation avec le volume des possibilités de pêche découlant des accords concernés ainsi que des modalités dont ils sont assortis.

4. La loi ou loi-cadre européenne fixe les règles générales d'application du présent régime, et notamment les critères de fixation et de répartition des quantités concernées.

Les modalités d'application du présent régime ainsi que les quantités concernées sont arrêtées selon la procédure prévue à l'article 37 du règlement (CE) n° 104/2000.

*SECTION 4*

## Dispositions relatives à Ceuta et à Melilla

*Sous-section 1*

### Dispositions générales

*Article 31*

1. La Constitution ainsi que les actes des institutions s'appliquent à Ceuta et à Melilla, sous réserve des dérogations visées aux paragraphes 2 et 3 et aux autres dispositions de la présente section.

2. Les conditions dans lesquelles les dispositions de la Constitution relatives à la libre circulation des marchandises et les actes des institutions concernant la législation douanière et la politique commerciale s'appliquent à Ceuta et à Melilla sont définies dans la sous-section 3 de la présente section.

3. Sans préjudice des dispositions particulières de l'article 32, les actes des institutions concernant la politique agricole commune et la politique commune de la pêche ne s'appliquent pas à Ceuta et à Melilla.

4. À la demande du Royaume d'Espagne, une loi ou loi-cadre européenne du Conseil peut:

a) inclure Ceuta et Melilla dans le territoire douanier de l'Union;

b) définir les mesures appropriées visant à étendre à Ceuta et à Melilla les dispositions du droit de l'Union en vigueur.

Sur proposition de la Commission, agissant de sa propre initiative ou sur demande d'un État membre, le Conseil peut adopter une loi ou loi-cadre européenne portant adaptation, si nécessaire, du régime applicable à Ceuta et à Melilla.

Le Conseil statue à l'unanimité, après consultation du Parlement européen.

*Sous-section 2*

**Dispositions concernant la politique commune de la pêche**

*Article 32*

1. Sous réserve du paragraphe 2 et sans préjudice de la sous-section 3, la politique commune de la pêche ne s'applique ni à Ceuta ni à Melilla.

2. Le Conseil, sur proposition de la Commission, adopte les lois, lois-cadres, règlements ou décisions européens qui:

a) déterminent les mesures structurelles qui pourraient être adoptées en faveur de Ceuta et Melilla;

b) déterminent les modalités appropriées à la prise en considération de tout ou partie des intérêts de Ceuta et Melilla à l'occasion des actes qu'il adopte, cas par cas, en vue des négociations par l'Union visant à la reprise ou conclusion d'accords de pêche avec des pays tiers, ainsi que des intérêts spécifiques de Ceuta et Melilla dans le cadre des conventions internationales concernant la pêche, auxquelles l'Union est partie contractante.

3. Le Conseil, sur proposition de la Commission, adopte les lois, lois-cadres, règlements ou décisions européens qui déterminent, le cas échéant, les possibilités et conditions d'accès mutuel aux zones de pêche respectives et à leurs ressources. Il statue à l'unanimité.

4. Les lois et lois-cadres européennes visées aux paragraphes 2 et 3 sont adoptées après consultation du Parlement européen.

*Sous-section 3*

**Dispositions relatives à la libre circulation des marchandises, la législation douanière et la politique commerciale**

*Article 33*

1. Les produits originaires de Ceuta et de Melilla, ainsi que les produits en provenance de pays tiers, importés à Ceuta et à Melilla dans le cadre des régimes qui y sont d'application à leur égard, ne sont

pas considérés, lors de leur mise en libre pratique sur le territoire douanier de l'Union, comme marchandises remplissant les conditions de l'article III-151, paragraphes 1, 2 et 3, de la Constitution.

2. Le territoire douanier de l'Union ne comprend pas Ceuta et Melilla.

3. Sauf disposition contraire de la présente sous-section, les actes des institutions en matière de législation douanière pour les échanges extérieurs s'appliquent dans les mêmes conditions aux échanges entre le territoire douanier de l'Union, d'une part, et Ceuta et Melilla, d'autre part.

4. Sauf disposition contraire de la présente sous-section, les actes des institutions relatifs à la politique commerciale commune, autonomes ou conventionnels, directement liés à l'importation ou à l'exportation des marchandises, ne sont pas applicables à Ceuta et à Melilla.

5. Sauf disposition contraire du présent titre, l'Union applique, dans ses échanges avec Ceuta et Melilla, pour les produits relevant de l'annexe I de la Constitution, le régime général qu'elle applique dans ses échanges extérieurs.

*Article 34*

Sous réserve de l'article 35, les droits de douane à l'importation dans le territoire douanier de l'Union des produits originaires de Ceuta et de Melilla sont supprimés.

*Article 35*

1. Les produits de la pêche relevant des positions 0301, 0302, 0303, 1604 et 1605 et des sous-positions 0511 91 et 2301 20 du tarif douanier commun et originaires de Ceuta et de Melilla bénéficient de l'exemption des droits de douane dans l'ensemble du territoire douanier de l'Union, dans la limite de contingents tarifaires calculés par produit et sur la moyenne des quantités effectivement écoulées au cours des années 1982, 1983 et 1984.

La mise en libre pratique des produits introduits sur le territoire douanier de l'Union, dans le cadre de ces contingents tarifaires, est subordonnée au respect des règles prévues par l'organisation commune des marchés, et notamment au respect des prix de référence.

2. Le Conseil, sur proposition de la Commission, adopte annuellement les règlements ou décisions européens portant ouverture et répartition des contingents selon les modalités prévues au paragraphe 1.

*Article 36*

1. Au cas où l'application de l'article 34 conduirait à un accroissement sensible des importations de certains produits originaires de Ceuta et de Melilla susceptible de porter préjudice aux producteurs de l'Union, le Conseil, sur proposition de la Commission, peut adopter les règlements ou décisions européens visant à soumettre l'accès de ces produits au territoire douanier de l'Union à des conditions particulières.

2. Au cas où, en raison de la non-application de la politique commerciale commune et du tarif douanier commun à l'importation de matières premières ou de produits intermédiaires à Ceuta et à Melilla, les importations d'un produit originaire de Ceuta et de Melilla provoquent ou risquent de

provoquer un préjudice grave à une activité productrice exercée dans un ou plusieurs États membres, la Commission, à la demande d'un État membre ou de sa propre initiative, peut prendre les mesures appropriées.

*Article 37*

Les droits de douane à l'importation à Ceuta et à Melilla des produits originaires du territoire douanier de l'Union, ainsi que les taxes d'effet équivalent à de tels droits, sont supprimés.

*Article 38*

Les droits de douane et les taxes d'effet équivalant à de tels droits ainsi que le régime des échanges appliqués à l'importation à Ceuta et à Melilla de marchandises en provenance d'un pays tiers ne peuvent pas être moins favorables que ceux appliqués par l'Union conformément à ses engagements internationaux ou ses régimes préférentiels à l'égard de ce pays tiers, sous réserve que le même pays tiers accorde aux importations en provenance de Ceuta et de Melilla le même traitement que celui qu'il accorde à l'Union. Toutefois, le régime appliqué à l'importation à Ceuta et à Melilla à l'égard de marchandises en provenance de ce pays tiers ne peut être plus favorable que celui appliqué à l'égard des importations des produits originaires du territoire douanier de l'Union.

*Article 39*

Le Conseil, sur proposition de la Commission, adopte les règlements ou décisions européens fixant les règles d'application de la présente sous-section, et notamment les règles d'origine applicables aux échanges visés aux articles 34, 35 et 37, y compris les dispositions concernant l'identification des produits originaires et le contrôle de l'origine.

Ces règles comportent notamment des dispositions relatives au marquage et/ou à l'étiquetage des produits, aux conditions d'immatriculation des navires, à l'application de la règle du cumul de l'origine pour les produits de la pêche, ainsi que des dispositions permettant de déterminer l'origine des produits.

*SECTION 5*

## Dispositions relatives au développement régional de l'Espagne

*Article 40*

Les États membres prennent acte du fait que le gouvernement espagnol est engagé dans la mise en œuvre d'une politique de développement régional visant notamment à favoriser la croissance économique des régions et zones les moins développées de l'Espagne.

Ils reconnaissent qu'il est de leur intérêt commun que les finalités de cette politique soient atteintes.

Ils conviennent, afin de faciliter au gouvernement espagnol l'accomplissement de cette tâche, de recommander aux institutions de mettre en œuvre tous les moyens et procédures prévus par la Constitution en recourant notamment à un emploi adéquat des ressources de l'Union destinées à la réalisation des objectifs de cette dernière.

Les États membres reconnaissent en particulier que, en cas d'application des articles III-167 et III-168 de la Constitution, il faudra tenir compte des objectifs d'expansion économique et de relèvement du niveau de vie de la population des régions et zones les moins développées de l'Espagne.

*SECTION 6*

## Dispositions relatives au développement économique et industriel du Portugal

*Article 41*

Les États membres prennent acte du fait que le gouvernement portugais est engagé dans la mise en œuvre d'une politique d'industrialisation et de développement économique qui a pour but de rapprocher le niveau de vie au Portugal de celui des autres États membres et d'éliminer le sous-emploi, tout en absorbant progressivement les différences régionales de niveau de développement.

Ils reconnaissent qu'il est de leur intérêt commun que les finalités de cette politique soient atteintes.

Ils conviennent de recommander à cet effet aux institutions de mettre en œuvre tous les moyens et procédures prévus par la Constitution en recourant notamment à un emploi adéquat des ressources de l'Union destinées à la réalisation des objectifs de cette dernière.

Les États membres reconnaissent en particulier que, en cas d'application des articles III-167 et III-168 de la Constitution, il faudra tenir compte des objectifs d'expansion économique et de relèvement du niveau de vie de la population.

*SECTION 7*

## Dispositions relatives aux échanges de connaissances avec le Royaume d'Espagne dans le domaine de l'énergie nucléaire

*Article 42*

1. Dès le 1er janvier 1986, les connaissances communiquées aux États membres, aux personnes et aux entreprises, conformément à l'article 13 du traité instituant la Communauté européenne de l'énergie atomique, sont mises à la disposition du Royaume d'Espagne, qui les soumet à diffusion restreinte sur son territoire, dans les conditions prévues audit article.

2. Dès le 1er janvier 1986, le Royaume d'Espagne met à la disposition de la Communauté européenne de l'énergie atomique des connaissances à diffusion restreinte obtenues dans le domaine nucléaire en Espagne, pour autant qu'il ne s'agisse pas d'applications strictement commerciales. La Commission communique ces connaissances aux entreprises de la Communauté, dans les conditions prévues à l'article 13 du traité instituant la Communauté européenne de l'énergie atomique.

3. Les connaissances visées aux paragraphes 1 et 2 concernent principalement:

a) la physique nucléaire (basses et hautes énergies);

b) la radioprotection;

c) l'application des isotopes, en particulier des isotopes stables;

d) les réacteurs de recherche et les combustibles y afférents;

e) les recherches dans le domaine du cycle de combustible (plus spécialement: extraction et traitement de minerais d'uranium à basse teneur; optimisation des éléments de combustibles pour réacteurs de puissance).

*Article 43*

1. Dans les secteurs dans lesquels le Royaume d'Espagne met des connaissances à la disposition de la Communauté européenne de l'énergie atomique, les organismes compétents concèdent, sur demande, des licences à des conditions commerciales aux États membres, personnes et entreprises de la Communauté, lorsqu'ils possèdent des droits exclusifs sur des brevets déposés dans les États membres, et pour autant qu'ils n'aient, à l'égard de tiers, aucune obligation ni aucun engagement de concéder ou de proposer la concession d'une licence exclusive ou partiellement exclusive sur les droits de ces brevets.

2. Si une licence exclusive ou partiellement exclusive a été concédée, le Royaume d'Espagne encourage et facilite la concession, à des conditions commerciales, de sous-licences aux États membres, personnes et entreprises de la Communauté par les détenteurs de telles licences.

La concession de telles licences exclusives ou partiellement exclusives s'effectue sur une base commerciale normale.

*SECTION 8*

## Dispositions relatives aux échanges de connaissances avec la République portugaise dans le domaine de l'énergie nucléaire

*Article 44*

1. Dès le 1er janvier 1986, les connaissances communiquées aux États membres, aux personnes et aux entreprises, conformément à l'article 13 du traité instituant la Communauté européenne de l'énergie atomique, sont mises à la disposition de la République portugaise, qui les soumet à diffusion restreinte sur son territoire, dans les conditions prévues audit article.

2. Dès le 1er janvier 1986, la République portugaise met à la disposition de la Communauté européenne de l'énergie atomique des connaissances à diffusion restreinte obtenues dans le domaine nucléaire au Portugal, pour autant qu'il ne s'agisse pas d'applications strictement commerciales. La Commission communique ces connaissances aux entreprises de la Communauté, dans les conditions prévues à l'article 13 du traité instituant la Communauté européenne de l'énergie atomique.

3. Les connaissances visées aux paragraphes 1 et 2 concernent principalement:

a) la dynamique des réacteurs;

b) la radioprotection;

c) l'application de techniques de mesures nucléaires (dans les domaines industriel, agricole, archéologique et géologique);

d) la physique atomique (mesures de sections efficaces, techniques de canalisation);

e) la métallurgie extractive de l'uranium.

*Article 45*

1. Dans les secteurs dans lesquels la République portugaise met des connaissances à la disposition de la Communauté européenne de l'énergie atomique, les organismes compétents concèdent, sur demande, des licences à des conditions commerciales aux États membres, personnes et entreprises de la Communauté, lorsqu'ils possèdent des droits exclusifs sur des brevets déposés dans les États membres, et pour autant qu'ils n'aient, à l'égard de tiers, aucune obligation ni aucun engagement de concéder ou de proposer la concession d'une licence exclusive ou partiellement exclusive sur les droits de ces brevets.

2. Si une licence exclusive ou partiellement exclusive a été concédée, la République portugaise encourage et facilite la concession, à des conditions commerciales, de sous-licences aux États membres, personnes et entreprises de la Communauté par les détenteurs de telles licences.

La concession de telles licences exclusives ou partiellement exclusives s'effectue sur une base commerciale normale.

## TITRE V

## DISPOSITIONS REPRISES DE L'ACTE RELATIF AUX CONDITIONS D'ADHÉSION DE LA RÉPUBLIQUE D'AUTRICHE, DE LA RÉPUBLIQUE DE FINLANDE ET DU ROYAUME DE SUÈDE

### *SECTION 1*

### Dispositions financières

*Article 46*

Les ressources propres provenant de la taxe sur la valeur ajoutée sont calculées et contrôlées comme si les îles Åland étaient incluses dans le champ d'application territorial de la sixième directive 77/388/CEE du Conseil du 17 mai 1977 en matière d'harmonisation des législations des États membres relatives aux taxes sur le chiffre d'affaires — Système commun de taxe sur la valeur ajoutée: assiette uniforme.

SECTION 2

## Dispositions relatives à l'agriculture

*Article 47*

Si des difficultés graves résultant de l'adhésion subsistent après la pleine application de l'article 48 et des autres mesures découlant de la réglementation existant dans l'Union, la Commission peut adopter une décision européenne autorisant la Finlande à octroyer des aides nationales aux producteurs afin de faciliter leur intégration dans la politique agricole commune.

*Article 48*

1. La Commission adopte des décisions européennes autorisant la Finlande et la Suède à octroyer des aides nationales à long terme en vue d'assurer le maintien de l'activité agricole dans des régions spécifiques. Ces régions devraient couvrir les zones agricoles situées au nord du $62^{e}$ parallèle et certaines régions limitrophes au sud de ce parallèle affectées par des conditions climatiques comparables rendant l'activité agricole particulièrement difficile.

2. Les régions visées au paragraphe 1 sont déterminées par la Commission, qui prend en considération notamment:

a) la faible densité de population;

b) la part des terres agricoles dans la surface globale;

c) la part des terres agricoles consacrées à des cultures arables destinées à l'alimentation humaine dans la surface agricole utilisée.

3. Les aides nationales prévues au paragraphe 1 peuvent être liées à des facteurs physiques de production, tels que la superficie des terres agricoles ou les têtes de bétail compte tenu des limites imposées en la matière par les organisations communes de marchés, de même qu'aux modèles de production traditionnels de chaque exploitation, mais elles ne peuvent:

a) ni être liées à la production future;

b) ni conduire à une augmentation de la production ou du niveau de soutien global constaté pendant une période de référence précédant le $1^{er}$ janvier 1995, à déterminer par la Commission.

Ces aides peuvent être différenciées par région.

Ces aides doivent être octroyées notamment pour:

a) maintenir des productions primaires et transformations traditionnelles, particulièrement appropriées aux conditions climatiques des régions en cause;

b) améliorer les structures de production, commercialisation et transformation des produits agricoles;

c) faciliter l'écoulement desdits produits;

d) assurer la protection de l'environnement et le maintien de l'espace naturel.

*Article 49*

1. Les aides prévues aux articles 47 et 48, ainsi que toute autre aide nationale soumise dans le cadre du présent titre à l'autorisation de la Commission, sont notifiées à cette institution. Elles ne peuvent être appliquées tant que ladite autorisation n'est pas intervenue.

2. En ce qui concerne les aides prévues à l'article 48, la Commission présente au Conseil, tous les cinq ans à partir du 1$^{er}$ janvier 1996, un rapport sur:

a) les autorisations accordées;

b) les résultats des aides qui ont fait l'objet de ces autorisations.

En vue de l'établissement de ce rapport, les États membres destinataires des autorisations accordées fournissent à la Commission, en temps utile, des informations sur les effets des aides accordées en illustrant l'évolution constatée dans l'économie agricole des régions en cause.

*Article 50*

Dans le domaine des aides prévues aux articles III-167 et III-168 de la Constitution:

a) parmi les aides en application en Autriche, en Finlande et en Suède avant le 1$^{er}$ janvier 1995, seules celles notifiées à la Commission avant le 30 avril 1995 sont considérées comme aides existantes au sens de l'article III-168, paragraphe 1, de la Constitution;

b) les aides existantes et les projets destinés à octroyer ou à modifier des aides, qui ont été notifiés à la Commission avant le 1$^{er}$ janvier 1995, sont réputés notifiés à cette date.

*Article 51*

1. Sauf disposition contraire dans des cas spécifiques, le Conseil, sur proposition de la Commission, adopte les règlements ou décisions européens nécessaires pour mettre en œuvre la présente section.

2. Une loi européenne du Conseil peut procéder aux adaptations des dispositions figurant à la présente section qui peuvent se révéler nécessaires en cas de modification du droit de l'Union. Le Conseil statue à l'unanimité, après consultation du Parlement européen.

*Article 52*

1. Si des mesures transitoires sont nécessaires pour faciliter le passage du régime existant en Autriche, en Finlande et en Suède à celui résultant de l'application de l'organisation commune des marchés dans les conditions prévues dans l'Acte relatif aux conditions d'adhésion de la République d'Autriche, de la République de Finlande et du Royaume de Suède, ces mesures sont arrêtées suivant la procédure prévue à l'article 38 du règlement n° 136/66/CEE ou, selon le cas, aux articles correspondants des autres règlements portant organisation commune des marchés agricoles. Ces

mesures peuvent être prises pendant une période expirant le 31 décembre 1997, leur application étant limitée à cette date.

2. Une loi européenne du Conseil peut prolonger la période visée au paragraphe 1. Le Conseil statue à l'unanimité, après consultation du Parlement européen.

*Article 53*

Les articles 51 et 52 sont applicables aux produits de la pêche.

SECTION 3

## Dispositions relatives aux mesures transitoires

*Article 54*

Les actes figurant aux points VII.B.I, VII.D.1, VII.D.2.c, IX.2.b, c, f, g, h, i, j, l, m, n, x, y, z et aa, X.a, b et c, de l'annexe XV (1) de l'Acte relatif aux conditions d'adhésion de la République d'Autriche, de la République de Finlande et du Royaume de Suède, s'appliquent à l'égard de l'Autriche, de la Finlande et de la Suède dans les conditions fixées dans ladite annexe.

En ce qui concerne le point IX.2.x de l'annexe XV visé au premier alinéa, la référence faite aux dispositions du traité instituant la Communauté européenne, notamment à ses articles 90 et 91, doit être entendue comme faite aux dispositions de la Constitution, notamment à son article III-170, paragraphes 1 et 2.

SECTION 4

## Dispositions relatives à l'applicabilité de certains actes

*Article 55*

1. Toutes les décisions individuelles d'exemption et décisions de délivrer une attestation négative qui ont été prises avant le 1er janvier 1995, aux termes de l'article 53 de l'accord sur l'Espace économique européen (EEE) ou de l'article 1 du protocole 25 dudit accord, soit par l'Autorité de surveillance de l'Association européenne de libre-échange (AELE), soit par la Commission, et qui concernent des cas relevant de l'article 81 du traité instituant la Communauté européenne par suite de l'adhésion restent valables aux fins de l'article III-161 de la Constitution jusqu'à l'expiration du délai qui y est mentionné ou jusqu'à ce que la Commission adopte une décision européenne contraire dûment motivée, conformément au droit de l'Union.

2. Toutes les décisions prises par l'Autorité de surveillance AELE avant le 1er janvier 1995 aux termes de l'article 61 de l'accord EEE et qui concernent les cas relevant de l'article 87 du traité instituant la Communauté européenne par suite de l'adhésion restent valables au regard de l'article

---

(1) JO C 241 du 29.8.1994, p. 322.

III-167 de la Constitution, sauf si la Commission adopte une décision européenne contraire en vertu de l'article III-168 de la Constitution. Le présent paragraphe ne s'applique pas aux décisions relevant de la procédure prévue à l'article 64 de l'accord EEE.

3. Sans préjudice des paragraphes 1 et 2, les décisions prises par l'Autorité de surveillance AELE restent valables après le 1er janvier 1995, sauf si la Commission prend une décision contraire dûment motivée, conformément au droit de l'Union.

*SECTION 5*

## Dispositions relatives aux îles Åland

*Article 56*

Les dispositions de la Constitution n'excluent pas l'application des dispositions en vigueur le 1er janvier 1994 dans les îles Åland en ce qui concerne:

a) les restrictions imposées, sur une base non discriminatoire, au droit des personnes physiques qui n'ont pas la «hembygdsrätt/kotiseutuoikeus» (citoyenneté régionale) des îles Åland, ainsi qu'à celui des personnes morales, d'acquérir et de détenir des biens immobiliers dans les îles Åland sans la permission des autorités compétentes de ces îles;

b) les restrictions imposées, sur une base non discriminatoire, au droit d'établissement et au droit de prestation de services visant les personnes physiques qui n'ont pas la «hembygdsrätt/kotiseutuoikeus» (citoyenneté régionale) des îles Åland ou les personnes morales, si elles n'ont pas la permission des autorités compétentes de ces îles.

*Article 57*

1. Le territoire des îles Åland — considéré comme territoire tiers au sens de l'article 3, paragraphe 1, troisième tiret, de la directive 77/388/CEE du Conseil, et comme territoire national exclu du champ d'application des directives relatives à l'harmonisation des droits d'accise au sens de l'article 2 de la directive 92/12/CEE du Conseil — est exclu du champ d'application territoriale du droit de l'Union en matière d'harmonisation des législations des États membres relatives aux taxes sur le chiffre d'affaires, aux droits d'accise et aux autres formes de fiscalité indirecte.

Le présent paragraphe n'est pas applicable aux dispositions de la directive 69/335/CEE du Conseil relatives au droit d'apport.

2. La dérogation prévue au paragraphe 1 vise à maintenir une économie locale viable dans les îles Åland et ne peut avoir aucun effet négatif sur les intérêts de l'Union et ses politiques communes. Si la Commission estime que les dispositions visées au paragraphe 1 ne se justifient plus, notamment en termes de concurrence loyale ou de ressources propres, elle présente des propositions appropriées au Conseil, qui adopte les actes nécessaires, conformément aux articles pertinents de la Constitution.

*Article 58*

La République de Finlande garantit que toutes les personnes physiques et morales des États membres bénéficient du même traitement dans les îles Åland.

*Article 59*

Les dispositions de la présente section s'appliquent à la lumière de la déclaration sur les îles Åland qui reprend, sans en altérer la portée juridique, les termes du préambule tel qu'il figurait dans le protocole n° 2 de l'Acte relatif aux conditions d'adhésion de la République d'Autriche, de la République de Finlande et du Royaume de Suède.

*SECTION 6*

## Dispositions relatives au peuple lapon

*Article 60*

Nonobstant les dispositions de la Constitution, des droits exclusifs peuvent être accordés au peuple lapon pour l'élevage de rennes dans les régions traditionnellement habitées par les Lapons.

*Article 61*

La présente section peut être étendue pour tenir compte du développement éventuel des droits exclusifs reconnus au peuple lapon en liaison avec son mode de vie traditionnel. Une loi européenne du Conseil peut apporter les modifications nécessaires à la présente section. Le Conseil statue à l'unanimité, après consultation du Parlement européen et du Comité des régions.

*Article 62*

Les dispositions de la présente section s'appliquent à la lumière de la déclaration sur le peuple lapon qui reprend, sans en altérer la portée juridique, les termes du préambule tel qu'il figurait dans le protocole n° 3 de l'Acte relatif aux conditions d'adhésion de la République d'Autriche, de la République de Finlande et du Royaume de Suède.

*SECTION 7*

## Dispositions spéciales dans le cadre des fonds à finalité structurelle en Finlande et en Suède

*Article 63*

En principe, les régions concernées par l'objectif consistant à promouvoir le développement et l'ajustement structurel des régions ayant une densité de population extrêmement faible correspondent ou appartiennent à des régions de niveau NUTS II ayant une densité de population de huit habitants ou moins au km$^2$. L'intervention de l'Union peut, sous réserve de l'exigence de concentration, également s'étendre à des zones adjacentes et contiguës de plus petite taille qui répondent aux mêmes critères de densité de population. La liste des régions et des zones visées au présent article figure à l'annexe 1 ([1]) du protocole nº 6 de l'Acte relatif aux conditions d'adhésion de la République d'Autriche, de la République de Finlande et du Royaume de Suède.

*SECTION 8*

## Dispositions sur le transport par chemin de fer et sur le transport combiné en Autriche

*Article 64*

1. Aux fins de la présente section, on entend par:

a) «camion», tout véhicule automobile d'un poids maximum autorisé supérieur à 7,5 tonnes, immatriculé dans un État membre, affecté au transport de marchandises ou à la traction de remorques, y compris les semi-remorques, et les remorques d'un poids maximum autorisé supérieur à 7,5 tonnes et tractées par un véhicule à moteur immatriculé dans un État membre d'un poids maximum autorisé égal ou inférieur à 7,5 tonnes;

b) «transport combiné», le transport effectué au moyen de camions ou d'unités de charge acheminés par chemin de fer sur une partie du trajet et par route pour les parcours initiaux ou terminaux, étant entendu que la traversée du territoire autrichien ne peut en aucun cas s'effectuer dans sa totalité par la route.

2. Les articles 65 à 71 s'appliquent aux mesures concernant la fourniture de transport ferroviaire et de transport combiné qui traversent le territoire autrichien.

*Article 65*

Dans le cadre de leurs compétences respectives, l'Union et les États membres concernés adoptent et coordonnent étroitement les mesures pour le développement et la promotion du transport ferroviaire et du transport combiné pour le transport de marchandises transalpin.

---

([1]) JO C 241 du 29.8.1994, p. 355.

*Article 66*

Lorsqu'elle établit les orientations prévues à l'article III-247 de la Constitution, l'Union assure que les axes définis à l'annexe 1 ([1]) du protocole n° 9 de l'Acte relatif aux conditions d'adhésion de la République d'Autriche, de la République de Finlande et du Royaume de Suède font partie des réseaux transeuropéens pour le transport ferroviaire et le transport combiné et qu'ils sont, en outre, identifiés en tant que projets d'intérêt commun.

*Article 67*

Dans le cadre de leurs compétences respectives, l'Union et les États membres concernés mettent en œuvre les mesures énumérées à l'annexe 2 ([2]) du protocole n° 9 de l'Acte relatif aux conditions d'adhésion de la République d'Autriche, de la République de Finlande et du Royaume de Suède.

*Article 68*

L'Union et les États membres concernés font tous leurs efforts pour développer et utiliser la capacité ferroviaire supplémentaire visée à l'annexe 3 ([3]) du protocole n° 9 de l'Acte relatif aux conditions d'adhésion de la République d'Autriche, de la République de Finlande et du Royaume de Suède.

*Article 69*

L'Union et les États membres concernés prennent les mesures pour accroître la fourniture du transport ferroviaire et du transport combiné. Le cas échéant, et sous réserve des dispositions de la Constitution, ces mesures sont établies en étroite consultation avec les compagnies de chemin de fer et les autres fournisseurs de services ferroviaires. La priorité devrait être donnée aux mesures prévues dans les dispositions du droit de l'Union concernant le transport ferroviaire et le transport combiné. Lors de la mise en œuvre de ces mesures, une attention particulière doit être accordée à la compétitivité, à l'efficacité et à la transparence des coûts des transports ferroviaires et des transports combinés. Les États membres concernés s'efforcent notamment de prendre ces mesures de manière à ce que les prix des transports combinés soient compétitifs par rapport à ceux des autres modes de transport. Toute aide octroyée à cet effet doit être conforme au droit de l'Union.

*Article 70*

En cas de perturbation grave du transit ferroviaire, telle qu'une catastrophe naturelle, l'Union et les États membres concernés prennent toutes les actions concertées possibles afin de maintenir le flux du trafic. La priorité doit être donnée aux chargements sensibles, tels que les denrées périssables.

---

([1]) JO C 241 du 29.8.1994, p. 364.

([2]) JO C 241 du 29.8.1994, p. 365.

([3]) JO C 241 du 29.8.1994, p. 367.

*Article 71*

La Commission, agissant conformément à la procédure prévue à l'article 73, paragraphe 2, réexamine le fonctionnement de la présente section.

*Article 72*

1. Le présent article s'applique aux transports de marchandises par route sur des trajets effectués sur le territoire de la Communauté.

2. Pour les trajets qui comprennent le trafic de marchandises routier de transit à travers l'Autriche, le régime fixé pour les trajets effectués pour compte propre et pour les trajets effectués pour compte d'autrui par la première directive du Conseil du 23 juillet 1962 et par le règlement (CEE) n° 881/92 du Conseil s'appliquent, sous réserve des dispositions du présent article.

3. Jusqu'au 1er janvier 1998, les dispositions suivantes s'appliquent:

a) Les émissions totales de NOx des camions qui traversent l'Autriche en transit sont réduites de 60 % durant la période allant du 1er janvier 1992 au 31 décembre 2003, conformément au tableau figurant à l'annexe 4.

b) La réduction des émissions totales de NOx imputables aux camions sont gérées à l'aide d'un système d'écopoints. Dans ce système, chaque camion a besoin, pour traverser l'Autriche, d'un certain nombre de points représentant son niveau d'émission de NOx [valeur autorisée dans le cadre de la conformité de la production (COP) ou découlant de la réception par type]. La méthode de calcul et de gestion de ces points est décrite à l'annexe 5.

c) Si le nombre de trajets devait, au cours d'une année, dépasser de plus de 8 % le chiffre obtenu pour l'année 1991, la Commission, agissant conformément à la procédure fixée à l'article 16, adopte les mesures appropriées conformément au point 3 de l'annexe 5.

d) L'Autriche délivre et rend disponible en temps utile les cartes d'écopoints nécessaires à la gestion du système d'écopoints, conformément à l'annexe 5, pour les camions qui traversent l'Autriche en transit.

e) Les écopoints sont distribués par la Commission parmi les États membres, conformément aux dispositions à établir selon le paragraphe 7.

4. Avant le 1er janvier 1998, le Conseil réexamine, sur la base d'un rapport de la Commission, le fonctionnement des dispositions concernant le trafic de marchandises routier de transit à travers l'Autriche. Ce réexamen est effectué en conformité avec les principes fondamentaux du droit communautaire, tels que le bon fonctionnement du marché intérieur, notamment la libre circulation des marchandises et la libre prestation de services, la protection de l'environnement dans l'intérêt de la Communauté dans son ensemble, et la sécurité routière. À moins que le Conseil, statuant à l'unanimité sur proposition de la Commission et après avoir consulté le Parlement européen, n'en décide autrement, la période transitoire est prorogée d'une nouvelle période jusqu'au 1er janvier 2001, au cours de laquelle les dispositions du paragraphe 3 s'appliquent.

5. Avant le 1er janvier 2001, la Commission, en coopération avec l'Agence européenne de l'environnement, effectue une étude scientifique sur le degré de réalisation de l'objectif concernant la réduction de la pollution fixé au paragraphe 3, point a). Si la Commission arrive à la conclusion que cet objectif a été atteint de façon durable, les dispositions du paragraphe 3 cessent de s'appliquer le 1er janvier 2001. Si, par contre, la Commission arrive à la conclusion que cet objectif n'a pas été atteint de façon durable, le Conseil, statuant en conformité avec l'article 75 du traité CE, peut arrêter des mesures, dans un cadre communautaire, qui assurent une protection équivalente de l'environnement, notamment une réduction de la pollution de 60 %. Si le Conseil n'adopte pas ces mesures, la période transitoire est automatiquement prorogée d'une dernière période de trois ans, au cours de laquelle les dispositions du paragraphe 3 s'appliquent.

6. Au terme de la période transitoire, l'acquis communautaire est applicable dans sa totalité.

7. La Commission, agissant conformément à la procédure fixée à l'article 16, arrête les modalités concernant les procédures relatives au système d'écopoints, à la distribution des écopoints et aux questions techniques liées à l'application du présent article; ces modalités entrent en vigueur à la date d'adhésion de l'Autriche.

Les modalités visées au premier alinéa garantissent le maintien pour les États membres actuels de la situation de fait résultant de l'application du règlement (CEE) n° 3637/92 du Conseil et de l'Accord administratif, signé le 23 décembre 1992, fixant la date d'entrée en vigueur ainsi que les procédures d'instauration du système d'écopoints visé dans l'accord en matière de transit. Tous les efforts nécessaires sont entrepris pour assurer que la part d'écopoints attribuée à la Grèce tienne dûment compte des besoins de ce pays à cet égard.

*Article 73*

1. La Commission est assistée par un comité.

2. Dans les cas où il est fait référence au présent paragraphe, les articles 3 et 7 de la décision 1999/468/CE s'appliquent.

3. Le comité adopte son règlement intérieur.

*SECTION 9*

## Dispositions sur l'utilisation de termes spécifiquement autrichiens de la langue allemande dans le cadre de l'Union européenne

*Article 74*

1. Les termes spécifiquement autrichiens de la langue allemande contenus dans l'ordre juridique autrichien et dont la liste est annexée [1] au protocole n° 10 de l'Acte relatif aux conditions d'adhésion de la République d'Autriche, de la République de Finlande et du Royaume de Suède, ont le même

---

[1] JO C 241 du 29.8.1994, p. 370.

statut et peuvent être utilisés avec le même effet juridique que les termes correspondants utilisés en Allemagne et énumérés dans ladite annexe.

2. Dans la version en langue allemande des nouveaux actes juridiques, les termes spécifiquement autrichiens visés à l'annexe du protocole n° 10 de l'Acte relatif aux conditions d'adhésion de la République d'Autriche, de la République de Finlande et du Royaume de Suède sont ajoutés sous une forme appropriée aux termes correspondants utilisés en Allemagne.

# 9. PROTOCOLE RELATIF AUX TRAITÉ ET ACTE D'ADHÉSION DE LA RÉPUBLIQUE TCHÈQUE, DE LA RÉPUBLIQUE D'ESTONIE, DE LA RÉPUBLIQUE DE CHYPRE, DE LA RÉPUBLIQUE DE LETTONIE, DE LA RÉPUBLIQUE DE LITUANIE, DE LA RÉPUBLIQUE DE HONGRIE, DE LA RÉPUBLIQUE DE MALTE, DE LA RÉPUBLIQUE DE POLOGNE, DE LA RÉPUBLIQUE DE SLOVÉNIE ET DE LA RÉPUBLIQUE SLOVAQUE

LES HAUTES PARTIES CONTRACTANTES,

RAPPELANT que la République tchèque, la République d'Estonie, la République de Chypre, la République de Lettonie, la République de Lituanie, la République de Hongrie, la République de Malte, la République de Pologne, la République de Slovénie et la République slovaque ont adhéré aux Communautés européennes et à l'Union européenne instituée par le traité sur l'Union européenne le 1er mai 2004;

CONSIDÉRANT que l'article IV-437, paragraphe 2, point e), de la Constitution prévoit l'abrogation du traité du 16 avril 2003 relatif aux adhésions visées ci-dessus;

CONSIDÉRANT qu'un grand nombre de dispositions figurant dans l'Acte qui est joint audit traité d'adhésion restent pertinentes; que l'article IV-437, paragraphe 2, de la Constitution prévoit que ces dispositions doivent être reprises ou visées dans un protocole, de sorte qu'elles restent en vigueur et que leurs effets juridiques sont préservés;

CONSIDÉRANT que certaines de ces dispositions doivent être soumises aux adaptations techniques nécessaires pour être mises en conformité avec la Constitution, sans en altérer la portée juridique,

SONT CONVENUES des dispositions ci-après, qui sont annexées au traité établissant une Constitution pour l'Europe et au traité instituant la Communauté européenne de l'énergie atomique:

## PREMIÈRE PARTIE

## DISPOSITIONS RELATIVES À L'ACTE D'ADHÉSION DU 16 AVRIL 2003

### TITRE I

### LES PRINCIPES

*Article premier*

Aux fins du présent protocole:

a) l'expression «acte d'adhésion du 16 avril 2003» vise l'acte relatif aux conditions d'adhésion de la République tchèque, de la République d'Estonie, de la République de Chypre, de la République de Lettonie, de la République de Lituanie, de la République de Hongrie, de la République de Malte, de la République de Pologne, de la République de Slovénie et de la République slovaque, et aux adaptations des traités sur lesquels est fondée l'Union européenne;

b) les expressions «traité instituant la Communauté européenne» («traité CE») et «traité instituant la Communauté européenne de l'énergie atomique» («traité CEEA»), visent ces traités tels qu'ils ont été complétés ou modifiés par des traités ou d'autres actes entrés en vigueur avant le 1er mai 2004;

c) l'expression «traité sur l'Union européenne» («traité UE»), vise ce traité tel qu'il a été complété ou modifié par des traités ou d'autres actes entrés en vigueur avant le 1er mai 2004;

d) le terme «Communauté» vise, selon le cas, l'une des Communautés visées au point b) ou les deux;

e) l'expression «États membres actuels» vise les États membres suivants: le Royaume de Belgique, le Royaume de Danemark, la République fédérale d'Allemagne, la République hellénique, le Royaume d'Espagne, la République française, l'Irlande, la République italienne, le Grand-Duché de Luxembourg, le Royaume des Pays-Bas, la République d'Autriche, la République portugaise, la République de Finlande, le Royaume de Suède, et le Royaume-Uni de Grande-Bretagne et d'Irlande du Nord;

f) l'expression «nouveaux États membres» vise les États membres suivants: la République tchèque, la République d'Estonie, la République de Chypre, la République de Lettonie, la République de Lituanie, la République de Hongrie, la République de Malte, la République de Pologne, la République de Slovénie et la République slovaque.

*Article 2*

Les droits et obligations résultant du traité d'adhésion de la République tchèque, de la République d'Estonie, de la République de Chypre, de la République de Lettonie, de la République de Lituanie, de la République de Hongrie, de la République de Malte, de la République de Pologne, de la République de Slovénie et de la République slovaque, visé à l'article IV-437, paragraphe 2, point e), de la Constitution, ont pris effet, dans les conditions prévues par ce traité, à compter du 1er mai 2004.

*Article 3*

1. Les dispositions de l'acquis de Schengen intégrées dans le cadre de l'Union par le protocole annexé au traité établissant une Constitution pour l'Europe (ci-après dénommé le «protocole Schengen») et les actes fondés sur celles-ci ou qui s'y rapportent, énumérés à l'annexe I de l'acte d'adhésion du 16 avril 2003, ainsi que tout nouvel acte de cette nature adopté avant le 1er mai 2004, sont contraignants et s'appliquent dans les nouveaux États membres à compter du 1er mai 2004.

2. Les dispositions de l'acquis de Schengen qui ont été intégrées dans le cadre de l'Union et les actes fondés sur celles-ci ou qui s'y rapportent et qui ne sont pas visés au paragraphe 1, bien qu'elles soient contraignantes pour les nouveaux États membres à compter du 1er mai 2004, ne s'appliquent dans un nouvel État membre qu'à la suite d'une décision européenne du Conseil à cet effet, après qu'il a été vérifié, conformément aux procédures d'évaluation de Schengen applicables en la matière, que les conditions nécessaires à l'application de toutes les parties concernées de l'acquis sont remplies dans ce nouvel État membre.

Le Conseil, après consultation du Parlement européen, statue à l'unanimité de ses membres représentant les gouvernements des États membres pour lesquels les dispositions du présent paragraphe ont déjà pris effet et du représentant du gouvernement de l'État membre pour lequel ces dispositions doivent prendre effet. Les membres du Conseil représentant le gouvernement de l'Irlande et celui du Royaume-Uni de Grande-Bretagne et d'Irlande du Nord participent à la prise de cette décision dans la mesure où elle a trait aux dispositions de l'acquis de Schengen et aux actes fondés sur celui-ci ou qui s'y rapportent, auxquels ces États membres sont parties.

3. Les accords conclus par le Conseil en vertu de l'article 6 du protocole Schengen lient les nouveaux États membres à compter du 1er mai 2004.

4. En ce qui concerne les conventions ou les instruments dans le domaine de la justice et des affaires intérieures qui sont inséparables de la réalisation des objectifs du traité UE, les nouveaux États membres sont tenus:

a) d'adhérer à ceux qui, au 1er mai 2004, ont été ouverts à la signature par les États membres actuels, ainsi qu'à ceux qui ont été élaborés par le Conseil conformément au titre VI du traité UE et qui sont recommandés aux États membres pour adoption;

b) d'introduire des dispositions administratives et autres, analogues à celles qui ont été adoptées au 1er mai 2004 par les États membres actuels ou par le Conseil, afin de faciliter la coopération pratique entre les institutions et les organisations des États membres travaillant dans le domaine de la justice et des affaires intérieures.

*Article 4*

Chacun des nouveaux États membres participe à l'Union économique et monétaire à compter du 1er mai 2004 en tant qu'État membre faisant l'objet d'une dérogation au sens de l'article III-197 de la Constitution.

*Article 5*

1. Les nouveaux États membres, qui ont adhéré par l'acte d'adhésion du 16 avril 2003 aux décisions et accords convenus par les représentants des gouvernements des États membres, réunis au sein du Conseil, sont tenus d'adhérer à tout autre accord conclu par les États membres actuels relatif au fonctionnement de l'Union ou présentant un lien avec l'action de celle-ci.

2. Les nouveaux États membres sont tenus d'adhérer, pour autant qu'ils soient toujours en vigueur, aux conventions prévues à l'article 293 du traité CE de même qu'à celles qui sont indissociables de la réalisation des objectifs du traité CE, ainsi qu'aux protocoles concernant l'interprétation de ces conventions par la Cour de justice des Communautés européennes, signés par les États membres actuels, et à entamer, à cet effet, des négociations avec ceux-ci pour y apporter les adaptations nécessaires.

*Article 6*

1. Les nouveaux États membres sont tenus d'adhérer, dans les conditions prévues dans le présent protocole, aux accords ou conventions conclus ou appliqués provisoirement par les États membres actuels et, conjointement, l'Union ou la Communauté européenne de l'énergie atomique, ainsi qu'aux accords conclus par ces États, qui sont liés à ces accords ou conventions.

L'adhésion des nouveaux États membres aux accords ou conventions visés au paragraphe 4 ainsi qu'aux accords avec le Belarus, la Chine, le Chili, le Mercosur et la Suisse, qui ont été conclus ou signés conjointement par la Communauté et ses États membres actuels, est approuvée par la conclusion d'un protocole à ces accords ou conventions entre le Conseil, statuant à l'unanimité au nom des États membres, et le ou les pays tiers ou l'organisation internationale concernés. Cette procédure ne porte pas atteinte aux compétences propres de l'Union et de la Communauté européenne de l'énergie atomique et ne remet pas en cause la répartition des compétences entre celles-ci et les États membres pour ce qui est de la conclusion des accords de cette nature à l'avenir ou de toute modification non liée à l'adhésion. La Commission négocie ces protocoles au nom des États membres sur la base de directives de négociation approuvées par le Conseil statuant à l'unanimité et après consultation d'un comité composé des représentants des États membres. La Commission soumet les projets de protocoles au Conseil pour qu'ils soient conclus.

2. En adhérant aux accords et conventions visés au paragraphe 1, les nouveaux États membres acquièrent les mêmes droits et obligations au titre de ces accords et conventions que les États membres actuels.

3. Les nouveaux États membres sont tenus de devenir partie, aux conditions prévues dans le présent protocole, à l'accord sur l'Espace économique européen ([1]), conformément à son article 128.

4. À compter du 1er mai 2004, et en attendant, le cas échéant, la conclusion des protocoles nécessaires visés au paragraphe 1, les nouveaux États membres appliquent les dispositions des accords conclus par les États membres actuels et, conjointement, la Communauté, avec l'Afrique du Sud, l'Algérie, l'ancienne République yougoslave de Macédoine, l'Arménie, l'Azerbaïdjan, la Bulgarie, la Corée du Sud, la Croatie, l'Égypte, la Fédération de Russie, la Géorgie, Israël, la Jordanie, le Kazakhstan, le Kirghizistan, le Liban, le Mexique, la Moldova, le Maroc, l'Ouzbékistan, la Roumanie, Saint-Marin, la Syrie, la Tunisie, la Turquie, le Turkménistan et l'Ukraine, ainsi que les dispositions des autres accords conclus conjointement par les États membres actuels et la Communauté avant le 1er mai 2004.

Toute adaptation de ces accords fait l'objet de protocoles conclus avec les pays cocontractants, conformément au paragraphe 1, second alinéa. Si les protocoles n'ont pas été conclus au 1er mai 2004, l'Union, la Communauté européenne de l'énergie atomique et les États membres prennent, dans le cadre de leurs compétences respectives, les mesures nécessaires pour résoudre cette situation.

5. À compter du 1er mai 2004, les nouveaux États membres appliquent les accords et arrangements bilatéraux en matière de textiles conclus par la Communauté avec des pays tiers.

Les restrictions quantitatives appliquées par l'Union aux importations de produits textiles et d'habillement sont adaptées de façon à tenir compte de l'adhésion des nouveaux États membres.

Si les modifications aux accords et arrangements bilatéraux concernant les produits textiles ne sont pas entrées en vigueur au 1er mai 2004, l'Union apporte les adaptations nécessaires aux règles qu'elle applique à l'importation de produits textiles et d'habillement provenant de pays tiers afin de tenir compte de l'adhésion des nouveaux États membres.

---

([1]) JO L 1 du 3.1.1994, p. 3.

6. Les restrictions quantitatives appliquées par l'Union aux importations d'acier et de produits sidérurgiques sont adaptées en fonction des importations de produits sidérurgiques provenant des pays fournisseurs concernés effectuées par les nouveaux États membres au cours des années qui précèdent immédiatement la signature du traité d'adhésion.

7. Les accords conclus avant le 1er mai 2004 par les nouveaux États membres avec des pays tiers dans le domaine de la pêche sont gérés par l'Union.

Les droits et obligations qui découlent de ces accords, pour les nouveaux États membres, ne sont pas remis en cause pendant la période au cours de laquelle les dispositions de ces accords restent provisoirement applicables.

Dans les meilleurs délais, et en tout état de cause avant l'expiration des accords visés au premier alinéa, le Conseil, sur proposition de la Commission, adopte cas par cas des décisions européennes appropriées prévoyant la poursuite des activités de pêche qui font l'objet de ces accords, y compris la possibilité de proroger certains accords pour une durée maximale d'un an.

8. Avec effet au 1er mai 2004, les nouveaux États membres se retirent de tout accord de libre-échange conclu avec un pays tiers, y compris l'accord de libre-échange de l'Europe centrale.

Dans la mesure où des accords conclus entre un ou plusieurs des nouveaux États membres, d'une part, et un ou plusieurs pays tiers, d'autre part, ne sont pas compatibles avec les obligations découlant de la Constitution, et notamment du présent protocole, le ou les nouveaux États membres prennent toutes les mesures appropriées pour éliminer les incompatibilités constatées. Si un nouvel État membre se heurte à des difficultés pour adapter un accord conclu avec un ou plusieurs pays tiers avant son adhésion, il se retire de cet accord, dans le respect des dispositions de celui-ci.

9. Les nouveaux États membres prennent les mesures appropriées pour adapter, le cas échéant, leur situation à l'égard des organisations internationales et des accords internationaux, auxquels l'Union ou la Communauté européenne de l'énergie atomique ou d'autres États membres sont également parties, aux droits et obligations résultant de leur adhésion à l'Union.

En particulier, ils se retirent au 1er mai 2004, ou dans les meilleurs délais après cette date, des accords et des organisations de pêche internationaux auxquels l'Union est aussi partie, à moins que leur participation à ces accords ou organisations ne concerne d'autres domaines que la pêche.

*Article 7*

Les actes adoptés par les institutions auxquels se rapportent les dispositions transitoires établies par le présent protocole conservent leur nature juridique; en particulier, les procédures de modification de ces actes leur restent applicables.

*Article 8*

Les dispositions de l'acte d'adhésion du 16 avril 2003 qui ont pour objet ou pour effet d'abroger ou de modifier autrement qu'à titre transitoire des actes adoptés par les institutions, organes ou organismes de la Communauté ou de l'Union européenne instituée par le traité UE, telles qu'interprétées par la Cour de justice des Communautés européennes et le Tribunal de première instance, demeurent en vigueur, sous réserve de l'application du second alinéa.

Ces dispositions ont la même nature juridique que les actes qu'elles ont abrogés ou modifiés, et sont soumises aux mêmes règles que ceux-ci.

*Article 9*

Les textes des actes des institutions, organes ou organismes de la Communauté ou de l'Union européenne instituée par le traité UE, ainsi que les textes des actes de la Banque centrale européenne, adoptés avant le 1er mai 2004 et qui ont été établis en langue tchèque, estonienne, hongroise, lettone, lituanienne, maltaise, polonaise, slovaque et slovène font foi dès cette date, dans les mêmes conditions que les textes établis et faisant foi dans les autres langues.

*Article 10*

Une loi européenne du Conseil peut abroger les dispositions transitoires établies par le présent protocole, lorsque celles-ci ne sont plus applicables. Le Conseil statue à l'unanimité, après consultation du Parlement européen.

*Article 11*

L'application de la Constitution et des actes adoptés par les institutions fait l'objet, à titre transitoire, des dispositions dérogatoires prévues par le présent protocole.

## TITRE II

## DISPOSITIONS PERMANENTES

*Article 12*

Les adaptations des actes énumérés dans la liste figurant à l'annexe III de l'acte d'adhésion du 16 avril 2003, qui sont rendues nécessaires par l'adhésion, sont établies conformément aux orientations définies par ladite annexe et selon la procédure et dans les conditions prévues à l'article 36.

*Article 13*

Les mesures énumérées dans la liste figurant à l'annexe IV de l'acte d'adhésion du 16 avril 2003 sont appliquées dans les conditions définies par ladite annexe.

*Article 14*

Une loi européenne du Conseil peut procéder aux adaptations des dispositions du présent protocole relatives à la politique agricole commune qui peuvent s'avérer nécessaires du fait d'une modification du droit de l'Union. Le Conseil statue à l'unanimité, après consultation du Parlement européen.

TITRE III

## LES DISPOSITIONS TEMPORAIRES

*Article 15*

Les mesures énumérées dans la liste figurant aux annexes V, VI, VII, VIII, IX, X, XI, XII, XIII et XIV de l'acte d'adhésion du 16 avril 2003 sont applicables en ce qui concerne les nouveaux États membres dans les conditions définies par lesdites annexes.

*Article 16*

1. Les recettes dénommées «droits du tarif douanier commun et autres droits» visées à l'article 2, paragraphe 1, point b), de la décision 2000/597/CE, Euratom du Conseil du 29 septembre 2000 relative au système des ressources propres des Communautés européennes ([1]), ou dans toute disposition correspondante d'une décision remplaçant celle-ci, comprennent les droits de douane calculés sur la base des taux résultant du tarif douanier commun et de toute concession tarifaire y afférente appliquée par l'Union dans les échanges des nouveaux États membres avec les pays tiers.

2. Pour l'année 2004, l'assiette harmonisée de la TVA et l'assiette RNB (revenu national brut) pour chaque nouvel État membre, visées à l'article 2, paragraphe 1, points c) et d), de la décision 2000/597/CE, Euratom, sont égales à deux tiers de l'assiette annuelle. L'assiette RNB de chaque État membre à prendre en compte pour le calcul du financement de la correction des déséquilibres budgétaires accordé au Royaume-Uni, visée à l'article 5, paragraphe 1, de la décision 2000/597/CE/Euratom, est aussi égale à deux tiers de l'assiette annuelle.

3. Pour déterminer le taux gelé pour 2004 conformément à l'article 2, paragraphe 4, point b), de la décision 2000/597/CE, Euratom, les assiettes écrêtées de la TVA des nouveaux États membres sont calculées sur la base de deux tiers de leur assiette non écrêtée de la TVA et de deux tiers de leur RNB.

*Article 17*

1. Afin de tenir compte de l'adhésion des nouveaux États membres, le budget de l'Union pour l'exercice 2004 a été adapté par le budget rectificatif qui a pris effet le 1er mai 2004.

2. Les douze douzièmes mensuels de la TVA et des ressources fondées sur le RNB que doivent acquitter les nouveaux États membres au titre du budget rectificatif visé au paragraphe 1, ainsi que l'ajustement rétroactif des douzièmes mensuels pour la période allant de janvier à avril 2004 qui ne s'appliquent qu'aux États membres actuels, sont convertis en huitièmes exigibles pendant la période allant de mai à décembre 2004. De même, les ajustements rétroactifs qui résulteraient d'un budget rectificatif ultérieur adopté en 2004, sont convertis en parts égales exigibles avant la fin de l'année.

---

([1]) JO L 253 du 7.10.2000, p. 42.

*Article 18*

Le premier jour ouvrable de chaque mois, l'Union verse à la République tchèque, à Chypre, à Malte et à la Slovénie, à titre de dépense imputée au budget de l'Union, un huitième en 2004, à compter du 1er mai 2004, et un douzième en 2005 et 2006 des montants ci-après de compensation budgétaire temporaire:

*(millions d'euros, prix de 1999)*

| | 2004 | 2005 | 2006 |
|---|---|---|---|
| République tchèque | 125,4 | 178,0 | 85,1 |
| Chypre | 68,9 | 119,2 | 112,3 |
| Malte | 37,8 | 65,6 | 62,9 |
| Slovénie | 29,5 | 66,4 | 35,5 |

*Article 19*

Le premier jour ouvrable de chaque mois, l'Union verse à la République tchèque, à l'Estonie, à Chypre, à la Lettonie, à la Lituanie, à la Hongrie, à Malte, à la Pologne, à la Slovénie et à la Slovaquie, à titre de dépense imputée au budget de l'Union, un huitième en 2004, à compter du 1er mai 2004, et un douzième en 2005 et 2006 des montants ci-après au titre d'une facilité de trésorerie spéciale forfaitaire:

*(millions d'euros, prix de 1999)*

| | 2004 | 2005 | 2006 |
|---|---|---|---|
| République tchèque | 174,7 | 91,55 | 91,55 |
| Estonie | 15,8 | 2,90 | 2,90 |
| Chypre | 27,7 | 5,05 | 5,05 |
| Lettonie | 19,5 | 3,40 | 3,40 |
| Lituanie | 34,8 | 6,30 | 6,30 |
| Hongrie | 155,3 | 27,95 | 27,95 |
| Malte | 12,2 | 27,15 | 27,15 |
| Pologne | 442,8 | 550,00 | 450,00 |
| Slovénie | 65,4 | 17,85 | 17,85 |
| Slovaquie | 63,2 | 11,35 | 11,35 |

Un milliard d'euros pour la Pologne et 100 millions d'euros pour la République tchèque, compris dans la facilité de trésorerie spéciale forfaitaire, seront pris en compte dans tout calcul relatif à la répartition des fonds à finalité structurelle pour les années 2004, 2005 et 2006.

*Article 20*

1. Les nouveaux États membres énumérés ci-après versent les montants indiqués au Fonds de recherche du charbon et de l'acier visé par la décision 2002/234/CECA des représentants des gouvernements des États membres, réunis au sein du Conseil du 27 février 2002 relative aux conséquences financières de l'expiration du traité CECA et au Fonds de recherche du charbon et de l'acier ([1]):

| | *(millions d'euros, prix courants)* |
|---|---|
| République tchèque | 39,88 |
| Estonie | 2,50 |
| Lettonie | 2,69 |
| Hongrie | 9,93 |
| Pologne | 92,46 |
| Slovénie | 2,36 |
| Slovaquie | 20,11 |

2. Les contributions au Fonds de recherche du charbon et de l'acier sont versées en quatre fois, à partir de 2006, selon la répartition ci-après, dans chaque cas le premier jour ouvrable du premier mois de chaque année:

2006: 15 %

2007: 20 %

2008: 30 %

2009: 35 %

*Article 21*

1. Sauf disposition contraire du présent protocole, aucun engagement financier n'est effectué au titre du programme PHARE ([2]), du programme de coopération transfrontalière dans le cadre du programme PHARE ([3]), des fonds de pré-adhésion pour Chypre et Malte ([4]), du programme ISPA ([5]) et

([1]) JO L 79 du 22.3.2002, p. 42.

([2]) Règlement (CEE) n° 3906/89 (JO L 375 du 23.12.1989, p. 11).

([3]) Règlement (CE) n° 2760/98 (JO L 345 du 19.12.1998, p. 49).

([4]) Règlement (CE) n° 555/2000 (JO L 68 du 16.3.2000, p. 3).

([5]) Règlement (CE) n° 1267/1999 (JO L 161 du 26.6.1999, p. 73).

du programme SAPARD ([1]) en faveur des nouveaux États membres après le 31 décembre 2003. Les nouveaux États membres sont traités de la même manière que les États membres actuels pour ce qui est des dépenses relevant des trois premières rubriques des perspectives financières, telles qu'elles sont définies par l'accord interinstitutionnel du 6 mai 1999 ([2]), à compter du 1er janvier 2004, sous réserve des spécifications et exceptions particulières indiquées ci-après ou de dispositions contraires du présent protocole. Les montants maximaux des crédits supplémentaires pour les rubriques 1, 2, 3 et 5 des perspectives financières liées à l'élargissement sont indiqués à l'annexe XV de l'acte d'adhésion du 16 avril 2003. Cependant, aucun engagement financier au titre du budget 2004 ne peut avoir lieu pour un programme ou une agence donné avant l'adhésion du nouvel État membre concerné.

2. Le paragraphe 1 ne s'applique pas aux dépenses du Fonds européen d'orientation et de garantie agricole, «section garantie», conformément à l'article 2, paragraphes 1 et 2, et à l'article 3, paragraphe 3, du règlement (CE) n° 1258/1999 du Conseil du 17 mai 1999 relatif au financement de la politique agricole commune ([3]), qui ne pourront bénéficier d'un financement communautaire qu'à compter du 1er mai 2004, conformément à l'article 2 du présent protocole.

Toutefois, le paragraphe 1 s'applique aux dépenses de développement rural au titre du Fonds européen d'orientation et de garantie agricole, «section garantie», conformément à l'article 47 bis du règlement (CE) n° 1257/1999 du Conseil du 17 mai 1999 concernant le soutien au développement rural par le Fonds européen d'orientation et de garantie agricole (FEOGA) et modifiant et abrogeant certains règlements ([4]), sous réserve que soient respectées les conditions fixées dans la modification dudit règlement, qui figure à l'annexe II de l'acte d'adhésion du 16 avril 2003.

3. Sous réserve du paragraphe 1, dernière phrase, à compter du 1er janvier 2004, les nouveaux États membres participent aux programmes et agences de l'Union dans les mêmes conditions que les États membres actuels, avec un financement du budget général de l'Union.

4. Si des mesures sont nécessaires pour faciliter la transition du régime en vigueur avant l'adhésion au régime résultant de l'application du présent article, la Commission adopte les mesures qui s'imposent.

*Article 22*

1. À compter du 1er mai 2004, les appels d'offres, les adjudications, la mise en œuvre et le paiement des aides de préadhésion au titre du programme PHARE, du programme de coopération transfrontalière dans le cadre du programme PHARE ainsi que les fonds de préadhésion pour Chypre et Malte sont gérés par des organismes de mise en œuvre dans les nouveaux États membres.

La Commission adopte des décisions européennes pour déroger aux contrôles ex ante par la Commission des appels d'offres et des adjudications, après une évaluation positive du système de

---

([1]) Règlement (CE) n° 1268/1999 (JO L 161 du 26.6.1999, p. 87).

([2]) Accord interinstitutionnel du 6 mai 1999 entre le Parlement européen, le Conseil et la Commission sur la discipline budgétaire et l'amélioration de la procédure budgétaire (JO C 172 du 18.6.1999, p. 1).

([3]) JO L 160 du 26.6.1999, p. 103.

([4]) JO L 160 du 26.6.1999, p. 80.

décentralisation étendue (EDIS) selon les critères et conditions fixés à l'annexe du règlement (CE) nº 1266/1999 du Conseil du 21 juin 1999 sur la coordination de l'assistance aux pays candidats dans le cadre de la stratégie de préadhésion, et modifiant le règlement (CEE) nº 3906/89 ([1]).

Si ces décisions visant à déroger aux contrôles ex ante n'ont pas été adoptées avant le 1er mai 2004, tout contrat signé entre le 1er mai 2004 et la date à laquelle les décisions de la Commission sont adoptées ne peut bénéficier de l'aide de préadhésion.

Toutefois, à titre exceptionnel, si les décisions de la Commission de déroger aux contrôles ex ante de la Commission sont reportées au-delà du 1er mai 2004 pour des motifs qui ne sont pas imputables aux autorités d'un nouvel État membre, la Commission peut accepter, dans des cas dûment justifiés, que les contrats signés entre le 1er mai 2004 et la date d'adoption de ces décisions puissent bénéficier de l'aide de préadhésion et que la mise en œuvre de l'aide de préadhésion se poursuive pendant une période limitée, sous réserve de contrôles ex ante par la Commission des appels d'offres et des adjudications.

2. Les engagements budgétaires globaux pris avant le 1er mai 2004 au titre des instruments financiers de préadhésion visés au paragraphe 1, y compris la conclusion et l'enregistrement des différents engagements juridiques contractés par la suite et des paiements effectués après le 1er mai 2004, continuent d'être régis par les règles et règlements des instruments financiers de préadhésion et imputés sur les chapitres budgétaires correspondants jusqu'à la clôture des programmes et projets concernés. Néanmoins, en ce qui concerne les marchés publics, les procédures engagées après le 1er mai 2004 respectent les actes pertinents de l'Union.

3. Le dernier exercice de programmation de l'aide de préadhésion visée au paragraphe 1 a lieu pendant la dernière année civile complète précédant le 1er mai 2004. L'adjudication pour les mesures prises dans le cadre de ces programmes devra avoir lieu dans les deux années qui suivront et les décaissements devront être effectués comme le prévoit le protocole financier ([2]), généralement pour la fin de la troisième année qui suit l'engagement. Aucune prolongation du délai d'adjudication n'est accordée. À titre exceptionnel et dans des cas dûment justifiés, une prolongation limitée de la durée peut être accordée pour le décaissement.

4. Afin d'assurer la suppression progressive nécessaire des instruments financiers de préadhésion visés au paragraphe 1 et du programme ISPA ainsi qu'une transition sans heurts des règles applicables avant le 1er mai 2004 à celles en vigueur après cette date, la Commission peut prendre toutes les mesures appropriées pour que le personnel statutaire requis reste en place dans les nouveaux États membres durant une période maximale de quinze mois après le 1er mai 2004.

Au cours de cette période, les fonctionnaires en poste dans les nouveaux États membres avant le 1er mai 2004 et qui sont obligés de rester en service dans ces États après cette date bénéficient, à titre exceptionnel, des mêmes conditions financières et matérielles que celles qui étaient appliquées par la Commission avant le 1er mai 2004, conformément à l'annexe X du Statut des fonctionnaires et des autres agents des Communautés européennes faisant l'objet du règlement (CEE, Euratom, CECA)

---

([1]) JO L 232 du 2.9.1999, p. 34.

([2]) Orientations de PHARE [SEC (1999) 1596, mis à jour le 6.9.2002 par C 3303/2].

n° 259/68 ([1]). Les dépenses administratives nécessaires pour la gestion de l'aide de préadhésion, y compris les traitements des autres membres du personnel, sont couvertes pendant toute l'année 2004 et jusqu'à la fin de juillet 2005, par la ligne «Dépenses d'appui aux actions» (ancienne partie B du budget), ou les lignes équivalentes pour les instruments financiers visés au paragraphe 1 et le programme ISPA, des budgets de préadhésion pertinents.

5. Lorsque les projets approuvés conformément au règlement (CE) n° 1258/1999 ne peuvent plus être financés au titre de cet instrument, ils peuvent être intégrés dans la programmation du développement rural et financés dans le cadre du Fonds européen d'orientation et de garantie agricole. Si des mesures transitoires spécifiques s'avèrent nécessaires à cet égard, elles sont adoptées par la Commission conformément aux procédures prévues à l'article 50, paragraphe 2, du règlement (CE) n° 1260/1999 du Conseil du 21 juin 1999 portant dispositions générales sur les Fonds structurels ([2]).

*Article 23*

1. Entre le 1er mai 2004 et la fin de l'année 2006, l'Union apporte une aide financière temporaire, ci-après dénommée «facilité transitoire», aux nouveaux États membres pour développer et renforcer leur capacité administrative de mettre en œuvre et de faire respecter le droit de l'Union et de la Communauté européenne de l'énergie atomique et pour favoriser l'échange de bonnes pratiques entre pairs.

2. L'aide répond à la nécessité permanente de renforcer la capacité institutionnelle dans certains domaines au moyen d'actions qui ne peuvent pas être financées par les fonds à finalité structurelle, en particulier dans les domaines suivants:

a) la justice et les affaires intérieures (renforcement du système judiciaire, contrôles aux frontières extérieures, stratégie de lutte contre la corruption, renforcement des moyens répressifs);

b) le contrôle financier;

c) la protection des intérêts financiers de l'Union et de la Communauté européenne de l'énergie atomique et la lutte contre la fraude;

d) le marché intérieur, y compris l'union douanière;

e) l'environnement;

f) les services vétérinaires et le renforcement de la capacité administrative concernant la sécurité alimentaire;

g) les structures administratives et de contrôle pour l'agriculture et le développement rural, y compris le Système intégré de gestion et de contrôle (SIGC);

---

([1]) JO L 56 du 4.3.1968, p. 1.

([2]) JO L 161 du 26.6.1999, p. 1.

h) la sûreté nucléaire (renforcement de l'efficacité et de la compétence des autorités chargées de la sûreté nucléaire et de leurs organismes d'aide technique ainsi que des agences publiques de gestion des déchets radioactifs);

i) les statistiques;

j) le renforcement de l'administration publique selon les besoins qui sont définis dans le rapport de suivi complet de la Commission et qui ne sont pas couverts par les fonds à finalité structurelle.

3. L'aide dans le cadre de la facilité transitoire est accordée conformément à la procédure prévue à l'article 8 du règlement (CEE) n° 3906/89 du Conseil du 18 décembre 1989 relatif à l'aide économique en faveur de certains pays d'Europe centrale et orientale ([1]).

4. Le programme est mis en œuvre conformément à l'article 53, paragraphe 1, points a) et b), du règlement financier applicable au budget général des Communautés européennes ([2]) ou à la loi européenne le remplaçant. Pour ce qui est des projets de jumelage entre administrations publiques aux fins du renforcement des institutions, la procédure d'appel à propositions par l'intermédiaire du réseau de points de contact dans les États membres continue à s'appliquer, comme cela est prévu dans les accords-cadres conclus avec les États membres actuels aux fins de l'assistance de préadhésion.

Les crédits d'engagements pour la facilité transitoire, aux prix de 1999, s'élèvent à 200 millions d'euros pour 2004, à 120 millions d'euros pour 2005 et à 60 millions d'euros pour 2006. Les crédits annuels sont autorisés par l'autorité budgétaire dans la limite des perspectives financières, telles qu'elles sont définies par l'accord interinstitutionnel du 6 mai 1999.

*Article 24*

1. Une facilité Schengen est créée en tant qu'instrument temporaire pour aider les États membres bénéficiaires entre le 1er mai 2004 et la fin de l'année 2006 à financer des actions aux nouvelles frontières extérieures de l'Union en vue de l'application de l'acquis de Schengen et des contrôles aux frontières extérieures.

Afin de remédier aux insuffisances constatées lors des travaux préparatoires à la participation à Schengen, les types d'action ci-après ouvrent droit au bénéfice d'un financement au titre de la facilité Schengen:

a) investissements dans la construction, la rénovation ou la modernisation des infrastructures et des bâtiments connexes situés aux points de franchissement des frontières;

b) investissements dans tout type d'équipement opérationnel (par exemple, équipement de laboratoire, outils de détection, Système d'Information Schengen — SIS II, matériel informatique et logiciels, moyens de transport);

c) formation des garde-frontières;

---

([1]) JO L 375 du 23.12.1989, p. 11.

([2]) Règlement (CE, Euratom) n° 1605/2002 (JO L 248 du 16.9.2002, p. 1).

d) participation aux dépenses de logistique et d'opérations.

2. Les montants ci-après sont mis à disposition au titre de la facilité Schengen sous forme de paiements forfaitaires non remboursables aux États membres bénéficiaires indiqués:

*(millions d'euros, prix de 1999)*

| | 2004 | 2005 | 2006 |
|---|---|---|---|
| Estonie | 22,9 | 22,90 | 22,90 |
| Lettonie | 23,7 | 23,70 | 23,70 |
| Lituanie | 44,78 | 61,07 | 29,85 |
| Hongrie | 49,30 | 49,30 | 49,30 |
| Pologne | 93,34 | 93,33 | 93,33 |
| Slovénie | 35,64 | 35,63 | 35,63 |
| Slovaquie | 15,94 | 15,93 | 15,93 |

3. Il appartient aux États membres bénéficiaires de sélectionner et de mettre en œuvre les différentes opérations, conformément au présent article. Il leur appartient aussi de coordonner l'utilisation qu'ils font de la facilité Schengen avec l'aide qu'ils reçoivent d'autres instruments de l'Union, en veillant à ce que cette utilisation soit compatible avec les politiques et mesures de l'Union, ainsi qu'avec le règlement financier applicable au budget général des Communautés européennes ou avec la loi européenne le remplaçant.

Les paiements forfaitaires non remboursables sont utilisés dans les trois ans à compter de la date du premier décaissement et toute somme inutilisée ou dépensée de manière injustifiable est recouvrée par la Commission. Au plus tard six mois après l'expiration de la période de trois ans, les États membres bénéficiaires présentent un rapport complet sur l'exécution financière des paiements forfaitaires non remboursables, accompagné d'une justification des dépenses.

L'État membre bénéficiaire exerce cette responsabilité sans préjudice de la responsabilité de la Commission en ce qui concerne l'exécution du budget de l'Union et dans le respect des dispositions dudit règlement financier, ou de la loi européenne le remplaçant, applicables à la gestion décentralisée.

4. La Commission conserve son droit de contrôle, par l'intermédiaire de l'Office européen de lutte antifraude (OLAF). La Commission et la Cour des comptes peuvent aussi effectuer des vérifications sur place en suivant les procédures appropriées.

5. La Commission peut adopter les dispositions techniques nécessaires au fonctionnement de la facilité Schengen.

*Article 25*

Les montants visés aux articles 18, 19, 23 et 24 sont ajustés chaque année, dans le cadre de l'ajustement prévu au paragraphe 15 de l'accord interinstitutionnel du 6 mai 1999.

*Article 26*

1. Pendant une période maximale de trois ans à compter du 1er mai 2004, en cas de difficultés graves et susceptibles de persister dans un secteur de l'activité économique ainsi que de difficultés pouvant se traduire par l'altération grave d'une situation économique régionale, un nouvel État membre peut demander à être autorisé à adopter des mesures de sauvegarde permettant de rééquilibrer la situation et d'adapter le secteur intéressé à l'économie du marché intérieur.

Dans les mêmes conditions, un État membre actuel peut demander à être autorisé à adopter des mesures de sauvegarde à l'égard d'un ou de plusieurs des nouveaux États membres.

2. À la demande de l'État membre intéressé, la Commission adopte, par une procédure d'urgence, les règlements ou décisions européens fixant les mesures de sauvegarde qu'elle estime nécessaires, en précisant les conditions et les modalités d'application.

En cas de difficultés économiques graves et sur demande expresse de l'État membre intéressé, la Commission statue dans un délai de cinq jours ouvrables à compter de la réception de la demande, accompagnée des éléments d'appréciation y afférents. Les mesures ainsi décidées sont immédiatement applicables, elles tiennent compte des intérêts de toutes les parties concernées et ne doivent pas entraîner de contrôles aux frontières.

3. Les mesures autorisées en vertu du paragraphe 2 peuvent comporter des dérogations aux règles fixées par la Constitution, et notamment au présent protocole, dans la mesure et pour les délais strictement nécessaires pour atteindre les buts visés au paragraphe 1. Par priorité devront être choisies les mesures qui causent le moins de perturbation au fonctionnement du marché intérieur.

*Article 27*

Si un nouvel État membre n'a pas donné suite aux engagements qu'il a pris dans le cadre des négociations d'adhésion, y compris les engagements à l'égard de toutes les politiques sectorielles qui concernent les activités économiques ayant une dimension transfrontalière, et provoque ainsi, ou risque de provoquer à très brève échéance, un dysfonctionnement grave du marché intérieur, la Commission peut, pendant une période pouvant aller jusqu'à trois ans à compter du 1er mai 2004, à la demande motivée d'un État membre, ou de sa propre initiative, adopter des règlements ou décisions européens établissant des mesures appropriées.

Ces mesures sont proportionnées au dysfonctionnement du marché, la priorité étant donnée à celles qui perturberont le moins le fonctionnement du marché intérieur et, le cas échéant, à l'application des mécanismes de sauvegarde sectoriels en vigueur. Ces mesures de sauvegarde ne peuvent pas être utilisées comme moyen de discrimination arbitraire ou de restriction déguisée des échanges commerciaux entre les États membres. Les mesures sont maintenues pendant la durée strictement nécessaire et, en tout état de cause, sont levées lorsque l'engagement correspondant est rempli. Elles peuvent cependant être appliquées au-delà de la période visée au premier alinéa tant que les engagements correspondants n'ont pas été remplis. La Commission peut adapter les mesures arrêtées en fonction de la mesure dans laquelle le nouvel État membre concerné remplit ses engagements. La Commission informe le Conseil en temps utile avant d'abroger les règlements ou décisions européens fixant les mesures de sauvegarde et elle prend dûment en compte les observations éventuelles du Conseil à cet égard.

*Article 28*

Si de graves manquements ou un risque imminent de graves manquements sont constatés dans un nouvel État membre en ce qui concerne la transposition, l'état d'avancement de la mise en œuvre ou l'application des décisions-cadres ou de tout autre engagement, instrument de coopération et décision afférents à la reconnaissance mutuelle en matière pénale adoptés sur la base du titre VI du traité UE, et des directives et règlements relatifs à la reconnaissance mutuelle en matière civile adoptés sur la base du titre IV du traité CE, ainsi que des lois et lois-cadres européennes adoptées sur la base de la partie III, titre III, chapitre IV, sections 3 et 4, de la Constitution, la Commission peut, pendant une période pouvant aller jusqu'à trois ans à compter du 1er mai 2004, à la demande motivée d'un État membre, ou de sa propre initiative, et après avoir consulté les États membres, adopter les règlements ou décisions européens établissant des mesures appropriées en précisant les conditions et les modalités de leur application.

Ces mesures peuvent prendre la forme d'une suspension temporaire de l'application des dispositions et décisions concernées dans les relations entre le nouvel État membre et un ou plusieurs autres États membres, sans que soit remise en cause la poursuite de l'étroite coopération judiciaire. Les mesures sont maintenues pendant la durée strictement nécessaire et, en tout état de cause, sont levées lorsque le manquement constaté est corrigé. Elles peuvent cependant être appliquées au-delà de la période visée au premier alinéa tant que ces manquements persistent. La Commission peut, après avoir consulté les États membres, adapter les mesures adoptées en fonction de la mesure dans laquelle le nouvel État membre corrige les manquements constatés. La Commission informe le Conseil en temps utile avant d'abroger les mesures de sauvegarde et elle prend dûment en compte les observations éventuelles du Conseil à cet égard.

*Article 29*

Afin de ne pas perturber le bon fonctionnement du marché intérieur, la mise en œuvre des règles nationales des nouveaux États membres durant les périodes transitoires visées aux annexes V à XIV de l'acte d'adhésion du 16 avril 2003 ne peut entraîner des contrôles aux frontières entre États membres.

*Article 30*

Si des mesures transitoires sont nécessaires pour faciliter la transition du régime en vigueur dans les nouveaux États membres au régime résultant de l'application de la politique agricole commune dans les conditions indiquées dans le présent protocole, ces mesures sont adoptées par la Commission conformément à la procédure prévue à l'article 42, paragraphe 2, du règlement (CE) n° 1260/2001 du Conseil du 19 juin 2001 portant organisation commune des marchés dans le secteur du sucre ([1]), ou, le cas échéant, aux articles correspondants des autres règlements portant organisation des marchés agricoles ou des lois européennes les remplaçant, ou selon la procédure prévue par la législation applicable. Les mesures transitoires visées par le présent article peuvent être adoptées durant une période de trois ans à compter du 1er mai 2004 et ne doivent pas s'appliquer au-delà de cette période. Une loi européenne du Conseil peut prolonger cette période. Le Conseil statue à l'unanimité, après consultation du Parlement européen.

---

([1]) JO L 178 du 30.6.2001, p. 1.

*Article 31*

Lorsque des mesures transitoires sont nécessaires pour faciliter la transition du régime en vigueur dans les nouveaux États membres au régime résultant de la mise en œuvre des règles vétérinaires et phytosanitaires de l'Union, ces mesures sont adoptées par la Commission selon la procédure prévue par la législation applicable. Ces mesures sont adoptées durant une période de trois ans à compter du 1^er^ mai 2004 et ne doivent pas s'appliquer au-delà de cette période.

*Article 32*

1. Le mandat des nouveaux membres des comités, groupes et autres organismes énumérés à l'annexe XVI de l'acte d'adhésion du 16 avril 2003 expire en même temps que celui des membres qui sont en fonction au 1^er^ mai 2004.

2. Le mandat des nouveaux membres des comités et groupes créés par la Commission, énumérés à l'annexe XVII de l'acte d'adhésion du 16 avril 2003, expire en même temps que celui des membres en fonctions au 1^er^ mai 2004.

TITRE IV

**APPLICABILITÉ DES ACTES DES INSTITUTIONS**

*Article 33*

À partir du 1^er^ mai 2004, les nouveaux États membres sont considérés comme étant destinataires des directives et des décisions, au sens de l'article 249 du traité CE et de l'article 161 du traité CEEA, pour autant que ces directives et décisions aient été adressées à tous les États membres actuels. Sauf en ce qui concerne les directives et les décisions qui entrent en vigueur en vertu de l'article 254, paragraphes 1 et 2, du traité CE, les nouveaux États membres sont considérés comme ayant reçu notification de ces directives et décisions au 1^er^ mai 2004.

*Article 34*

Les nouveaux États membres mettent en vigueur les mesures qui leur sont nécessaires pour se conformer, à partir du 1^er^ mai 2004, aux dispositions des directives et des décisions au sens de l'article 249 du traité CE et de l'article 161 du traité CEEA, à moins qu'un autre délai ne soit prévu aux annexes visées à l'article 15, ou dans d'autres dispositions du présent protocole.

*Article 35*

Sauf disposition contraire, le Conseil, sur proposition de la Commission, adopte les règlements ou décisions européens nécessaires pour mettre en œuvre les dispositions figurant aux annexes III et IV de l'acte d'adhésion du 16 avril 2003 visées aux articles 12 et 13 du présent protocole.

*Article 36*

1. Lorsque les actes des institutions adoptés avant le 1er mai 2004 doivent être adaptés du fait de l'adhésion et que les adaptations nécessaires n'ont pas été prévues par le présent protocole, ces adaptations sont effectuées conformément à la procédure prévue au paragraphe 2. Ces adaptations entrent en vigueur dès le 1er mai 2004.

2. Le Conseil, sur proposition de la Commission, ou la Commission, selon que les actes initiaux ont été adoptés par l'une ou l'autre de ces deux institutions, adopte à cette fin les actes nécessaires.

*Article 37*

Les dispositions législatives, réglementaires et administratives destinées à assurer, sur le territoire des nouveaux États membres, la protection sanitaire des populations et des travailleurs contre les dangers résultant des radiations ionisantes sont, conformément à l'article 33 du traité CEEA, communiquées par ces États à la Commission dans un délai de trois mois à compter du 1er mai 2004.

DEUXIÈME PARTIE

## DISPOSITIONS RELATIVES AUX PROTOCOLES ANNEXÉS À L'ACTE D'ADHÉSION DU 16 AVRIL 2003

TITRE I

### DISPOSITIONS TRANSITOIRES RELATIVES À LA BANQUE EUROPÉENNE D'INVESTISSEMENT

*Article 38*

Le Royaume d'Espagne verse la somme de 309 686 775 euros correspondant à sa quote-part du capital versé au titre de l'augmentation du capital souscrit. Cette contribution est versée en huit tranches égales venant à échéance le 30 septembre 2004, le 30 septembre 2005, le 30 septembre 2006, le 31 mars 2007, le 30 septembre 2007, le 31 mars 2008, le 30 septembre 2008 et le 31 mars 2009.

Le Royaume d'Espagne contribue, en huit tranches égales venant à échéance à ces dates, aux réserves et aux provisions équivalant à des réserves, ainsi qu'au montant encore à affecter aux réserves et aux provisions, constitué par le solde du compte de profits et pertes, établis à la fin du mois d'avril 2004, tels qu'ils figurent au bilan de la Banque, pour des montants correspondant à 4,1292 % des réserves et des provisions.

*Article 39*

À compter du 1er mai 2004, les nouveaux États membres versent les montants ci-après correspondant à leur quote-part du capital versé au titre du capital souscrit tel qu'il est défini à l'article 4 du statut de la Banque européenne d'investissement:

| | |
|---|---|
| Pologne | 170 563 175 euros |
| République tchèque | 62 939 275 euros |
| Hongrie | 59 543 425 euros |
| Slovaquie | 21 424 525 euros |
| Slovénie | 19 890 750 euros |
| Lituanie | 12 480 875 euros |
| Chypre | 9 169 100 euros |
| Lettonie | 7 616 750 euros |
| Estonie | 5 882 000 euros |
| Malte | 3 490 200 euros |

Ces contributions sont versées en huit tranches égales venant à échéance le 30 septembre 2004, le 30 septembre 2005, le 30 septembre 2006, le 31 mars 2007, le 30 septembre 2007, le 31 mars 2008, le 30 septembre 2008 et le 31 mars 2009.

*Article 40*

Les nouveaux États membres contribuent, en huit tranches égales venant à échéance aux dates visées à l'article 39, aux réserves et aux provisions équivalant aux réserves, ainsi qu'au montant encore à affecter aux réserves et aux provisions, constitué par le solde du compte de profits et pertes, établis à la fin du mois d'avril 2004, tels qu'ils figurent au bilan de la Banque européenne d'investissement, pour des montants correspondant aux pourcentages ci-après des réserves et des provisions:

| | |
|---|---|
| Pologne | 2,2742 % |
| République tchèque | 0,8392 % |
| Hongrie | 0,7939 % |
| Slovaquie | 0,2857 % |
| Slovénie | 0,2652 % |
| Lituanie | 0,1664 % |
| Chypre | 0,1223 % |
| Lettonie | 0,1016 % |
| Estonie | 0,0784 % |
| Malte | 0,0465 % |

*Article 41*

Le capital et les paiements prévus aux articles 38, 39 et 40 sont versés par le Royaume d'Espagne et les nouveaux États membres en espèces et en euros, sauf en cas de dérogation décidée à l'unanimité par le conseil des gouverneurs.

TITRE II

**DISPOSITIONS RELATIVES À LA RESTRUCTURATION DE L'INDUSTRIE SIDÉRURGIQUE TCHÈQUE**

*Article 42*

1. Nonobstant les articles III-167 et III-168 de la Constitution, les aides d'État accordées par la République tchèque pour la restructuration de secteurs déterminés de l'industrie sidérurgique tchèque entre 1997 et 2003 sont réputées compatibles avec le marché intérieur, pour autant:

a) que la période prévue à l'article 8, paragraphe 4, du protocole n° 2 relatif aux produits couverts par le traité CECA annexé à l'accord européen établissant une association entre les Communautés européennes et leurs États membres, d'une part, et la République tchèque, d'autre part ([1]), ait été prolongée jusqu' au 1er mai 2004;

b) que les modalités fixées dans le plan de restructuration sur la base desquelles le protocole susmentionné a été étendu soient suivies tout au long de la période 2002-2006;

c) que les conditions fixées dans le présent titre soient remplies, et

d) qu'aucune aide d'État pour la restructuration ne soit à payer à l'industrie sidérurgique tchèque après le 1er mai 2004.

2. La restructuration du secteur sidérurgique tchèque, telle que décrite dans les plans d'entreprise des entreprises indiquées à l'annexe 1 du protocole n° 2 de l'acte d'adhésion du 16 avril 2003 (ci-après dénommées «entreprises bénéficiaires»), et dans le respect des conditions fixées par le présent titre, doit être achevée au plus tard le 31 décembre 2006 (ci-après dénommée «la fin de la période de restructuration»).

3. Seules les entreprises bénéficiaires remplissent les conditions requises pour bénéficier des aides d'État dans le cadre du programme pour la restructuration du secteur sidérurgique tchèque.

4. Il est interdit à une entreprise bénéficiaire:

a) en cas de fusion avec une entreprise qui ne figure pas à l'annexe 1 du protocole n° 2 de l'acte d'adhésion du 16 avril 2003, de transmettre à cette entreprise le bénéfice de l'aide qui lui est accordée;

---

([1]) JO L 360 du 31.12.1994, p. 2.

b) de reprendre les actifs d'entreprises ne figurant pas à l'annexe 1 du protocole n° 2 de l'acte d'adhésion du 16 avril 2003 qui font faillite durant la période allant jusqu'au 31 décembre 2006.

5. Toute privatisation ultérieure d'une entreprise bénéficiaire doit respecter les conditions et les principes en matière de viabilité, d'aides d'État et de réduction de capacité qui sont définis dans le présent titre.

6. Le montant total des aides à la restructuration à accorder aux entreprises bénéficiaires est déterminé par les justifications figurant dans le plan de restructuration de l'industrie sidérurgique tchèque et les plans d'entreprise individuels approuvés par le Conseil. Mais, en tout état de cause, l'aide payée durant la période 1997-2003 ne doit pas dépasser un montant maximal de 14 147 425 201 CZK. Sur ce montant total, Nová Huť reçoit un maximum de 5 700 075 201 CZK, Vítkovice Steel reçoit un maximum de 8 155 350 000 CZK et Válcovny Plechu Frýdek Místek reçoit un maximum de 292 000 000 CZK en fonction des exigences figurant dans le plan de restructuration approuvé. L'aide ne peut être accordée qu'une seule fois. La République tchèque n'accorde aucune autre aide d'État pour la restructuration à l'industrie sidérurgique tchèque.

7. La réduction nette de capacité à laquelle doit parvenir la République tchèque pour les produits finis sur la période 1997-2006 correspond à 590 000 tonnes.

La réduction de la capacité est mesurée uniquement sur la base d'une fermeture définitive des installations de production, par destruction physique d'une ampleur ne permettant pas de les remettre en service. La faillite d'une entreprise sidérurgique n'est pas suffisante pour une prise en compte au titre d'une réduction de capacité.

Ces réductions de capacité, ainsi que toute autre s'avérant nécessaire dans le cadre des programmes de restructuration, doivent être achevées conformément aux calendriers figurant à l'annexe 2 du protocole n° 2 de l'acte d'adhésion du 16 avril 2003.

8. La République tchèque supprime les obstacles aux échanges sur le marché du charbon, conformément à l'acquis, au moment de l'adhésion, ce qui permet aux entreprises sidérurgiques tchèques d'avoir accès au charbon aux prix du marché international.

9. Le plan d'entreprise relatif à l'entreprise bénéficiaire Nová Huť est mis en œuvre. En particulier:

a) l'usine de Vysoké Pece Ostrava (VPO) doit être incorporée dans le cadre organisationnel de Nová Huť moyennant l'acquisition de tous les droits de propriété dans cette usine. Une échéance doit être fixée pour cette fusion, en précisant à qui en incombe la réalisation;

b) les efforts de restructuration se concentrent sur les points suivants:

   i) Nová Huť doit évoluer et s'orienter vers la commercialisation plutôt que vers la production, et la gestion de l'entreprise doit être améliorée afin de devenir plus efficace et plus transparente au niveau des coûts;

   ii) Nová Huť doit revoir sa gamme de produits et se tourner vers des marchés à plus haute valeur ajoutée;

   iii) Nová Huť doit réaliser à court terme après la signature du traité d'adhésion les investissements nécessaires pour rehausser la qualité des produits finis;

c) il convient de procéder à la restructuration de l'emploi. Des niveaux de productivité comparables à ceux obtenus par des groupes sidérurgiques de l'Union sont atteints au 31 décembre 2006, sur la base des chiffres consolidés des entreprises bénéficiaires concernées;

d) la conformité à l'acquis communautaire en matière de protection de l'environnement est réalisée au 1er mai 2004. Les investissements nécessaires à cet effet doivent être pris en compte dans le plan d'entreprise. C'est également le cas pour les investissements qu'il faut réaliser pour la prévention et la réduction intégrées de la pollution, afin de se conformer aux exigences de la directive 96/61/CE du Conseil du 24 septembre 1996 relative à la prévention et à la réduction intégrées de la pollution ([1]) pour le 1er novembre 2007.

10. Le plan d'entreprise relatif à l'entreprise bénéficiaire Vítkovice Steel est mis en œuvre. En particulier:

a) le laminoir duo doit être fermé de façon permanente pour le 31 décembre 2006 au plus tard. En cas d'acquisition de l'entreprise par un investisseur stratégique, il convient de subordonner le contrat d'achat à cette fermeture;

b) les efforts de restructuration se concentrent sur les points suivants:

   i) augmenter les ventes directes et insister davantage sur la réduction des coûts, ce qui est essentiel pour rendre la gestion de l'entreprise et la rendre plus efficace;

   ii) s'adapter à la demande du marché et s'orienter vers des produits à plus haute valeur ajoutée;

   iii) les investissements proposés pour le processus secondaire de production d'acier doivent être avancés de 2004 à 2003 afin de permettre à l'entreprise d'être compétitive au niveau de la qualité plutôt qu'au niveau des prix;

c) la conformité à l'acquis communautaire en matière de protection de l'environnement est réalisée pour le 1er mai 2004. Les investissements nécessaires à cet effet doivent être pris en compte dans le plan d'entreprise, tout comme les futurs investissements qui seront nécessaires en rapport avec les futurs investissements IPPC.

---

([1]) JO L 257 du 10.10.1996, p. 26.

11. Le plan d'entreprise relatif à l'entreprise bénéficiaire Válcovny Plechu Frýdek Místek (VPFM) est mis en œuvre. En particulier:

a) les laminoirs à chaud n° 1 et 2 doivent être définitivement fermés à la fin de 2004;

b) les efforts de restructuration doivent se concentrer sur les points suivants:

i) réaliser à court terme, après la signature du traité d'adhésion, les investissements nécessaires pour rehausser la qualité des produits finis;

ii) accorder la priorité à la mise en œuvre d'éléments clés identifiés qui contribuent à l'amélioration du bénéfice (y compris la restructuration de l'emploi, la réduction des frais, l'amélioration du rendement, la réorientation de la distribution).

12. Toute modification ultérieure du plan global de restructuration et des plans spécifiques doit être agréée par la Commission et, le cas échéant, par le Conseil.

13. La mise en œuvre de la restructuration doit se dérouler dans des conditions de pleine transparence et sur la base de principes sains d'économie de marché.

14. La Commission et le Conseil suivent de près la mise en œuvre de la restructuration et le respect des conditions énoncées dans le présent titre pour ce qui est de la viabilité, des aides d'État et des réductions de capacités avant et après le 1er mai 2004, jusqu'à la fin de la période de restructuration, conformément aux paragraphes 15 à 18. À cet effet, la Commission présente un rapport au Conseil.

15. La Commission et le Conseil assurent le suivi des critères d'évaluation de la restructuration énoncés à l'annexe 3 du protocole n° 2 de l'acte d'adhésion du 16 avril 2003. Les références faites, dans ladite annexe, au paragraphe 16 dudit protocole, doivent être entendues comme faites au paragraphe 16 du présent article.

16. Le suivi comprend des évaluations indépendantes qui sont effectuées en 2003, 2004, 2005 et 2006. Le test de viabilité de la Commission est un élément important pour vérifier si les conditions de viabilité sont remplies.

17. La République tchèque coopère pleinement avec la Commission pour ce qui est de tous les arrangements en matière de suivi. En particulier:

a) la République tchèque soumet à la Commission des rapports semestriels concernant la restructuration des entreprises bénéficiaires, et ce au plus tard les 15 mars et 15 septembre de chaque année, jusqu'au terme de la période de restructuration;

b) le premier rapport doit être communiqué à la Commission pour le 15 mars 2003, et le dernier, pour le 15 mars 2007, à moins que la Commission n'en décide autrement;

c) les rapports contiennent toutes les informations requises pour suivre le processus de restructuration et la réduction et l'utilisation de la capacité, ainsi que des données financières suffisantes pour permettre d'évaluer si les conditions et exigences contenues dans le présent titre ont été remplies. Les rapports contiennent au moins les informations indiquées à l'annexe 4 du protocole n° 2 de l'acte d'adhésion du 16 avril 2003, que la Commission se réserve le droit de modifier en fonction de l'expérience acquise dans le cadre du processus de suivi. Outre les rapports d'activité des entreprises bénéficiaires, un rapport doit également être établi concernant la situation globale du secteur sidérurgique tchèque, y compris en ce qui concerne l'évolution macroéconomique récente;

d) la République tchèque fait obligation aux entreprises bénéficiaires de divulguer toutes les informations pertinentes qui pourraient, dans d'autres circonstances, être considérées comme étant confidentielles. Dans ses rapports au Conseil, la Commission veille à ne pas divulguer les informations confidentielles concernant des entreprises spécifiques.

18. La Commission peut à tout moment décider de mandater un consultant indépendant pour évaluer les résultats du suivi, effectuer toute recherche qui s'avérerait nécessaire et faire rapport à la Commission et au Conseil.

19. Si la Commission établit, sur la base des rapports visés au paragraphe 17, que la situation existante présente des écarts substantiels par rapport aux données financières sur la base desquelles l'évaluation de viabilité a été réalisée, elle peut obliger la République tchèque à prendre les dispositions appropriées pour renforcer les mesures de restructuration des entreprises bénéficiaires concernées.

20. S'il ressort du suivi que:

a) les conditions accompagnant les dispositions transitoires figurant dans le présent titre n'ont pas été remplies, ou que

b) les engagements pris dans le cadre de la prolongation de la période durant laquelle la République tchèque peut à titre exceptionnel accorder des aides d'État pour la restructuration de son industrie sidérurgique aux termes de l'accord européen établissant une association entre les Communautés européennes et leurs États membres, d'une part, et la République tchèque, d'autre part [1], n'ont pas été remplis, ou que

c) la République tchèque, dans le courant de la période de restructuration, a accordé des aides d'État supplémentaires non conformes à l'industrie sidérurgique et en particulier aux entreprises bénéficiaires,

les dispositions transitoires figurant dans le présent titre ne sont pas d'application.

La Commission prend les dispositions nécessaires pour exiger de toute entreprise concernée le remboursement de toute aide accordée en violation des conditions fixées dans le présent titre.

---

(1) JO L 360 du 31.12.1994, p. 2.

TITRE III

## DISPOSITIONS RELATIVES AUX ZONES DE SOUVERAINETÉ DU ROYAUME-UNI DE GRANDE-BRETAGNE ET D'IRLANDE DU NORD À CHYPRE

*Article 43*

1. Les zones de souveraineté du Royaume-Uni sont comprises dans le territoire douanier de l'Union et, à cette fin, les actes de l'Union en matière de douane et de politique commerciale commune énumérés dans la partie I de l'annexe du protocole n° 3 de l'acte d'adhésion du 16 avril 2003 s'appliquent aux zones de souveraineté, sous réserve des modifications figurant dans ladite annexe. Dans ladite annexe, la référence faite au «présent protocole» doit être entendue comme faite au présent titre.

2. Les actes de l'Union relatifs aux taxes sur le chiffre d'affaires, aux accises et à d'autres formes d'imposition indirecte énumérés dans la partie II de l'annexe du protocole n° 3 de l'acte d'adhésion du 16 avril 2003 s'appliquent aux zones de souveraineté, sous réserve des modifications figurant dans ladite annexe ainsi que des dispositions pertinentes applicables à Chypre figurant dans le présent protocole.

3. Les actes de l'Union énumérés dans la partie III de l'annexe du protocole n° 3 de l'acte d'adhésion du 16 avril 2003 sont modifiés conformément à ladite annexe afin de permettre au Royaume-Uni de maintenir les franchises et exonérations de droits et taxes dont bénéficient, en vertu du traité établissant la République de Chypre (ci-après dénommé «traité d'établissement»), ses forces et le personnel associé pour ce qui est des approvisionnements.

*Article 44*

Les articles III-225 à III-232 de la Constitution, ainsi que les dispositions adoptées sur cette base, et les dispositions adoptées conformément à l'article III-278, paragraphe 4, point b), de la Constitution s'appliquent aux zones de souveraineté du Royaume-Uni.

*Article 45*

Les personnes résidant ou travaillant sur le territoire des zones de souveraineté du Royaume-Uni qui, aux termes des arrangements conclus en vertu du traité d'établissement et de l'échange de notes y afférent en date du 16 août 1960, sont soumises à la législation de la République de Chypre en matière de sécurité sociale sont traitées, aux fins du règlement (CEE) n° 1408/71 du Conseil du 14 juin 1971 relatif à l'application des régimes de sécurité sociale aux travailleurs salariés, aux travailleurs non salariés et aux membres de leur famille qui se déplacent à l'intérieur de la Communauté (1), comme si elles résidaient ou travaillaient sur le territoire de la République de Chypre.

---

(1) JO L 149 du 5.7.1971, p. 2.

*Article 46*

1. La République de Chypre n'est pas tenue de contrôler les personnes qui franchissent ses frontières terrestres et maritimes avec les zones de souveraineté du Royaume-Uni et aucune restriction de l'Union sur le franchissement des frontières extérieures ne s'applique à ces personnes.

2. Le Royaume-Uni soumet à des contrôles les personnes qui franchissent les frontières extérieures de ses zones de souveraineté conformément aux engagements fixés dans la partie IV de l'annexe du protocole n° 3 de l'acte d'adhésion du 16 avril 2003.

*Article 47*

Afin d'assurer la mise en œuvre efficace des objectifs du présent titre, le Conseil peut adopter, sur proposition de la Commission, une décision européenne visant à modifier les articles 43 à 46, y compris l'annexe du protocole n° 3 de l'acte d'adhésion du 16 avril 2003, ou à appliquer aux zones de souveraineté du Royaume-Uni d'autres dispositions de la Constitution et des actes de l'Union, assorties, le cas échéant, de conditions qu'il précise. Le Conseil statue à l'unanimité. La Commission consulte le Royaume-Uni et la République de Chypre avant de présenter une proposition.

*Article 48*

1. Sous réserve du paragraphe 2, le Royaume-Uni est responsable de la mise en œuvre du présent titre dans ses zones de souveraineté. Plus particulièrement:

a) le Royaume-Uni est responsable de l'application des mesures de l'Union, précisées dans le présent titre, dans le domaine des douanes, de la fiscalité indirecte et de la politique commerciale commune pour ce qui est des marchandises qui entrent sur le territoire de l'île de Chypre ou en sortent en passant par un port ou un aéroport situé à l'intérieur des zones de souveraineté du Royaume-Uni;

b) les contrôles douaniers sur les marchandises importées dans l'île de Chypre ou exportées à partir de celle-ci par les forces du Royaume-Uni en passant par un port ou un aéroport situé dans la République de Chypre peuvent être réalisés à l'intérieur des zones de souveraineté du Royaume-Uni;

c) le Royaume-Uni est responsable de la délivrance des licences, autorisations ou certificats qui pourraient être requis au titre de toute mesure de l'Union applicable en ce qui concerne des marchandises importées dans l'île de Chypre ou exportées à partir de celle-ci par les forces du Royaume-Uni.

2. La République de Chypre est responsable de la gestion et du paiement de tout fonds de l'Union auquel peuvent prétendre les personnes des zones de souveraineté du Royaume-Uni dans le cadre de l'application de la politique agricole commune auxdites zones en vertu de l'article 44, et la République de Chypre rend compte de ces dépenses à la Commission.

3. Sans préjudice des paragraphes 1 et 2, le Royaume-Uni peut déléguer aux autorités compétentes de la République de Chypre, conformément aux arrangements conclus en vertu du traité d'établissement, l'exécution de toute tâche imposée à un État membre par toute disposition figurant aux articles 43 à 46 ou en application de celle-ci.

4. Le Royaume-Uni et la République de Chypre coopèrent pour assurer la mise en œuvre efficace du présent titre dans les zones de souveraineté du Royaume-Uni et concluent, s'il y a lieu, d'autres arrangements pour ce qui est de déléguer la mise en œuvre de toute disposition figurant aux articles 43 à 46. Un exemplaire des arrangements ainsi conclus est transmis à la Commission.

*Article 49*

Le régime établi par le présent titre a exclusivement pour objet de réglementer la situation particulière des zones de souveraineté du Royaume-Uni à Chypre et ne peut être appliqué à aucun autre territoire de l'Union ni être considéré comme un précédent, en tout ou en partie pour tout autre régime spécial qui existe déjà ou qui pourrait être établi dans un autre territoire européen prévu à l'article IV-440 de la Constitution.

*Article 50*

Tous les cinq ans à compter du 1er mai 2004, la Commission présente au Parlement européen et au Conseil un rapport sur la mise en œuvre des dispositions du présent titre.

*Article 51*

Les dispositions du présent titre s'appliquent à la lumière de la déclaration relative aux zones de souveraineté du Royaume-Uni de Grande Bretagne et d'Irlande du Nord à Chypre qui reprend, sans en altérer la portée juridique, les termes du préambule tel qu'il figurait dans le protocole n° 3 de l'acte d'adhésion du 16 avril 2003.

## TITRE IV

## DISPOSITIONS RELATIVES À LA CENTRALE NUCLÉAIRE D'IGNALINA EN LITUANIE

*Article 52*

Reconnaissant que l'Union est disposée à fournir une assistance supplémentaire qui soit à la mesure des efforts accomplis par la Lituanie pour déclasser la centrale nucléaire d'Ignalina et mettant en évidence ce témoignage de solidarité, la Lituanie s'est engagée à fermer l'unité 1 de la centrale nucléaire d'Ignalina avant 2005 et l'unité 2 de cette centrale le 31 décembre 2009 au plus tard, et, par la suite, à déclasser ces unités.

*Article 53*

1. Au cours de la période 2004-2006, l'Union fournit une assistance financière supplémentaire pour soutenir les efforts de la Lituanie visant à déclasser la centrale nucléaire d'Ignalina et faire face

aux conséquences de la fermeture et du déclassement de cette centrale (ci-après «programme Ignalina»).

2. Les mesures au titre du programme Ignalina sont décidées et mises en œuvre conformément aux dispositions prévues dans le règlement (CEE) n° 3906/89 du Conseil du 18 décembre 1989 relatif à l'aide économique en faveur de certains pays d'Europe centrale et orientale ([1]).

3. Le programme Ignalina porte notamment sur: des mesures de soutien au déclassement de la centrale nucléaire d'Ignalina, des mesures en faveur de la réhabilitation de l'environnement dans le respect de l'acquis et de la modernisation des capacités conventionnelles de production destinées à remplacer les capacités de production des deux réacteurs de la centrale nucléaire d'Ignalina, et d'autres mesures qui découlent de la décision de fermer et de déclasser cette centrale et qui contribuent à l'indispensable restructuration, réhabilitation de l'environnement et modernisation des secteurs de la production, de la transmission et de la distribution d'énergie en Lituanie, ainsi qu'à l'amélioration de la sécurité de l'approvisionnement et de l'efficacité énergétique en Lituanie.

4. Le programme Ignalina comprend également des mesures destinées à aider le personnel de la centrale à maintenir un niveau élevé de sûreté opérationnelle dans la centrale nucléaire d'Ignalina au cours de la période précédant la fermeture et pendant le déclassement des réacteurs.

5. Pour la période 2004-2006, le montant affecté au programme Ignalina est de 285 millions d'euros en crédits d'engagement, qui sont dégagés en tranches annuelles égales.

6. Pour certaines mesures, la contribution prévue dans le cadre du programme Ignalina peut s'élever à 100 % des dépenses totales. Tous les efforts devraient être faits pour, d'une part, poursuivre la pratique du cofinancement établie dans le cadre de l'assistance de préadhésion en ce qui concerne les activités de déclassement entreprises par la Lituanie et, d'autre part, attirer d'autres sources de cofinancement, le cas échéant.

7. L'assistance au titre du programme Ignalina, ou des parties de cette assistance, peut être mise à disposition en tant que contribution de l'Union au Fonds international d'appui au démantèlement d'Ignalina, administré par la Banque européenne pour la reconstruction et le développement.

8. Les aides publiques provenant de sources nationales, de l'Union et de sources internationales:

a) destinées à la réhabilitation de l'environnement dans le respect de l'acquis et aux mesures de modernisation de la centrale thermique d'Elektrenai, en Lituanie, qui est essentielle aux fins du remplacement des capacités de production des deux réacteurs nucléaires d'Ignalina, et

b) destinées au déclassement de la centrale nucléaire d'Ignalina

sont compatibles avec les règles du marché intérieur telles qu'elles sont définies dans la Constitution.

---

([1]) JO L 375 du 23.12.1989, p. 11.

9. Les aides publiques provenant de sources nationales, de l'Union et de sources internationales qui sont destinées à contribuer aux efforts accomplis par la Lituanie pour faire face aux conséquences de la fermeture et du déclassement de la centrale nucléaire d'Ignalina peuvent, cas par cas, être considérées comme compatibles, au titre de la Constitution, avec les règles du marché intérieur, notamment les aides publiques destinées à l'amélioration de la sécurité de l'approvisionnement énergétique.

*Article 54*

1. Reconnaissant que le déclassement de la centrale nucléaire d'Ignalina est une entreprise de longue haleine et qu'il représente pour la Lituanie une charge financière exceptionnelle sans proportion avec sa taille et sa capacité économique, l'Union, par solidarité avec la Lituanie, fournit une assistance supplémentaire adéquate aux efforts de déclassement qui se poursuivront après 2006.

2. Le programme Ignalina est, à cet effet, poursuivi sans interruption et prorogé après 2006. Les modalités de mise en œuvre du programme Ignalina, une fois prorogé, sont adoptées conformément à la procédure prévue à l'article 35 et entrent en vigueur, au plus tard, à la date d'expiration des perspectives financières, telles qu'elles sont définies par l'accord interinstitutionnel du 6 mai 1999.

3. Le programme Ignalina, prorogé conformément aux dispositions du paragraphe 2, est fondé sur les mêmes éléments et principes que ceux décrits à l'article 53.

4. Pour la période couverte par les perspectives financières suivantes, l'ensemble des crédits affectés au programme Ignalina prorogé doit être adéquat en moyenne. La programmation des ressources sera fondée sur les besoins de financement et les capacités d'absorption réels.

*Article 55*

Sans préjudice des dispositions de l'article 52, la clause de sauvegarde visée à l'article 26 est applicable jusqu'au 31 décembre 2012 si l'approvisionnement énergétique est perturbé en Lituanie.

*Article 56*

Le présent titre s'applique à la lumière de la déclaration relative à la centrale nucléaire d'Ignalina en Lituanie qui reprend, sans en altérer la portée juridique, les termes du préambule tel qu'il figurait dans le protocole n° 4 de l'acte d'adhésion du 16 avril 2003.

## TITRE V

## DISPOSITIONS RELATIVES AU TRANSIT DES PERSONNES PAR VOIE TERRESTRE ENTRE LA RÉGION DE KALININGRAD ET LES AUTRES PARTIES DE LA FÉDÉRATION DE RUSSIE

*Article 57*

Les dispositions et arrangements de l'Union en matière de transit des personnes entre la région de Kaliningrad et les autres parties de la Fédération de Russie, et en particulier le règlement (CE) n° 693/2003 du Conseil du 14 avril 2003 portant création d'un document facilitant le transit (FTD) et d'un document facilitant le transit ferroviaire (FRTD) et modifiant les instructions consulaires communes et le manuel commun ([1]), n'ont pas pour effet, en tant que tels, de retarder ni d'empêcher la pleine participation de la Lituanie à l'acquis de Schengen, y compris la suppression des contrôles aux frontières intérieures.

*Article 58*

L'Union aide la Lituanie à mettre en œuvre les dispositions et arrangements nécessaires au transit des personnes entre la région de Kaliningrad et les autres parties de la Fédération de Russie afin que la Lituanie participe pleinement à l'espace Schengen le plus rapidement possible.

L'Union aide la Lituanie à gérer le transit des personnes entre la région de Kaliningrad et les autres parties de la Fédération de Russie et supporte notamment le surcoût éventuel de la mise en œuvre des dispositions particulières de l'acquis prévues à cet effet.

*Article 59*

Sans préjudice des droits souverains de la Lituanie, tout autre acte relatif au transit des personnes entre la région de Kaliningrad et les autres parties de la Fédération de Russie est adopté par le Conseil, sur proposition de la Commission. Le Conseil statue à l'unanimité.

*Article 60*

Le présent titre s'applique à la lumière de la déclaration relative au transit des personnes par voie terrestre entre la région de Kaliningrad et les autres parties de la Fédération de Russie qui reprend, sans en altérer la portée juridique, les termes du préambule tel qu'il figurait dans le protocole n° 5 de l'acte d'adhésion du 16 avril 2003.

## TITRE VI

## DISPOSITIONS RELATIVES À L'ACQUISITION DE RÉSIDENCES SECONDAIRES À MALTE

*Article 61*

Compte tenu du nombre très limité de résidences existant à Malte et du nombre très limité de terrains disponibles à des fins de construction, qui permettent uniquement de répondre aux besoins essentiels résultant de l'évolution démographique de la population actuelle, Malte peut continuer à appliquer, de manière non discriminatoire, les dispositions prévues dans la loi (chapitre 246) sur les biens immobiliers (acquisition par des non-résidents) relatives à l'acquisition et à la possession de biens immeubles aux fins de résidences secondaires par des ressortissants des États membres n'ayant pas résidé légalement à Malte pendant une période de cinq ans au moins.

---

([1]) JO L 99 du 17.4.2003, p. 8.

Malte met en place des procédures d'autorisation pour l'acquisition de biens immeubles aux fins de résidences secondaires à Malte. Ces procédures sont fondées sur des critères rendus publics, objectifs, stables et transparents. Ces critères sont appliqués de manière non discriminatoire et ne font pas de différence entre les ressortissants maltais et ceux d'autres États membres. Malte fait en sorte qu'un ressortissant d'un État membre ne soit en aucun cas traité de façon plus restrictive qu'un ressortissant d'un pays tiers.

Si la valeur d'un tel bien qu'un ressortissant d'un État membre a acquis dépasse le seuil fixé par la législation maltaise, qui est de 30 000 lires maltaises pour les appartements et de 50 000 lires maltaises pour tout type de bien autre que les appartements et les biens de valeur historique, l'autorisation est accordée. Malte peut réviser les seuils établis par cette législation pour tenir compte de l'évolution des prix sur le marché maltais de l'immobilier.

## TITRE VII

## DISPOSITIONS RELATIVES À L'AVORTEMENT À MALTE

### *Article 62*

Aucune disposition du traité établissant une Constitution pour l'Europe ni des traités et actes le modifiant ou le complétant n'affecte l'application, sur le territoire de Malte, de la législation nationale relative à l'avortement.

## TITRE VIII

## DISPOSITIONS RELATIVES À LA RESTRUCTURATION DE L'INDUSTRIE SIDÉRURGIQUE POLONAISE

### *Article 63*

1. Nonobstant les articles III-167 et III-168 de la Constitution, les aides d'État octroyées par la Pologne pour la restructuration de secteurs spécifiques de l'industrie sidérurgique polonaise sont reconnues comme compatibles avec le marché intérieur, à condition:

a) que la période prévue à l'article 8, paragraphe 4, du protocole n° 2 relatif aux produits CECA de l'Accord européen établissant une association entre les Communautés européennes et leurs États membres, d'une part, et la Pologne, d'autre part ([1]), ait été prorogée jusqu'au 1er mai 2004;

b) que les modalités fixées dans le plan de restructuration sur la base duquel le protocole susmentionné a été étendu soient suivies tout au long de la période 2002-2006;

c) que les conditions prévues dans le présent titre soient remplies, et

---

([1]) JO L 348 du 31.12.1993, p. 2.

d) qu'aucune aide d'État pour la restructuration ne soit à payer à l'industrie sidérurgique polonaise après le 1er mai 2004.

2. La restructuration du secteur sidérurgique polonais, décrite dans les plans d'entreprise individuels des entreprises dont la liste figure à l'annexe 1 du protocole nº 8 de l'acte d'adhésion du 16 avril 2003 (ci-après dénommées «entreprises bénéficiaires») et conforme aux conditions fixées dans le présent titre, est achevée pour le 31 décembre 2006 au plus tard (date ci-après dénommée «la fin de la période de restructuration»).

3. Seules les entreprises bénéficiaires peuvent bénéficier des aides d'État dans le cadre du programme de restructuration de l'industrie sidérurgique polonaise.

4. Une entreprise bénéficiaire ne peut pas:

a) en cas de fusion avec une entreprise ne figurant pas à l'annexe 1 du protocole nº 8 de l'acte d'adhésion du 16 avril 2003, transmettre le bénéfice de l'aide qui lui est accordée;

b) reprendre les actifs d'une entreprise ne figurant pas à l'annexe 1 du protocole nº 8 de l'acte d'adhésion du 16 avril 2003 qui est déclarée en faillite durant la période allant jusqu'au 31 décembre 2006.

5. Toute privatisation ultérieure de l'une des entreprises bénéficiaires doit être réalisée sur une base qui respecte la nécessité de transparence et doit respecter les conditions et principes en matière de viabilité, d'aides d'État et de réduction de capacité qui sont définis dans le présent titre. Aucune autre aide ne doit être accordée dans le cadre de la vente d'une entreprise ou d'actifs isolés.

6. Les aides à la restructuration accordées aux entreprises bénéficiaires sont déterminées par les justifications figurant dans le plan de restructuration de l'industrie sidérurgique polonaise et les plans d'entreprise individuels approuvés par le Conseil. Mais, en tout état de cause, l'aide payée durant la période allant de 1997 à 2003 et leur montant total ne doit pas dépasser 3 387 070 000 PLN.

Sur ce montant total:

a) en ce qui concerne Polskie Huty Stali (ci-après dénommée «PHS»), l'aide à la restructuration déjà accordée ou devant être accordée de 1997 à fin 2003 ne doit pas dépasser 3 140 360 000 PLN. PHS a déjà bénéficié d'une aide à la restructuration s'élevant à 62 360 000 PLN pendant la période 1997-2001. Cette entreprise doit recevoir une nouvelle aide à la restructuration, dont le montant n'est pas supérieur à 3 078 000 000 PLN en 2002 et 2003, en fonction des exigences figurant dans le plan de restructuration approuvé (qui doivent être entièrement payés en 2002, si la prolongation de la période de grâce au titre du protocole 2 de l'accord européen établissant une association entre les Communautés européennes et leurs États membres, d'une part, et la Pologne, d'autre part, est accordée fin 2002, ou à défaut en 2003);

b) en ce qui concerne Huta Andrzej SA, Huta Bankowa Sp. z o.o., Huta Batory SA, Huta Buczek SA, Huta L.W. Sp. z o.o., Huta Łabędy SA, and Huta Pokój SA (ci-après dénommées «les autres entreprises bénéficiaires»), l'aide à la restructuration de l'industrie sidérurgique qui a déjà été accordée ou qui doit l'être de 1997 à fin 2003 ne doit pas dépasser 246 710 000 PLN. Ces entreprises ont déjà bénéficié d'une aide à la restructuration s'élevant à 37 160 000 PLN pendant la période 1997-2001. Elles reçoivent une nouvelle aide à la restructuration, dont le montant n'est pas supérieur à 210 210 000 PLN, en fonction des exigences figurant dans le plan de restructuration approuvé (dont 182 170 000 PLN en 2002 et 27 380 000 PLN en 2003, si la prolongation de la période de grâce au titre du protocole 2 de l'accord européen établissant une association entre les Communautés européennes et leurs États membres, d'une part, et la Pologne, d'autre part, est accordée fin 2002, ou à défaut 210 210 000 PLN en 2003).

Aucune autre aide n'est accordée par la Pologne pour la restructuration de l'industrie sidérurgique polonaise.

7. La réduction nette de capacité à laquelle doit parvenir la Pologne, pour les produits finis, pendant la période 1997-2006, doit être d'au moins 1 231 000 tonnes. Ce volume global comprend les réductions nettes de capacité d'au moins 715 000 tonnes par an de produits laminés à chaud et 716 000 tonnes par an de produits laminés à froid, ainsi qu'une augmentation maximale de 200 000 tonnes par an pour les autres produits finis.

La réduction de la capacité est mesurée uniquement sur la base d'une fermeture définitive des installations de production, par destruction physique d'une ampleur ne permettant pas de remettre les installations en service. La déclaration de faillite d'une entreprise sidérurgique n'est pas considérée comme une réduction de capacité.

Les réductions nettes de capacité indiquées à l'annexe 2 du protocole n° 8 de l'acte d'adhésion du 16 avril 2003 constituent des valeurs minimales et les réductions nettes réelles de capacité à réaliser ainsi que le calendrier prévu pour le faire sont arrêtés sur la base du programme de restructuration définitif de la Pologne ainsi que des plans d'entreprise individuels, dans le cadre de l'accord européen établissant une association entre les Communautés européennes et leurs États membres, d'une part, et la Pologne, d'autre part, en tenant compte de l'objectif consistant à garantir la viabilité des entreprises bénéficiaires au 31 décembre 2006.

8. Le plan d'entreprise de l'entreprise bénéficiaire PHS est mis en œuvre. En particulier:

a) les efforts de restructuration se concentrent sur les actions suivantes:

   i) réorganiser les installations de production de PHS selon les produits et prévoir une structure horizontale par fonction (achat, production, vente);

   ii) mettre en place dans PHS une structure de direction unifiée permettant de réaliser pleinement des synergies dans le cadre de la consolidation;

   iii) faire évoluer la vocation stratégique de PHS pour l'orienter vers la commercialisation plutôt que vers la production;

   iv) améliorer l'efficacité de la gestion de PHS et assurer également un meilleur contrôle des ventes directes;

   v) sur la base de considérations économiques pertinentes, PHS doit revoir la stratégie des entreprises essaimées et, le cas échéant, réintégrer des services dans la société mère;

vi) PHS doit revoir sa gamme de produits, en réduisant sa surcapacité pour les produits longs semi-finis et, de manière générale, se tourner vers le marché des produits à plus haute valeur ajoutée;

vii) PHS doit investir pour parvenir à une meilleure qualité des produits finis; il convient de veiller tout particulièrement à atteindre pour la date fixée dans le calendrier de mise en œuvre du programme de restructuration de PHS et au plus tard pour la fin de 2006 une production de la qualité 3 sigma sur le site PHS de Cracovie;

b) des économies de coûts aussi importantes que possible doivent être réalisées par PHS pendant la période de restructuration grâce à des améliorations en matière de rendement énergétique et d'achat, et à une productivité d'un niveau comparable à celui de l'Union;

c) il convient de procéder à la restructuration de l'emploi; des niveaux de productivité comparables à ceux obtenus par des groupes sidérurgiques de l'Union doivent être atteints au 31 décembre 2006, sur la base de chiffres consolidés, y compris l'emploi indirect dans les entreprises de services détenues en totalité par les sociétés bénéficiaires;

d) toute privatisation doit être réalisée sur une base qui respecte la nécessité de transparence et qui respecte pleinement la valeur commerciale de PHS. Aucune autre aide d'État ne doit être accordée dans le cadre de la vente.

9. Le plan d'entreprise des autres entreprises bénéficiaires est mis en œuvre. En particulier:

a) pour toutes les autres entreprises bénéficiaires, les efforts de restructuration se concentrent sur les actions suivantes:

i) faire évoluer la vocation stratégique pour l'orienter vers la commercialisation plutôt que vers la production;

ii) améliorer l'efficacité de la gestion des entreprises et assurer également un meilleur contrôle des ventes directes;

iii) sur la base de considérations économiques pertinentes, revoir la stratégie des entreprises essaimées et, le cas échéant, réintégrer des services dans les sociétés mères;

b) pour Huta Bankowa, mise en œuvre du programme d'économies de coûts;

c) pour Huta Buczek, obtention du soutien financier nécessaire des créanciers et des institutions financières locales et mise en œuvre du programme d'économies de coûts, y compris une réduction du coût de l'investissement par l'adaptation des installations de production existantes;

d) pour Huta Łabędy, mise en œuvre du programme d'économies de coûts et réduction de sa dépendance à l'égard de l'industrie minière;

e) pour Huta Pokój, mesures pour atteindre des niveaux de productivité internationaux dans les filiales, mise en œuvre des économies d'énergie et annulation de l'investissement proposé dans le service de transformation et de construction;

f) pour Huta Batory, conclusion d'un accord avec les créanciers et les institutions financières sur le rééchelonnement de la dette et les crédits aux investissements. L'entreprise doit également veiller à réaliser des économies supplémentaires importantes, associées à une restructuration de l'emploi et à une amélioration des rendements;

g) pour Huta Andrzej, asseoir son développement sur des bases financières stables par la négociation d'un accord entre les bailleurs de fonds actuels de l'entreprise, les créanciers à long terme, les fournisseurs de crédits commerciaux et les institutions financières. Il convient de procéder à des investissements supplémentaires en ce qui concerne l'usine de tubes broyeurs ainsi qu'à la mise en œuvre du programme de réduction des effectifs;

h) pour Huta L. W., réalisation d'investissements en ce qui concerne le projet de laminoirs à chaud de l'entreprise, les équipements de levage et la sensibilisation aux questions d'environnement. Cette entreprise doit également atteindre des niveaux de productivité plus élevés, en procédant à une restructuration des effectifs et à une réduction des coûts des services externes.

10. Toute autre modification du plan global de restructuration et des plans individuels doit être agréée par la Commission et, le cas échéant, par le Conseil.

11. La mise en œuvre de la restructuration doit se dérouler dans des conditions de pleine transparence et sur la base de principes sains d'économie de marché.

12. La Commission et le Conseil suivent de près la mise en œuvre de la restructuration et le respect des conditions fixées dans le présent titre pour ce qui est de la viabilité, des aides d'État et des réductions de capacité avant et après le 1er mai 2004, jusqu'à la fin de la période de restructuration, conformément aux paragraphes 13 à 18. À cette fin, la Commission fait rapport au Conseil.

13. Outre le contrôle des aides d'État, la Commission et le Conseil contrôlent les critères d'évaluation de la restructuration figurant à l'annexe 3 du protocole nº 8 de l'acte d'adhésion du 16 avril 2003. Les références faites dans ladite annexe au point 14 du protocole doivent être entendues comme faites au paragraphe 14 du présent article.

14. Le contrôle inclut une évaluation indépendante qui est réalisée en 2003, 2004, 2005 et 2006. Dans le cadre de l'évaluation, le test de viabilité de la Commission est appliqué et la productivité est mesurée.

15. La Pologne coopère pleinement pour ce qui est des dispositions en matière de contrôle. En particulier:

a) la Pologne fournit à la Commission des rapports semestriels concernant la restructuration des entreprises bénéficiaires, au plus tard le 15 mars et le 15 septembre de chaque année jusqu'à la fin de la période de restructuration;

b) le premier rapport doit parvenir à la Commission le 15 mars 2003 et le dernier le 15 mars 2007 au plus tard, à moins que la Commission n'en décide autrement;

c) ces rapports contiennent toutes les informations requises pour contrôler le processus de restructuration, les aides d'État et la réduction et l'utilisation des capacités et fournissent les données financières nécessaires pour permettre de déterminer si les conditions et exigences prévues dans le présent titre sont respectées. Ils contiennent au moins les informations figurant à l'annexe 4 du protocole n° 8 de l'acte d'adhésion du 16 avril 2003, que la Commission se réserve le droit de modifier à la lumière de son expérience au cours du processus de suivi. Dans l'annexe 4 du protocole n° 8 de l'acte d'adhésion du 16 avril 2003, la référence faite au point 14 du protocole doit être entendue comme faite au paragraphe 14 du présent article. En plus des rapports individuels des entreprises bénéficiaires, un rapport relatif à la situation générale du secteur sidérurgique polonais, y compris les développements macroéconomiques récents, doit être élaboré;

d) la Pologne doit, en outre, fournir toutes les informations additionnelles nécessaires à l'évaluation indépendante prévue au paragraphe 14;

e) la Pologne doit exiger des entreprises bénéficiaires qu'elles communiquent toutes les données pertinentes qui, dans d'autres circonstances, seraient considérées comme confidentielles. Dans ses rapports au Conseil, la Commission veille à ce que des informations confidentielles concernant une entreprise en particulier ne soient pas divulguées.

16. La Commission peut, à tout moment, décider de charger un consultant indépendant d'évaluer les résultats du suivi, d'entreprendre toute recherche nécessaire et de lui faire rapport ainsi qu'au Conseil.

17. Si la Commission estime, sur la base du suivi, qu'il y a d'importantes divergences par rapport aux données financières à partir desquelles a été effectuée l'évaluation de la viabilité, elle peut demander à la Pologne de prendre des mesures appropriées pour renforcer ou modifier les mesures de restructuration des entreprises bénéficiaires concernées.

18. Au cas où le suivi ferait apparaître:

a) que les conditions auxquelles sont subordonnées les dispositions transitoires contenues dans le présent titre n'ont pas été remplies, ou

b) que les engagements pris dans le cadre de la prolongation de la période durant laquelle la Pologne peut, à titre exceptionnel, octroyer une aide d'État pour la restructuration de l'industrie sidérurgique au titre de l'accord européen établissant une association entre les Communautés européennes et leurs États membres, d'une part, et la Pologne, d'autre part, n'ont pas été respectés, ou

c) que la Pologne, pendant la période de restructuration, a accordé à l'industrie sidérurgique et aux entreprises bénéficiaires en particulier, des aides d'État supplémentaires incompatibles,

les dispositions transitoires contenues dans le présent titre sont sans effet.

La Commission prend les mesures appropriées en vue d'exiger des entreprises concernées qu'elles remboursent toute aide accordée en violation des conditions prévues dans le présent titre.

## TITRE IX

### DISPOSITIONS RELATIVES À L'UNITÉ 1 ET L'UNITÉ 2 DE LA CENTRALE NUCLÉAIRE DE BOHUNICE V1 EN SLOVAQUIE

*Article 64*

La Slovaquie s'est engagée à fermer l'unité 1 de la centrale nucléaire de Bohunice V1 le 31 décembre 2006 au plus tard et l'unité 2 de cette centrale le 31 décembre 2008 au plus tard et, par la suite, à déclasser ces unités.

*Article 65*

1. Au cours de la période 2004-2006, l'Union fournit une assistance financière pour soutenir les efforts de la Slovaquie visant à déclasser la centrale nucléaire de Bohunice V1 et à faire face aux conséquences de la fermeture et du déclassement de l'unité 1 et de l'unité 2 de cette centrale (ci-après dénommée «assistance»).

2. L'assistance est décidée et mise en œuvre conformément aux dispositions prévues dans le règlement (CEE) n° 3906/89 du Conseil du 18 décembre 1989 relatif à l'aide économique en faveur de certains pays d'Europe centrale et orientale ([1]).

3. Pour la période 2004-2006, le montant de l'assistance s'élève à 90 millions d'euros en crédits d'engagement, qui sont dégagés en tranches annuelles égales.

4. L'assistance, ou des parties de cette assistance, peut être mise à disposition en tant que contribution de l'Union au Fonds international d'appui au démantèlement de Bohunice, administré par la Banque européenne pour la reconstruction et le développement.

*Article 66*

L'Union reconnaît que le déclassement de la centrale nucléaire de Bohunice V 1 doit se poursuivre au-delà des perspectives financières, telles qu'elles sont définies par l'accord interinstitutionnel du 6 mai 1999, et que cet effort représente pour la Slovaquie une charge financière significative. Les décisions qui seront prises quant à la poursuite de l'assistance de l'Union en la matière après 2006 prendront en compte cette situation.

*Article 67*

Le présent titre s'applique à la lumière de la déclaration relative à l'unité 1 et l'unité 2 de la centrale nucléaire de Bohunice V1 en Slovaquie qui reprend, sans en altérer la portée juridique, les termes du préambule tel qu'il figurait dans le protocole n° 9 de l'acte d'adhésion du 16 avril 2003.

---

([1]) JO L 375 du 23.12.1989, p. 11.

## TITRE X

## DISPOSITIONS RELATIVES À CHYPRE

### *Article 68*

1. L'application de l'acquis communautaire et de l'Union est suspendue dans les zones de la République de Chypre où le gouvernement de la République de Chypre n'exerce pas un contrôle effectif.

2. Le Conseil, sur proposition de la Commission, décide de la levée de la suspension visée au paragraphe 1. Il statue à l'unanimité.

### *Article 69*

1. Le Conseil, sur proposition de la Commission, définit les conditions dans lesquelles les dispositions du droit de l'Union s'appliquent à la ligne de démarcation entre les zones visées à l'article 68 et les zones dans lesquelles le gouvernement de la République de Chypre exerce un contrôle effectif. Le Conseil statue à l'unanimité.

2. La frontière entre la zone de souveraineté orientale du Royaume-Uni et les zones visées à l'article 68 est considérée comme faisant partie des frontières extérieures des zones de souveraineté du Royaume-Uni aux fins de l'application de la partie IV de l'annexe du protocole n° 3 de l'acte d'adhésion du 16 avril 2003 sur les zones de souveraineté du Royaume-Uni de Grande-Bretagne et d'Irlande du Nord à Chypre pendant la durée de suspension de l'application de l'acquis communautaire et de l'Union conformément à l'article 68.

### *Article 70*

1. Rien dans le présent titre n'empêche l'adoption de mesures visant à favoriser le développement économique des zones visées à l'article 68.

2. De telles mesures n'affectent pas l'application de l'acquis communautaire et de l'Union, dans les conditions fixées dans le présent protocole, dans toute autre partie de la République de Chypre.

### *Article 71*

En cas de règlement de la question chypriote, le Conseil, sur proposition de la Commission, décide des adaptations des conditions relatives à l'adhésion de Chypre à l'Union auxquelles il conviendrait de procéder pour tenir compte de la communauté chypriote turque. Le Conseil statue à l'unanimité.

### *Article 72*

Le présent titre s'applique à la lumière de la déclaration relative à Chypre qui reprend, sans en altérer la portée juridique, les termes du préambule tel qu'il figurait dans le protocole n° 10 de l'acte d'adhésion du 16 avril 2003.

TROISIÈME PARTIE

## DISPOSITIONS RELATIVES AUX ANNEXES DE L'ACTE D'ADHÉSION DU 16 AVRIL 2003

*Article 73*

Les annexes I et III à XVII de l'acte d'adhésion du 16 avril 2003, leurs appendices, ainsi que les annexes aux protocoles 2, 3 et 8 de l'acte d'adhésion du 16 avril 2003 ([1]), font partie intégrante du présent protocole.

*Article 74*

1. Les références faites au «traité d'adhésion» dans les annexes visées à l'article 73 du présent protocole doivent être entendues comme faites au traité visé à l'article IV-437, paragraphe 2, point e), de la Constitution, celles faites à la date ou au moment de la signature dudit traité doivent être entendues comme faites au 16 avril 2003 et celles faites à la date d'adhésion doivent être entendues comme faites au 1er mai 2004.

2. Sans préjudice du deuxième alinéa, les références faites au «présent acte» dans les annexes visées à l'article 73 du présent protocole doivent être entendues comme faites à l'acte d'adhésion du 16 avril 2003.

Les références faites à des dispositions de l'acte d'adhésion du 16 avril 2003 dans les annexes visées à l'article 73 du présent protocole doivent être entendues comme faites au présent protocole, conformément au tableau d'équivalence suivant:

| Acte d'adhésion du 16 avril 2003 | Protocole |
|---|---|
| Article 21 | Article 12 |
| Article 22 | Article 13 |
| Article 24 | Article 15 |
| Article 32 | Article 21 |
| Article 37 | Article 26 |
| Article 52 | Article 32 |

3. Les termes ci-après, figurant dans les annexes visées à l'article 73, doivent être entendus comme ayant la signification qui figure dans le tableau d'équivalence ci-après, sauf lorsque ces termes se réfèrent exclusivement à des situations juridiques qui précèdent l'entrée en vigueur du traité établissant une Constitution pour l'Europe.

([1]) JO L 236 du 23.9.2003, p. 33.

| Termes figurant dans les annexes visées à l'article 73 | Signification |
|---|---|
| Traité instituant la Communauté européenne | Constitution |
| Traité sur l'Union européenne | Constitution |
| Traités sur lesquels l'Union européenne est fondée | Constitution |
| Communauté (européenne) | Union |
| Communauté élargie | Union |
| Communautaire(s) | de l'Union |
| UE | Union |
| Union élargie ou UE élargie | Union |

Par dérogation au premier alinéa, la signification du terme «communautaire», lorsqu'il est rattaché aux termes «préférence» et «pêche», n'est pas modifiée.

4. Les références faites à des parties ou dispositions du traité instituant la Communauté européenne dans les annexes visées à l'article 73 du présent protocole doivent être entendues comme faites à des parties ou dispositions de la Constitution, conformément au tableau d'équivalence suivant:

| Traité CE | Constitution |
|---|---|
| Troisième partie, titre I | Partie III, titre III, chapitre I, section 3 |
| Troisième partie, titre I, chapitre 1 | Partie III, titre III, chapitre I, section 3, sous-section 1 |
| Troisième partie, titre II | Partie III, titre III, chapitre III, section 4 |
| Troisième partie, titre III | Partie III, titre III, chapitre I, sections 2 et 4 |
| Troisième partie, titre VI, chapitre 1 | Partie III, titre III, chapitre I, section 5 |
| Article 31 | Article III-155 |
| Article 39 | Article III-133 |
| Article 49 | Article III-144 |
| Article 58 | Article III-158 |
| Article 87 | Article III-167 |
| Article 88 | Article III-168 |
| Article 226 | Article III-360 |
| Annexe I | Annexe I |

5. Au cas où, dans les annexes visées à l'article 73 du présent protocole, il est prévu que le Conseil ou la Commission adoptent des actes juridiques, ces actes prennent la forme de règlements ou décisions européens.

## 10. PROTOCOLE SUR LA PROCÉDURE CONCERNANT LES DÉFICITS EXCESSIFS

LES HAUTES PARTIES CONTRACTANTES,

DÉSIREUSES de fixer les modalités de la procédure concernant les déficits excessifs visés à l'article III-184 de la Constitution,

SONT CONVENUES des dispositions ci-après, qui sont annexées au traité établissant une Constitution pour l'Europe:

### *Article premier*

Les valeurs de référence visées à l'article III-184, paragraphe 2, de la Constitution sont les suivantes:

a) 3 % pour le rapport entre le déficit public prévu ou effectif et le produit intérieur brut aux prix du marché;

b) 60 % pour le rapport entre la dette publique et le produit intérieur brut aux prix du marché.

### *Article 2*

Aux fins de l'article III-184 de la Constitution et du présent protocole, on entend par:

a) «public», ce qui est relatif au gouvernement général, c'est-à-dire les administrations centrales, les autorités régionales ou locales et les fonds de sécurité sociale, à l'exclusion des opérations commerciales, telles que définies dans le système européen de comptes économiques intégrés;

b) «déficit», le besoin net de financement, tel que défini dans le système européen de comptes économiques intégrés;

c) «investissement», la formation brute de capital fixe, telle que définie dans le système européen de comptes économiques intégrés;

d) «dette», le total des dettes brutes, à leur valeur nominale, en cours à la fin de l'année et consolidées à l'intérieur des secteurs du gouvernement général tel qu'il est défini au point a).

*Article 3*

Afin d'assurer l'efficacité de la procédure concernant les déficits excessifs, les gouvernements des États membres sont responsables, aux termes de la présente procédure, des déficits du gouvernement général tel qu'il est défini à l'article 2, point a). Les États membres veillent à ce que les procédures nationales en matière budgétaire leur permettent de remplir les obligations qui leur incombent dans ce domaine en vertu de la Constitution. Les États membres notifient rapidement et régulièrement à la Commission leurs déficits prévus et effectifs ainsi que le niveau de leur dette.

*Article 4*

Les données statistiques utilisées pour l'application du présent protocole sont fournies par la Commission.

# 11. PROTOCOLE SUR LES CRITÈRES DE CONVERGENCE

LES HAUTES PARTIES CONTRACTANTES,

DÉSIREUSES de fixer les modalités des critères de convergence qui doivent guider l'Union dans les décisions de mettre fin aux dérogations des États membres faisant l'objet d'une dérogation visées à l'article III-198 de la Constitution,

SONT CONVENUES des dispositions ci-après, qui sont annexées au traité établissant une Constitution pour l'Europe:

## *Article premier*

Le critère de stabilité des prix, visé à l'article III-198, paragraphe 1, point a), de la Constitution, signifie que l'État membre concerné a un degré de stabilité des prix durable et un taux d'inflation moyen, observé au cours d'une période d'un an avant l'examen, qui ne dépasse pas de plus de 1,5 % celui des trois États membres, au plus, présentant les meilleurs résultats en matière de stabilité des prix. L'inflation est calculée au moyen de l'indice des prix à la consommation sur une base comparable, compte tenu des différences dans les définitions nationales.

## *Article 2*

Le critère de situation des finances publiques, visé à l'article III-198, paragraphe 1, point b), de la Constitution, signifie que l'État membre concerné ne fait pas l'objet, au moment de l'examen, d'une décision européenne du Conseil visée à l'article III-184, paragraphe 6, de la Constitution concernant l'existence d'un déficit excessif.

## *Article 3*

Le critère de participation au mécanisme de taux de change du système monétaire européen, visé à l'article III-198, paragraphe 1, point c), de la Constitution, signifie que l'État membre concerné a respecté les marges normales de fluctuation prévues par le mécanisme de taux de change du système monétaire européen sans connaître de tensions graves pendant au moins les deux dernières années précédant l'examen. Notamment, l'État membre n'a, de sa propre initiative, pas dévalué le taux central bilatéral de sa monnaie par rapport à l'euro pendant la même période.

## *Article 4*

Le critère de convergence des taux d'intérêt, visé à l'article III-198, paragraphe 1, point d), de la Constitution, au cours d'une période d'un an précédant l'examen, signifie que l'État membre concerné a eu un taux d'intérêt nominal moyen à long terme qui n'excède pas de plus de 2 % celui des trois États membres, au plus, présentant les meilleurs résultats en matière de stabilité des prix. Les taux d'intérêt sont calculés sur la base d'obligations d'État à long terme ou de titres comparables, compte tenu des différences dans les définitions nationales.

*Article 5*

Les données statistiques utilisées pour l'application du présent protocole sont fournies par la Commission.

*Article 6*

Le Conseil, statuant à l'unanimité, sur proposition de la Commission et après consultation du Parlement européen, de la Banque centrale européenne, ainsi que du comité économique et financier visé à l'article III-192 de la Constitution, adopte les dispositions appropriées pour préciser de manière détaillée les critères de convergence visés à l'article III-198 de la Constitution, qui remplacent alors le présent protocole.

## 12. PROTOCOLE SUR L'EUROGROUPE

LES HAUTES PARTIES CONTRACTANTES,

DÉSIREUSES de favoriser les conditions d'une croissance économique plus forte dans l'Union européenne et, à cette fin, de développer une coordination sans cesse plus étroite des politiques économiques dans la zone euro;

CONSCIENTES de la nécessité de prévoir des dispositions particulières pour un dialogue renforcé entre les États membres dont la monnaie est l'euro, en attendant que l'euro devienne la monnaie de tous les États membres de l'Union,

SONT CONVENUES des dispositions ci-après, qui sont annexées au traité établissant une Constitution pour l'Europe:

### *Article premier*

Les ministres des États membres dont la monnaie est l'euro se réunissent entre eux de façon informelle. Ces réunions ont lieu, en tant que de besoin, pour discuter de questions liées aux responsabilités spécifiques qu'ils partagent en matière de monnaie unique. La Commission participe aux réunions. La Banque centrale européenne est invitée à prendre part à ces réunions, qui sont préparées par les représentants des ministres chargés des finances des États membres dont la monnaie est l'euro et de la Commission.

### *Article 2*

Les ministres des États membres dont la monnaie est l'euro élisent un président pour deux ans et demi, à la majorité de ces États membres.

# 13. PROTOCOLE SUR CERTAINES DISPOSITIONS RELATIVES AU ROYAUME-UNI DE GRANDE-BRETAGNE ET D'IRLANDE DU NORD À L'ÉGARD DE L'UNION ÉCONOMIQUE ET MONÉTAIRE

LES HAUTES PARTIES CONTRACTANTES,

RECONNAISSANT que le Royaume-Uni n'est pas tenu et n'a pas pris l'engagement d'adopter l'euro sans décision distincte en ce sens de son gouvernement et de son parlement;

VU que, le 16 octobre 1996 et le 30 octobre 1997, le gouvernement du Royaume-Uni a notifié au Conseil son intention de ne pas vouloir participer à la troisième phase de l'union économique et monétaire, aux termes du point 1 du protocole sur certaines dispositions relatives au Royaume-Uni de Grande-Bretagne et d'Irlande du Nord, annexé au traité instituant la Communauté européenne;

PRENANT ACTE que le gouvernement du Royaume-Uni a coutume de financer ses emprunts par la vente de titres de créance au secteur privé,

SONT CONVENUES des dispositions ci-après, qui sont annexées au traité établissant une Constitution pour l'Europe:

*Article premier*

Le Royaume-Uni n'est pas tenu d'adopter l'euro, sauf s'il notifie au Conseil son intention de le faire.

*Article 2*

Les articles 3 à 8 et 10 sont applicables au Royaume-Uni, compte tenu de la notification faite au Conseil par son gouvernement le 16 octobre 1996 et le 30 octobre 1997.

*Article 3*

Le Royaume-Uni conserve ses pouvoirs dans le domaine de la politique monétaire conformément à son droit national.

*Article 4*

L'article I-30, paragraphe 2, à l'exception de sa première et de sa dernière phrase, l'article I-30, paragraphe 5, l'article III-177, deuxième alinéa, l'article III-184, paragraphes 1, 9 et 10, l'article III-185, paragraphes 1 à 5, l'article III-186, les articles III-188, III-189, III-190 et III-191, l'article III-196, l'article III-198, paragraphe 3, les articles III-326 et III-382 de la Constitution ne s'appliquent pas au Royaume-Uni. De même, l'article III-179, paragraphe 2, de la Constitution ne s'applique pas à lui pour ce qui concerne l'adoption des parties des grandes orientations des politiques économiques qui concernent la zone euro de manière générale.

Dans les dispositions visées au premier alinéa, les références faites à l'Union et aux États membres n'incluent pas le Royaume-Uni et les références faites aux banques centrales nationales n'incluent pas la Banque d'Angleterre.

*Article 5*

Le Royaume-Uni s'efforce d'éviter un déficit public excessif.

L'article III-192, paragraphe 4, et l'article III-200 de la Constitution s'appliquent au Royaume-Uni comme s'il faisait l'objet d'une dérogation. Les articles III-201 et III-202 de la Constitution continuent à s'appliquer à celui-ci.

*Article 6*

Les droits de vote du Royaume-Uni sont suspendus lors de l'adoption par le Conseil des mesures visées aux articles énumérés à l'article 4 et dans les cas visés à l'article III-197, paragraphe 4, premier alinéa, de la Constitution. À cet effet, l'article III-197, paragraphe 4, deuxième et troisième alinéas, de la Constitution s'applique.

Le Royaume-Uni n'a pas non plus le droit de participer à la nomination du président, du vice-président et des autres membres du directoire de la Banque centrale européenne prévue à l'article III-382, paragraphe 2, deuxième, troisième et quatrième alinéas, de la Constitution.

*Article 7*

Les articles 3, 4, 6 et 7, l'article 9, paragraphe 2, l'article 10, paragraphes 1, 2 et 3, l'article 11, paragraphe 2, l'article 12, paragraphe 1, les articles 14, 16, 18, 19, 20, 22, 23, 26, 27, 30, 31, 32, 33, 34 et 50 du protocole fixant le statut du Système européen de banques centrales et de la Banque centrale européenne («le statut») ne s'appliquent pas au Royaume-Uni.

Dans ces articles, les références faites à l'Union ou aux États membres ne concernent pas le Royaume-Uni et les références faites aux banques centrales nationales ou aux actionnaires ne concernent pas la Banque d'Angleterre.

Les références faites à l'article 10, paragraphe 3, et à l'article 30, paragraphe 2, du statut au «capital souscrit de la Banque centrale européenne» n'incluent pas le capital souscrit par la Banque d'Angleterre.

*Article 8*

L'article III-199 de la Constitution et les articles 43 à 47 du statut sont applicables, qu'un État membre fasse ou non l'objet d'une dérogation, sous réserve des modifications suivantes:

a) à l'article 43 du statut, les références faites aux missions de la Banque centrale européenne et de l'Institut monétaire européen comprennent les missions qui doivent encore être menées à bien après l'introduction de l'euro en raison de la décision du Royaume-Uni de ne pas adopter l'euro;

b) en plus des missions visées à l'article 46 du statut, la Banque centrale européenne remplit une fonction de conseil et d'assistance dans la préparation de tout règlement européen ou de toute décision européenne que le Conseil pourrait être amené à prendre à l'égard du Royaume-Uni conformément aux dispositions de l'article 9, points a) et c), du présent protocole;

c) la Banque d'Angleterre verse sa contribution au capital de la Banque centrale européenne à titre de participation à ses frais de fonctionnement sur la même base que les banques centrales nationales des États membres faisant l'objet d'une dérogation.

*Article 9*

Le Royaume-Uni peut notifier au Conseil à tout moment son intention d'adopter l'euro. Dans ce cas:

a) le Royaume-Uni a le droit d'adopter l'euro pour autant qu'il remplisse les conditions nécessaires. Le Conseil, statuant à la demande du Royaume-Uni, dans les conditions et selon la procédure fixées à l'article III-198, paragraphes 1 et 2, de la Constitution, décide s'il remplit les conditions nécessaires;

b) la Banque d'Angleterre verse sa part de capital souscrit et transfère à la Banque centrale européenne des avoirs de réserve en devises et contribue à ses réserves sur la même base que la banque centrale nationale d'un État membre dont la dérogation a pris fin;

c) le Conseil, statuant dans les conditions et selon la procédure fixées à l'article III-198, paragraphe 3, de la Constitution, prend toute autre décision nécessaire pour permettre au Royaume-Uni d'adopter l'euro.

Si le Royaume-Uni adopte l'euro conformément aux dispositions du présent article, les articles 3 à 8 cessent d'être applicables.

*Article 10*

Par dérogation à l'article III-181 de la Constitution et à l'article 21, paragraphe 1, du statut, le gouvernement du Royaume-Uni peut conserver la ligne de crédit «Ways and Means» dont il dispose auprès de la Banque d'Angleterre si et aussi longtemps que le Royaume-Uni n'adopte pas l'euro.

## 14. PROTOCOLE SUR CERTAINES DISPOSITIONS RELATIVES AU DANEMARK À L'ÉGARD DE L'UNION ÉCONOMIQUE ET MONÉTAIRE

LES HAUTES PARTIES CONTRACTANTES,

VU que la Constitution du Danemark contient des dispositions susceptibles de rendre nécessaire l'organisation au Danemark d'un référendum avant que cet État ne renonce à sa dérogation;

VU que, le 3 novembre 1993, le gouvernement danois a notifié au Conseil son intention de ne pas vouloir participer à la troisième phase de l'union économique et monétaire, aux termes du point 1 du protocole sur certaines dispositions relatives au Danemark annexé au traité instituant la Communauté européenne,

SONT CONVENUES des dispositions ci-après, qui sont annexées au traité établissant une Constitution pour l'Europe:

### *Article premier*

Le Danemark bénéficie d'une dérogation, compte tenu de la notification faite au Conseil par le gouvernement danois le 3 novembre 1993. Cette dérogation a pour effet de rendre applicables au Danemark toutes les dispositions de la Constitution et du statut du Système européen de banques centrales et de la Banque centrale européenne faisant référence à une dérogation.

### *Article 2*

La procédure prévue à l'article III-198 de la Constitution pour mettre fin à la dérogation n'est entamée qu'à la demande du Danemark.

### *Article 3*

Au cas où il est mis fin à la dérogation, le présent protocole cesse d'être applicable.

## 15. PROTOCOLE SUR CERTAINES TÂCHES DE LA BANQUE NATIONALE DU DANEMARK

LES HAUTES PARTIES CONTRACTANTES,

DÉSIREUSES de régler certains problèmes particuliers relatifs au Danemark,

SONT CONVENUES des dispositions ci-après, qui sont annexées au traité établissant une Constitution pour l'Europe:

### *Article unique*

L'article 14 du protocole fixant le statut du Système européen de banques centrales et de la Banque centrale européenne n'affecte pas le droit de la Banque nationale du Danemark d'exercer les tâches qu'elle assume actuellement à l'égard des territoires du Danemark qui ne font pas partie de l'Union.

## 16. PROTOCOLE SUR LE RÉGIME DU FRANC COMMUNAUTÉ FINANCIÈRE DU PACIFIQUE

LES HAUTES PARTIES CONTRACTANTES,

DÉSIREUSES de tenir compte d'un élément particulier concernant la France,

SONT CONVENUES des dispositions ci-après, qui sont annexées au traité établissant une Constitution pour l'Europe:

*Article unique*

La France peut conserver le privilège d'émettre des monnaies en Nouvelle-Calédonie, en Polynésie française et à Wallis-et-Futuna selon les modalités établies par sa législation nationale et elle est seule habilitée à déterminer la parité du franc Communauté financière du Pacifique.

## 17. PROTOCOLE SUR L'ACQUIS DE SCHENGEN INTÉGRÉ DANS LE CADRE DE L'UNION EUROPÉENNE

LES HAUTES PARTIES CONTRACTANTES,

RAPPELANT que les dispositions de l'acquis de Schengen consistant en des accords relatifs à la suppression graduelle des contrôles aux frontières communes, signés par certains États membres de l'Union européenne à Schengen, le 14 juin 1985 et le 19 juin 1990, ainsi qu'en des accords connexes et des règles adoptées sur la base desdits accords, ont été intégrées dans le cadre de l'Union européenne par un protocole annexé au traité sur l'Union européenne et au traité instituant la Communauté européenne;

SOUHAITANT préserver l'acquis de Schengen, tel que développé depuis l'entrée en vigueur dudit protocole, dans le cadre de la Constitution et développer cet acquis pour contribuer à la réalisation de l'objectif visant à offrir aux citoyens de l'Union un espace de liberté, de sécurité et de justice sans frontières intérieures;

COMPTE TENU de la position particulière du Danemark;

COMPTE TENU du fait que l'Irlande et le Royaume-Uni de Grande-Bretagne et d'Irlande du Nord ne participent pas à toutes les dispositions de l'acquis de Schengen; qu'il convient, toutefois, de prévoir la possibilité pour ces États membres d'accepter d'autres dispositions de cet acquis en tout ou en partie;

RECONNAISSANT qu'il est nécessaire, en conséquence, de recourir aux dispositions de la Constitution relatives à la coopération renforcée entre certains États membres;

COMPTE TENU de la nécessité de maintenir des relations privilégiées avec la République d'Islande et le Royaume de Norvège, ces deux États, ainsi que les États nordiques membres de l'Union européenne, étant liés par les dispositions de l'Union nordique de passeports,

SONT CONVENUES des dispositions ci-après, qui sont annexées au traité établissant une Constitution pour l'Europe:

### *Article premier*

Le Royaume de Belgique, la République tchèque, le Royaume de Danemark, la République fédérale d'Allemagne, la République d'Estonie, la République hellénique, le Royaume d'Espagne, la République française, la République italienne, la République de Chypre, la République de Lettonie, la République de Lituanie, le Grand-Duché de Luxembourg, la République de Hongrie, la République de Malte, le Royaume des Pays-Bas, la République d'Autriche, la République de Pologne, la République portugaise, la République de Slovénie, la République slovaque, la République de Finlande et le Royaume de Suède sont autorisés à mettre en œuvre entre eux une coopération renforcée dans les domaines relevant des dispositions définies par le Conseil, qui constituent l'acquis de Schengen. Cette coopération est conduite dans le cadre juridique et institutionnel de l'Union et dans le respect des dispositions pertinentes de la Constitution.

*Article 2*

L'acquis de Schengen s'applique aux États membres visés à l'article 1er, sans préjudice de l'article 3 du protocole relatif aux traité et acte d'adhésion de la République tchèque, de la République d'Estonie, de la République de Chypre, de la République de Lettonie, de la République de Lituanie, de la République de Hongrie, de la République de Malte, de la République de Pologne, de la République de Slovénie et de la République slovaque. Le Conseil se substitue au comité exécutif institué par les accords de Schengen.

*Article 3*

La participation du Danemark à l'adoption des mesures constituant un développement de l'acquis de Schengen, ainsi que la mise en œuvre et l'application de ces mesures au Danemark, sont régies par les dispositions pertinentes du protocole sur la position du Danemark.

*Article 4*

L'Irlande et le Royaume-Uni de Grande-Bretagne et d'Irlande du Nord peuvent à tout moment demander de participer à tout ou partie des dispositions de l'acquis de Schengen.

Le Conseil adopte une décision européenne sur cette demande. Il statue à l'unanimité des membres visés à l'article 1er et du membre représentant le gouvernement de l'État membre concerné.

*Article 5*

Les propositions et initiatives fondées sur l'acquis de Schengen relèvent des dispositions pertinentes de la Constitution.

Dans ce cadre, si l'Irlande ou le Royaume-Uni, ou les deux, n'ont pas, dans un délai raisonnable, notifié par écrit au président du Conseil qu'ils souhaitent participer, l'autorisation visée à l'article III-419, paragraphe 1, de la Constitution est réputée avoir été accordée aux États membres visés à l'article 1er ainsi qu'à l'Irlande ou au Royaume-Uni, si l'un ou l'autre souhaite participer aux domaines de coopération en question.

*Article 6*

La République d'Islande et le Royaume de Norvège sont associés à la mise en œuvre de l'acquis de Schengen et à la poursuite de son développement. Des procédures appropriées sont prévues à cet effet dans le cadre d'un accord avec ces États, conclu par le Conseil statuant à l'unanimité des membres visés à l'article 1er. Cet accord doit comprendre des dispositions sur la contribution de l'Islande et de la Norvège à toute conséquence financière résultant de la mise en œuvre du présent protocole.

Un accord séparé est conclu par le Conseil, statuant à l'unanimité, avec l'Islande et la Norvège, pour l'établissement des droits et obligations entre l'Irlande et le Royaume-Uni de Grande-Bretagne et d'Irlande du Nord, d'une part, et l'Islande et la Norvège, d'autre part, dans les domaines de l'acquis de Schengen qui s'appliquent à ces États.

*Article 7*

Aux fins des négociations menées en vue de l'adhésion de nouveaux États membres à l'Union européenne, l'acquis de Schengen et les autres mesures adoptées par les institutions dans le champ d'application de celui-ci sont considérés comme un acquis qui doit être intégralement accepté par tous les États candidats à l'adhésion.

## 18. PROTOCOLE SUR L'APPLICATION DE CERTAINS ASPECTS DE L'ARTICLE III-130 DE LA CONSTITUTION AU ROYAUME-UNI ET À L'IRLANDE

LES HAUTES PARTIES CONTRACTANTES,

DÉSIREUSES de régler certaines questions relatives au Royaume-Uni et à l'Irlande;

COMPTE TENU de l'existence, depuis de nombreuses années, d'arrangements particuliers relatifs aux voyages entre le Royaume-Uni et l'Irlande,

SONT CONVENUES des dispositions ci-après, qui sont annexées au traité établissant une Constitution pour l'Europe:

### *Article premier*

Nonobstant les articles III-130 et III-265 de la Constitution, toute autre disposition de celle-ci, toute mesure adoptée en vertu d'elle ou tout accord international conclu par l'Union ou par l'Union et ses États membres avec un ou plusieurs pays tiers, le Royaume-Uni est habilité à exercer, à ses frontières avec d'autres États membres, sur les personnes souhaitant entrer sur son territoire, les contrôles qu'il considère nécessaires pour:

a) vérifier si des citoyens d'États membres ou des personnes à leur charge exerçant des droits conférés par le droit de l'Union, ainsi que des citoyens d'autres États à qui de tels droits ont été conférés par un accord qui lie le Royaume-Uni, ont le droit d'entrer sur le territoire du Royaume-Uni, et

b) décider d'accorder ou non à d'autres personnes l'autorisation d'entrer sur le territoire du Royaume-Uni.

Les articles III-130 et III-265 de la Constitution, toute autre disposition de celle-ci ou toute mesure adoptée en vertu d'elle ne portent en rien atteinte aux droits du Royaume-Uni d'instaurer ou d'exercer de tels contrôles. Les références faites au Royaume-Uni dans le présent article englobent les territoires dont les relations extérieures relèvent de sa responsabilité.

### *Article 2*

Le Royaume-Uni et l'Irlande peuvent continuer à conclure entre eux des arrangements concernant la circulation des personnes entre leurs territoires («la zone de voyage commune»), tout en respectant pleinement les droits des personnes visées à l'article 1^er^, premier alinéa, point a). En conséquence, aussi longtemps que ces arrangements sont en vigueur, les dispositions de l'article 1^er^ s'appliquent à l'Irlande dans les mêmes conditions qu'au Royaume-Uni. Les articles III-130 et III-265 de la Constitution, toute autre disposition de celle-ci ou toute mesure adoptée en vertu d'elle ne portent en rien atteinte à ces arrangements.

*Article 3*

Les autres États membres sont habilités à exercer, à leurs frontières ou à tout point d'entrée sur leur territoire, de tels contrôles sur les personnes qui cherchent à entrer sur leur territoire en provenance du Royaume-Uni ou de tout territoire dont les relations extérieures relèvent de sa responsabilité aux mêmes fins que celles visées à l'article 1$^{er}$, ou d'Irlande, dans la mesure où les dispositions de l'article 1$^{er}$ sont applicables à cet État.

Les articles III-130 et III-265 de la Constitution, toute autre disposition de celle-ci ou toute mesure adoptée en vertu d'elle ne portent en rien atteinte au droit des autres États membres d'adopter ou d'exercer de tels contrôles.

*Article 4*

Le présent protocole s'applique également à des actes qui demeurent en vigueur en vertu de l'article IV-438 de la Constitution.

# 19. PROTOCOLE SUR LA POSITION DU ROYAUME-UNI ET DE L'IRLANDE À L'ÉGARD DES POLITIQUES RELATIVES AUX CONTRÔLES AUX FRONTIÈRES, À L'ASILE ET À L'IMMIGRATION, AINSI QU'À L'ÉGARD DE LA COOPÉRATION JUDICIAIRE EN MATIÈRE CIVILE ET DE LA COOPÉRATION POLICIÈRE

LES HAUTES PARTIES CONTRACTANTES,

DÉSIREUSES de régler certaines questions relatives au Royaume-Uni et à l'Irlande;

COMPTE TENU du protocole sur l'application de certains aspects de l'article III-130 de la Constitution au Royaume-Uni et à l'Irlande,

SONT CONVENUES des dispositions ci-après, qui sont annexées au traité établissant une Constitution pour l'Europe:

## *Article premier*

Sous réserve de l'article 3, le Royaume-Uni et l'Irlande ne participent pas à l'adoption par le Conseil des mesures proposées relevant de la partie III, titre III, chapitre IV, sections 2 ou 3, de la Constitution, de l'article III-260 de celle-ci, dans la mesure où ledit article concerne les domaines couverts par lesdites sections, de l'article III-263 ou de l'article III-275, paragraphe 2, point a), de la Constitution. L'unanimité des membres du Conseil, à l'exception des représentants des gouvernements du Royaume-Uni et de l'Irlande, est requise pour les actes que le Conseil est appelé à adopter à l'unanimité.

Aux fins du présent article, la majorité qualifiée se définit comme étant égale à au moins 55 % des membres du Conseil représentant les États membres participants, réunissant au moins 65 % de la population de ces États.

Une minorité de blocage doit inclure au moins le nombre minimum de membres du Conseil représentant plus de 35 % de la population des États membres participants, plus un membre, faute de quoi la majorité qualifiée est réputée acquise.

Par dérogation aux deuxième et troisième alinéas, lorsque le Conseil ne statue pas sur proposition de la Commission ou du ministre des affaires étrangères de l'Union, la majorité qualifiée requise se définit comme étant égale à au moins 72 % des membres du Conseil représentant les États membres participants, réunissant au moins 65 % de la population de ces États.

## *Article 2*

En vertu de l'article 1er, et sous réserve des articles 3, 4 et 6, aucune des dispositions de la partie III, titre III, chapitre IV, sections 2 ou 3, de la Constitution, de l'article III-260 de celle-ci, dans la mesure où ledit article concerne les domaines couverts par lesdites sections, de l'article III-263 ou de l'article III-275, paragraphe 2, point a), de la Constitution, aucune mesure adoptée en application desdites sections ou desdits articles, aucune disposition de tout accord international conclu par l'Union en application desdites sections ou desdits articles et aucune décision de la Cour de justice de l'Union européenne interprétant ces dispositions ou mesures, ne lie le Royaume-Uni ou l'Irlande ou n'est applicable à leur égard. Ces dispositions, mesures ou décisions ne portent en rien atteinte aux compétences, aux droits et aux obligations desdits États. Ces dispositions, mesures ou décisions ne modifient en rien l'acquis communautaire ni celui de l'Union et ne font pas partie du droit de l'Union, tels qu'ils s'appliquent au Royaume-Uni ou à l'Irlande.

*Article 3*

1. Le Royaume-Uni ou l'Irlande peut notifier par écrit au Conseil, dans un délai de trois mois à compter de la présentation au Conseil d'une proposition en application de la partie III, titre III, chapitre IV, sections 2 ou 3, de la Constitution ou d'une proposition ou d'une initiative en application de l'article III-263 ou de l'article III-275, paragraphe 2, point a), de celle-ci, son souhait de participer à l'adoption et à l'application de la mesure proposée, à la suite de quoi cet État y est habilité. L'unanimité des membres du Conseil, à l'exception du membre qui n'a pas procédé à une telle notification, est requise pour les actes que le Conseil est appelé à adopter à l'unanimité. Une mesure adoptée en vertu du présent paragraphe lie tous les États membres qui ont participé à son adoption. Les règlements ou décisions européens adoptés en application de l'article III-260 de la Constitution fixent les conditions de participation du Royaume-Uni et de l'Irlande aux évaluations concernant les domaines couverts par la partie III, titre III, chapitre IV, sections 2 ou 3, de la Constitution.

Aux fins du présent article, la majorité qualifiée se définit comme étant égale à au moins 55 % des membres du Conseil représentant les États membres participants, réunissant au moins 65 % de la population de ces États.

Une minorité de blocage doit inclure au moins le nombre minimum de membres du Conseil représentant plus de 35 % de la population des États membres participants, plus un membre, faute de quoi la majorité qualifiée est réputée acquise.

Par dérogation aux deuxième et troisième alinéas, lorsque le Conseil ne statue pas sur proposition de la Commission ou du ministre des affaires étrangères de l'Union, la majorité qualifiée requise se définit comme étant égale à au moins 72 % des membres du Conseil représentant les États membres participants, réunissant au moins 65 % de la population de ces États.

2. Si, après un délai raisonnable, une mesure visée au paragraphe 1 ne peut pas être adoptée avec la participation du Royaume-Uni ou de l'Irlande, le Conseil peut adopter cette mesure conformément à l'article 1er sans la participation du Royaume-Uni ou de l'Irlande. Dans ce cas, l'article 2 s'applique.

*Article 4*

Le Royaume-Uni ou l'Irlande peut, à tout moment après l'adoption d'une mesure en application de la partie III, titre III, chapitre IV, sections 2 ou 3, de la Constitution, de l'article III-263 ou de l'article III-275, paragraphe 2, point a), de celle-ci, notifier au Conseil et à la Commission son intention d'accepter ladite mesure. Dans ce cas, la procédure prévue à l'article III-420, paragraphe 1, de la Constitution s'applique mutatis mutandis.

*Article 5*

Un État membre qui n'est pas lié par une mesure adoptée en application de la partie III, titre III, chapitre IV, sections 2 ou 3, de la Constitution, de l'article III-263 ou de l'article III-275, paragraphe 2, point a), de celle-ci, ne supporte pas les conséquences financières de cette mesure autres que les coûts administratifs occasionnés pour les institutions, à moins que le Conseil, statuant à l'unanimité de tous ses membres et après consultation du Parlement européen, n'en décide autrement.

*Article 6*

Lorsque, dans les cas visés au présent protocole, le Royaume-Uni ou l'Irlande est lié par une mesure adoptée en application de la partie III, titre III, chapitre IV, sections 2 ou 3, de la Constitution, de l'article III-260 de celle-ci, dans la mesure où ledit article concerne les domaines couverts par lesdites sections, de l'article III-263 ou de l'article III-275, paragraphe 2, point a), de la Constitution, les dispositions pertinentes de la Constitution s'appliquent à cet État pour ce qui concerne la mesure en question.

*Article 7*

Les articles 3 et 4 sont sans préjudice du protocole sur l'acquis de Schengen intégré dans le cadre de l'Union européenne.

*Article 8*

L'Irlande peut notifier par écrit au Conseil son souhait de ne plus relever des dispositions du présent protocole. Dans ce cas, lesdites dispositions ne s'appliquent plus à l'Irlande.

# 20. PROTOCOLE SUR LA POSITION DU DANEMARK

LES HAUTES PARTIES CONTRACTANTES,

RAPPELANT la décision des chefs d'État ou de gouvernement, réunis au sein du Conseil européen à Édimbourg le 12 décembre 1992, concernant certains problèmes soulevés par le Danemark au sujet du traité sur l'Union européenne;

AYANT PRIS ACTE de la position du Danemark en ce qui concerne la citoyenneté, l'Union économique et monétaire, la politique de défense et la justice et les affaires intérieures, telle qu'énoncée dans la décision d'Édimbourg;

CONSCIENTES du fait que le maintien dans le cadre de la Constitution d'un régime juridique datant de la décision d'Édimbourg restreindra considérablement la participation du Danemark dans d'importants domaines de coopération de l'Union et qu'il serait dans l'intérêt de l'Union d'assurer l'intégrité de l'acquis dans le domaine de la liberté, de la sécurité et de la justice;

SOUHAITANT dès lors établir un cadre juridique qui offrira au Danemark la possibilité de participer à l'adoption de mesures proposées sur la base de la partie III, titre III, chapitre IV, de la Constitution et saluant l'intention du Danemark de se prévaloir de cette possibilité lorsque cela sera possible conformément à ses exigences constitutionnelles;

PRENANT NOTE de ce que le Danemark ne s'opposera pas à ce que les autres États membres poursuivent le développement de leur coopération en ce qui concerne des mesures par lesquelles il n'est pas lié;

TENANT COMPTE du protocole sur l'acquis de Schengen intégré dans le cadre de l'Union européenne,

SONT CONVENUES des dispositions ci-après, qui sont annexées à la Constitution:

## PARTIE I

### *Article premier*

Le Danemark ne participe pas à l'adoption par le Conseil des mesures proposées en application de la partie III, titre III, chapitre IV, de la Constitution. L'unanimité des membres du Conseil, à l'exception du représentant du gouvernement danois, est requise pour les actes que le Conseil est appelé à adopter à l'unanimité.

Aux fins du présent article, la majorité qualifiée se définit comme étant égale à au moins 55 % des membres du Conseil représentant les États membres participants, réunissant au moins 65 % de la population de ces États.

Une minorité de blocage doit inclure au moins le nombre minimum de membres du Conseil représentant plus de 35 % de la population des États membres participants, plus un membre, faute de quoi la majorité qualifiée est réputée acquise.

Par dérogation aux deuxième et troisième alinéas, lorsque le Conseil ne statue pas sur proposition de la Commission ou du ministre des affaires étrangères de l'Union, la majorité qualifiée requise se définit comme étant égale à au moins 72 % des membres du Conseil représentant les États membres participants, réunissant au moins 65 % de la population de ces États.

*Article 2*

Aucune des dispositions de la partie III, titre III, chapitre IV, de la Constitution, aucune mesure adoptée en application dudit chapitre, aucune disposition d'un accord international conclu par l'Union en application dudit chapitre et aucune décision de la Cour de justice de l'Union européenne interprétant ces dispositions ou mesures, ne lie le Danemark ou n'est applicable à son égard. Ces dispositions, mesures ou décisions ne portent en rien atteinte aux compétences, aux droits et aux obligations du Danemark. Ces dispositions, mesures ou décisions ne modifient en rien l'acquis communautaire ni celui de l'Union et ne font pas partie du droit de l'Union, tels qu'ils s'appliquent au Danemark.

*Article 3*

Le Danemark ne supporte pas les conséquences financières des mesures visées à l'article 1$^{er}$ autres que les coûts administratifs occasionnés pour les institutions.

*Article 4*

1. Le Danemark décide, dans un délai de six mois après l'adoption d'une mesure du Conseil visant à développer l'acquis de Schengen et relevant de la partie I, s'il transpose cette mesure dans son droit national. S'il décide de le faire, cette mesure créera une obligation de droit international entre le Danemark et les autres États membres liés par la mesure.

Si le Danemark décide de ne pas appliquer une telle mesure, les États membres liés par celle-ci et le Danemark examineront les mesures appropriées à prendre.

2. Le Danemark conserve, à l'égard de l'acquis de Schengen, les droits et obligations existant avant l'entrée en vigueur du traité établissant une Constitution pour l'Europe.

PARTIE II

*Article 5*

En ce qui concerne les mesures adoptées par le Conseil en application de l'article I-41, de l'article III-295, paragraphe 1, et des articles III-309 à III-313 de la Constitution, le Danemark ne participe pas à l'élaboration et à la mise en œuvre des décisions et actions de l'Union qui ont des implications en matière de défense. Le Danemark ne participe donc pas à leur adoption. Le Danemark ne s'opposera pas à ce que les autres États membres poursuivent le développement de leur coopération dans ce domaine. Le Danemark n'est pas tenu de contribuer au financement des dépenses opérationnelles découlant de ces mesures, ni de mettre des capacités militaires à la disposition de l'Union.

L'unanimité des membres du Conseil, à l'exception du représentant du gouvernement danois, est requise pour les actes que le Conseil est appelé à adopter à l'unanimité.

Aux fins du présent article, la majorité qualifiée se définit comme étant égale à au moins 55 % des membres du Conseil, représentant les États membres participants, réunissant au moins 65 % de la population de ces États.

Une minorité de blocage doit inclure au moins le nombre minimum de membres du Conseil représentant plus de 35 % de la population des États membres participants, plus un membre, faute de quoi la majorité qualifiée est réputée acquise.

Par dérogation aux troisième et quatrième alinéas, lorsque le Conseil ne statue pas sur proposition de la Commission ou du ministre des affaires étrangères de l'Union, la majorité qualifiée requise se définit comme étant égale à au moins 72 % des membres du Conseil représentant les États membres participants, réunissant au moins 65 % de la population de ces États.

## PARTIE III

### *Article 6*

Le présent protocole s'applique également aux mesures restant en vigueur en application de l'article IV-438 de la Constitution et qui étaient couvertes, avant l'entrée en vigueur du traité établissant une Constitution pour l'Europe, par le protocole sur la position du Danemark annexé au traité sur l'Union européenne et au traité instituant la Communauté européenne.

### *Article 7*

Les articles 1$^{er}$, 2 et 3 ne s'appliquent pas aux mesures déterminant les pays tiers dont les ressortissants doivent être munis d'un visa lors du franchissement des frontières extérieures des États membres ni aux mesures relatives à l'instauration d'un modèle type de visa.

## PARTIE IV

### *Article 8*

Le Danemark peut à tout moment, conformément à ses exigences constitutionnelles, informer les autres États membres qu'il ne souhaite plus se prévaloir de la totalité ou d'une partie du présent protocole. Dans ce cas, le Danemark appliquera intégralement toutes les mesures pertinentes alors en vigueur, prises dans le cadre de l'Union.

### *Article 9*

1. Le Danemark peut à tout moment, et sans préjudice de l'article 8, conformément à ses exigences constitutionnelles, notifier aux autres États membres que, avec effet au premier jour du mois suivant la notification, la partie I est constituée des dispositions figurant à l'annexe. Dans ce cas, les articles 5 à 9 sont renumérotés en conséquence.

2. Six mois après la date à laquelle la notification visée au paragraphe 1 prend effet, tout l'acquis de Schengen ainsi que les mesures adoptées pour développer cet acquis qui, jusqu'alors, liaient le Danemark au titre d'obligations de droit international, lient ce dernier au titre du droit de l'Union.

## *ANNEXE*

### *Article premier*

Sous réserve de l'article 3, le Danemark ne participe pas à l'adoption par le Conseil des mesures proposées en application de la partie III, titre III, chapitre IV, de la Constitution. L'unanimité des membres du Conseil, à l'exception du représentant du gouvernement danois, est requise pour les actes que le Conseil est appelé à adopter à l'unanimité.

Aux fins du présent article, la majorité qualifiée se définit comme étant égale à au moins 55 % des membres du Conseil représentant les États membres participants, réunissant au moins 65 % de la population de ces États.

Une minorité de blocage doit inclure au moins le nombre minimum de membres du Conseil représentant plus de 35 % de la population des États membres participants, plus un membre, faute de quoi la majorité qualifiée est réputée acquise.

Par dérogation aux deuxième et troisième alinéas, lorsque le Conseil ne statue pas sur proposition de la Commission ou du ministre des affaires étrangères de l'Union, la majorité qualifiée requise se définit comme étant égale à au moins 72 % des membres du Conseil représentant les États membres participants, réunissant au moins 65 % de la population de ces États.

### *Article 2*

En vertu de l'article 1er et sous réserve des articles 3, 4 et 6, aucune des dispositions de la partie III, titre III, chapitre IV, de la Constitution, aucune mesure adoptée en application dudit chapitre, aucune disposition d'un accord international conclu par l'Union en application dudit chapitre et aucune décision de la Cour de justice de l'Union européenne interprétant ces dispositions ou mesures, ne lie le Danemark ou n'est applicable à son égard. Ces dispositions, mesures ou décisions ne portent en rien atteinte aux compétences, aux droits et aux obligations du Danemark. Ces dispositions, mesures ou décisions ne modifient en rien l'acquis communautaire ni celui de l'Union et ne font pas partie du droit de l'Union, tels qu'ils s'appliquent au Danemark.

### *Article 3*

1. Le Danemark peut notifier par écrit au président du Conseil, dans un délai de trois mois à compter de la présentation au Conseil d'une proposition ou d'une initiative en application de la partie III, titre III, chapitre IV, de la Constitution, son souhait de participer à l'adoption et à l'application de la mesure proposée, à la suite de quoi le Danemark est habilité à le faire.

2. Si, après un délai raisonnable, une mesure visée au paragraphe 1 ne peut pas être adoptée avec la participation du Danemark, le Conseil peut adopter la mesure visée au paragraphe 1, conformément à l'article 1er, sans la participation du Danemark. Dans ce cas, l'article 2 s'applique.

*Article 4*

Après l'adoption d'une mesure en application de la partie III, titre III, chapitre IV, de la Constitution, le Danemark peut notifier à tout moment au Conseil et à la Commission son intention d'accepter ladite mesure. Dans ce cas, la procédure prévue à l'article III-420, paragraphe 1, de la Constitution s'applique mutatis mutandis.

*Article 5*

1. La notification prévue à l'article 4 est présentée au plus tard six mois après l'adoption définitive d'une mesure qui développe l'acquis de Schengen.

Si le Danemark ne présente pas de notification conformément à l'article 3 ou 4 à l'égard d'une mesure développant l'acquis de Schengen, les États membres liés par celle-ci et le Danemark examineront les dispositions appropriées à prendre.

2. Une notification faite en application de l'article 3 à l'égard d'une mesure développant l'acquis de Schengen est irrévocablement réputée constituer une notification faite en application de l'article 3 à l'égard de toute autre proposition ou initiative visant à développer cette mesure, dans la mesure où cette proposition ou initiative développe l'acquis de Schengen.

*Article 6*

Lorsque, dans les cas visés dans la présente partie, le Danemark est lié par une mesure adoptée par le Conseil en application de la partie III, titre III, chapitre IV, de la Constitution, les dispositions pertinentes de la Constitution s'appliquent au Danemark en ce qui concerne la mesure en question.

*Article 7*

Lorsque le Danemark n'est pas lié par une mesure adoptée en application de la partie III, titre III, chapitre IV, de la Constitution, il ne supporte pas les conséquences financières de cette mesure autres que les coûts administratifs qu'elle occasionne pour les institutions, à moins que le Conseil, statuant à l'unanimité, après consultation du Parlement européen, n'en décide autrement.

## 21. PROTOCOLE SUR LES RELATIONS EXTÉRIEURES DES ÉTATS MEMBRES EN CE QUI CONCERNE LE FRANCHISSEMENT DES FRONTIÈRES EXTÉRIEURES

LES HAUTES PARTIES CONTRACTANTES,

COMPTE TENU de la nécessité pour les États membres d'assurer des contrôles effectifs à leurs frontières extérieures, le cas échéant en coopération avec des pays tiers,

SONT CONVENUES de la disposition ci-après, qui est annexée au traité établissant une Constitution pour l'Europe:

*Article unique*

Les dispositions sur les mesures relatives au franchissement des frontières extérieures prévues à l'article III-265, paragraphe 2, point b), de la Constitution ne préjugent pas la compétence des États membres de négocier ou de conclure des accords avec des pays tiers, pour autant que lesdits accords respectent le droit de l'Union et les autres accords internationaux pertinents.

## 22. PROTOCOLE SUR LE DROIT D'ASILE POUR LES RESSORTISSANTS DES ÉTATS MEMBRES

LES HAUTES PARTIES CONTRACTANTES,

CONSIDÉRANT que, conformément à l'article I-9, paragraphe 1, de la Constitution, l'Union reconnaît les droits, les libertés et les principes énoncés dans la Charte des droits fondamentaux;

CONSIDÉRANT que, conformément à l'article I-9, paragraphe 3, de la Constitution, les droits fondamentaux, tels qu'ils sont garantis par la Convention européenne de sauvegarde des droits de l'Homme et des libertés fondamentales, font partie du droit de l'Union en tant que principes généraux;

CONSIDÉRANT que la Cour de justice de l'Union européenne est compétente pour assurer le respect du droit par l'Union dans l'interprétation et l'application de l'article I-9, paragraphes 1 et 3, de la Constitution;

CONSIDÉRANT que, conformément à l'article I-58 de la Constitution, tout État européen qui demande à devenir membre de l'Union doit respecter les valeurs énoncées à l'article I-2 de la Constitution;

GARDANT À L'ESPRIT que l'article I-59 de la Constitution crée un mécanisme de suspension de certains droits en cas de violation grave et persistante de ces valeurs par un État membre;

RAPPELANT que tout ressortissant d'un État membre jouit, en tant que citoyen de l'Union, d'un statut spécial et d'une protection spéciale qui sont garantis par les États membres conformément aux dispositions de la partie I, titre II, et de la partie III, titre II, de la Constitution;

GARDANT À L'ESPRIT que la Constitution établit un espace sans frontières intérieures et accorde à chaque citoyen de l'Union le droit de circuler et de séjourner librement sur le territoire des États membres;

SOUHAITANT empêcher que l'asile en tant qu'institution soit utilisé à des fins autres que celles auxquelles il est destiné;

CONSIDÉRANT que le présent protocole respecte la finalité et les objectifs de la convention de Genève du 28 juillet 1951 relative au statut des réfugiés,

SONT CONVENUES des dispositions ci-après, qui sont annexées au traité établissant une Constitution pour l'Europe:

### *Article unique*

Vu le niveau de protection des droits fondamentaux et des libertés fondamentales dans les États membres de l'Union européenne, ceux-ci sont considérés comme constituant des pays d'origine sûrs les uns vis-à-vis des autres pour toutes les questions juridiques et pratiques liées aux affaires d'asile. En conséquence, toute demande d'asile présentée par un ressortissant d'un État membre ne peut être prise en considération ou déclarée admissible pour instruction par un autre État membre que dans les cas suivants:

a) si l'État membre dont le demandeur est ressortissant, invoquant l'article 15 de la Convention européenne de sauvegarde des droits de l'Homme et des libertés fondamentales, prend, des mesures dérogeant, sur son territoire, à ses obligations au titre de ladite convention;

b) si la procédure prévue à l'article I-59, paragraphe 1 ou 2, de la Constitution a été déclenchée, et jusqu'à ce que le Conseil ou, le cas échéant, le Conseil européen, adopte une décision européenne à ce sujet à l'égard de l'État membre dont le demandeur est ressortissant;

c) si le Conseil a adopté une décision européenne conformément à l'article I-59, paragraphe 1, de la Constitution à l'égard de l'État membre dont le demandeur est le ressortissant ou si le Conseil européen a adopté une décision européenne conformément à l'article I-59, paragraphe 2, de la Constitution à l'égard de l'État membre dont le demandeur est le ressortissant.

d) si un État membre devait en décider ainsi unilatéralement en ce qui concerne la demande d'un ressortissant d'un autre État membre; dans ce cas, le Conseil est immédiatement informé; la demande est traitée sur la base de la présomption qu'elle est manifestement non fondée sans que, quel que soit le cas, le pouvoir de décision de l'État membre ne soit affecté d'aucune manière.

# 23. PROTOCOLE SUR LA COOPÉRATION STRUCTURÉE PERMANENTE ÉTABLIE PAR L'ARTICLE I-41, PARAGRAPHE 6, ET PAR L'ARTICLE III-312 DE LA CONSTITUTION

LES HAUTES PARTIES CONTRACTANTES,

VU l'article I-41, paragraphe 6, et l'article III-312 de la Constitution,

RAPPELANT que l'Union conduit une politique étrangère et de sécurité commune fondée sur la réalisation d'un degré toujours croissant de convergence des actions des États membres;

RAPPELANT que la politique de sécurité et de défense commune fait partie intégrante de la politique étrangère et de sécurité commune; qu'elle assure à l'Union une capacité opérationnelle s'appuyant sur des moyens civils et militaires; que l'Union peut y avoir recours pour des missions visées à l'article III-309 de la Constitution en dehors de l'Union afin d'assurer le maintien de la paix, la prévention des conflits et le renforcement de la sécurité internationale conformément aux principes de la charte des Nations unies; que l'exécution de ces tâches repose sur les capacités militaires fournies par les États membres, conformément au principe du «réservoir unique de forces»;

RAPPELANT que la politique de sécurité et de défense commune de l'Union n'affecte pas le caractère spécifique de la politique de sécurité et de défense de certains États membres;

RAPPELANT que la politique de sécurité et de défense commune de l'Union respecte les obligations découlant du traité de l'Atlantique Nord pour les États membres qui considèrent que leur défense commune est réalisée dans le cadre de l'Organisation du traité de l'Atlantique Nord, qui reste le fondement de la défense collective de ses membres, et qu'elle est compatible avec la politique commune de sécurité et de défense arrêtée dans ce cadre;

CONVAINCUES qu'un rôle plus affirmé de l'Union en matière de sécurité et de défense contribuera à la vitalité d'une alliance atlantique rénovée, en accord avec les arrangements dits de «Berlin plus»;

DÉTERMINÉES à ce que l'Union soit capable d'assumer pleinement les responsabilités qui lui incombent au sein de la communauté internationale;

RECONNAISSANT que l'Organisation des Nations unies peut demander l'assistance de l'Union pour mettre en œuvre d'urgence des missions entreprises au titre des chapitres VI et VII de la charte des Nations unies;

RECONNAISSANT que le renforcement de la politique de sécurité et de défense demandera aux États membres des efforts dans le domaine des capacités;

CONSCIENTES que le franchissement d'une nouvelle étape dans le développement de la politique européenne de sécurité et de défense suppose des efforts résolus des États membres qui y sont disposés;

RAPPELANT l'importance de ce que le ministre des affaires étrangères de l'Union soit pleinement associé aux travaux de la coopération structurée permanente,

SONT CONVENUES des dispositions ci-après, qui sont annexées au traité établissant une Constitution pour l'Europe:

*Article premier*

La coopération structurée permanente visée à l'article I-41, paragraphe 6, de la Constitution est ouverte à tout État membre qui s'engage, dès la date d'entrée en vigueur du traité établissant une Constitution pour l'Europe:

a) à procéder plus intensivement au développement de ses capacités de défense, par le développement de ses contributions nationales et la participation, le cas échéant, à des forces multinationales, aux principaux programmes européens d'équipement et à l'activité de l'Agence dans le domaine du développement des capacités de défense, de la recherche, de l'acquisition et de l'armement (l'Agence européenne de défense), et

b) à avoir la capacité de fournir, au plus tard en 2007, soit à titre national, soit comme composante de groupes multinationaux de forces, des unités de combat ciblées pour les missions envisagées, configurées sur le plan tactique comme un groupement tactique, avec les éléments de soutien, y compris le transport et la logistique, capables d'entreprendre, dans un délai de 5 à 30 jours, des missions visées à l'article III-309, en particulier pour répondre à des demandes de l'Organisation des Nations unies, et soutenables pour une période initiale de 30 jours, prorogeable jusqu'au moins 120 jours.

*Article 2*

Les États membres qui participent à la coopération structurée permanente s'engagent, pour atteindre les objectifs visés à l'article 1er:

a) à coopérer, dès l'entrée en vigueur du traité établissant une Constitution pour l'Europe, en vue d'atteindre des objectifs agréés concernant le niveau des dépenses d'investissement en matière d'équipements de défense, et à réexaminer régulièrement ces objectifs à la lumière de l'environnement de sécurité et des responsabilités internationales de l'Union;

b) à rapprocher, dans la mesure du possible, leurs outils de défense, notamment en harmonisant l'identification des besoins militaires, en mettant en commun et, le cas échéant, en spécialisant leurs moyens et capacités de défense, ainsi qu'en encourageant la coopération dans les domaines de la formation et de la logistique;

c) à prendre des mesures concrètes pour renforcer la disponibilité, l'interopérabilité, la flexibilité et la capacité de déploiement de leurs forces, notamment en identifiant des objectifs communs en matière de projection de forces, y compris en réexaminant, éventuellement, leurs procédures de décision nationales;

d) à coopérer afin de s'assurer qu'ils prennent les mesures nécessaires pour combler, y compris par des approches multinationales et sans préjudice des engagements les concernant au sein de l'Organisation du traité de l'Atlantique Nord, les lacunes constatées dans le cadre du «Mécanisme de développement des capacités»;

e) à participer, le cas échéant, au développement de programmes communs ou européens d'équipements majeurs dans le cadre de l'Agence européenne de défense.

*Article 3*

L'Agence européenne de défense contribue à l'évaluation régulière des contributions des États membres participants en matière de capacités, en particulier des contributions fournies suivant les critères qui seront établis, entre autres, sur la base de l'article 2, et en fait rapport au moins une fois par an. L'évaluation peut servir de base aux recommandations et aux décisions européennes du Conseil adoptées conformément à l'article III-312 de la Constitution.

—

## 24. PROTOCOLE SUR L'ARTICLE I-41, PARAGRAPHE 2, DE LA CONSTITUTION

LES HAUTES PARTIES CONTRACTANTES,

GARDANT À L'ESPRIT la nécessité d'appliquer pleinement les dispositions de l'article I-41, paragraphe 2, de la Constitution;

GARDANT À L'ESPRIT que la politique de l'Union au titre de l'article I-41, paragraphe 2, de la Constitution ne doit pas affecter le caractère spécifique de la politique de sécurité et de défense de certains États membres, qu'elle doit respecter les obligations découlant du traité de l'Atlantique Nord pour certains États membres qui considèrent que leur défense commune est réalisée dans le cadre de l'Organisation du traité de l'Atlantique Nord et qu'elle doit être compatible avec la politique commune de sécurité et de défense arrêtée dans ce cadre,

SONT CONVENUES de la disposition ci-après, qui est annexée au traité établissant une Constitution pour l'Europe:

### *Article unique*

L'Union, en collaboration avec l'Union de l'Europe occidentale, élabore des arrangements visant à améliorer la coopération entre elles.

# 25. PROTOCOLE RELATIF AUX IMPORTATIONS DANS L'UNION EUROPÉENNE DE PRODUITS PÉTROLIERS RAFFINÉS AUX ANTILLES NÉERLANDAISES

LES HAUTES PARTIES CONTRACTANTES,

DÉSIRANT apporter des précisions sur le régime des échanges applicable aux importations dans l'Union de produits pétroliers raffinés aux Antilles néerlandaises,

SONT CONVENUES des dispositions ci-après, qui sont annexées au traité établissant une Constitution pour l'Europe:

## *Article premier*

Le présent protocole est applicable aux produits pétroliers relevant des positions 27.10, 27.11, 27.12 (paraffine et cires de pétrole), ex 27.13 (résidus paraffineux) et 27.14 (schistes) de la nomenclature combinée importés pour la mise à la consommation dans les États membres.

## *Article 2*

Les États membres s'engagent à accorder aux produits pétroliers raffinés aux Antilles néerlandaises les avantages tarifaires résultant de l'association de ces dernières à l'Union, dans les conditions prévues par le présent protocole. Ces dispositions sont valables, quelles que soient les règles d'origine appliquées par les États membres.

## *Article 3*

1. Lorsque la Commission, sur demande d'un État membre ou de sa propre initiative, constate que les importations dans l'Union de produits pétroliers raffinés aux Antilles néerlandaises sous le régime prévu à l'article 2 provoquent des difficultés réelles sur le marché d'un ou de plusieurs États membres, elle adopte une décision européenne établissant que les droits de douane applicables auxdites importations sont introduits, augmentés ou réintroduits par les États membres intéressés, dans la mesure et pour la période nécessaires, pour faire face à cette situation. Les taux des droits de douane ainsi introduits, augmentés ou réintroduits ne peuvent pas dépasser ceux des droits de douane applicables aux pays tiers pour ces mêmes produits.

2. Les dispositions prévues au paragraphe 1 peuvent être appliquées en tout état de cause lorsque les importations dans l'Union de produits pétroliers raffinés aux Antilles néerlandaises atteignent deux millions de tonnes par an.

3. Les décisions européennes adoptées par la Commission en vertu des paragraphes 1 et 2, y compris celles qui tendent à rejeter la demande d'un État membre, sont portées à la connaissance du Conseil. Celui-ci peut s'en saisir à la demande de tout État membre et peut à tout moment adopter une décision européenne pour les modifier ou les rapporter.

*Article 4*

1. Si un État membre estime que les importations de produits pétroliers raffinés aux Antilles néerlandaises effectuées directement ou à travers un autre État membre sous le régime prévu à l'article 2 provoquent des difficultés réelles sur son marché et qu'une action immédiate est nécessaire pour y faire face, il peut décider de son propre chef d'appliquer à ces importations des droits de douane dont les taux ne peuvent dépasser ceux des droits de douane applicables aux pays tiers pour les mêmes produits. Il notifie cette décision à la Commission, qui dans un délai d'un mois adopte une décision européenne établissant si les mesures prises par l'État peuvent être maintenues ou doivent être modifiées ou supprimées. L'article 3, paragraphe 3, est applicable à cette décision de la Commission.

2. Lorsque les importations de produits pétroliers raffinés aux Antilles néerlandaises effectuées directement ou à travers un autre État membre sous le régime prévu à l'article 2 dans un ou plusieurs États membres dépassent pendant une année civile les tonnages indiqués à l'annexe du présent protocole, les mesures éventuellement prises en vertu du paragraphe 1 par ce ou ces États membres pour l'année en cours sont considérées comme légitimes. La Commission, après s'être assurée que les tonnages fixés ont été atteints, prend acte des mesures prises. En pareil cas, les autres États membres s'abstiennent de saisir le Conseil.

*Article 5*

Si l'Union décide d'appliquer des restrictions quantitatives aux importations de produits pétroliers de toute provenance, celles-ci peuvent être également appliquées aux importations de ces produits en provenance des Antilles néerlandaises. En pareil cas, un traitement préférentiel par rapport aux pays tiers est assuré aux Antilles néerlandaises.

*Article 6*

1. Les articles 2 à 5 peuvent être révisés par le Conseil, statuant à l'unanimité, après consultation du Parlement européen et de la Commission, lors de l'adoption d'une définition commune de l'origine pour les produits pétroliers en provenance des pays tiers et des pays associés, lors de décisions prises dans le cadre d'une politique commerciale commune pour les produits en cause ou lors de l'établissement d'une politique énergétique commune.

2. Toutefois, lors d'une telle révision, des avantages de portée équivalente sont en tout cas maintenus aux Antilles néerlandaises sous une forme appropriée et pour une quantité d'au moins deux millions et demi de tonnes de produits pétroliers.

3. Les engagements de l'Union relatifs aux avantages de portée équivalente visés au paragraphe 2 peuvent faire, en cas de besoin, l'objet d'une répartition par État compte tenu des tonnages indiqués à l'annexe du présent protocole.

*Article 7*

Pour l'exécution du présent protocole, la Commission est chargée de suivre le développement des importations dans les États membres de produits pétroliers raffinés aux Antilles néerlandaises. Les États membres communiquent à la Commission, qui en assure la diffusion, toutes informations utiles à cet effet, selon les modalités administratives qu'elle recommande.

*ANNEXE*

Pour la mise en œuvre de l'article 4, paragraphe 2, les Hautes Parties Contractantes ont décidé que la quantité de deux millions de tonnes de produits antillais est répartie comme suit entre les États membres suivants:

| | |
|---|---|
| Allemagne | 625 000 tonnes |
| Union économique belgo-luxembourgeoise | 200 000 tonnes |
| France | 75 000 tonnes |
| Italie | 100 000 tonnes |
| Pays-Bas | 1 000 000 tonnes |

## 26. PROTOCOLE SUR L'ACQUISITION DE BIENS IMMOBILIERS AU DANEMARK

LES HAUTES PARTIES CONTRACTANTES,

DÉSIREUSES de régler certains problèmes particuliers présentant un intérêt pour le Danemark,

SONT CONVENUES de la disposition ci-après, qui est annexée au traité établissant une Constitution pour l'Europe:

*Article unique*

Nonobstant les dispositions de la Constitution, le Danemark peut maintenir sa législation en vigueur en matière d'acquisition de résidences secondaires.

## 27. PROTOCOLE SUR LE SYSTÈME DE RADIODIFFUSION PUBLIQUE DANS LES ÉTATS MEMBRES

LES HAUTES PARTIES CONTRACTANTES,

CONSIDÉRANT que la radiodiffusion de service public dans les États membres est directement liée aux besoins démocratiques, sociaux et culturels de chaque société ainsi qu'à la nécessité de préserver le pluralisme dans les médias,

SONT CONVENUES des dispositions interprétatives ci-après, qui sont annexées au traité établissant une Constitution pour l'Europe:

### *Article unique*

Les dispositions de la Constitution sont sans préjudice de la compétence des États membres de pourvoir au financement du service public de radiodiffusion dans la mesure où ce financement est accordé aux organismes de radiodiffusion aux fins de l'accomplissement de la mission de service public telle qu'elle a été conférée, définie et organisée par chaque État membre et dans la mesure où ce financement n'altère pas les conditions des échanges et de la concurrence dans l'Union dans une mesure qui serait contraire à l'intérêt commun, étant entendu que la réalisation du mandat de ce service public doit être prise en compte.

## 28. PROTOCOLE SUR L'ARTICLE III-214 DE LA CONSTITUTION

LES HAUTES PARTIES CONTRACTANTES,

SONT CONVENUES de la disposition ci-après, qui est annexée au traité établissant une Constitution pour l'Europe:

### *Article unique*

Aux fins de l'application de l'article III-214 de la Constitution, des prestations en vertu d'un régime professionnel de sécurité sociale ne seront pas considérées comme rémunération si et dans la mesure où elles peuvent être attribuées aux périodes d'emploi antérieures au 17 mai 1990, exception faite pour les travailleurs ou leurs ayants droit qui ont, avant cette date, engagé une action en justice ou introduit une réclamation équivalente selon le droit national applicable.

## 29. PROTOCOLE SUR LA COHÉSION ÉCONOMIQUE, SOCIALE ET TERRITORIALE

LES HAUTES PARTIES CONTRACTANTES,

RAPPELANT que l'article I-3 de la Constitution mentionne, entre autres objectifs, la promotion de la cohésion économique, sociale et territoriale et de la solidarité entre les États membres, et que ladite cohésion figure parmi les domaines de compétence partagée de l'Union énumérés à l'article I-14, paragraphe 2, point c), de la Constitution;

RAPPELANT que les dispositions de l'ensemble de la section 3 de la partie III, titre III, chapitre III, de la Constitution, consacrées à la cohésion économique, sociale et territoriale, fournissent la base juridique permettant de consolider et de développer davantage l'action de l'Union dans ce domaine, et notamment de créer un Fonds;

RAPPELANT que l'article III-223 de la Constitution prévoit la création d'un Fonds de cohésion;

NOTANT que la Banque européenne d'investissement prête des sommes considérables et de plus en plus importantes au bénéfice des régions les plus pauvres;

NOTANT le souhait d'une plus grande souplesse dans les modalités d'octroi des ressources provenant des fonds à finalité structurelle;

NOTANT le souhait d'une modulation des niveaux de la participation de l'Union aux programmes et aux projets dans certains États membres;

NOTANT la proposition de prendre davantage en compte, dans le système des ressources propres, la prospérité relative des États membres,

SONT CONVENUES des dispositions ci-après, qui sont annexées au traité établissant une Constitution pour l'Europe:

### *Article unique*

1. Les États membres réaffirment que la promotion de la cohésion économique, sociale et territoriale est vitale pour le développement intégral et le succès durable de l'Union.

2. Les États membres réaffirment leur conviction que les fonds à finalité structurelle doivent continuer à jouer un rôle considérable dans la réalisation des objectifs de l'Union dans le domaine de la cohésion.

3. Les États membres réaffirment leur conviction que la Banque européenne d'investissement doit continuer à consacrer la majorité de ses ressources à la promotion de la cohésion économique, sociale et territoriale, et se déclarent disposées à réexaminer le capital dont la Banque européenne d'investissement a besoin, dès que cela sera nécessaire à cet effet.

4. Les États membres conviennent que le Fonds de cohésion attribue des contributions financières de l'Union à des projets relatifs à l'environnement et aux réseaux transeuropéens dans des États membres dont le PNB par habitant est inférieur à 90 % de la moyenne de l'Union et qui ont mis en place un programme visant à satisfaire aux conditions de convergence économique visées à III-184 de la Constitution.

5. Les États membres déclarent qu'ils ont l'intention de permettre une plus grande flexibilité dans l'octroi de crédits en provenance des fonds à finalité structurelle afin de tenir compte des besoins spécifiques qui ne sont pas satisfaits dans le cadre de la réglementation actuelle des fonds à finalité structurelle.

6. Les États membres se déclarent disposés à moduler les niveaux de la participation de l'Union dans le cadre des programmes et des projets des fonds à finalité structurelle, afin d'éviter des augmentations excessives des dépenses budgétaires dans les États membres les moins prospères.

7. Les États membres reconnaissent la nécessité de suivre de près les progrès accomplis sur la voie de la cohésion économique, sociale et territoriale et se déclarent prêts à étudier toutes les mesures nécessaires à cet égard.

8. Les États membres affirment leur intention de tenir davantage compte de la capacité contributive des différents États membres au système des ressources propres et d'étudier des moyens permettant de corriger, pour les États membres les moins prospères, les éléments régressifs du système actuel de ressources propres.

## 30. PROTOCOLE SUR LE RÉGIME PARTICULIER APPLICABLE AU GROENLAND

LES HAUTES PARTIES CONTRACTANTES,

SONT CONVENUES des dispositions ci-après, qui sont annexées au traité établissant une Constitution pour l'Europe:

*Article unique*

1. Le traitement à l'importation dans l'Union des produits soumis à l'organisation commune des marchés de la pêche et originaires du Groenland s'effectue, dans le respect des mécanismes de l'organisation commune des marchés, en exemption de droits de douane et de taxes d'effet équivalent, et sans restrictions quantitatives ni mesures d'effet équivalent, si les possibilités d'accès aux zones de pêche groenlandaises ouvertes à l'Union en vertu d'un accord entre l'Union et l'autorité compétente pour le Groenland sont satisfaisantes pour l'Union.

2. Les mesures relatives au régime d'importation des produits visés au paragraphe 1 sont adoptées selon les procédures prévues à l'article III-231 de la Constitution.

## 31. PROTOCOLE SUR L'ARTICLE 40.3.3 DE LA CONSTITUTION DE L'IRLANDE

LES HAUTES PARTIES CONTRACTANTES

SONT CONVENUES des dispositions suivantes, qui sont annexées au traité établissant une Constitution pour l'Europe et au traité instituant la Communauté européenne de l'énergie atomique:

*Article unique*

Aucune disposition du traité établissant une Constitution pour l'Europe, ni des traités et actes le modifiant ou le complétant, n'affecte l'application en Irlande de l'article 40.3.3 de la Constitution de l'Irlande.

## 32. PROTOCOLE RELATIF À L'ARTICLE I-9, PARAGRAPHE 2, DE LA CONSTITUTION SUR L'ADHÉSION DE L'UNION À LA CONVENTION EUROPÉENNE DE SAUVEGARDE DES DROITS DE L'HOMME ET DES LIBERTÉS FONDAMENTALES

LES HAUTES PARTIES CONTRACTANTES,

SONT CONVENUES des dispositions ci-après, qui sont annexées au traité établissant une Constitution pour l'Europe:

### *Article premier*

L'accord relatif à l'adhésion de l'Union à la Convention européenne de sauvegarde des droits de l'Homme et des libertés fondamentales (ci-après dénommée «Convention européenne»), prévue à l'article I-9, paragraphe 2, de la Constitution, doit refléter la nécessité de préserver les caractéristiques spécifiques de l'Union et du droit de l'Union, notamment en ce qui concerne:

a) les modalités particulières de l'éventuelle participation de l'Union aux instances de contrôle de la Convention européenne;

b) les mécanismes nécessaires pour garantir que les recours formés par des États non membres et les recours individuels soient dirigés contre les États membres et/ou l'Union, selon le cas.

### *Article 2*

L'accord visé à l'article 1$^{er}$ doit garantir que l'adhésion de l'Union n'affecte ni les compétences de l'Union ni les attributions de ses institutions. Il doit garantir qu'aucune de ses dispositions n'affecte la situation particulière des États membres à l'égard de la Convention européenne, et notamment de ses protocoles, des mesures prises par les États membres par dérogation à la Convention européenne, conformément à son article 15, et des réserves à la Convention européenne formulées par les États membres conformément à son article 57.

### *Article 3*

Aucune disposition de l'accord visé à l'article 1$^{er}$ ne doit affecter l'article III-375, paragraphe 2, de la Constitution.

## 33. PROTOCOLE RELATIF AUX ACTES ET TRAITÉS AYANT COMPLÉTÉ OU MODIFIÉ LE TRAITÉ INSTITUANT LA COMMUNAUTÉ EUROPÉENNE ET LE TRAITÉ SUR L'UNION EUROPÉENNE

LES HAUTES PARTIES CONTRACTANTES,

CONSIDÉRANT que l'article IV-437, paragraphe 1, de la Constitution abroge le traité instituant la Communauté européenne et le traité sur l'Union européenne ainsi que les actes et traités qui les ont complétés ou modifiés;

CONSIDÉRANT qu'il y a lieu d'établir la liste des actes et traités visés à l'article IV-437, paragraphe 1;

CONSIDÉRANT qu'il convient de reprendre la substance des dispositions de l'article 9, paragraphe 7, du traité d'Amsterdam;

RAPPELANT que l'Acte du 20 septembre 1976 portant élection des représentants au Parlement européen au suffrage universel direct doit rester en vigueur,

SONT CONVENUES des dispositions ci-après, qui sont annexées au traité établissant une Constitution pour l'Europe et au traité instituant la Communauté européenne de l'énergie atomique:

### *Article premier*

1. Les actes et les traités ci-après, qui ont complété ou modifié le traité instituant la Communauté européenne, sont abrogés:

a) le protocole du 8 avril 1965 sur les privilèges et immunités des Communautés européennes annexé au traité instituant un Conseil unique et une Commission unique (JO 152 du 13.7.1967, p. 13);

b) le traité du 22 avril 1970 portant modification de certaines dispositions budgétaires des traités instituant des Communautés européennes et du traité instituant un Conseil unique et une Commission unique des Communautés européennes (JO L 2 du 2.1.1971, p. 1);

c) le traité du 22 juillet 1975 portant modification de certaines dispositions financières des traités instituant les Communautés européennes et du traité instituant un Conseil unique et une Commission unique des Communautés européennes (JO L 359 du 31.12.1977, p. 4);

d) le traité du 10 juillet 1975 portant modification de certaines dispositions du protocole sur les statuts de la Banque européenne d'investissement (JO L 91 du 6.4.1978, p. 1);

e) le traité du 13 mars 1984 modifiant les traités instituant les Communautés européennes en ce qui concerne le Groenland (JO L 29 du 1.2.1985, p. 1);

f) l'Acte unique européen des 17 février 1986 et 28 février 1986 (JO L 169 du 29.6.1987, p. 1);

g) l'Acte du 25 mars 1993 modifiant le protocole sur les statuts de la Banque européenne d'investissement habilitant le conseil des gouverneurs à créer un Fonds européen d'investissement (JO L 173 du 7.7.1994, p. 14);

h) la décision 2003/223/CE du Conseil, réuni au niveau des chefs d'État ou de gouvernement, du 21 mars 2003 relative à une modification de l'article 10.2 des statuts du Système européen de banques centrales et de la Banque centrale européenne (JO L 83 du 1.4.2003, p. 66).

2. Le traité d'Amsterdam du 2 octobre 1997 modifiant le traité sur l'Union européenne, les traités instituant les Communautés européennes et certains actes connexes est abrogé (JO C 340 du 10.11.1997, p. 1).

3. Le traité de Nice du 26 février 2001 modifiant le traité sur l'Union européenne, les traités instituant les Communautés européennes et certains actes connexes est abrogé (JO C 80 du 10.3.2001, p. 1).

*Article 2*

1. Sans préjudice de l'application de l'article III-432 de la Constitution et de l'article 189 du traité instituant la Communauté européenne de l'énergie atomique, les représentants des gouvernements des États membres arrêtent d'un commun accord les dispositions nécessaires pour régler certains problèmes particuliers au Grand-Duché de Luxembourg et qui résultent de la création d'un Conseil unique et d'une Commission unique des Communautés européennes.

2. L'Acte portant élection des représentants au Parlement européen au suffrage universel direct, annexé à la décision 76/787/CECA, CEE, Euratom du Conseil (JO L 278 du 8.10.1976, p. 1), est maintenu dans sa version en vigueur au moment de l'entrée en vigueur du traité établissant une Constitution pour l'Europe. Afin de l'adapter à la Constitution, cet Acte est modifié comme suit:

a) à l'article 1er, le paragraphe 3 est supprimé;

b) à l'article 5, paragraphe 1, deuxième alinéa, les termes «des dispositions» sont supprimés;

c) à l'article 6, paragraphe 2, les termes «du 8 avril 1965» sont supprimés; les termes «des Communautés européennes» sont remplacés par les termes «de l'Union européenne»;

d) à l'article 7, paragraphe 1, deuxième tiret, les termes «Commission des Communautés européennes» sont remplacés par les termes «Commission européenne»;

e) à l'article 7, paragraphe 1, troisième tiret, les termes «Cour de justice des Communautés européennes ou du Tribunal de première instance» sont remplacés par les termes «Cour de justice de l'Union européenne»;

f) à l'article 7, paragraphe 1, cinquième tiret, les termes «Cour des comptes des Communautés européennes» sont remplacés par les termes «Cour des comptes»;

g) à l'article 7, paragraphe 1, sixième tiret, les termes «médiateur des Communautés européennes» sont remplacés par les termes «médiateur européen»;

h) à l'article 7, paragraphe 1, septième tiret, les termes «de la Communauté économique européenne et de la Communauté européenne de l'énergie atomique» sont remplacés par les termes «de l'Union européenne»;

i) à l'article 7, paragraphe 1, neuvième tiret, les termes «en vertu ou en application des traités instituant la Communauté économique européenne et la Communauté européenne de l'énergie atomique» sont remplacés par les termes «en vertu du traité établissant une Constitution pour l'Europe et du traité instituant la Communauté européenne de l'énergie atomique»; le terme «communautaires» est remplacé par le terme «de l'Union»;

j) à l'article 7, paragraphe 1, onzième tiret, les termes «des institutions des Communautés européennes ou des organes ou organismes qui leur sont rattachés ou de la Banque centrale européenne» sont remplacés par les termes «des institutions, organes ou organismes de l'Union européenne»;

k) les tirets de l'article 7, paragraphe 1, deviennent, respectivement, les points a) à k);

l) à l'article 7, paragraphe 2, deuxième alinéa, les termes «des dispositions» sont supprimés; les tirets de ce deuxième alinéa deviennent respectivement les points a) et b);

m) à l'article 11, paragraphe 2, deuxième alinéa, les termes «la Communauté» sont remplacés par le terme «l'Union»; le terme «fixe» est remplacé par les termes «adopte une décision européenne fixant»; les termes «de l'alinéa précédent» sont remplacés par les termes «du premier alinéa»;

n) à l'article 11, paragraphe 3, les termes «sans préjudice des dispositions de l'article 139 du traité instituant la Communauté européenne» sont remplacés par les termes «sans préjudice de l'article III-336 de la Constitution»;

o) à l'article 14, les termes «de prendre» sont remplacés par les termes «d'adopter»; les termes «sur proposition» sont remplacés par les termes «sur initiative»; les termes «arrête ces mesures» sont remplacés par les termes «adopte les règlements ou décisions européens nécessaires».

# 34. PROTOCOLE SUR LES DISPOSITIONS TRANSITOIRES RELATIVES AUX INSTITUTIONS ET ORGANES DE L'UNION

LES HAUTES PARTIES CONTRACTANTES,

CONSIDÉRANT que, afin d'organiser la transition entre l'Union européenne instituée par le traité sur l'Union européenne, et la Communauté européenne, et l'Union européenne établie par le traité établissant une Constitution pour l'Europe, qui leur succède, il est nécessaire de prévoir des dispositions transitoires applicables avant la prise d'effet de toutes les dispositions de la Constitution et des actes nécessaires pour leur application,

SONT CONVENUES des dispositions ci-après, qui sont annexées au traité établissant une Constitution pour l'Europe et au traité instituant la Communauté européenne de l'énergie atomique:

## TITRE I

## DISPOSITIONS CONCERNANT LE PARLEMENT EUROPÉEN

### *Article premier*

1. Suffisamment longtemps avant les élections parlementaires européennes de 2009, le Conseil européen adopte, conformément à l'article I-20, paragraphe 2, second alinéa, de la Constitution, une décision européenne fixant la composition du Parlement européen.

2. Pendant la législature 2004-2009, la composition et le nombre des représentants au Parlement européen élus dans chaque État membre restent ceux existant à la date d'entrée en vigueur du traité établissant une Constitution pour l'Europe, le nombre de représentants étant le suivant:

| | |
|---|---|
| Belgique | 24 |
| République tchèque | 24 |
| Danemark | 14 |
| Allemagne | 99 |
| Estonie | 6 |
| Grèce | 24 |
| Espagne | 54 |
| France | 78 |
| Irlande | 13 |
| Italie | 78 |
| Chypre | 6 |
| Lettonie | 9 |
| Lituanie | 13 |

| | |
|---|---|
| Luxembourg | 6 |
| Hongrie | 24 |
| Malte | 5 |
| Pays-Bas | 27 |
| Autriche | 18 |
| Pologne | 54 |
| Portugal | 24 |
| Slovénie | 7 |
| Slovaquie | 14 |
| Finlande | 14 |
| Suède | 19 |
| Royaume-Uni | 78 |

## TITRE II

### DISPOSITIONS CONCERNANT LE CONSEIL EUROPÉEN ET LE CONSEIL

*Article 2*

1. Les dispositions de l'article I-25, paragraphes 1, 2 et 3, de la Constitution, relatives à la définition de la majorité qualifiée au Conseil européen et au Conseil, prennent effet le 1er novembre 2009, après la tenue des élections parlementaires européennes de 2009, conformément à l'article I-20, paragraphe 2, de la Constitution.

2. Jusqu'au 31 octobre 2009, les dispositions suivantes sont en vigueur, sans préjudice de l'article I-25, paragraphe 4, de la Constitution.

Pour les délibérations du Conseil européen et du Conseil qui requièrent une majorité qualifiée, les voix des membres sont affectées de la pondération suivante:

| | |
|---|---|
| Belgique | 12 |
| République tchèque | 12 |
| Danemark | 7 |
| Allemagne | 29 |
| Estonie | 4 |
| Grèce | 12 |
| Espagne | 27 |
| France | 29 |
| Irlande | 7 |

| | |
|---|---|
| Italie | 29 |
| Chypre | 4 |
| Lettonie | 4 |
| Lituanie | 7 |
| Luxembourg | 4 |
| Hongrie | 12 |
| Malte | 3 |
| Pays-Bas | 13 |
| Autriche | 10 |
| Pologne | 27 |
| Portugal | 12 |
| Slovénie | 4 |
| Slovaquie | 7 |
| Finlande | 7 |
| Suède | 10 |
| Royaume-Uni | 29 |

Les délibérations sont acquises si elles ont recueilli au moins 232 voix exprimant le vote favorable de la majorité des membres, lorsque, en vertu de la Constitution, elles doivent être prises sur proposition de la Commission. Dans les autres cas, les délibérations sont acquises si elles ont recueilli au moins 232 voix exprimant le vote favorable d'au moins deux tiers des membres.

Un membre du Conseil européen ou du Conseil peut demander que, lorsqu'un acte est adopté par le Conseil européen ou par le Conseil à la majorité qualifiée, il soit vérifié que les États membres constituant cette majorité qualifiée représentent au moins 62 % de la population totale de l'Union. S'il s'avère que cette condition n'est pas remplie, l'acte en cause n'est pas adopté.

3. Pour les adhésions ultérieures, le seuil visé au paragraphe 2 est calculé de manière à ce que le seuil de la majorité qualifiée exprimée en voix ne dépasse pas celui qui résulte du tableau figurant dans la déclaration relative à l'élargissement de l'Union européenne, inscrite dans l'acte final de la Conférence qui a arrêté le traité de Nice.

4. Les dispositions suivantes relatives à la définition de la majorité qualifiée prennent effet le 1er novembre 2009:

— article I-44, paragraphe 3, troisième, quatrième et cinquième alinéas, de la Constitution;

— article I-59, paragraphe 5, deuxième et troisième alinéas, de la Constitution;

— article I-60, paragraphe 4, second alinéa, de la Constitution;

— article III-179, paragraphe 4, troisième et quatrième alinéas, de la Constitution;

— article III-184, paragraphe 6, troisième et quatrième alinéas, de la Constitution;

— article III-184, paragraphe 7, troisième et quatrième alinéas, de la Constitution;

— article III-194, paragraphe 2, deuxième et troisième alinéas, de la Constitution;

— article III-196, paragraphe 3, deuxième et troisième alinéas, de la Constitution;

— article III-197, paragraphe 4, deuxième et troisième alinéas, de la Constitution;

— article III-198, paragraphe 2, troisième alinéa, de la Constitution;

— article III-312, paragraphe 3, troisième et quatrième alinéas, de la Constitution;

— article III-312, paragraphe 4, troisième et quatrième alinéas de la Constitution;

— article 1er, deuxième, troisième et quatrième alinéas, et article 3, paragraphe 1, deuxième, troisième et quatrième alinéas, du protocole sur la position du Royaume-Uni et de l'Irlande à l'égard des politiques relatives aux contrôles aux frontières, à l'asile et à l'immigration, ainsi qu'à l'égard de la coopération judiciaire en matière civile et de la coopération policière;

— article 1er, deuxième, troisième et quatrième alinéas, et article 5, troisième, quatrième et cinquième alinéas, du protocole sur la position du Danemark.

Jusqu'au 31 octobre 2009, dans les cas où tous les membres du Conseil ne prennent pas part au vote, à savoir dans les cas visés aux articles énumérés au premier alinéa, la majorité qualifiée se définit comme étant la même proportion des voix pondérées et la même proportion du nombre des membres du Conseil, ainsi que, le cas échéant, le même pourcentage de la population des États membres concernés que ceux fixés au paragraphe 2.

*Article 3*

Jusqu'à l'entrée en vigueur de la décision européenne visée à l'article I-24, paragraphe 4, de la Constitution, le Conseil peut se réunir dans les formations prévues à l'article I-24, paragraphes 2 et 3, ainsi que dans les autres formations dont la liste est établie par une décision européenne du Conseil des affaires générales, statuant à la majorité simple.

## TITRE III

## DISPOSITIONS RELATIVES À LA COMMISSION, Y COMPRIS LE MINISTRE DES AFFAIRES ÉTRANGÈRES DE L'UNION

*Article 4*

Les membres de la Commission qui sont en fonction à la date d'entrée en vigueur du traité établissant une Constitution pour l'Europe le restent jusqu'à la fin de leur mandat. Toutefois, le jour de la nomination du ministre des affaires étrangères de l'Union, le mandat du membre ayant la même nationalité que le ministre des affaires étrangères de l'Union prend fin.

## TITRE IV

### DISPOSITIONS RELATIVES AU SECRÉTAIRE GÉNÉRAL DU CONSEIL, HAUT REPRÉSENTANT POUR LA POLITIQUE ÉTRANGÈRE ET DE SÉCURITÉ COMMUNE ET AU SECRÉTAIRE GÉNÉRAL ADJOINT DU CONSEIL

*Article 5*

Les mandats du secrétaire général du Conseil, Haut représentant pour la politique étrangère et de sécurité commune, et du secrétaire général adjoint du Conseil prennent fin à la date d'entrée en vigueur du traité établissant une Constitution pour l'Europe. Le Conseil nomme un secrétaire général conformément à l'article III-344, paragraphe 2, de la Constitution.

## TITRE V

### DISPOSITIONS CONCERNANT LES ORGANES CONSULTATIFS

*Article 6*

Jusqu'à l'entrée en vigueur de la décision européenne visée à l'article III-386 de la Constitution, la répartition des membres du Comité des régions est la suivante:

| | |
|---|---|
| Belgique | 12 |
| République tchèque | 12 |
| Danemark | 9 |
| Allemagne | 24 |
| Estonie | 7 |
| Grèce | 12 |
| Espagne | 21 |
| France | 24 |
| Irelande | 9 |
| Italie | 24 |
| Chypre | 6 |
| Lettonie | 7 |
| Lituanie | 9 |
| Luxembourg | 6 |
| Hongrie | 12 |
| Malte | 5 |

| | |
|---|---|
| Pays-Bas | 12 |
| Autriche | 12 |
| Pologne | 21 |
| Portugal | 12 |
| Slovénie | 7 |
| Slovaquie | 9 |
| Finlande | 9 |
| Suède | 12 |
| Royaume-Uni | 24 |

*Article 7*

Jusqu'à l'entrée en vigueur de la décision européenne visée à l'article III-389 de la Constitution, la répartition des membres du Comité économique et social est la suivante:

| | |
|---|---|
| Belgique | 12 |
| République tchèque | 12 |
| Danemark | 9 |
| Allemagne | 24 |
| Estonie | 7 |
| Grèce | 12 |
| Espagne | 21 |
| France | 24 |
| Irlande | 9 |
| Italie | 24 |
| Chypre | 6 |
| Lettonie | 7 |
| Lituanie | 9 |
| Luxembourg | 6 |
| Hongrie | 12 |
| Malte | 5 |
| Pays-Bas | 12 |
| Autriche | 12 |
| Pologne | 21 |

| | |
|---|---|
| Portugal | 12 |
| Slovénie | 7 |
| Slovaquie | 9 |
| Finlande | 9 |
| Suède | 12 |
| Royaume-Uni | 24 |

## 35. PROTOCOLE RELATIF AUX CONSÉQUENCES FINANCIÈRES DE L'EXPIRATION DU TRAITÉ INSTITUANT LA COMMUNAUTÉ EUROPÉENNE DU CHARBON ET DE L'ACIER ET AU FONDS DE RECHERCHE DU CHARBON ET DE L'ACIER

LES HAUTES PARTIES CONTRACTANTES,

RAPPELANT que tous les éléments du patrimoine actif et passif de la Communauté européenne de charbon et de l'acier, tels qu'ils existaient au 23 juillet 2002, ont été transférés à la Communauté européenne à compter du 24 juillet 2002;

TENANT COMPTE du fait qu'il est souhaitable d'utiliser ces fonds pour la recherche dans les secteurs liés à l'industrie du charbon et de l'acier et qu'il y a lieu, par conséquent, d'établir certaines règles spécifiques à cet égard,

SONT CONVENUES des dispositions ci-après, qui sont annexées au traité établissant une Constitution pour l'Europe:

### *Article premier*

1. Sous réserve de toute augmentation ou diminution qui peut intervenir à la suite des opérations de liquidation, la valeur nette des éléments du patrimoine actif et passif de la Communauté européenne du charbon et de l'acier, tels qu'ils apparaissent dans le bilan de la Communauté européenne du charbon et de l'acier au 23 juillet 2002, est considérée comme un patrimoine de l'Union destiné à la recherche dans les secteurs liés à l'industrie du charbon et de l'acier, désigné par «Communauté européenne du charbon et de l'acier en liquidation». Après la clôture de la liquidation, ce patrimoine est dénommé «Avoirs du Fonds de recherche du charbon et de l'acier».

2. Les recettes produites par ce patrimoine, dénommées «Fonds de recherche du charbon et de l'acier», sont affectées exclusivement à la recherche menée dans les secteurs liés à l'industrie du charbon et de l'acier en dehors du programme-cadre de recherche, conformément au présent protocole et aux actes adoptés sur la base de celui-ci.

### *Article 2*

1. Une loi européenne du Conseil établit toutes les dispositions nécessaires à la mise en œuvre du présent protocole, y compris les principes essentiels. Le Conseil statue après approbation du Parlement européen.

2. Le Conseil adopte, sur proposition de la Commission, les règlements ou décisions européens établissant les lignes directrices financières pluriannuelles pour la gestion du patrimoine du Fonds de recherche du charbon et de l'acier, ainsi que les lignes directrices techniques pour le programme de recherche de ce Fonds. Il statue après consultation du Parlement européen.

*Article 3*

La Constitution s'applique, sauf dispositions contraires du présent protocole et des actes adoptés sur la base de celui-ci.

## 36. PROTOCOLE MODIFIANT LE TRAITÉ INSTITUANT LA COMMUNAUTÉ EUROPÉENNE DE L'ÉNERGIE ATOMIQUE

LES HAUTES PARTIES CONTRACTANTES,

RAPPELANT qu'il importe que les dispositions du traité instituant la Communauté européenne de l'énergie atomique continuent de produire pleinement leurs effets juridiques;

DÉSIREUSES d'adapter ledit traité aux nouvelles règles fixées par le traité établissant une Constitution pour l'Europe, en particulier dans les domaines institutionnel et financier,

SONT CONVENUES des dispositions ci-après, qui sont annexées au traité établissant une Constitution pour l'Europe et qui modifient le traité instituant la Communauté européenne de l'énergie atomique comme suit:

*Article premier*

Le présent protocole modifie le traité instituant la Communauté européenne de l'énergie atomique (ci-après dénommé «traité CEEA») dans sa version en vigueur au moment de l'entrée en vigueur du traité établissant une Constitution pour l'Europe.

Nonobstant les dispositions de l'article IV-437 du traité établissant une Constitution pour l'Europe et sans préjudice des autres dispositions du présent protocole, les effets juridiques des modifications apportées au traité CEEA par les traités et actes abrogés en vertu de l'article IV-437 du traité établissant une Constitution pour l'Europe, ainsi que les effets juridiques des actes en vigueur adoptés sur la base du traité CEEA, ne sont pas affectés.

*Article 2*

L'intitulé du titre III du traité CEEA «Dispositions institutionnelles» est remplacé par l'intitulé «Dispositions institutionnelles et financières».

*Article 3*

Au début du titre III du traité CEEA, le chapitre suivant est inséré:

«CHAPITRE I

APPLICATION DE CERTAINES DISPOSITIONS DU TRAITÉ ÉTABLISSANT UNE CONSTITUTION POUR L'EUROPE

*Article 106 bis*

1. Les articles I-19 à I-29, les articles I-31 à I-39, les articles I-49 et I-50, les articles I-53 à I-56, les articles I-58 à I-60, les articles III-330 à III-372, les articles III-374 et III-375, les articles III-378 à

III-381, les articles III-384 et III-385, les articles III-389 à III-392, les articles III-395 à III-410, les articles III-412 à III-415, les articles III-427, III-433, IV-439 et IV-443 du traité établissant une Constitution pour l'Europe s'appliquent au présent traité.

2. Dans le cadre du présent traité, les références à l'Union et à la Constitution dans les dispositions visées au paragraphe 1 ainsi que celles des protocoles annexés tant au traité établissant une Constitution pour l'Europe qu'au présent traité sont à lire, respectivement, comme des références à la Communauté européenne de l'énergie atomique et au présent traité.

3. Les dispositions du traité établissant une Constitution pour l'Europe ne dérogent pas aux dispositions du présent traité.»

*Article 4*

Au titre III du traité CEEA, les chapitres I, II et III sont rénumérotés II, III et IV.

*Article 5*

1. L'article 3, les articles 107 à 132, les articles 136 à 143, les articles 146 à 156, les articles 158 à 163, les articles 165 à 170, les articles 173, 173 A et 175, les articles 177 à 179 bis, les articles 180 ter et 181, les articles 183, 183 A, 190 et 204 du traité CEEA sont abrogés.

2. Les protocoles antérieurement annexés au traité CEEA sont abrogés.

*Article 6*

L'intitulé du titre IV du traité CEEA «Dispositions financières» est remplacé par l'intitulé «Dispositions financières particulières».

*Article 7*

1. À l'article 38, troisième alinéa, et à l'article 82, troisième alinéa, du traité CEEA, les références faites aux articles 141 et 142 sont remplacées respectivement par celles faites aux articles III-360 et III-361 de la Constitution.

2. À l'article 171, paragraphe 2, et à l'article 176, paragraphe 3, du traité CEEA, la référence faite à l'article 183 est remplacée par celle faite à l'article III-412 de la Constitution.

3. À l'article 172, paragraphe 4, du traité CEEA, la référence faite à l'article 177, paragraphe 5, est remplacée par celle faite à l'article III-404 de la Constitution.

4. Aux articles 38, 82, 96 et 98 du traité CEEA, le terme «directive» est remplacé par les termes «règlement européen».

5. Dans le traité CEEA, le terme «décision» est remplacé par les termes «décision européenne», à l'exception des articles 18, 20 et 23, de l'article 53, premier alinéa, ainsi que dans les cas où la décision est prise par la Cour de justice de l'Union européenne.

6. Dans le traité CEEA, les termes «Cour de justice» sont remplacés par les termes «Cour de justice de l'Union européenne».

*Article 8*

L'article 191 du traité CEEA est remplacé par le texte suivant:

«*Article 191*

La Communauté jouit sur le territoire des États membres des privilèges et immunités nécessaires à l'accomplissement de sa mission dans les conditions prévues par le protocole sur les privilèges et immunités de l'Union européenne.»

*Article 9*

L'article 198 du traité CEEA est remplacé par le texte suivant:

«*Article 198*

Sauf dispositions contraires, les dispositions du présent traité sont applicables aux territoires européens des États membres et aux territoires non européens soumis à leur juridiction.

Elles s'appliquent également aux territoires européens dont un État membre assume les relations extérieures.

Les dispositions du présent traité s'appliquent aux îles Åland avec les dérogations qui figuraient à l'origine dans le traité visé à l'article IV-437, paragraphe 2, point d), du traité établissant une Constitution pour l'Europe et qui ont été reprises par le protocole relatif aux traités et actes d'adhésion du Royaume de Danemark, de l'Irlande et du Royaume-Uni de Grande-Bretagne et d'Irlande du Nord, de la République hellénique, du Royaume d'Espagne et de la République portugaise, et de la République d'Autriche, de la République de Finlande et du Royaume de Suède.

Par dérogation aux premier, deuxième et troisième alinéas:

a) le présent traité ne s'applique ni aux îles Féroé ni au Groenland;

b) le présent traité ne s'applique pas aux zones de souveraineté du Royaume-Uni de Grande-Bretagne et d'Irlande du Nord à Chypre;

c) le présent traité ne s'applique pas aux pays et territoires d'outre-mer entretenant des relations particulières avec le Royaume-Uni de Grande-Bretagne et d'Irlande du Nord qui ne sont pas mentionnés dans la liste figurant à l'annexe II du traité établissant une Constitution pour l'Europe;

d) le présent traité ne s'applique aux îles Anglo-Normandes et à l'île de Man que dans la mesure nécessaire pour assurer l'application du régime prévu pour ces îles à l'origine par le traité visé à l'article IV-437, paragraphe 2, point a), du traité établissant une Constitution pour l'Europe et qui a été repris par le protocole relatif aux traités et actes d'adhésion du Royaume de Danemark, de l'Irlande et du Royaume-Uni de Grande-Bretagne et d'Irlande du Nord, de la République hellénique, du Royaume d'Espagne et de la République portugaise, et de la République d'Autriche, de la République de Finlande et du Royaume de Suède.»

*Article 10*

L'article 206 du traité CEEA est remplacé par le texte suivant:

«*Article 206*

La Communauté peut conclure avec un ou plusieurs États ou organisations internationales des accords créant une association caractérisée par des droits et obligations réciproques, des actions en commun et des procédures particulières.

Ces accords sont conclus par le Conseil, statuant à l'unanimité, après consultation du Parlement européen.

Lorsque ces accords exigent des modifications du présent traité, les modifications doivent d'abord être adoptées selon la procédure prévue à l'article IV-443 du traité établissant une Constitution pour l'Europe.»

*Article 11*

À l'article 225 du traité CEEA, le deuxième alinéa est remplacé par le texte suivant:

«Font également foi les versions du traité en langues anglaise, danoise, espagnole, estonienne, finnoise, grecque, hongroise, irlandaise, lettone, lituanienne, maltaise, polonaise, portugaise, slovaque, slovène, suédoise et tchèque.»

*Article 12*

Les recettes et les dépenses de la Communauté européenne de l'énergie atomique, à l'exception de celles de l'Agence d'approvisionnement et des entreprises communes, sont inscrites au budget de l'Union.

## B. ANNEXES

### AU TRAITÉ ÉTABLISSANT UNE CONSTITUTION POUR L'EUROPE

*ANNEXE I*

## LISTE PRÉVUE À L'ARTICLE III-226 DE LA CONSTITUTION

| 1 — Numéros de la Nomenclature combinée | 2 — Désignation des produits |
|---|---|
| CHAPITRE 1 | Animaux vivants |
| CHAPITRE 2 | Viandes et abats comestibles |
| CHAPITRE 3 | Poissons, crustacés et mollusques |
| CHAPITRE 4 | Lait et produits de la laiterie; œufs d'oiseaux; miel naturel |
| CHAPITRE 5 | |
| 0504 | Boyaux, vessies et estomacs d'animaux, entiers ou en morceaux, autres que ceux de poissons |
| 0515 | Produits d'origine animale, non dénommés ni compris ailleurs; animaux morts des chapitres 1 ou 3, impropres à la consommation humaine |
| CHAPITRE 6 | Plantes vivantes et produits de la floriculture |
| CHAPITRE 7 | Légumes, plantes, racines et tubercules alimentaires |
| CHAPITRE 8 | Fruits comestibles; écorces d'agrumes et de melons |
| CHAPITRE 9 | Café, thé et épices, à l'exclusion du maté (n° 0903) |
| CHAPITRE 10 | Céréales |
| CHAPITRE 11 | Produits de la minoterie; malt; amidons et fécules; gluten; inuline |
| CHAPITRE 12 | Graines et fruits oléagineux; graines, semences et fruits divers; plantes industrielles et médicinales; pailles et fourrages |
| CHAPITRE 13 | |
| ex 1303 | Pectine |

| 1 — Numéros de la Nomenclature combinée | 2 — Désignation des produits |
|---|---|
| CHAPITRE 15 | |
| 1501 | Saindoux et autres graisses de porc pressées ou fondues; graisse de volailles pressée ou fondue |
| 1502 | Suifs (des espèces bovine, ovine et caprine) bruts ou fondus, y compris les suifs dits «premiers jus» |
| 1503 | Stéarine solaire; oléo-stéarine; huile de saindoux et oléo-margarine non émulsionnée, sans mélange ni aucune préparation |
| 1504 | Graisses et huiles de poissons et de mammifères marins même raffinées |
| 1507 | Huiles végétales fixes, fluides ou concrètes, brutes, épurées ou raffinées |
| 1512 | Graisses et huiles animales ou végétales hydrogénées, même raffinées mais non préparées |
| 1513 | Margarine, simili-saindoux et autres graisses alimentaires préparées |
| 1517 | Résidus provenant du traitement des corps gras ou de cires animales ou végétales |
| CHAPITRE 16 | Préparations de viandes, de poissons, de crustacés et de mollusques |
| CHAPITRE 17 | |
| 1701 | Sucres de betterave et de canne, à l'état solide |
| 1702 | Autres sucres; sirops; succédanés du miel, même mélangés de miel naturel; sucres et mélasses caramélisés |
| 1703 | Mélasses, même décolorées |
| 1705 (*) | Sucres, sirops et mélasses aromatisés ou additionnés de colorants (y compris le sucre vanillé ou vanilliné), à l'exception des jus de fruits additionnés de sucre en toutes proportions |

| 1 — Numéros de la Nomenclature combinée | 2 — Désignation des produits |
|---|---|
| CHAPITRE 18 | |
| 1801 | Cacao en fèves et brisures de fèves, brutes ou torréfiées |
| 1802 | Coques, pelures, pellicules et déchets de cacao |
| CHAPITRE 20 | Préparations de légumes, de plantes potagères, de fruits et d'autres plantes ou parties de plantes |
| CHAPITRE 22 | |
| 2204 | Moûts de raisins partiellement fermentés, même mutés autrement qu'à l'alcool |
| 2205 | Vins de raisins frais; moûts de raisins frais mutés à l'alcool (y compris les mistelles) |
| 2207 | Cidre, poiré, hydromel et autres boissons fermentées |
| ex 2208 (*)<br>ex 2209 (*) | Alcool éthylique, dénaturé ou non, de tous titres, et obtenu à partir de produits agricoles figurant à la présente annexe, à l'exclusion des eaux-de-vie, liqueurs et autres boissons spiritueuses, préparations alcooliques composées (dites «extraits concentrés») pour la fabrication de boissons |
| ex 2210 (*) | Vinaigres comestibles et leurs succédanés comestibles |
| CHAPITRE 23 | Résidus et déchets des industries alimentaires; aliments préparés pour animaux |
| CHAPITRE 24 | |
| 2401 | Tabacs bruts ou non fabriqués; déchets de tabac |
| CHAPITRE 45 | |
| 4501 | Liège naturel brut et déchets de liège; liège concassé, granulé ou pulvérisé |

| 1 — Numéros de la Nomenclature combinée | 2 — Désignation des produits |
|---|---|
| CHAPITRE 54 | |
| 5401 | Lin brut, roui, teillé, peigné, ou autrement traité, mais non filé; étoupes et déchets (y compris les effilochés) |
| CHAPITRE 57 | |
| 5701 | Chanvre (Cannabis sativa) brut, roui, teillé, peigné ou autrement traité, mais non filé; étoupes et déchets (y compris les effilochés) |

(*) Position ajoutée par l'article 1er du règlement n° 7 bis du Conseil de la Communauté économique européenne du 18 décembre 1959 (JO 7 du 30.1.1961, p. 71/61).

*ANNEXE II*

## PAYS ET TERRITOIRES D'OUTRE-MER AUXQUELS S'APPLIQUE LA PARTIE III, TITRE IV, DE LA CONSTITUTION

- Le Groenland,
- La Nouvelle-Calédonie et ses dépendances
- la Polynésie française
- les Terres australes et antarctiques françaises
- les îles Wallis-et-Futuna
- Mayotte
- Saint-Pierre-et-Miquelon
- Aruba
- Antilles néerlandaises:
  - Bonaire
  - Curaçao
  - Saba
  - Sint Eustatius
  - Sint Maarten
- Anguilla
- les îles Caymans
- les îles Falkland
- Géorgie du Sud et les îles Sandwich du Sud
- Montserrat
- Pitcairn
- Sainte-Hélène et ses dépendances
- le territoire de l'Antarctique britannique
- les territoires britanniques de l'océan Indien
- les îles Turks et Caicos
- les îles Vierges britanniques
- les Bermudes

# ACTE FINAL

LA CONFÉRENCE DES REPRÉSENTANTS DES GOUVERNEMENTS DES ÉTATS MEMBRES, convoquée à Bruxelles, le 30 septembre 2003, pour arrêter d'un commun accord le traité établissant une Constitution pour l'Europe, a arrêté les textes suivants:

I. Traité établissant une Constitution pour l'Europe

II. Protocoles annexés au traité établissant une Constitution pour l'Europe:

1. Protocole sur le rôle des parlements nationaux dans l'Union européenne

2. Protocole sur l'application des principes de subsidiarité et de proportionnalité

3. Protocole fixant le statut de la Cour de justice de l'Union européenne

4. Protocole fixant le statut du Système européen de banques centrales et de la Banque centrale européenne

5. Protocole fixant le statut de la Banque européenne d'investissement

6. Protocole sur la fixation des sièges des institutions et de certains organes, organismes et services de l'Union européenne

7. Protocole sur les privilèges et immunités de l'Union européenne

8. Protocole relatif aux traités et actes d'adhésion du Royaume de Danemark, de l'Irlande et du Royaume-Uni de Grande-Bretagne et d'Irlande du Nord, de la République hellénique, du Royaume d'Espagne et de la République portugaise, et de la République d'Autriche, de la République de Finlande et du Royaume de Suède

9. Protocole relatif au traité et acte d'adhésion de la République tchèque, de la République d'Estonie, de la République de Chypre, de la République de Lettonie, de la République de Lituanie, de la République de Hongrie, de la République de Malte, de la République de Pologne, de la République de Slovénie et la République slovaque

10. Protocole sur la procédure concernant les déficits excessifs

11. Protocole sur les critères de convergence

12. Protocole sur l'Eurogroupe

13. Protocole sur certaines dispositions relatives au Royaume-Uni de Grande-Bretagne et d'Irlande du Nord à l'égard de l'union économique et monétaire

14. Protocole sur certaines dispositions relatives au Danemark à l'égard de l'union économique et monétaire

15. Protocole sur certaines tâches de la Banque nationale du Danemark

16. Protocole sur le régime du franc Communauté financière du Pacifique

17. Protocole sur l'acquis de Schengen intégré dans le cadre de l'Union européenne

18. Protocole sur l'application de certains aspects de l'article III-130 de la Constitution au Royaume-Uni et à l'Irlande

19. Protocole sur la position du Royaume-Uni et de l'Irlande à l'égard des politiques relatives aux contrôles aux frontières, à l'asile et à l'immigration, ainsi qu'à l'égard de la coopération judiciaire en matière civile et de la coopération policière

20. Protocole sur la position du Danemark

21. Protocole sur les relations extérieures des États membres en ce qui concerne le franchissement des frontières extérieures

22. Protocole sur le droit d'asile pour les ressortissants des États membres

23. Protocole sur la coopération structurée permanente établie par l'article I-41, paragraphe 6, et par l'article III-312 de la Constitution

24. Protocole sur l'article I-41, paragraphe 2, de la Constitution

25. Protocole relatif aux importations dans l'Union européenne de produits pétroliers raffinés aux Antilles néerlandaises

26. Protocole sur l'acquisition de biens immobiliers au Danemark

27. Protocole sur le système de radiodiffusion publique dans les États membres

28. Protocole sur l'article III-214 de la Constitution

29. Protocole sur la cohésion économique, sociale et territoriale

30. Protocole sur le régime particulier applicable au Groenland

31. Protocole sur l'article 40.3.3 de la Constitution de l'Irlande

32. Protocole relatif à l'article I-9, paragraphe 2, de la Constitution sur l'adhésion de l'Union à la Convention européenne de sauvegarde des droits de l'Homme et des libertés fondamentales

33. Protocole relatif aux actes et traités ayant complété ou modifié le traité instituant la Communauté européenne et le traité sur l'Union européenne

34. Protocole sur les dispositions transitoires relatives aux institutions et organes de l'Union

35. Protocole relatif aux conséquences financières de l'expiration du traité instituant la Communauté européenne du charbon et de l'acier et au fonds de recherche du charbon et de l'acier

36. Protocole modifiant le traité instituant la Communauté européenne de l'énergie atomique

III. Annexes au traité établissant une Constitution pour l'Europe:

1. Annexe I — Liste prévue à l'article III-226 de la Constitution

2. Annexe II — Pays et territoires d'outre-mer auxquels s'applique la partie III, titre IV, de la Constitution

La Conférence a adopté les déclarations énumérées ci-après et annexées au présent acte final:

A. Déclarations relatives à des dispositions de la Constitution

1. Déclaration ad article I-6

2. Déclaration ad article I-9, paragraphe 2

3. Déclaration ad articles I-22, I-27 et I-28

4. Déclaration ad article I-24, paragraphe 7, concernant la décision du Conseil européen relative à l'exercice de la présidence du Conseil

5. Déclaration ad article I-25

6. Déclaration ad article I-26

7. Déclaration ad article I-27

8. Déclaration ad article I-36

9. Déclaration ad articles I-43 et III-329

10. Déclaration ad article I-51

11. Déclaration ad article I-57

12. Déclaration concernant les explications relatives à la Charte des droits fondamentaux

13. Déclaration ad article III-116

14. Déclaration ad articles III-136 et III-267

15. Déclaration ad articles III-160 et III-322

16. Déclaration ad article III-167, paragraphe 2, point c)

17. Déclaration ad article III-184

18. Déclaration ad article III-213

19. Déclaration ad article III-220

20. Déclaration ad article III-243

21. Déclaration ad article III-248

22. Déclaration ad article III-256

23. Déclaration ad article III-273, paragraphe 1, deuxième alinéa

24. Déclaration ad article III-296

25. Déclaration ad article III-325 concernant la négociation et la conclusion par les États membres d'accords internationaux concernant l'espace de liberté, de sécurité et de justice

26. Déclaration ad article III-402, paragraphe 4

27. Déclaration ad article III-419

28. Déclaration ad article IV-440, paragraphe 7

29. Déclaration ad article IV-448, paragraphe 2

30. Déclaration concernant la ratification du traité établissant une Constitution pour l'Europe

B. Déclarations relatives à des protocoles annexés à la Constitution

Déclarations sur le protocole relatif aux traités et actes d'adhésion du Royaume de Danemark, de l'Irlande et du Royaume-Uni de Grande-Bretagne et d'Irlande du Nord, de la République hellénique, du Royaume d'Espagne et de la République portugaise, et de la République d'Autriche, de la République de Finlande et du Royaume de Suède

31. Déclaration sur les îles Åland

32. Déclaration sur le peuple lapon

Déclarations sur le protocole relatif au traité et acte d'adhésion de la République tchèque, de la République d'Estonie, de la République de Chypre, de la République de Lettonie, de la République de Lituanie, de la République de Hongrie, de la République de Malte, de la République de Pologne, de la République de Slovénie et de la République slovaque

33. Déclaration relative aux zones de souveraineté du Royaume-Uni de Grande-Bretagne et d'Irlande du Nord à Chypre

34. Déclaration de la Commission relative aux zones de souveraineté du Royaume-Uni de Grande-Bretagne et d'Irlande du Nord à Chypre

35. Déclaration relative à la centrale nucléaire d'Ignalina en Lituanie

36. Déclaration relative au transit des personnes par voie terrestre entre la région de Kaliningrad et les autres parties de la Fédération de Russie

37. Déclaration relative à l'unité 1 et l'unité 2 de la centrale nucléaire de Bohunice V1 en Slovaquie

38. Déclaration relative à Chypre

39. Déclaration concernant le protocole sur la position du Danemark

40. Déclaration concernant le protocole sur les dispositions transitoires relatives aux institutions et organes de l'Union

41. Déclaration concernant l'Italie

En outre, la Conférence a pris acte des déclarations énumérées ci-après et annexées au présent acte final:

42. Déclaration du Royaume des Pays-Bas ad article I-55

43. Déclaration du Royaume des Pays-Bas ad article IV-440

44. Déclaration de la République fédérale d'Allemagne, de l'Irlande, de la République de Hongrie, de la République d'Autriche et du Royaume de Suède

45. Déclaration du Royaume d'Espagne et du Royaume-Uni de Grande-Bretagne et d'Irlande du Nord

46. Déclaration du Royaume-Uni de Grande-Bretagne et d'Irlande du Nord sur la définition du terme «ressortissants»

47. Déclaration du Royaume d'Espagne sur la définition du terme «ressortissants»

48. Déclaration du Royaume-Uni de Grande-Bretagne et d'Irlande du Nord sur le droit de vote aux élections parlementaires européennes

49. Déclaration du Royaume de Belgique relative aux parlements nationaux

50. Déclaration de la République de Lettonie et de la République de Hongrie relative à l'orthographe du nom de la monnaie unique dans le traité établissant une Constitution pour l'Europe

Hecho en Roma, el veintinueve de octubre del dos mil cuatro.
V Římě dne dvacátého devátého října dva tisíce čtyři
Udfærdiget i Rom den niogtyvende oktober to tusind og fire.
Geschehen zu Rom am neunundzwanzigsten Oktober zweitausendundvier.
Kahe tuhande neljanda aasta oktoobrikuu kahekümne üheksandal päeval Roomas
Έγινε στη Ρώμη, στις είκοσι εννέα Οκτωβρίου δύο χιλιάδες τέσσερα.
Done at Rome on the twenty-ninth day of October in the year two thousand and four.
Fait à Rome, le vingt-neuf octobre deux mille quatre.
Arna dhéanamh sa Róimh, an naoú lá fichead de Dheireadh Fómhair sa bhliain dhá mhíle is a ceathair
Fatto a Roma, addì ventinove ottobre duemilaquattro.
Romā, divi tūkstoši ceturtā gada divdesmit devītajā oktobrī
Priimta du tūkstančiai ketvirtų metų spalio dvidešimt devintą dieną Romoje
Kelt Rómában, a kétezer-negyedik év október havának huszonkilencedik napján
Magħmul f'Ruma fid-disa' u għoxrin jum ta' Ottubru tas-sena elfejn u erbgħa
Gedaan te Roma, de negenentwintigste oktober tweeduizendvier.
Sporządzono w Rzymie dnia dwudziestego dziewiątego października roku dwutysięcznego czwartego
Feito em Roma, em vinte e nove de Outubro de dois mil e quatro
V Ríme dvadsiatehodeviateho októbra dvetisícštyri
V Rimu, devetindvajsetega oktobra leta dva tisoč štiri
Tehty Roomassa kahdentenakymmenentenäyhdeksäntenä päivänä lokakuuta vuonna kaksituhattaneljä.
Som skedde i Rom den tjugonionde oktober tjugohundrafyra.

Pour Sa Majesté le Roi des Belges
Voor Zijne Majesteit de Koning der Belgen
Für Seine Majestät den König der Belgier

Cette signature engage également la Communauté française, la Communauté flamande, la Communauté germanophone, la Région wallonne, la Région flamande et la Région de Bruxelles-Capitale.

Deze handtekening verbindt eveneens de Vlaamse Gemeenschap, de Franse Gemeenschap, de Duitstalige Gemeenschap, het Vlaamse Gewest, het Waalse Gewest en het Brussels Hoofdstedelijk Gewest.

Diese Unterschrift bindet zugleich die Deutschsprachige Gemeinschaft, die Flämische Gemeinschaft, die Französische Gemeinschaft, die Wallonische Region, die Flämische Region und die Region Brüssel-Hauptstadt.

Za prezidenta České republiky

For Hendes Majestæt Danmarks Dronning

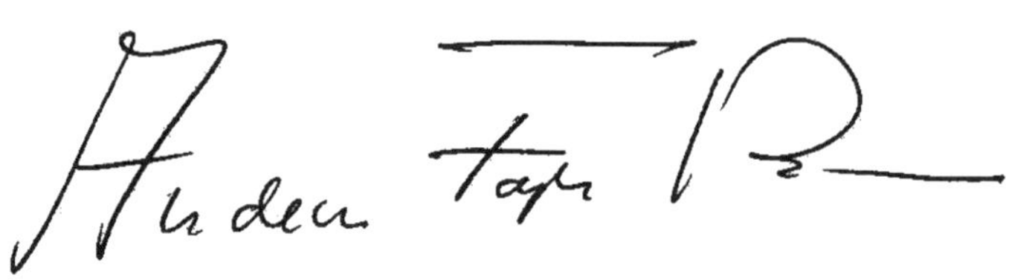

Für den Präsidenten der Bundesrepublik Deutschland

Eesti Vabariigi Presidendi nimel

Για τον Πρόεδρο της Ελληνικής Δημοκρατίας

Por Su Majestad el Rey de España

Pour le Président de la République française

Thar ceann Uachtarán na hÉireann
For the President of Ireland

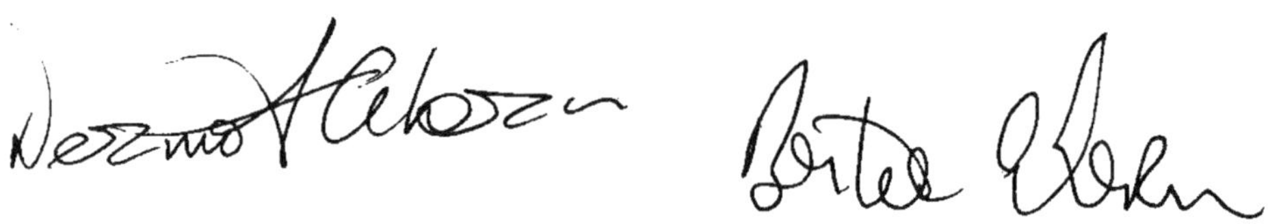

Per il Presidente della Repubblica italiana

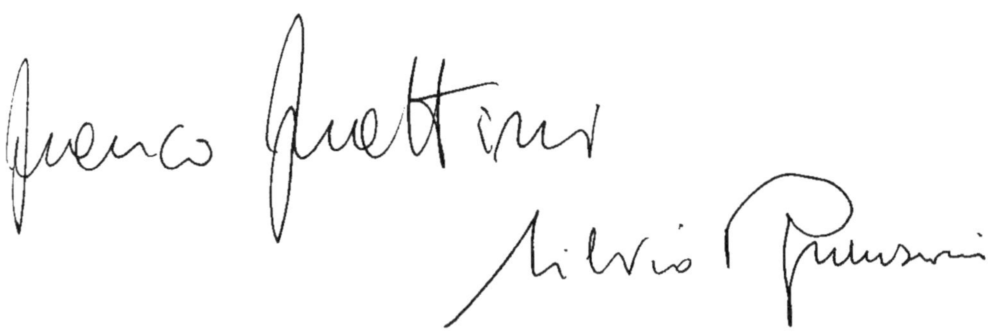

Για τον Πρόεδρο της Κυπριακής Δημοκρατίας

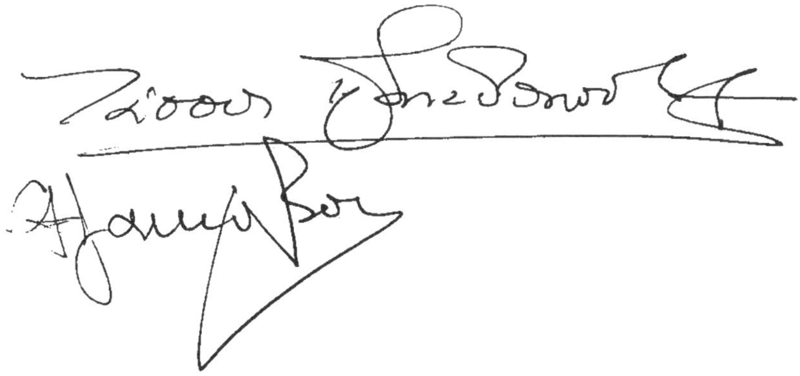

Latvijas Republikas Valsts prezidentes vārdā

Lietuvos Respublikos Prezidento vardu

Pour Son Altesse Royale le Grand-Duc de Luxembourg

A Magyar Köztársaság Elnöke részéről

Għall-President ta' Malta

Voor Hare Majesteit de Koningin der Nederlanden

Für den Bundespräsidenten der Republik Österreich

Za Prezydenta Rzeczypospolitej Polskiej

Pelo Presidente da República Portuguesa

Za predsednika Republike Slovenije

Za prezidenta Slovenskej republiky

Suomen Tasavallan Presidentin puolesta
För Republiken Finlands President

För Konungariket Sveriges regering

For Her Majesty the Queen of the United Kingdom of Great Britain and Northern Ireland

Han firmado asimismo la presente Acta final, en su condición de Estados candidatos a la adhesión a la Unión Europea, observadores ante la Conferencia:

Tento závěrečný akt rovněž podepsali pozorovatelé při Konferenci, jakožto státy kandidující na přistoupení k Evropské unii:

Følgende observatører ved konferencen har ligeledes undertegnet denne slutakt i deres egenskab af kandidatstater til Den Europæiske Union:

Als Beobachter bei der Konferenz haben in ihrer Eigenschaft als Kandidaten für den Beitritt zur Europäischen Union ferner diese Schlussakte unterzeichnet:

Käesoleva lõppakti on allkirjastanud Euroopa Liidu kandidaatriikide esindajatena ka konverentsi vaatlejad:

Την παρούσα Τελική Πράξη υπέγραψαν επίσης, υπό την ιδιότητά τους ως υποψηφίων για προσχώρηση στην Ευρωπαϊκή Ένωση κρατών, οι παρατηρητές κατά τη Διάσκεψη:

The following have also signed this Final Act, in their capacity as candidate States for accession to the European Union, having been observers to the Conference:

Ont également signé le présent acte final, en leur qualité d'États candidats à l'adhésion de l'Union européenne, observateurs auprès de la Conférence:

Shínigh na breathnóirí seo a leanas ag an gComhdháil an Ionstraim Chríochnaítheach seo freisin ina gcáil mar Stáit iarrthacha don Aontas Eorpach:

Hanno altresì firmato il presente atto finale, in qualità di Stati candidati all'Unione europea, osservatori nella Conferenza

Šo Nobeiguma aktu kā Eiropas Savienības pievienošanās kandidātvalstu vadītāji ir parakstījuši arī šādi Konferences novērotāji:

Baigiamąjį aktą taip pat pasirašo į Europos Sąjungą stojančios valstybės kandidatės, Konferencijos stebėtojos:

Ezt az záróokmányt a Európai Unió tagjelölt államaiként, amelyek a Konferencián megfigyelőként vettek részt, a következők is aláírták:

Iffirmaw ukoll dan l-Att Finali, fil-kapaċità tagħhom ta' Stati kandidati ta' l-Unjoni Ewropea, bħala osservaturi għall-Konferenza:

Deze Slotakte is tevens ondertekend door de volgende kandidaat-lidstaten van de Europese Unie, waarnemers bij de Conferentie:

Niniejszy Akt Końcowy został również podpisany przez Państwa kandydujące do przystąpienia do Unii Europejskiej, będące obserwatorami przy Konferencji:

Assinaram igualmente a presente Acta Final, na qualidade de Estados candidatos à adesão à União Europeia, observadores na Conferência:

V postavení štátov uchádzajúcich sa o pristúpenie k Európskej únii a v postavení pozorovateľov na konferencii podpísali tento záverečný akt:

To sklepno listino so kot države kandidatke za pristop k Evropski uniji in kot opazovalke Konference, podpisali tudi

Tämän päätösasiakirjan ovat Euroopan unionin jäsenehdokasvaltioina allekirjoittaneet myös konferenssiin tarkkailijoina osallistuneet:

Nedanstående observatörer vid konferensen har, i sin egenskap av kandidatstater inför anslutning till Europeiska unionen, likaledes undertecknat denna slutakt:

За Република България

Pentru România

Türkiye Cumhuriyeti Adına

## A. DÉCLARATIONS RELATIVES À DES DISPOSITIONS DE LA CONSTITUTION

### 1. Déclaration ad article I-6

La Conférence constate que l'article I-6 reflète la jurisprudence existante de la Cour de justice des Communautés européennes et du Tribunal de première instance.

### 2. Déclaration ad article I-9, paragraphe 2

La Conférence convient que l'adhésion de l'Union à la Convention européenne de sauvegarde des droits de l'Homme et des libertés fondamentales devrait s'effectuer selon des modalités permettant de préserver les spécificités de l'ordre juridique de l'Union. Dans ce contexte, la Conférence constate l'existence d'un dialogue régulier entre la Cour de justice de l'Union européenne et la Cour européenne des droits de l'Homme, dialogue qui pourra être renforcé lors de l'adhésion de l'Union à cette Convention.

### 3. Déclaration ad articles I-22, I-27 et I-28

Le choix des personnes appelées à occuper les fonctions de président du Conseil européen, de président de la Commission et de ministre des affaires étrangères de l'Union devra tenir dûment compte de la nécessité de respecter la diversité géographique et démographique de l'Union ainsi que de ses États membres.

### 4. Déclaration ad article I-24, paragraphe 7, concernant la décision du Conseil européen relative à l'exercice de la présidence du Conseil

La Conférence déclare que le Conseil devrait commencer à préparer la décision européenne établissant les mesures d'application de la décision européenne du Conseil européen relative à l'exercice de la présidence du Conseil dès la signature du traité établissant une Constitution pour l'Europe et l'approuver politiquement dans les six mois. Un projet de décision européenne du Conseil européen, qui sera adoptée le jour de l'entrée en vigueur dudit traité, figure ci-après:

#### PROJET DE DÉCISION EUROPÉENNE DU CONSEIL EUROPÉEN RELATIVE À L'EXERCICE DE LA PRÉSIDENCE DU CONSEIL

*Article premier*

1. La présidence du Conseil, à l'exception de la formation des affaires étrangères, est assurée par des groupes prédéterminés de trois États membres pour une période de 18 mois. Ces groupes sont composés par rotation égale des États membres, en tenant compte de leur diversité et des équilibres géographiques au sein de l'Union.

2. Chaque membre du groupe assure à tour de rôle, pour une période de six mois, la présidence de toutes les formations du Conseil, à l'exception de la formation des affaires étrangères. Les autres membres du groupe assistent la présidence dans toutes ses responsabilités, sur la base d'un programme commun. Les membres du groupe peuvent convenir entre eux d'autres arrangements.

*Article 2*

La présidence du Comité des représentants permanents des gouvernements des États membres est assurée par un représentant de l'État membre qui assure la présidence du Conseil des affaires générales.

La présidence du comité politique et de sécurité est assurée par un représentant du ministre des affaires étrangères de l'Union.

La présidence des organes préparatoires des diverses formations du Conseil, à l'exception de la formation des affaires étrangères, relève du membre du groupe qui assure la présidence de la formation concernée, sauf décision contraire conformément à l'article 4.

*Article 3*

Le Conseil des affaires générales assure, en coopération avec la Commission, la cohérence et la continuité des travaux des différentes formations du Conseil dans le cadre d'une programmation pluriannuelle. Les États membres en charge de la présidence prennent, avec l'assistance du secrétariat général du Conseil, toutes les dispositions utiles à l'organisation et à la bonne marche des travaux du Conseil.

*Article 4*

Le Conseil adopte une décision européenne établissant les mesures d'application de la présente décision.

## 5. Déclaration ad article I-25

La Conférence déclare que la décision européenne relative à la mise en œuvre de l'article I-25 sera adoptée par le Conseil le jour où le traité établissant une Constitution pour l'Europe entrera en vigueur. Le projet de décision figure ci-après:

**PROJET DE DÉCISION EUROPÉENNE DU CONSEIL RELATIVE À LA MISE EN ŒUVRE DE L'ARTICLE I-25**

LE CONSEIL DE L'UNION EUROPÉENNE,

considérant ce qui suit:

(1) Il convient d'adopter des dispositions permettant une transition sans heurts du système de prise de décision du Conseil à la majorité qualifiée — tel qu'il est défini dans le traité de Nice et repris à l'article 2, paragraphe 2, du protocole sur les dispositions transitoires relatives aux institutions et organes de l'Union annexé à la Constitution, qui continuera de s'appliquer jusqu'au 31 octobre 2009 — au système de vote prévu par l'article I-25 de la Constitution, qui s'appliquera à compter du 1er novembre 2009.

(2) Il est rappelé que le Conseil a pour pratique de déployer les plus grands efforts pour renforcer la légitimité démocratique des actes adoptés à la majorité qualifiée.

(3) Il est jugé approprié de maintenir en vigueur la présente décision aussi longtemps que cela sera nécessaire, afin d'assurer une transition sans heurts vers le nouveau système de vote prévu par la Constitution,

DÉCIDE:

*Article premier*

Si des membres du Conseil, représentant:

a) au moins trois-quarts de la population, ou

b) au moins trois-quarts du nombre des États membres,

nécessaires pour constituer une minorité de blocage résultant de l'application de l'article I-25, paragraphe 1, premier alinéa, ou paragraphe 2, indiquent leur opposition à l'adoption d'un acte par le Conseil à la majorité qualifiée, le Conseil en délibère.

*Article 2*

Le Conseil, au cours de cette délibération, fait tout ce qui est en son pouvoir pour aboutir, dans un délai raisonnable et sans porter préjudice aux limites obligatoires de temps fixées par le droit de l'Union, à une solution satisfaisante pour répondre aux préoccupations soulevées par les membres du Conseil visés à l'article 1er.

*Article 3*

À cette fin, le président du Conseil, avec l'assistance de la Commission et dans le respect du règlement intérieur du Conseil, déploie toute initiative nécessaire pour faciliter la réalisation d'une plus large base d'accord au sein du Conseil. Les membres du Conseil lui apportent leur concours.

*Article 4*

La présente décision prend effet le 1er novembre 2009. Elle reste en vigueur au moins jusqu'en 2014. Après cette date, le Conseil peut adopter une décision européenne l'abrogeant.

## 6. Déclaration ad article I-26

La Conférence considère que, lorsque la Commission ne comprendra plus des ressortissants de tous les États membres, celle-ci devrait accorder une attention particulière à la nécessité de garantir une transparence absolue dans ses relations avec l'ensemble des États membres. En conséquence, la Commission devrait rester en contact étroit avec tous les États membres, que ceux-ci comptent ou non un de leurs ressortissants parmi les membres de la Commission, et, à cet égard, elle devrait accorder une attention particulière à la nécessité de partager les informations avec tous les États membres et de les consulter.

La Conférence considère, en outre, que la Commission devrait prendre toutes les mesures utiles afin de garantir que les réalités politiques, sociales et économiques de tous les États membres, y compris ceux qui ne comptent pas de ressortissant parmi les membres de la Commission, sont pleinement prises en compte. Parmi ces mesures devrait figurer la garantie que la position de ces États membres est prise en compte par l'adoption des modalités d'organisation appropriées.

## 7. Déclaration ad article I-27

La Conférence considère que, en vertu des dispositions de la Constitution, le Parlement européen et le Conseil européen ont une responsabilité commune dans le bon déroulement du processus conduisant à l'élection du président de la Commission européenne. En conséquence, des représentants du Parlement européen et du Conseil européen procéderont, préalablement à la décision du Conseil européen, aux consultations nécessaires dans le cadre jugé le plus approprié. Ces consultations porteront sur le profil des candidats aux fonctions de président de la Commission en tenant compte des élections au Parlement européen, conformément à l'article I-27, paragraphe 1. Les modalités de ces consultations pourront être précisées, en temps utile, d'un commun accord entre le Parlement européen et le Conseil européen.

## 8. Déclaration ad article I-36

La Conférence prend acte de l'intention de la Commission de continuer à consulter les experts désignés par les États membres dans l'élaboration de ses projets de règlements européens délégués dans le domaine des services financiers, conformément à sa pratique constante.

## 9. Déclaration ad articles I-43 et III-329

Sans préjudice des mesures adoptées par l'Union pour s'acquitter de son obligation de solidarité à l'égard d'un État membre qui est l'objet d'une attaque terroriste ou la victime d'une catastrophe naturelle ou d'origine humaine, aucune des dispositions des articles I-43 et III-329 ne vise à porter atteinte au droit d'un autre État membre de choisir les moyens les plus appropriés pour s'acquitter de son obligation de solidarité à l'égard dudit État membre.

## 10. Déclaration ad article I-51

La Conférence déclare que, chaque fois que doivent être adoptées, sur la base de l'article I-51, des règles relatives à la protection des données à caractère personnel qui pourraient avoir une incidence directe sur la sécurité nationale, il devra en être dûment tenu compte. Elle rappelle que la législation actuellement applicable (voir en particulier la directive 95/46/CE) prévoit des dérogations spécifiques à cet égard.

## 11. Déclaration ad article I-57

L'Union prendra en compte la situation particulière des pays de petite dimension territoriale entretenant avec elle des relations spécifiques de proximité.

## 12. Déclaration concernant les explications relatives à la Charte des droits fondamentaux

La Conférence prend note des explications relatives à la Charte des droits fondamentaux, établies sous l'autorité du praesidium de la Convention qui a élaboré la Charte et mises à jour sous la responsabilité du praesidium de la Convention européenne, qui figurent ci-après.

### EXPLICATIONS RELATIVES À LA CHARTE DES DROITS FONDAMENTAUX

Les explications qui figurent ci-après ont été établies initialement sous la responsabilité du praesidium de la Convention qui a élaboré la Charte des droits fondamentaux de l'Union européenne. Elles ont été mises à jour sous la responsabilité du praesidium de la Convention européenne, compte tenu des adaptations apportées au texte de la Charte par ladite Convention [notamment aux articles 51 et 52 ([1])] et de l'évolution du droit de l'Union. Bien que ces explications n'aient pas en soi de valeur juridique, elles constituent un outil d'interprétation précieux destiné à éclairer les dispositions de la Charte.

#### PRÉAMBULE

Les peuples d'Europe, en établissant entre eux une union sans cesse plus étroite, ont décidé de partager un avenir pacifique fondé sur des valeurs communes.

Consciente de son patrimoine spirituel et moral, l'Union se fonde sur les valeurs indivisibles et universelles de dignité humaine, de liberté, d'égalité et de solidarité; elle repose sur le principe de la démocratie et le principe de l'État de droit. Elle place la personne au cœur de son action en instituant la citoyenneté de l'Union et en créant un espace de liberté, de sécurité et de justice.

L'Union contribue à la préservation et au développement de ces valeurs communes dans le respect de la diversité des cultures et des traditions des peuples d'Europe, ainsi que de l'identité nationale des États membres et de l'organisation de leurs pouvoirs publics aux niveaux national, régional et local; elle cherche à promouvoir un développement équilibré et durable et assure la libre circulation des personnes, des services, des marchandises et des capitaux, ainsi que la liberté d'établissement.

À cette fin, il est nécessaire, en les rendant plus visibles dans une Charte, de renforcer la protection des droits fondamentaux à la lumière de l'évolution de la société, du progrès social et des développements scientifiques et technologiques.

La présente Charte réaffirme, dans le respect des compétences et des tâches de l'Union, ainsi que du principe de subsidiarité, les droits qui résultent notamment des traditions constitutionnelles et des obligations internationales communes aux États membres, de la Convention européenne de sauvegarde des droits de l'Homme et des libertés fondamentales, des Chartes sociales adoptées par l'Union et par le Conseil de l'Europe, ainsi que de la jurisprudence de la Cour de justice de l'Union européenne et de la Cour européenne des droits de l'Homme. Dans ce contexte, la Charte sera interprétée par les juridictions de l'Union et des États membres en prenant dûment en considération les explications établies sous l'autorité du praesidium de la Convention qui a élaboré la Charte et

([1]) Articles II-111 et II-112 de la Constitution.

mises à jour sous la responsabilité du praesidium de la Convention européenne.

La jouissance de ces droits entraîne des responsabilités et des devoirs tant à l'égard d'autrui qu'à l'égard de la communauté humaine et des générations futures.

En conséquence, l'Union reconnaît les droits, les libertés et les principes énoncés ci-après.

# TITRE I

# DIGNITÉ

*Article premier* ([1])

## Dignité humaine

La dignité humaine est inviolable. Elle doit être respectée et protégée.

**Explication**

La dignité de la personne humaine n'est pas seulement un droit fondamental en soi, mais constitue la base même des droits fondamentaux. La Déclaration universelle des droits de l'homme de 1948 a inscrit la dignité humaine dans son préambule: «... considérant que la reconnaissance de la dignité inhérente à tous les membres de la famille humaine et de leurs droits égaux et inaliénables constitue le fondement de la liberté, de la justice et de la paix dans le monde». Dans son arrêt du 9 octobre 2001 dans l'affaire C-377/98, Pays-Bas contre Parlement européen et Conseil, Rec. 2001, p. I-7079, points 70 à 77, la Cour de justice a confirmé que le droit fondamental à la dignité humaine faisait partie du droit de l'Union.

Il en résulte, notamment, qu'aucun des droits inscrits dans cette Charte ne peut être utilisé pour porter atteinte à la dignité d'autrui et que la dignité de la personne humaine fait partie de la substance des droits inscrits dans cette Charte. Il ne peut donc y être porté atteinte, même en cas de limitation d'un droit.

*Article 2* ([2])

## Droit à la vie

1. Toute personne a droit à la vie.

2. Nul ne peut être condamné à la peine de mort, ni exécuté.

**Explication**

1. Le paragraphe 1 de cet article est fondé sur l'article 2, paragraphe 1, première phrase, de la CEDH, dont le texte est le suivant:

   «1. Le droit de toute personne à la vie est protégé par la loi...».

---

([1]) Article II-61 de la Constitution.

([2]) Article II-62 de la Constitution.

2. La deuxième phrase de cette disposition, qui concerne la peine de mort, a été rendue caduque par l'entrée en vigueur du protocole n° 6 annexé à la CEDH, dont l'article 1er est libellé comme suit:

«La peine de mort est abolie. Nul ne peut être condamné à une telle peine ni exécuté».

C'est sur la base de cette disposition qu'est rédigé le paragraphe 2 de l'article 2 de la Charte (1).

3. Les dispositions de l'article 2 de la Charte (2) correspondent à celles des articles précités de la CEDH et du protocole additionnel. Elles en ont le même sens et la même portée, conformément à l'article 52, paragraphe 3, de la Charte (3). Ainsi, les définitions «négatives» qui figurent dans la CEDH doivent être considérées comme figurant également dans la Charte:

a) l'article 2, paragraphe 2, de la CEDH:

«La mort n'est pas considérée comme infligée en violation de cet article dans les cas où elle résulterait d'un recours à la force rendu absolument nécessaire:

a) pour assurer la défense de toute personne contre la violence illégale;

b) pour effectuer une arrestation régulière ou pour empêcher l'évasion d'une personne régulièrement détenue;

c) pour réprimer, conformément à la loi, une émeute ou une insurrection.»

b) l'article 2 du protocole n° 6 annexé à la CEDH:

«Un État peut prévoir dans sa législation la peine de mort pour des actes commis en temps de guerre ou de danger imminent de guerre; une telle peine ne sera appliquée que dans les cas prévus par cette législation et conformément à ses dispositions ...».

*Article 3 (4)*

## Droit à l'intégrité de la personne

1. Toute personne a droit à son intégrité physique et mentale.

2. Dans le cadre de la médecine et de la biologie, doivent notamment être respectés:

a) le consentement libre et éclairé de la personne concernée, selon les modalités définies par la loi;

b) l'interdiction des pratiques eugéniques, notamment celles qui ont pour but la sélection des personnes;

---

(1) Article II-62, paragraphe 2, de la Constitution.

(2) Article II-62 de la Constitution.

(3) Article II-112, paragraphe 3, de la Constitution.

(4) Article II-63 de la Constitution.

c) l'interdiction de faire du corps humain et de ses parties, en tant que tels, une source de profit,

d) l'interdiction du clonage reproductif des êtres humains.

**Explication**

1. Dans son arrêt du 9 octobre 2001, dans l'affaire C-377/98, Pays-Bas contre Parlement européen et Conseil, Rec. 2001, p. I-7079, points 70, 78, 79 et 80, la Cour de justice a confirmé que le droit fondamental à l'intégrité de la personne fait partie du droit de l'Union et comprend, dans le cadre de la médecine et de la biologie, le consentement libre et éclairé du donneur et du receveur.

2. Les principes contenus dans l'article 3 de la Charte ([1]) figurent déjà dans la convention sur les droits de l'homme et la biomédecine, adoptée dans le cadre du Conseil de l'Europe (STE 164 et protocole additionnel STE 168). La présente Charte ne vise pas à déroger à ces dispositions et ne prohibe en conséquence que le seul clonage reproductif. Elle n'autorise ni ne prohibe les autres formes de clonage. Elle n'empêche donc aucunement le législateur d'interdire les autres formes de clonages.

3. La référence aux pratiques eugéniques, notamment celles ayant pour but la sélection des personnes, vise les hypothèses dans lesquelles des programmes de sélection sont organisés et mis en œuvre, comportant par exemple des campagnes de stérilisation, de grossesses forcées, de mariages ethniques obligatoires ... tous actes qui sont considérés comme des crimes internationaux par le statut de la Cour pénale internationale adopté à Rome le 17 juillet 1998 [voir article 7, paragraphe 1, point g].

*Article 4 ([2])*

Interdiction de la torture et des peines ou traitements inhumains ou dégradants

Nul ne peut être soumis à la torture, ni à des peines ou traitements inhumains ou dégradants.

**Explication**

Le droit figurant à l'article 4 ([2]) correspond à celui qui est garanti par l'article 3 de la CEDH, dont le libellé est identique: «Nul ne peut être soumis à la torture ni à des peines ou traitements inhumains ou dégradants». En application de l'article 52, paragraphe 3, de la Charte ([3]), il a donc le même sens et la même portée que ce dernier article.

*Article 5 ([4])*

**Interdiction de l'esclavage et du travail forcé**

1. Nul ne peut être tenu en esclavage ni en servitude.

---

([1]) Article II-63 de la Constitution.

([2]) Article II-64 de la Constitution.

([3]) Article II-112, paragraphe 3, de la Constitution.

([4]) Article II-65 de la Constitution.

2. Nul ne peut être astreint à accomplir un travail forcé ou obligatoire.

3. La traite des êtres humains est interdite.

**Explication**

1. Le droit inscrit à l'article 5 ([1]), paragraphes 1 et 2, correspond à l'article 4, paragraphes 1 et 2, au libellé analogue, de la CEDH. Il a donc le même sens et la même portée que ce dernier article, conformément à l'article 52, paragraphe 3, de la Charte ([2]). Il en résulte que:

— aucune limitation ne peut affecter de manière légitime le droit prévu au paragraphe 1;

— au paragraphe 2, les notions de «travail forcé ou obligatoire» doivent être comprises en tenant compte des définitions «négatives» contenues à l'article 4, paragraphe 3, de la CEDH:

«N'est pas considéré comme "travail forcé ou obligatoire" au sens du présent article:

a) tout travail requis normalement d'une personne soumise à la détention dans les conditions prévues par l'article 5 de la présente Convention, ou durant sa mise en liberté conditionnelle;

b) tout service de caractère militaire ou, dans le cas d'objecteurs de conscience dans les pays où l'objection de conscience est reconnue comme légitime, à un autre service à la place du service militaire obligatoire;

c) tout service requis dans le cas de crises ou de calamités qui menacent la vie ou le bien-être de la communauté;

d) tout travail ou service formant partie des obligations civiques normales».

2. Le paragraphe 3 résulte directement de la dignité de la personne humaine et tient compte des données récentes en matière de criminalité organisée, telles que l'organisation de filières lucratives d'immigration illégale ou d'exploitation sexuelle. La convention Europol contient en annexe la définition suivante, qui vise la traite à des fins d'exploitation sexuelle: «Traite des êtres humains: le fait de soumettre une personne au pouvoir réel et illégal d'autres personnes en usant de violence et de menaces ou en abusant d'un rapport d'autorité ou de manœuvres en vue notamment de se livrer à l'exploitation de la prostitution d'autrui, à des formes d'exploitation et de violences sexuelles à l'égard des mineurs ou au commerce lié à l'abandon d'enfants». Le chapitre VI de la convention d'application de l'accord de Schengen, qui a été intégré dans l'acquis de l'Union et auquel le Royaume-Uni et l'Irlande participent, contient, à l'article 27, paragraphe 1, la formule suivante, qui vise les filières d'immigration illégale: «Les Parties contractantes s'engagent à instaurer des sanctions appropriées à l'encontre de quiconque aide ou tente d'aider, à des fins lucratives, un étranger à pénétrer ou à séjourner sur le territoire d'une Partie contractante en violation de la législation de cette Partie contractante relative à l'entrée et au séjour des étrangers». Le 19 juillet 2002, le Conseil a adopté une décision-cadre relative à la lutte contre la traite des êtres humains (JO L 203 du 1.8.2002, p. 1) dont l'article 1er définit précisément les infractions liées à la traite des êtres humains à des fins d'exploitation de leur travail ou d'exploitation sexuelle que les États membres doivent rendre punissables en application de ladite décision-cadre.

([1]) Article II-65 de la Constitution.

([2]) Article II-112, paragraphe 3, de la Constitution.

# TITRE II

## LIBERTÉS

*Article 6 ([1])*

## Droit à la liberté et à la sûreté

Toute personne a droit à la liberté et à la sûreté.

**Explication**

Les droits prévus à l'article 6 ([1]) correspondent à ceux qui sont garantis par l'article 5 de la CEDH et ont, conformément à l'article 52, paragraphe 3, de la Charte ([2]), le même sens et la même portée. Il en résulte que les limitations qui peuvent légitimement leur être apportées ne peuvent excéder les limites permises par la CEDH dans le libellé même de l'article 5:

«1. Toute personne a droit à la liberté et à la sûreté. Nul ne peut être privé de sa liberté, sauf dans les cas suivants et selon les voies légales:

a) s'il est détenu régulièrement après condamnation par un tribunal compétent;

b) s'il a fait l'objet d'une arrestation ou d'une détention régulières pour insoumission à une ordonnance rendue, conformément à la loi, par un tribunal ou en vue de garantir l'exécution d'une obligation prescrite par la loi;

c) s'il a été arrêté et détenu en vue d'être conduit devant l'autorité judiciaire compétente, lorsqu'il y a des raisons plausibles de soupçonner qu'il a commis une infraction ou qu'il y a des motifs raisonnables de croire à la nécessité de l'empêcher de commettre une infraction ou de s'enfuir après l'accomplissement de celle-ci;

d) s'il s'agit de la détention régulière d'un mineur, décidée pour son éducation surveillée ou de sa détention régulière, afin de le traduire devant l'autorité compétente;

e) s'il s'agit de la détention régulière d'une personne susceptible de propager une maladie contagieuse, d'un aliéné, d'un alcoolique, d'un toxicomane ou d'un vagabond;

f) s'il s'agit de l'arrestation ou de la détention régulières d'une personne pour l'empêcher de pénétrer irrégulièrement dans le territoire, ou contre laquelle une procédure d'expulsion ou d'extradition est en cours.

2. Toute personne arrêtée doit être informée, dans le plus court délai et dans une langue qu'elle comprend, des raisons de son arrestation et de toute accusation portée contre elle.

3. Toute personne arrêtée ou détenue, dans les conditions prévues au paragraphe 1. c du présent article, doit être aussitôt traduite devant un juge ou un autre magistrat habilité par la loi à exercer des fonctions judiciaires et a le droit d'être jugée dans un délai raisonnable, ou libérée pendant la procédure. La mise en liberté peut être subordonnée à une garantie assurant la comparution de l'intéressé à l'audience.

---

([1]) Article II-66 de la Constitution.

([2]) Article II-112, paragraphe 3, de la Constitution.

4. Toute personne privée de sa liberté par arrestation ou détention a le droit d'introduire un recours devant un tribunal, afin qu'il statue à bref délai sur la légalité de sa détention et ordonne sa libération si la détention est illégale.

5. Toute personne victime d'une arrestation ou d'une détention dans des conditions contraires aux dispositions de cet article a droit à réparation.»

Les droits inscrits à l'article 6 ([1]) doivent être respectés tout particulièrement lorsque le Parlement européen et le Conseil adoptent des lois et des lois-cadres dans le domaine de la coopération judiciaire en matière pénale, sur la base des articles III-270, III-271 et III-273 de la Constitution, notamment pour la définition de dispositions communes minimales en ce qui concerne la qualification des infractions et les peines et certains aspects du droit de la procédure.

*Article 7 ([2])*

## Respect de la vie privée et familiale

Toute personne a droit au respect de sa vie privée et familiale, de son domicile et de ses communications.

**Explication**

Les droits garantis à l'article 7 ([2]) correspondent à ceux qui sont garantis par l'article 8 de la CEDH. Pour tenir compte de l'évolution technique le mot «communications» a été substitué à celui de correspondance.

Conformément à l'article 52, paragraphe 3 ([3]), ce droit a le même sens et la même portée que ceux de l'article correspondant de la CEDH. Il en résulte que les limitations susceptibles de leur être légitimement apportées sont les mêmes que celles tolérées dans le cadre de l'article 8 en question:

«1. Toute personne a droit au respect de sa vie privée et familiale, de son domicile et de sa correspondance.

2. Il ne peut y avoir ingérence d'une autorité publique dans l'exercice de ce droit que pour autant que cette ingérence est prévue par la loi et qu'elle constitue une mesure qui, dans une société démocratique, est nécessaire à la sécurité nationale, à la sûreté publique, au bien-être économique du pays, à la défense de l'ordre et à la prévention des infractions pénales, à la protection de la santé ou de la morale, ou à la protection des droits et libertés d'autrui».

---

([1]) Article II-66 de la Constitution.

([2]) Article II-67 de la Constitution.

([3]) Article II-112, paragraphe 3, de la Constitution.

*Article 8 (1)*

## Protection des données à caractère personnel

1. Toute personne a droit à la protection des données à caractère personnel la concernant.

2. Ces données doivent être traitées loyalement, à des fins déterminées et sur la base du consentement de la personne concernée ou en vertu d'un autre fondement légitime prévu par la loi. Toute personne a le droit d'accéder aux données collectées la concernant et d'en obtenir la rectification.

3. Le respect de ces règles est soumis au contrôle d'une autorité indépendante.

**Explication**

Cet article a été fondé sur l'article 286 du traité instituant la Communauté européenne et sur la directive 95/46/CE du Parlement européen et du Conseil du 24 octobre 1995 relative à la protection des personnes physiques à l'égard du traitement des données à caractère personnel et à la libre circulation de ces données (JO L 281 du 23.11.1995), ainsi que sur l'article 8 de la CEDH et sur la Convention du Conseil de l'Europe pour la protection des personnes à l'égard du traitement automatisé des données à caractère personnel du 28 janvier 1981, ratifiée par tous les États membres. L'article 286 du traité CE est désormais remplacé par l'article I-51 de la Constitution. Il convient de noter également le règlement (CE) n° 45/2001 du Parlement européen et du Conseil du 18 décembre 2000 relatif à la protection des personnes physiques à l'égard du traitement des données à caractère personnel par les institutions et organes communautaires et à la libre circulation de ces données (JO L 8 du 12.1.2001). La directive et le règlement précités contiennent des conditions et limitations applicables à l'exercice du droit à la protection des données à caractère personnel.

*Article 9 (2)*

## Droit de se marier et droit de fonder une famille

Le droit de se marier et le droit de fonder une famille sont garantis selon les lois nationales qui en régissent l'exercice.

**Explication**

Cet article se fonde sur l'article 12 de la CEDH qui se lit ainsi: «À partir de l'âge nubile, l'homme et la femme ont le droit de se marier et de fonder une famille selon les lois nationales régissant l'exercice de ce droit». La rédaction de ce droit a été modernisée afin de couvrir les cas dans lesquels les législations nationales reconnaissent d'autres voies que le mariage pour fonder une famille. Cet article n'interdit ni n'impose l'octroi du statut de mariage à des unions entre personnes du même sexe. Ce droit est donc semblable à celui prévu par la CEDH, mais sa portée peut être plus étendue lorsque la législation nationale le prévoit.

---

(1) Article II-68 de la Constitution.

(2) Article II-69 de la Constitution.

*Article 10 ([1])*

## Liberté de pensée, de conscience et de religion

1. Toute personne a droit à la liberté de pensée, de conscience et de religion. Ce droit implique la liberté de changer de religion ou de conviction, ainsi que la liberté de manifester sa religion ou sa conviction individuellement ou collectivement, en public ou en privé, par le culte, l'enseignement, les pratiques et l'accomplissement des rites.

2. Le droit à l'objection de conscience est reconnu selon les lois nationales qui en régissent l'exercice.

**Explication**

Le droit garanti au paragraphe 1 correspond au droit garanti à l'article 9 de la CEDH et, conformément à l'article 52, paragraphe 3, de la Charte ([2]), il a le même sens et la même portée que celui-ci. Les limitations doivent de ce fait respecter le paragraphe 2 de cet article 9 qui se lit ainsi: «La liberté de manifester sa religion ou ses convictions ne peut faire l'objet d'autres restrictions que celles qui, prévues par la loi, constituent des mesures nécessaires, dans une société démocratique, à la sécurité publique, à la protection de l'ordre, de la santé ou de la morale publiques, ou à la protection des droits et libertés d'autrui».

Le droit garanti au paragraphe 2 correspond aux traditions constitutionnelles nationales et à l'évolution des législations nationales sur ce point.

*Article 11 ([3])*

## Liberté d'expression et d'information

1. Toute personne a droit à la liberté d'expression. Ce droit comprend la liberté d'opinion et la liberté de recevoir ou de communiquer des informations ou des idées sans qu'il puisse y avoir ingérence d'autorités publiques et sans considération de frontières.

2. La liberté des médias et leur pluralisme sont respectés.

**Explication**

1. L'article 11 ([3]) correspond à l'article 10 de la CEDH, qui se lit ainsi:

«1. Toute personne a droit à la liberté d'expression. Ce droit comprend la liberté d'opinion et la liberté de recevoir ou de communiquer des informations ou des idées sans qu'il puisse y avoir ingérence d'autorités publiques et sans considération de frontière. Le présent article n'empêche pas les États de soumettre les entreprises de radiodiffusion, de cinéma ou de télévision à un régime d'autorisations.

---

([1]) Article II-70 de la Constitution.

([2]) Article II-112, paragraphe 3, de la Constitution.

([3]) Article II-71 de la Constitution.

2. L'exercice de ces libertés comportant des devoirs et des responsabilités peut être soumis à certaines formalités, conditions, restrictions ou sanctions prévues par la loi, qui constituent des mesures nécessaires, dans une société démocratique, à la sécurité nationale, à l'intégrité territoriale ou à la sûreté publique, à la défense de l'ordre et à la prévention du crime, à la protection de la santé ou de la morale, à la protection de la réputation ou des droits d'autrui, pour empêcher la divulgation d'informations confidentielles ou pour garantir l'autorité et l'impartialité du pouvoir judiciaire».

En application de l'article 52, paragraphe 3, de la Charte ([1]) ce droit a le même sens et la même portée que celui garanti par la CEDH. Les limitations qui peuvent être apportées à ce droit ne peuvent donc excéder celles prévues dans le paragraphe 2 de l'article 10, sans préjudice des restrictions que le droit de la concurrence de l'Union peut apporter à la faculté des États membres d'instaurer les régimes d'autorisation visés à l'article 10, paragraphe 1, troisième phrase, de la CEDH.

2. Le paragraphe 2 de cet article explicite les conséquences du paragraphe 1 en ce qui concerne la liberté des médias. Il est notamment fondé sur la jurisprudence de la Cour relative à la télévision, notamment dans l'affaire C-288/89 (arrêt du 25 juillet 1991, Stichting Collectieve Antennevoorziening Gouda e.a., Rec. p. I-4007), et sur le protocole sur le système de radiodiffusion publique dans les États membres, annexé au traité CE et désormais à la Constitution, ainsi que sur la directive 89/552/CE du Conseil (voir notamment son 17e considérant).

*Article 12* ([2])

## Liberté de réunion et d'association

1. Toute personne a droit à la liberté de réunion pacifique et à la liberté d'association à tous les niveaux, notamment dans les domaines politique, syndical et civique, ce qui implique le droit de toute personne de fonder avec d'autres des syndicats et de s'y affilier pour la défense de ses intérêts.

2. Les partis politiques au niveau de l'Union contribuent à l'expression de la volonté politique des citoyens de l'Union.

**Explication**

1. Les dispositions du paragraphe 1 de cet article correspondent aux dispositions de l'article 11 de la CEDH, qui se lit ainsi:

«1. Toute personne a droit à la liberté de réunion pacifique et à la liberté d'association, y compris le droit de fonder avec d'autres des syndicats et de s'affilier à des syndicats pour la défense de ses intérêts.

2. L'exercice de ces droits ne peut faire l'objet d'autres restrictions que celles qui, prévues par la loi, constituent des mesures nécessaires, dans une société démocratique, à la sécurité nationale, à la sûreté publique, à la défense de l'ordre et à la prévention du crime, à la protection de la santé ou de la morale ou à la protection des droits et libertés d'autrui. Le présent article n'interdit pas que des restrictions légitimes soient imposées à l'exercice de ces droits par les membres des forces armées, de la police ou de l'administration de l'État».

---

([1]) Article II-112, paragraphe 3, de la Constitution.

([2]) Article II-72 de la Constitution.

Les dispositions du paragraphe 1 du présent article 12 ([1]) ont le même sens que celles de la CEDH, mais leur portée est plus étendue étant donné qu'elles peuvent s'appliquer à tous les niveaux, ce qui inclut le niveau européen. Conformément à l'article 52, paragraphe 3, de la Charte ([2]), les limitations à ce droit ne peuvent excéder celles considérées comme pouvant être légitimes en vertu du paragraphe 2 de l'article 11 de la CEDH.

2. Ce droit se fonde également sur l'article 11 de la Charte communautaire des droits sociaux fondamentaux des travailleurs.

3. Le paragraphe 2 de cet article correspond à l'article I-46, paragraphe 4, de la Constitution.

*Article 13 ([3])*

## Liberté des arts et des sciences

Les arts et la recherche scientifique sont libres. La liberté académique est respectée.

**Explication**

Ce droit est déduit en premier lieu des libertés de pensée et d'expression. Il s'exerce dans le respect de l'article 1er ([4]) et peut être soumis aux limitations autorisées par l'article 10 de la CEDH.

*Article 14 ([5])*

## Droit à l'éducation

1. Toute personne a droit à l'éducation, ainsi qu'à l'accès à la formation professionnelle et continue.

2. Ce droit comporte la faculté de suivre gratuitement l'enseignement obligatoire.

3. La liberté de créer des établissements d'enseignement dans le respect des principes démocratiques, ainsi que le droit des parents d'assurer l'éducation et l'enseignement de leurs enfants conformément à leurs convictions religieuses, philosophiques et pédagogiques, sont respectés selon les lois nationales qui en régissent l'exercice.

**Explication**

1. Cet article est inspiré tant des traditions constitutionnelles communes aux États membres que de l'article 2 du protocole additionnel à la CEDH qui se lit ainsi:

   «Nul ne peut se voir refuser le droit à l'instruction. L'État, dans l'exercice des fonctions qu'il assumera dans le domaine de l'éducation et de l'enseignement, respectera le droit des parents d'assurer cette éducation et cet enseignement conformément à leurs convictions religieuses et philosophiques».

---

([1]) Article II-72 de la Constitution.

([2]) Article II-112, paragraphe 3, de la Constitution.

([3]) Article II-73 de la Constitution.

([4]) Article II-61 de la Constitution.

([5]) Article II-74 de la Constitution.

Il a été jugé utile d'étendre cet article à l'accès à la formation professionnelle et continue (voir le point 15 de la Charte communautaire des droits sociaux fondamentaux des travailleurs et l'article 10 de la Charte sociale) ainsi que d'ajouter le principe de gratuité de l'enseignement obligatoire. Tel qu'il est formulé, ce dernier principe implique seulement que pour l'enseignement obligatoire, chaque enfant ait la possibilité d'accéder à un établissement qui pratique la gratuité. Il n'impose pas que tous les établissements, notamment privés, qui dispensent cet enseignement ou une formation professionnelle et continue soient gratuits. Il n'interdit pas non plus que certaines formes spécifiques d'enseignement puissent être payantes, dès lors que l'État prend des mesures destinées à octroyer une compensation financière. Dans la mesure où la Charte s'applique à l'Union, cela signifie que, dans le cadre de ses politiques de formation, l'Union doit respecter la gratuité de l'enseignement obligatoire, mais cela ne crée bien entendu pas de nouvelles compétences. En ce qui concerne le droit des parents, il doit être interprété en relation avec les dispositions de l'article 24 ([1]).

2. La liberté de création d'établissements, publics ou privés, d'enseignement est garantie comme un des aspects de la liberté d'entreprendre, mais elle est limitée par le respect des principes démocratiques et s'exerce selon les modalités définies par les législations nationales

*Article 15 ([2])*

## Liberté professionnelle et droit de travailler

1. Toute personne a le droit de travailler et d'exercer une profession librement choisie ou acceptée.

2. Tout citoyen de l'Union a la liberté de chercher un emploi, de travailler, de s'établir ou de fournir des services dans tout État membre.

3. Les ressortissants des pays tiers qui sont autorisés à travailler sur le territoire des États membres ont droit à des conditions de travail équivalentes à celles dont bénéficient les citoyens de l'Union.

**Explication**

La liberté professionnelle, consacrée au paragraphe 1 de l'article 15 ([2]), est reconnue dans la jurisprudence de la Cour de justice (voir, entre autres, les arrêts du 14 mai 1974, aff. 4/73, Nold, Rec. 1974, p. 491, points 12 à 14; du 13 décembre 1979, aff. 44/79, Hauer, Rec. 1979 p. 3727; du 8 octobre 1986, aff. 234/85, Keller, Rec. 1986, p. 2897, point 8).

Ce paragraphe s'inspire également de l'article 1er, paragraphe 2, de la Charte sociale européenne signée le 18 octobre 1961 et ratifiée par tous les États membres, et du point 4 de la Charte communautaire des droits sociaux fondamentaux des travailleurs du 9 décembre 1989. L'expression «conditions de travail» doit être entendue au sens de l'article III-213 de la Constitution.

Le paragraphe 2 reprend les trois libertés garanties par les articles I-4 et III-133, III-137 et III-144 de la Constitution, à savoir la libre circulation des travailleurs, la liberté d'établissement et la libre prestation des services.

Le paragraphe 3 a été fondé sur l'article 137, paragraphe 3, quatrième tiret, du TCE, désormais remplacé par l'article III-210, paragraphe 1, point g), de la Constitution, ainsi que sur l'article 19, point 4, de la Charte sociale européenne,

---

([1]) Article II-84 de la Constitution.

([2]) Article II-75 de la Constitution.

signée le 18 octobre 1961 et ratifiée par tous les États membres. L'article 52, paragraphe 2, de la Charte ([1]) est donc applicable. La question du recrutement de marins ayant la nationalité d'États tiers dans les équipages de navires battant pavillon d'un État membre de l'Union est réglée par le droit de l'Union et les législations et pratiques nationales.

*Article 16 ([2])*

## Liberté d'entreprise

La liberté d'entreprise est reconnue conformément au droit de l'Union et aux législations et pratiques nationales.

**Explication**

Cet article se fonde sur la jurisprudence de la Cour de justice, qui a reconnu la liberté d'exercer une activité économique ou commerciale (voir les arrêts du 14 mai 1974, aff. 4/73, Nold, Rec. 1974, p. 491, point 14; et du 27 septembre 1979, aff. 230/78, SPA Eridania et autres, Rec. 1979, p. 2749, points 20 et 31) et la liberté contractuelle (voir, entre autres, les arrêts Sukkerfabriken Nykoebing, aff. 151/78, Rec. 1979-1, point 19; du 5 octobre 1999, Espagne c. Commission, C-240/97, rec. 1999, p. I-6571, point 99 des motifs), ainsi que sur l'article I-3, paragraphe 2, de la Constitution, qui reconnaît la concurrence libre. Ce droit s'exerce bien entendu dans le respect du droit de l'Union et des législations nationales. Il peut être soumis aux limitations prévues à l'article 52, paragraphe 1, de la Charte ([3]).

*Article 17 ([4])*

## Droit de propriété

1. Toute personne a le droit de jouir de la propriété des biens qu'elle a acquis légalement, de les utiliser, d'en disposer et de les léguer. Nul ne peut être privé de sa propriété, si ce n'est pour cause d'utilité publique, dans des cas et conditions prévus par une loi et moyennant en temps utile une juste indemnité pour sa perte. L'usage des biens peut être réglementé par la loi dans la mesure nécessaire à l'intérêt général.

2. La propriété intellectuelle est protégée.

**Explication**

Cet article correspond à l'article 1er du protocole additionnel à la CEDH:

«Toute personne physique ou morale a droit au respect de ses biens. Nul ne peut être privé de sa propriété que pour cause d'utilité publique et dans les conditions prévues par la loi et les principes généraux du droit international.

Les dispositions précédentes ne portent pas atteinte au droit que possèdent les États de mettre en vigueur les lois qu'ils jugent nécessaires pour réglementer l'usage des biens conformément à l'intérêt général ou pour assurer le paiement des impôts ou d'autres contributions ou des amendes».

---

([1]) Article II-112, paragraphe 2, de la Constitution.

([2]) Article II-76 de la Constitution.

([3]) Article II-112, paragraphe 1, de la Constitution.

([4]) Article II-77 de la Constitution.

Il s'agit d'un droit fondamental commun à toutes les constitutions nationales. Il a été consacré à maintes reprises par la jurisprudence de la Cour de justice et en premier lieu dans l'arrêt Hauer (13 décembre 1979, Rec. 1979, p. 3727). La rédaction a été modernisée, mais, conformément à l'article 52, paragraphe 3 ([1]), ce droit a le même sens et la même portée que celui garanti par la CEDH et les limitations prévues par celle-ci ne peuvent être excédées.

La protection de la propriété intellectuelle, qui est un des aspects du droit de propriété, fait l'objet d'une mention explicite au paragraphe 2 en raison de son importance croissante et du droit communautaire dérivé. La propriété intellectuelle couvre, outre la propriété littéraire et artistique, notamment le droit des brevets et des marques ainsi que les droits voisins. Les garanties prévues au paragraphe 1 s'appliquent de façon appropriée à la propriété intellectuelle.

*Article 18* ([2])

## Droit d'asile

Le droit d'asile est garanti dans le respect des règles de la convention de Genève du 28 juillet 1951 et du protocole du 31 janvier 1967 relatifs au statut des réfugiés et conformément à la Constitution.

**Explication**

Le texte de l'article a été fondé sur l'article 63 du traité CE, désormais remplacé par l'article III-266 de la Constitution, qui impose à l'Union de respecter la convention de Genève sur les réfugiés. Il convient de se référer aux dispositions des protocoles relatifs au Royaume-Uni et à l'Irlande annexés [au traité d'Amsterdam] à la Constitution ainsi qu'au Danemark afin de déterminer dans quelle mesure ces États membres mettent en œuvre le droit de l'Union en la matière et dans quelle mesure cet article leur est applicable. Cet article respecte le protocole relatif à l'asile annexé à la Constitution.

*Article 19* ([3])

## Protection en cas d'éloignement, d'expulsion et d'extradition

1. Les expulsions collectives sont interdites.

2. Nul ne peut être éloigné, expulsé ou extradé vers un État où il existe un risque sérieux qu'il soit soumis à la peine de mort, à la torture ou à d'autres peines ou traitements inhumains ou dégradants.

**Explication**

Le paragraphe 1 de cet article a le même sens et la même portée que l'article 4 du protocole additionnel n° 4 à la CEDH en ce qui concerne les expulsions collectives. Il vise à garantir que chaque décision fait l'objet d'un examen spécifique et que l'on ne pourra décider par une mesure unique d'expulser toutes les personnes ayant la nationalité d'un État déterminé (voir aussi l'article 13 du Pacte sur les droits civils et politiques).

Le paragraphe 2 incorpore la jurisprudence pertinente de la Cour européenne des droits de l'homme relative à l'article 3 de la CEDH (voir Ahmed c. Autriche, arrêt du 17 décembre 1996, Rec. 1996, VI-2206 et Soering, arrêt du 7 juillet 1989).

---

([1]) Article II-112, paragraphe 3, de la Constitution.

([2]) Article II-78 de la Constitution.

([3]) Article II-79 de la Constitution.

TITRE III

**ÉGALITÉ**

*Article 20* ([1])

## Égalité en droit

Toutes les personnes sont égales en droit.

**Explication**

Cet article correspond au principe général de droit qui est inscrit dans toutes les constitutions européennes et que la Cour a jugé être un principe fondamental du droit communautaire (arrêt du 13 novembre 1984, Racke, aff. 283/83, Rec. 1984, p. 3791, arrêt du 17 avril 1997, aff. 15/95, EARL, Rec. 1997, p. I-1961 et arrêt du 13 avril 2000, aff. 292/97, Karlsson, Rec. 2000, p. I-2737).

*Article 21* ([2])

## Non-discrimination

1. Est interdite toute discrimination fondée notamment sur le sexe, la race, la couleur, les origines ethniques ou sociales, les caractéristiques génétiques, la langue, la religion ou les convictions, les opinions politiques ou toute autre opinion, l'appartenance à une minorité nationale, la fortune, la naissance, un handicap, l'âge ou l'orientation sexuelle.

2. Dans le domaine d'application de la Constitution et sans préjudice de ses dispositions particulières, toute discrimination exercée en raison de la nationalité est interdite.

**Explication**

Le paragraphe 1 s'inspire de l'article 13 du traité CE, désormais remplacé par l'article III-124 de la Constitution, et de l'article 14 de la CEDH ainsi que de l'article 11 de la convention sur les droits de l'homme et la biomédecine en ce qui concerne le patrimoine génétique. Pour autant qu'il coïncide avec l'article 14 de la CEDH, il s'applique conformément à celui-ci.

Il n'y a ni contradiction ni incompatibilité entre le paragraphe 1 et l'article III-124 de la Constitution, dont le champ d'application et l'objet sont différents: l'article III-124 confère à l'Union compétence pour adopter des actes législatifs, y compris l'harmonisation des dispositions législatives et réglementaires des États membres, afin de combattre certaines formes de discrimination qui sont citées d'une manière exhaustive dans cet article. Cette législation peut s'étendre à l'action des autorités d'un État membre (ainsi qu'aux relations entre les particuliers) dans tout domaine entrant dans les compétences de l'Union. En revanche, le paragraphe 1 de l'article 21 ([2]) ci-dessus ne confère aucune compétence pour adopter des lois antidiscrimination dans ces domaines de l'action des États membres ou des particuliers, pas plus qu'il n'énonce une large interdiction de la discrimination dans lesdits domaines. En fait, il ne concerne que les discriminations qui sont le fait des institutions et organes de l'Union, dans l'exercice des compétences que leur confèrent

---

([1]) Article II-80 de la Constitution.

([2]) Article II-81 de la Constitution.

d'autres articles des parties I et III de la Constitution, et des États membres, uniquement lorsqu'ils mettent en œuvre le droit de l'Union. Le paragraphe 1 ne modifie dès lors pas l'étendue des compétences conférées par l'article III-124 ni l'interprétation de cet article.

Le paragraphe 2 correspond à l'article I-4, paragraphe 2, de la Constitution et doit s'appliquer conformément à celui-ci.

*Article 22* ([1])

## Diversité culturelle, religieuse et linguistique

L'Union respecte la diversité culturelle, religieuse et linguistique.

**Explication**

Cet article a été fondé sur l'article 6 du traité sur l'Union européenne et sur l'article 151, paragraphes 1 et 4, du traité CE, désormais remplacé par l'article III-280, paragraphes 1 et 4, de la Constitution, relatif à la culture. Par ailleurs, le respect de la diversité culturelle et linguistique est désormais aussi énoncé à l'article I-3, paragraphe 3, de la Constitution. Le présent article s'inspire également de la déclaration n° 11 à l'acte final du traité d'Amsterdam sur le statut des Églises et des organisations non confessionnelles, qui est désormais reprise à l'article I-52 de la Constitution.

*Article 23* ([2])

## Égalité entre femmes et hommes

L'égalité entre les femmes et les hommes doit être assurée dans tous les domaines, y compris en matière d'emploi, de travail et de rémunération.

Le principe de l'égalité n'empêche pas le maintien ou l'adoption de mesures prévoyant des avantages spécifiques en faveur du sexe sous-représenté.

**Explication**

Le premier alinéa de cet article a été fondé sur les articles 2 et 3, paragraphe 2, du traité CE, désormais remplacés par les articles I-3 et III-116 de la Constitution, qui imposent comme objectif à l'Union de promouvoir l'égalité entre les hommes et les femmes, et sur l'article 141, paragraphe 1, du traité CE, désormais remplacé par l'article III-214, paragraphe 1, de la Constitution. Il s'inspire de l'article 20 de la Charte sociale européenne révisée, du 3 mai 1996, et du point 16 de la Charte communautaire des droits des travailleurs.

Il a été fondé également sur l'article 141, paragraphe 3, du traité CE, désormais remplacé par l'article III-214, paragraphe 3, de la Constitution et sur l'article 2, paragraphe 4, de la directive 76/207/CEE du Conseil relative à la mise en œuvre du principe de l'égalité de traitement entre hommes et femmes en ce qui concerne l'accès à l'emploi, à la formation et à la promotion professionnelles, et les conditions de travail.

Le second alinéa reprend, dans une formule plus courte, l'article III-214, paragraphe 4, de la Constitution, selon lequel le principe d'égalité de traitement n'empêche pas le maintien ou l'adoption de mesures prévoyant des avantages spécifiques destinés à faciliter l'exercice d'une activité professionnelle par le sexe sous-représenté ou à prévenir ou compenser des

---

([1]) Article II-82 de la Constitution.

([2]) Article II-83 de la Constitution.

désavantages dans la carrière professionnelle. Conformément à l'article 52, paragraphe 2 ([1]), le second alinéa ne modifie pas l'article III-214, paragraphe 4.

*Article 24 ([2])*

## Droits de l'enfant

1. Les enfants ont droit à la protection et aux soins nécessaires à leur bien-être. Ils peuvent exprimer leur opinion librement. Celle-ci est prise en considération pour les sujets qui les concernent, en fonction de leur âge et de leur maturité.

2. Dans tous les actes relatifs aux enfants, qu'ils soient accomplis par des autorités publiques ou des institutions privées, l'intérêt supérieur de l'enfant doit être une considération primordiale.

3. Tout enfant a le droit d'entretenir régulièrement des relations personnelles et des contacts directs avec ses deux parents, sauf si cela est contraire à son intérêt.

**Explication**

Cet article se fonde sur la Convention de New York sur les Droits de l'enfant, signée le 20 novembre 1989 et ratifiée par tous les États membres, et notamment sur ses articles 3, 9, 12 et 13.

Le paragraphe 3 tient compte du fait que, dans le cadre de la création d'un espace de liberté, de sécurité et de justice, la législation de l'Union dans les matières civiles ayant une incidence transfrontalière, pour laquelle l'article III-269 de la Constitution confère les pouvoirs nécessaires, peut couvrir notamment des droits de visite permettant à l'enfant d'entretenir régulièrement des contacts personnels et directs avec ses deux parents.

*Article 25 ([3])*

## Droits des personnes âgées

L'Union reconnaît et respecte le droit des personnes âgées à mener une vie digne et indépendante et à participer à la vie sociale et culturelle.

**Explication**

Cet article est inspiré de l'article 23 de la Charte sociale européenne révisée et des articles 24 et 25 de la Charte communautaire des droits sociaux fondamentaux des travailleurs. La participation à la vie sociale et culturelle recouvre bien entendu la participation à la vie politique.

---

([1]) Article II-112, paragraphe 2, de la Constitution.

([2]) Article II-84 de la Constitution.

([3]) Article II-85 de la Constitution.

*Article 26* ([1])

## Intégration des personnes handicapées

L'Union reconnaît et respecte le droit des personnes handicapées à bénéficier de mesures visant à assurer leur autonomie, leur intégration sociale et professionnelle et leur participation à la vie de la communauté.

**Explication**

Le principe contenu dans cet article se fonde sur l'article 15 de la Charte sociale européenne et s'inspire également du point 26 de la Charte communautaire des droits sociaux fondamentaux des travailleurs.

# TITRE IV

## SOLIDARITÉ

*Article 27* ([2])

## Droit à l'information et à la consultation des travailleurs au sein de l'entreprise

Les travailleurs ou leurs représentants doivent se voir garantir, aux niveaux appropriés, une information et une consultation en temps utile, dans les cas et conditions prévus par le droit de l'Union et les législations et pratiques nationales.

**Explication**

Cet article figure dans la Charte sociale européenne révisée (article 21) et la Charte communautaire des droits des travailleurs (points 17 et 18). Il s'applique dans les conditions prévues par le droit de l'Union et les droits nationaux. La référence aux niveaux appropriés renvoie aux niveaux prévus par le droit de l'Union ou par les droits nationaux et les pratiques nationales, ce qui peut inclure le niveau européen lorsque la législation de l'Union le prévoit. L'acquis de l'Union dans ce domaine est important: articles III-211 et III-212 de la Constitution, directives 2002/14/CE (cadre général relatif à l'information et la consultation des travailleurs dans la Communauté européenne), 98/59/CE (licenciements collectifs), 2001/23/CE (transferts d'entreprises) et 94/45/CE (comités d'entreprise européens).

*Article 28* ([3])

## Droit de négociation et d'actions collectives

Les travailleurs et les employeurs, ou leurs organisations respectives, ont, conformément au droit de l'Union et aux législations et pratiques nationales, le droit de négocier et de conclure des conventions collectives aux niveaux appropriés et de recourir, en cas de conflits d'intérêts, à des actions collectives pour la défense de leurs intérêts, y compris la grève.

---

([1]) Article II-86 de la Constitution.

([2]) Article II-87 de la Constitution.

([3]) Article II-88 de la Constitution.

**Explication**

Cet article se fonde sur l'article 6 de la Charte sociale européenne, ainsi que sur la Charte communautaire des droits sociaux fondamentaux des travailleurs (points 12 à 14). Le droit à l'action collective a été reconnu par la Cour européenne des droits de l'homme comme l'un des éléments du droit syndical posé par l'article 11 de la CEDH. En ce qui concerne les niveaux appropriés auxquels peut avoir lieu la négociation collective, voir les explications données pour l'article précédent. Les modalités et limites de l'exercice des actions collectives, parmi lesquelles la grève, relèvent des législations et des pratiques nationales, y compris la question de savoir si elles peuvent être menées de façon parallèle dans plusieurs États membres.

*Article 29* ([1])

## Droit d'accès aux services de placement

Toute personne a le droit d'accéder à un service gratuit de placement.

**Explication**

Cet article se fonde sur l'article 1er, paragraphe 3, de la Charte sociale européenne, ainsi que sur le point 13 de la Charte communautaire des droits sociaux fondamentaux des travailleurs.

*Article 30* ([2])

## Protection en cas de licenciement injustifié

Tout travailleur a droit à une protection contre tout licenciement injustifié, conformément au droit de l'Union et aux législations et pratiques nationales.

**Explication**

Cet article s'inspire de l'article 24 de la Charte sociale révisée. Voir aussi les directives 2001/23/CE sur la protection des droits des travailleurs en cas de transferts d'entreprises, 80/987/CEE sur la protection des travailleurs en cas d'insolvabilité, telle que modifiée par la directive 2002/74/CE.

*Article 31* ([3])

## Conditions de travail justes et équitables

1. Tout travailleur a droit à des conditions de travail qui respectent sa santé, sa sécurité et sa dignité.

2. Tout travailleur a droit à une limitation de la durée maximale du travail et à des périodes de repos journalier et hebdomadaire, ainsi qu'à une période annuelle de congés payés.

---

([1]) Article II-89 de la Constitution.

([2]) Article II-90 de la Constitution.

([3]) Article II-91 de la Constitution.

**Explication**

1. Le paragraphe 1 de cet article se fonde sur la directive 89/391/CEE concernant la mise en œuvre de mesures visant à promouvoir l'amélioration de la sécurité et de la santé des travailleurs au travail. Il s'inspire également de l'article 3 de la Charte sociale et du point 19 de la Charte communautaire des droits des travailleurs ainsi que, pour ce qui concerne le droit à la dignité dans le travail, de l'article 26 de la Charte sociale révisée. L'expression «conditions de travail» doit être entendue au sens de l'article III-213 de la Constitution.

2. Le paragraphe 2 se fonde sur la directive 93/104/CE concernant certains aspects de l'aménagement du temps de travail, ainsi que sur l'article 2 de la Charte sociale européenne et sur le point 8 de la Charte communautaire des droits des travailleurs.

*Article 32* ([1])

## Interdiction du travail des enfants et protection des jeunes au travail

Le travail des enfants est interdit. L'âge minimal d'admission au travail ne peut être inférieur à l'âge auquel cesse la période de scolarité obligatoire, sans préjudice des règles plus favorables aux jeunes et sauf dérogations limitées.

Les jeunes admis au travail doivent bénéficier de conditions de travail adaptées à leur âge et être protégés contre l'exploitation économique ou contre tout travail susceptible de nuire à leur sécurité, à leur santé, à leur développement physique, mental, moral ou social ou de compromettre leur éducation.

**Explication**

Cet article se fonde sur la directive 94/33/CE relative à la protection des jeunes au travail, ainsi que sur l'article 7 de la Charte sociale européenne et sur les points 20 à 23 de la Charte communautaire des droits sociaux fondamentaux des travailleurs.

*Article 33* ([2])

## Vie familiale et vie professionnelle

1. La protection de la famille est assurée sur le plan juridique, économique et social.

2. Afin de pouvoir concilier vie familiale et vie professionnelle, toute personne a le droit d'être protégée contre tout licenciement pour un motif lié à la maternité, ainsi que le droit à un congé de maternité payé et à un congé parental à la suite de la naissance ou de l'adoption d'un enfant.

**Explication**

Le paragraphe 1 de l'article 33 ([2]) est fondé sur l'article 16 de la Charte sociale européenne.

---

([1]) Article II-92 de la Constitution.

([2]) Article II-93 de la Constitution.

Le paragraphe 2 est inspiré de la directive 92/85/CEE du Conseil concernant la mise en œuvre de mesures visant à promouvoir l'amélioration de la sécurité et de la santé des travailleuses enceintes, accouchées ou allaitantes au travail et de la directive 96/34/CE concernant l'accord-cadre sur le congé parental conclu par l'UNICE, le CEEP et la CES. Il se fonde également sur l'article 8 (protection de la maternité) de la Charte sociale européenne et s'inspire de l'article 27 (droit des travailleurs ayant des responsabilités familiales à l'égalité des chances et de traitement) de la Charte sociale révisée. Le terme de maternité recouvre la période allant de la conception à l'allaitement.

*Article 34* ([1])

## Sécurité sociale et aide sociale

1. L'Union reconnaît et respecte le droit d'accès aux prestations de sécurité sociale et aux services sociaux assurant une protection dans des cas tels que la maternité, la maladie, les accidents du travail, la dépendance ou la vieillesse, ainsi qu'en cas de perte d'emploi, selon les règles établies par le droit de l'Union et les législations et pratiques nationales.

2. Toute personne qui réside et se déplace légalement à l'intérieur de l'Union a droit aux prestations de sécurité sociale et aux avantages sociaux, conformément au droit de l'Union et aux législations et pratiques nationales.

3. Afin de lutter contre l'exclusion sociale et la pauvreté, l'Union reconnaît et respecte le droit à une aide sociale et à une aide au logement destinées à assurer une existence digne à tous ceux qui ne disposent pas de ressources suffisantes, selon les règles établies par le droit de l'Union et les législations et pratiques nationales.

**Explication**

Le principe énoncé au paragraphe 1 de l'article 34 ([1]) est fondé sur les articles 137 et 140 du traité CE, désormais remplacés par les articles III-210 et III-213 de la Constitution, ainsi que sur l'article 12 de la Charte sociale européenne et sur le point 10 de la Charte communautaire des droits des travailleurs. Il doit être respecté par l'Union lorsqu'elle met en œuvre les compétences que lui confèrent les articles III-210 et III-213 de la Constitution. La référence à des services sociaux vise les cas dans lesquels de tels services ont été instaurés pour assurer certaines prestations, mais n'implique aucunement que de tels services doivent être créés quand il n'en existe pas. L'expression «maternité» doit être entendue dans le même sens que dans l'article précédent.

Le paragraphe 2 se fonde sur les articles 12, paragraphe 4, et 13, paragraphe 4, de la Charte sociale européenne, ainsi que sur le point 2 de la Charte communautaire des droits sociaux fondamentaux des travailleurs et reflète les règles qui découlent du règlement (CEE) n° 1408/71 et du règlement (CEE) n° 1612/68.

Le paragraphe 3 s'inspire de l'article 13 de la Charte sociale européenne et des articles 30 et 31 de la Charte sociale révisée, ainsi que du point 10 de la Charte communautaire. Il doit être respecté par l'Union dans le cadre des politiques fondées sur l'article III-210 de la Constitution.

---

([1]) Article II-94 de la Constitution.

*Article 35* (1)

## Protection de la santé

Toute personne a le droit d'accéder à la prévention en matière de santé et de bénéficier de soins médicaux dans les conditions établies par les législations et pratiques nationales. Un niveau élevé de protection de la santé humaine est assuré dans la définition et la mise en œuvre de toutes les politiques et actions de l'Union.

**Explication**

Les principes contenus dans cet article sont fondés sur l'article 152 du traité CE, remplacé désormais par l'article III-278 de la Constitution, ainsi que sur les articles 11 et 13 de la Charte sociale européenne. La seconde phrase de l'article reproduit l'article III-278, paragraphe 1.

*Article 36* (2)

## Accès aux services d'intérêt économique général

L'Union reconnaît et respecte l'accès aux services d'intérêt économique général tel qu'il est prévu par les législations et pratiques nationales, conformément à la Constitution, afin de promouvoir la cohésion sociale et territoriale de l'Union.

**Explication**

Cet article est pleinement conforme à l'article III-122 de la Constitution et ne crée pas de droit nouveau. Il pose seulement le principe du respect par l'Union de l'accès aux services d'intérêt économique général tel qu'il est prévu par les dispositions nationales, dès lors que ces dispositions sont compatibles avec le droit de l'Union.

*Article 37* (3)

## Protection de l'environnement

Un niveau élevé de protection de l'environnement et l'amélioration de sa qualité doivent être intégrés dans les politiques de l'Union et assurés conformément au principe du développement durable.

**Explication**

Le principe contenu dans cet article a été fondé sur les articles 2, 6 et 174 du traité CE, qui sont désormais remplacés par l'article I-3, paragraphe 3, et les articles III-119 et III-233, de la Constitution.

Il s'inspire également des dispositions de certaines constitutions nationales.

---

(1) Article II-95 de la Constitution.

(2) Article II-96 de la Constitution.

(3) Article II-97 de la Constitution.

*Article 38 (1)*

## Protection des consommateurs

Un niveau élevé de protection des consommateurs est assuré dans les politiques de l'Union.

**Explication**

Le principe contenu dans cet article a été fondé sur l'article 153 du traité CE, désormais remplacé par l'article III-235 de la Constitution.

TITRE V

**CITOYENNETÉ**

*Article 39 (2)*

## Droit de vote et d'éligibilité aux élections au Parlement européen

1. Tout citoyen de l'Union a le droit de vote et d'éligibilité aux élections au Parlement européen dans l'État membre où il réside, dans les mêmes conditions que les ressortissants de cet État.

2. Les membres du Parlement européen sont élus au suffrage universel direct, libre et secret.

**Explication**

L'article 39 (2) s'applique dans les conditions prévues dans les parties I et III de la Constitution, conformément à l'article 52, paragraphe 2, de la Charte (3). En effet, le paragraphe 1 de l'article 39 (2) correspond au droit garanti à l'article I-10, paragraphe 2, de la Constitution (cf. également la base juridique à l'article III-126 pour l'adoption des modalités d'exercice de ce droit), et le paragraphe 2 de cet article à l'article I-20, paragraphe 2, de la Constitution. Le paragraphe 2 de l'article 39 (2) reprend les principes de base du régime électoral dans un système démocratique.

*Article 40 (4)*

## Droit de vote et d'éligibilité aux élections municipales

Tout citoyen de l'Union a le droit de vote et d'éligibilité aux élections municipales dans l'État membre où il réside, dans les mêmes conditions que les ressortissants de cet État.

---

(1) Article II-98 de la Constitution.

(2) Article II-99 de la Constitution.

(3) Article II-112, paragraphe 2, de la Constitution.

(4) Article II-100 de la Constitution.

**Explication**

Cet article correspond au droit garanti à l'article I-10, paragraphe 2, de la Constitution (cf. également la base juridique à l'article III-126 pour l'adoption des modalités d'exercice de ce droit). Conformément à l'article 52, paragraphe 2 ([1]), il s'applique dans les conditions prévues dans ces articles des parties I et III de la Constitution.

*Article 41 ([2])*

## Droit à une bonne administration

1. Toute personne a le droit de voir ses affaires traitées impartialement, équitablement et dans un délai raisonnable par les institutions, organes et organismes de l'Union.

2. Ce droit comporte notamment:

a) le droit de toute personne d'être entendue avant qu'une mesure individuelle qui l'affecterait défavorablement ne soit prise à son encontre;

b) le droit d'accès de toute personne au dossier qui la concerne, dans le respect des intérêts légitimes de la confidentialité et du secret professionnel et des affaires;

c) l'obligation pour l'administration de motiver ses décisions.

3. Toute personne a droit à la réparation par l'Union des dommages causés par les institutions, ou par leurs agents dans l'exercice de leurs fonctions, conformément aux principes généraux communs aux droits des États membres.

4. Toute personne peut s'adresser aux institutions de l'Union dans une des langues de la Constitution et doit recevoir une réponse dans la même langue.

**Explication**

L'article 41 ([2]) est fondé sur l'existence de l'Union en tant que communauté de droit dont les caractéristiques ont été développées par la jurisprudence, qui a consacré notamment la bonne administration comme principe général de droit (voir, entre autres, l'arrêt de la Cour du 31 mars 1992, C-255/90 P, Burban, Rec. 1992, p. I-2253, ainsi que les arrêts du Tribunal de première instance du 18 septembre 1995, T-167/94, Nölle, Rec. 1995, p. II-2589; du 9 juillet 1999, T-231/97, New Europe Consulting e.a., Rec. 1999, p. II-2403). Les expressions de ce droit énoncées dans les deux premiers paragraphes résultent de la jurisprudence (arrêts de la Cour du 15 octobre 1987, aff. 222/86, Heylens, Rec. 1987, p. 4097, point 15; du 18 octobre 1989, aff. 374/87, Orkem, Rec. 1989, p. 3283; du 21 novembre 1991, C-269/90, TU München, Rec. 1991, p. I-5469) ainsi que les arrêts du Tribunal de première instance du 6 décembre 1994, T-450/93, Lisrestal, Rec. 1994, p. II-1177; du 18 septembre 1995, T-167/94, Nölle, Rec. 1995, p. II-258) et, en ce qui concerne l'obligation de motivation, de l'article 253 du traité CE, désormais remplacé par l'article I-38, paragraphe 2, de la Constitution (voir aussi la base juridique à l'article III-398 de la Constitution pour l'adoption d'actes législatifs en vue d'une administration européenne ouverte, efficace et indépendante).

---

([1]) Article II-112, paragraphe 2, de la Constitution.

([2]) Article II-101 de la Constitution.

Le paragraphe 3 reproduit le droit désormais garanti à l'article III-431 de la Constitution. Le paragraphe 4 reproduit le droit désormais garanti à l'article I-10, paragraphe 2, point d), et à l'article III-129 de la Constitution. Conformément à l'article 52, paragraphe 2 ([1]), ces droits s'appliquent dans les conditions et limites définies dans la partie III de la Constitution.

Le droit à un recours effectif, qui constitue un aspect important de cette question, est garanti à l'article 47 de la présente Charte ([2]).

*Article 42 ([3])*

## Droit d'accès aux documents

Tout citoyen de l'Union ainsi que toute personne physique ou morale résidant ou ayant son siège statutaire dans un État membre a un droit d'accès aux documents des institutions, organes et organismes de l'Union, quel que soit leur support.

**Explication**

Le droit garanti à cet article a été repris de l'article 255 du traité CE, sur la base duquel le règlement (CE) n° 1049/2001 a ensuite été adopté. La Convention européenne a étendu ce droit aux documents des institutions, organes et agences en général, quelle que soit leur forme (voir l'article I-50, paragraphe 3, de la Constitution). Conformément à l'article 52, paragraphe 2, de la Charte ([1]), le droit d'accès aux documents est exercé dans les conditions et limites prévues à l'article I-50, paragraphe 3, et à l'article III-399 de la Constitution.

*Article 43 ([4])*

## Médiateur européen

Tout citoyen de l'Union ainsi que toute personne physique ou morale résidant ou ayant son siège statutaire dans un État membre a le droit de saisir le médiateur européen de cas de mauvaise administration dans l'action des institutions, organes ou organismes de l'Union, à l'exclusion de la Cour de justice de l'Union européenne dans l'exercice de ses fonctions juridictionnelles.

**Explication**

Le droit garanti à cet article est le droit garanti aux articles I-10 et III-335 de la Constitution. Conformément à l'article 52, paragraphe 2 ([1]), il s'applique dans les conditions prévues à ces deux articles.

---

([1]) Article II-112, paragraphe 2, de la Constitution.

([2]) Article II-107 de la Constitution.

([3]) Article II-102 de la Constitution.

([4]) Article II-103 de la Constitution.

*Article 44* [1]

## Droit de pétition

Tout citoyen de l'Union ainsi que toute personne physique ou morale résidant ou ayant son siège statutaire dans un État membre a le droit de pétition devant le Parlement européen.

**Explication**

Le droit garanti à cet article est le droit garanti par les articles I-10 et III-334 de la Constitution. Conformément à l'article 52, paragraphe 2 [2], il s'applique dans les conditions prévues à ces deux articles.

*Article 45* [3]

## Liberté de circulation et de séjour

1. Tout citoyen de l'Union a le droit de circuler et de séjourner librement sur le territoire des États membres.

2. La liberté de circulation et de séjour peut être accordée, conformément à la Constitution, aux ressortissants de pays tiers résidant légalement sur le territoire d'un État membre.

**Explication**

Le droit garanti par le paragraphe 1 est le droit garanti par l'article I-10, paragraphe 2, point a), de la Constitution (voir aussi la base juridique à l'article III-125 et l'arrêt de la Cour de justice du 17 septembre 2002 dans l'affaire C-413/99, Baumbast, Rec. 2002, p. I-709). Conformément à l'article 52, paragraphe 2 [2], il s'applique dans les conditions et limites prévues dans la partie III de la Constitution.

Le paragraphe 2 rappelle la compétence conférée à l'Union par les articles III-265 à III-267 de la Constitution. Il en résulte que l'octroi de ce droit dépend de l'exercice de cette compétence par les institutions.

*Article 46* [4]

## Protection diplomatique et consulaire

Tout citoyen de l'Union bénéficie, sur le territoire d'un pays tiers où l'État membre dont il est ressortissant n'est pas représenté, de la protection des autorités diplomatiques et consulaires de tout État membre dans les mêmes conditions que les ressortissants de cet État.

---

(1) Article II-104 de la Constitution.

(2) Article II-112, paragraphe 2, de la Constitution.

(3) Article II-105 de la Constitution.

(4) Article II-106 de la Constitution.

**Explication**

Le droit garanti par cet article est le droit garanti par l'article I-10 de la Constitution; voir aussi la base juridique à l'article III-127. Conformément à l'article 52, paragraphe 2 ([1]), il s'applique dans les conditions prévues à ces articles.

## TITRE VI

## JUSTICE

*Article 47* ([2])

### Droit à un recours effectif et à accéder à un tribunal impartial

Toute personne dont les droits et libertés garantis par le droit de l'Union ont été violés a droit à un recours effectif devant un tribunal dans le respect des conditions prévues au présent article.

Toute personne a droit à ce que sa cause soit entendue équitablement, publiquement et dans un délai raisonnable par un tribunal indépendant et impartial, établi préalablement par la loi. Toute personne a la possibilité de se faire conseiller, défendre et représenter.

Une aide juridictionnelle est accordée à ceux qui ne disposent pas de ressources suffisantes, dans la mesure où cette aide serait nécessaire pour assurer l'effectivité de l'accès à la justice.

**Explication**

Le premier alinéa se fonde sur l'article 13 de la CEDH:

«Toute personne dont les droits et libertés reconnus dans la présente Convention ont été violés, a droit à l'octroi d'un recours effectif devant une instance nationale, alors même que la violation aurait été commise par des personnes agissant dans l'exercice de leurs fonctions officielles».

Cependant, dans le droit de l'Union, la protection est plus étendue puisqu'elle garantit un droit à un recours effectif devant un juge. La Cour de justice a consacré ce droit dans son arrêt du 15 mai 1986 en tant que principe général du droit de l'Union (aff. 222/84, Johnston, Rec. 1986, p. 1651; voir aussi les arrêts du 15 octobre 1987, aff. 222/86, Heylens, Rec. 1987, p. 4097, et du 3 décembre 1992, C-97/91, Borelli, Rec. 1992 , p. I-6313). Selon la Cour, ce principe général du droit de l'Union s'applique également aux États membres lorsqu'ils appliquent le droit de l'Union. L'inscription de cette jurisprudence dans la Charte n'avait pas pour objet de modifier le système de contrôle juridictionnel prévu par les traités, et notamment les règles relatives à la recevabilité des recours formés directement devant la Cour de justice de l'Union européenne. La Convention européenne a examiné le système de contrôle juridictionnel de l'Union, y compris les règles relatives à l'admissibilité, et l'a confirmé tout en en modifiant certains aspects, comme le reflètent les articles III-353 à III-381 de la Constitution, et notamment l'article III-365, paragraphe 4. L'article 47 ([2]) s'applique à l'égard des institutions de l'Union et des États membres lorsqu'ils mettent en œuvre le droit de l'Union, et ce, pour tous les droits garantis par le droit de l'Union.

---

([1]) Article II-112, paragraphe 2, de la Constitution.

([2]) Article II-107 de la Constitution.

Le deuxième alinéa correspond à l'article 6, paragraphe 1, de la CEDH, qui se lit ainsi:

«Toute personne a droit à ce que sa cause soit entendue équitablement, publiquement et dans un délai raisonnable, par un tribunal indépendant et impartial, établi par la loi, qui décidera, soit des contestations sur ses droits et obligations de caractère civil, soit du bien-fondé de toute accusation en matière pénale dirigée contre elle. Le jugement doit être rendu publiquement, mais l'accès de la salle d'audience peut être interdit à la presse et au public pendant la totalité ou une partie du procès dans l'intérêt de la moralité, de l'ordre public ou de la sécurité nationale dans une société démocratique, lorsque les intérêts des mineurs ou la protection de la vie privée des parties au procès l'exigent, ou dans la mesure jugée strictement nécessaire par le tribunal, lorsque dans des circonstances spéciales la publicité serait de nature à porter atteinte aux intérêts de la justice».

Dans le droit de l'Union, le droit à un tribunal ne s'applique pas seulement à des contestations relatives à des droits et obligations de caractère civil. C'est l'une des conséquences du fait que l'Union est une communauté de droit, comme la Cour l'a constaté dans l'affaire 194/83, «Les Verts» contre Parlement européen (arrêt du 23 avril 1986, Rec. 1988, p. 1339). Cependant, à l'exception de leur champ d'application, les garanties offertes par la CEDH s'appliquent de manière similaire dans l'Union.

En ce qui concerne le troisième alinéa, il convient de noter que, d'après la jurisprudence de la Cour européenne des droits de l'homme, une aide juridictionnelle doit être accordée lorsque l'absence d'une telle aide rendrait inefficace la garantie d'un recours effectif (arrêt CEDH du 9.10.1979, Airey, Série A, Volume 32, p. 11). Il existe également un système d'assistance judiciaire devant la Cour de justice de l'Union européenne.

*Article 48 ([1])*

## Présomption d'innocence et droits de la défense

1. Tout accusé est présumé innocent jusqu'à ce que sa culpabilité ait été légalement établie.

2. Le respect des droits de la défense est garanti à tout accusé.

**Explication**

L'article 48 ([1]) est le même que l'article 6, paragraphes 2 et 3, de la CEDH qui se lit ainsi:

«2. Toute personne accusée d'une infraction est présumée innocente jusqu'à ce que sa culpabilité ait été légalement établie.

3. Tout accusé a droit notamment à:

a) être informé, dans le plus court délai, dans une langue qu'il comprend et d'une manière détaillée, de la nature et de la cause de l'accusation portée contre lui;

b) disposer du temps et des facilités nécessaires à la préparation de sa défense;

([1]) Article II-108 de la Constitution.

c) se défendre lui-même ou avoir l'assistance d'un défenseur de son choix et, s'il n'a pas les moyens de rémunérer un défenseur, pouvoir être assisté gratuitement par un avocat d'office, lorsque les intérêts de la justice l'exigent;

d) interroger ou faire interroger les témoins à charge et obtenir la convocation et l'interrogation des témoins à décharge dans les mêmes conditions que les témoins à charge;

e) se faire assister gratuitement d'un interprète, s'il ne comprend pas ou ne parle pas la langue employée à l'audience».

Conformément à l'article 52, paragraphe 3 ([1]), ce droit a le même sens et la même portée que le droit garanti par la CEDH.

*Article 49 ([2])*

## Principes de légalité et de proportionnalité des délits et des peines

1. Nul ne peut être condamné pour une action ou une omission qui, au moment où elle a été commise, ne constituait pas une infraction d'après le droit national ou le droit international. De même, il n'est infligé aucune peine plus forte que celle qui était applicable au moment où l'infraction a été commise. Si, postérieurement à cette infraction, la loi prévoit une peine plus légère, celle-ci doit être appliquée.

2. Le présent article ne porte pas atteinte au jugement et à la punition d'une personne coupable d'une action ou d'une omission qui, au moment où elle a été commise, était criminelle d'après les principes généraux reconnus par l'ensemble des nations.

3. L'intensité des peines ne doit pas être disproportionnée par rapport à l'infraction.

**Explication**

Cet article reprend la règle classique de la non-rétroactivité des lois et des peines. Il a été ajouté la règle de la rétroactivité de la loi pénale plus douce, qui existe dans de nombreux États membres et qui figure à l'article 15 du Pacte sur les droits civils et politiques.

L'article 7 de la CEDH est rédigé comme suit:

«1. Nul ne peut être condamné pour une action ou une omission qui, au moment où elle a été commise, ne constituait pas une infraction d'après le droit national ou international. De même, il n'est infligé aucune peine plus forte que celle qui était applicable au moment où l'infraction a été commise.

2. Le présent article ne portera pas atteinte au jugement et à la punition d'une personne coupable d'une action ou d'une omission qui, au moment où elle a été commise, était criminelle d'après les principes généraux de droit reconnus par les nations civilisées».

---

([1]) Article II-112, paragraphe 3, de la Constitution.

([2]) Article II-109 de la Constitution.

On a simplement supprimé au paragraphe 2 le terme «civilisées», ce qui n'implique aucun changement dans le sens de ce paragraphe, qui vise notamment les crimes contre l'humanité. Conformément à l'article 52, paragraphe 3 ([1]), le droit garanti a donc le même sens et la même portée que le droit garanti par la CEDH.

Le paragraphe 3 reprend le principe général de proportionnalité des délits et des peines, consacré par les traditions constitutionnelles communes aux États membres et la jurisprudence de la Cour de justice des Communautés.

*Article 50 ([2])*

## Droit à ne pas être jugé ou puni pénalement deux fois pour une même infraction

Nul ne peut être poursuivi ou puni pénalement en raison d'une infraction pour laquelle il a déjà été acquitté ou condamné dans l'Union par un jugement pénal définitif conformément à la loi.

**Explication**

L'article 4 du protocole n° 7 à la CEDH se lit ainsi:

«1. Nul ne peut être poursuivi ou puni pénalement par les juridictions du même État en raison d'une infraction pour laquelle il a déjà été acquitté ou condamné par un jugement définitif conformément à la loi et à la procédure pénale de cet État.

2. Les dispositions du paragraphe précédent n'empêchent pas la réouverture du procès, conformément à la loi et à la procédure pénale de l'État concerné, si des faits nouveaux ou nouvellement révélés ou un vice fondamental dans la procédure précédente sont de nature à affecter le jugement intervenu.

3. Aucune dérogation n'est autorisée au présent article au titre de l'article 15 de la Convention».

La règle «non bis in idem» s'applique dans le droit de l'Union (voir, parmi une importante jurisprudence, l'arrêt du 5 mai 1966, Gutmann c/Commission, aff. 18/65 et 35/65, Rec. 1966, p. 150 et, pour une affaire récente, arrêt du Tribunal du 20 avril 1999, aff. jointes T-305/94 et autres, Limburgse Vinyl Maatschappij NV c/Commission, Rec. p. II-931). Il est précisé que la règle du non-cumul vise le cumul de deux sanctions de même nature, en l'espèce pénales.

Conformément à l'article 50 ([2]), la règle «non bis in idem» ne s'applique pas seulement à l'intérieur de la juridiction d'un même État, mais aussi entre les juridictions de plusieurs États membres. Cela correspond à l'acquis du droit de l'Union; voir les articles 54 à 58 de la Convention d'application de l'accord de Schengen et l'arrêt de la Cour de justice du 11 février 2003 dans l'affaire C-187/01 Gözütok (non encore publié), l'article 7 de la Convention relative à la protection des intérêts financiers de la Communauté et l'article 10 de la Convention relative à la lutte contre la corruption. Les exceptions très limitées par lesquelles ces conventions permettent aux États membres de déroger à la règle «non bis in idem» sont couvertes par la clause horizontale de l'article 52, paragraphe 1 ([3]), sur les limitations. En ce qui concerne les situations visées par l'article 4 du protocole n° 7, à savoir l'application du principe à l'intérieur d'un même État membre, le droit garanti a le même sens et la même portée que le droit correspondant de la CEDH.

---

([1]) Article II-112, paragraphe 3, de la Constitution.

([2]) Article II-110 de la Constitution.

([3]) Article II-112, paragraphe 1, de la Constitution.

TITRE VII

## DISPOSITIONS GÉNÉRALES RÉGISSANT L'INTERPRÉTATION ET L'APPLICATION DE LA CHARTE

*Article 51* ([1])

### Champ d'application

1. Les dispositions de la présente Charte s'adressent aux institutions, organes et organismes de l'Union dans le respect du principe de subsidiarité, ainsi qu'aux États membres uniquement lorsqu'ils mettent en œuvre le droit de l'Union. En conséquence, ils respectent les droits, observent les principes et en promeuvent l'application, conformément à leurs compétences respectives et dans le respect des limites des compétences de l'Union telles qu'elles lui sont conférées dans les autres parties de la Constitution.

2. La présente Charte n'étend pas le champ d'application du droit de l'Union au-delà des compétences de l'Union, ni ne crée aucune compétence ni aucune tâche nouvelles pour l'Union et ne modifie pas les compétences et tâches définies dans les autres parties de la Constitution.

**Explication**

L'objet de l'article 51 ([1]) est de déterminer le champ d'application de la Charte. Il vise à établir clairement que la Charte s'applique d'abord aux institutions et organes de l'Union, dans le respect du principe de subsidiarité. Cette disposition a été rédigée dans le respect de l'article 6, paragraphe 2, du traité sur l'Union européenne, qui imposait à l'Union de respecter les droits fondamentaux, ainsi que du mandat donné par le Conseil européen de Cologne. Le terme «institutions» est consacré dans la partie I de la Constitution. L'expression «organes et organismes» est couramment employée dans la Constitution pour viser toutes les instances établies par la Constitution ou par des actes de droit dérivé (voir par exemple l'article I-50 ou I-51 de la Constitution).

En ce qui concerne les États membres, il résulte sans ambiguïté de la jurisprudence de la Cour que l'obligation de respecter les droits fondamentaux définis dans le cadre de l'Union ne s'impose aux États membres que lorsqu'ils agissent dans le champ d'application du droit de l'Union (arrêt du 13 juillet 1989, Wachauf, aff. 5/88, Rec. 1989, p. 2609; arrêt du 18 juin 1991, ERT, Rec. 1991, p. I-2925; arrêt du 18 décembre 1997, aff. C-309/96 Annibaldi, Rec. 1997, p. I-7493). Tout récemment, la Cour de justice a confirmé cette jurisprudence dans les termes suivants: «De plus, il y a lieu de rappeler que les exigences découlant de la protection des droits fondamentaux dans l'ordre juridique communautaire lient également les États membres lorsqu'ils mettent en œuvre des réglementations communautaires…» (arrêt du 13 avril 2000, aff. C-292/97, Rec. 2000, p. 2737, point 37). Bien entendu, cette règle, telle que consacrée dans la présente Charte, s'applique aussi bien aux autorités centrales qu'aux instances régionales ou locales ainsi qu'aux organismes publics lorsqu'ils mettent en œuvre le droit de l'Union.

Le paragraphe 2, en liaison avec la seconde phrase du paragraphe 1, confirme que la Charte ne peut avoir pour effet d'étendre les compétences et tâches conférées à l'Union par les autres parties de la Constitution. Il s'agit de mentionner de façon explicite ce qui découle logiquement du principe de subsidiarité et du fait que l'Union ne dispose que de compétences d'attribution. Les droits fondamentaux tels qu'ils sont garantis dans l'Union ne produisent d'effets que dans le cadre de ces compétences déterminées par les parties I et III de la Constitution. Par conséquent, une obligation pour les institutions de l'Union, en vertu de la seconde phrase du paragraphe 1, de promouvoir les principes énoncés dans la Charte ne peut exister que dans les limites desdites compétences.

---

([1]) Article II-111 de la Constitution.

Le paragraphe 2 confirme en outre que la Charte ne peut avoir pour effet d'étendre le champ d'application du droit de l'Union au-delà des compétences de l'Union établies dans les autres parties de la Constitution. La Cour de justice a d'ores et déjà établi cette règle en ce qui concerne les droits fondamentaux reconnus comme faisant partie du droit de l'Union (arrêt du 17 février 1998 dans l'affaire C-249/96 Grant, Rec. 1998, p. I-621, point 45). Conformément à cette règle, il va sans dire que l'intégration de la Charte dans la Constitution ne peut être interprétée comme étendant en soi l'éventail des actions des États membres considérées comme «mettant en œuvre le droit de l'Union» (au sens du paragraphe 1 et de la jurisprudence susmentionnée).

*Article 52* ([1])

## Portée et interprétation des droits et des principes

1. Toute limitation de l'exercice des droits et libertés reconnus par la présente Charte doit être prévue par la loi et respecter le contenu essentiel desdits droits et libertés. Dans le respect du principe de proportionnalité, des limitations ne peuvent être apportées que si elles sont nécessaires et répondent effectivement à des objectifs d'intérêt général reconnus par l'Union ou au besoin de protection des droits et libertés d'autrui.

2. Les droits reconnus par la présente Charte qui font l'objet de dispositions dans d'autres parties de la Constitution s'exercent dans les conditions et limites y définies.

3. Dans la mesure où la présente Charte contient des droits correspondant à des droits garantis par la Convention européenne de sauvegarde des droits de l'Homme et des libertés fondamentales, leur sens et leur portée sont les mêmes que ceux que leur confère ladite convention. Cette disposition ne fait pas obstacle à ce que le droit de l'Union accorde une protection plus étendue.

4. Dans la mesure où la présente Charte reconnaît des droits fondamentaux tels qu'ils résultent des traditions constitutionnelles communes aux États membres, ces droits doivent être interprétés en harmonie avec lesdites traditions.

5. Les dispositions de la présente Charte qui contiennent des principes peuvent être mises en œuvre par des actes législatifs et exécutifs pris par les institutions, organes et organismes de l'Union, et par des actes des États membres lorsqu'ils mettent en œuvre le droit de l'Union, dans l'exercice de leurs compétences respectives. Leur invocation devant le juge n'est admise que pour l'interprétation et le contrôle de la légalité de tels actes.

6. Les législations et pratiques nationales doivent être pleinement prises en compte comme précisé dans la présente Charte.

7. Les explications élaborées en vue de guider l'interprétation de la Charte des droits fondamentaux sont dûment prises en considération par les juridictions de l'Union et des États membres.

---

([1]) Article II-112 de la Constitution.

**Explication**

L'objet de l'article 52 ([1]) est de fixer la portée des droits et des principes de la Charte et d'arrêter des règles pour leur interprétation. Le paragraphe 1 traite du régime de limitations. La formule utilisée s'inspire de la jurisprudence de la Cour de justice: «... selon une jurisprudence bien établie, des restrictions peuvent être apportées à l'exercice des droits fondamentaux, notamment dans le cadre d'une organisation commune de marché, à condition que ces restrictions répondent effectivement à des objectifs d'intérêt général poursuivis par la Communauté et ne constituent pas, par rapport au but poursuivi, une intervention démesurée et intolérable, qui porterait atteinte à la substance même de ces droits» (arrêt du 13 avril 2000, aff. C-292/97, point 45). La mention des intérêts généraux reconnus par l'Union couvre aussi bien les objectifs mentionnés à l'article I-2 de la Constitution que d'autres intérêts protégés par des dispositions spécifiques de la Constitution comme l'article I-5, paragraphe 1, l'article III-133, paragraphe 3, et les articles III-154 et III-436.

Le paragraphe 2 fait référence à des droits qui sont déjà expressément garantis par le traité instituant la Communauté européenne et reconnus dans la Charte et qui se trouvent désormais dans d'autres parties de la Constitution (notamment ceux qui découlent de la citoyenneté de l'Union). Il précise que ces droits restent soumis aux conditions et limites applicables au droit de l'Union sur lequel ils sont fondés et qui sont désormais prévues dans les parties I et III de la Constitution. La Charte ne modifie pas le régime des droits conférés par le traité CE et désormais repris dans les parties I et III de la Constitution.

Le paragraphe 3 vise à assurer la cohérence nécessaire entre la Charte et la CEDH en posant la règle que, dans la mesure où les droits de la présente Charte correspondent également à des droits garantis par la CEDH, leur sens et leur portée, y compris les limitations admises, sont les mêmes que ceux que prévoit la CEDH. Il en résulte en particulier que le législateur, en fixant des limitations à ces droits, doit respecter les mêmes normes que celles fixées par le régime détaillé des limitations prévu dans la CEDH, qui sont donc rendues applicables aux droits couverts par ce paragraphe, sans que cela porte atteinte à l'autonomie du droit de l'Union et de la Cour de justice de l'Union européenne.

La référence à la CEDH vise à la fois la Convention et ses protocoles. Le sens et la portée des droits garantis sont déterminés non seulement par le texte de ces instruments, mais aussi par la jurisprudence de la Cour européenne des droits de l'homme et par la Cour de justice de l'Union européenne. La dernière phrase du paragraphe vise à permettre à l'Union d'assurer une protection plus étendue. En tout état de cause, le niveau de protection offert par la Charte ne peut jamais être inférieur à celui qui est garanti par la CEDH.

La Charte n'empêche pas les États membres de se prévaloir de l'article 15 de la CEDH, qui autorise des dérogations aux droits prévus par cette dernière en cas de guerre ou d'autre danger public menaçant la vie de la nation, lorsqu'ils prennent des mesures dans les domaines de la défense nationale en cas de guerre et du maintien de l'ordre, conformément à leurs responsabilités reconnues dans l'article I-5, paragraphe 1, et dans les articles III-131 et III-262 de la Constitution.

La liste des droits qui peuvent, au stade actuel, et sans que cela exclue l'évolution du droit, de la législation et des traités, être considérés comme correspondant à des droits de la CEDH au sens du présent paragraphe, est reproduite ci-dessous. Ne sont pas reproduits les droits qui s'ajoutent à ceux de la CEDH.

1. Articles de la Charte dont le sens et la portée sont les mêmes que les articles correspondants de la CEDH:

   — l'article 2 ([2]) correspond à l'article 2 de la CEDH;

---

([1]) Article II-112 de la Constitution.

([2]) Article II-62 de la Constitution.

— l'article 4 [1] correspond à l'article 3 de la CEDH;

— l'article 5 [2], paragraphes 1 et 2, correspond à l'article 4 de la CEDH;

— l'article 6 [3] correspond à l'article 5 de la CEDH;

— l'article 7 [4] correspond à l'article 8 de la CEDH;

— l'article 10 [5], paragraphe 1, correspond à l'article 9 de la CEDH;

— l'article 11 [6] correspond à l'article 10 de la CEDH, sans préjudice des restrictions que le droit de l'Union peut apporter à la faculté des États membres d'instaurer les régimes d'autorisation visés à l'article 10, paragraphe 1, troisième phrase, de la CEDH;

— l'article 17 [7] correspond à l'article 1 du protocole additionnel à la CEDH;

— l'article 19 [8], paragraphe 1, correspond à l'article 4 du protocole additionnel n° 4;

— l'article 19 [8], paragraphe 2, correspond à l'article 3 de la CEDH, tel qu'interprété par la Cour européenne des droits de l'homme;

— l'article 48 [9] correspond à l'article 6, paragraphes 2 et 3, de la CEDH;

— l'article 49 [10], paragraphes 1 (à l'exception de la dernière phrase) et 2, correspond à l'article 7 de la CEDH.

2. Articles dont le sens est le même que les articles correspondant de la CEDH, mais dont la portée est plus étendue:

— l'article 9 [11] couvre le champ de l'article 12 de la CEDH, mais son champ d'application peut être étendu à d'autres formes de mariages dès lors que la législation nationale les institue;

---

(1) Article II-64 de la Constitution.
(2) Article II-65 de la Constitution.
(3) Article II-66 de la Constitution.
(4) Article II-67 de la Constitution.
(5) Article II-70 de la Constitution.
(6) Article II-71 de la Constitution.
(7) Article II-77 de la Constitution.
(8) Article II-79 de la Constitution.
(9) Article II-108 de la Constitution.
(10) Article II-109 de la Constitution.
(11) Article II-69 de la Constitution.

— l'article 12 ([1]), paragraphe 1, correspond à l'article 11 de la CEDH, mais son champ d'application est étendu au niveau de l'Union européenne;

— l'article 14 ([2]), paragraphe 1, correspond à l'article 2 du protocole additionnel à la CEDH, mais son champ d'application est étendu à l'accès à la formation professionnelle et continue;

— l'article 14 ([2]), paragraphe 3, correspond à l'article 2 du protocole additionnel à la CEDH, en ce qui concerne les droits des parents;

— l'article 47 ([3]), paragraphes 2 et 3, correspond à l'article 6, paragraphe 1, de la CEDH, mais la limitation aux contestations sur des droits et obligations de caractère civil ou sur des accusations en matière pénale ne joue pas en ce qui concerne le droit de l'Union et sa mise en œuvre;

— l'article 50 ([4]) correspond à l'article 4 du protocole n° 7 de la CEDH, mais sa portée est étendue au niveau de l'Union européenne entre les juridictions des États membres;

— enfin, les citoyens de l'Union européenne ne peuvent, dans le champ d'application du droit de l'Union, être considérés comme des étrangers en raison de l'interdiction de toute discrimination sur la base de la nationalité. Les limitations prévues par l'article 16 de la CEDH en ce qui concerne les droits des étrangers ne leur sont donc pas applicables dans ce cadre.

La règle d'interprétation figurant au paragraphe 4 est fondée sur le libellé de l'article 6, paragraphe 2, du traité sur l'Union européenne (cf. désormais le libellé de l'article I-9, paragraphe 3, de la Constitution) et tient dûment compte de l'approche suivie par la Cour de justice à l'égard des traditions constitutionnelles communes (par exemple, l'arrêt rendu le 13 décembre 1979 dans l'affaire 44/79, Hauer, Rec. 1979, p. 3727; l'arrêt rendu le 18 mai 1982 dans l'affaire 155/79, AM & S, Rec.1982, p. 1575). Selon cette règle, plutôt que de suivre une approche rigide du «plus petit dénominateur commun», il convient d'interpréter les droits en cause de la Charte d'une manière qui offre un niveau élevé de protection, adapté au droit de l'Union et en harmonie avec les traditions constitutionnelles communes.

Le paragraphe 5 clarifie la distinction entre «droits» et «principes» faite dans la Charte. En vertu de cette distinction, les droits subjectifs doivent être respectés, tandis que les principes doivent être observés [article 51, paragraphe 1 ([5])]. Les principes peuvent être mis en œuvre par le biais d'actes législatifs ou exécutifs (adoptés par l'Union dans le cadre de ses compétences et par les États membres uniquement lorsqu'ils mettent en œuvre le droit de l'Union); ils acquièrent donc une importance particulière pour les tribunaux seulement lorsque ces actes sont interprétés ou contrôlés. Ils ne donnent toutefois pas lieu à des droits immédiats à une action positive de la part des institutions de l'Union ou des autorités des États membres, ce qui correspond tant à la jurisprudence de la Cour de justice (voir notamment la jurisprudence sur le «principe de précaution» figurant à l'article 174, paragraphe 2, du traité CE [remplacé par l'article III-233 de la Constitution: arrêt rendu par le TPI le 11 septembre 2002 dans l'affaire T-13/99, Pfizer contre Conseil, avec de nombreuses citations de la jurisprudence antérieure, et une série d'arrêts sur l'article 33 (ex-39) concernant les principes du droit agricole: par exemple, l'arrêt rendu par la Cour de justice dans l'affaire C-265/85, Van den Berg, Rec. 1987, p. 1155: examen du principe de l'assainissement du marché et de la confiance légitime] qu'à l'approche suivie par les systèmes constitutionnels des États membres à

(1) Article II-72 de la Constitution.

(2) Article II-74 de la Constitution.

(3) Article II-107 de la Constitution.

(4) Article II-110 de la Constitution.

(5) Article II-111 de la Constitution.

l'égard des «principes», en particulier dans le domaine du droit social. À titre d'illustration, citons, parmi les exemples de principes reconnus dans la Charte, les articles 25, 26 et 37 ([1]). Dans certains cas, un article de la Charte peut contenir des éléments relevant d'un droit et d'un principe: par exemple, les articles 23, 33 et 34 ([2]).

Le paragraphe 6 fait référence aux divers articles de la Charte qui, dans l'esprit de la subsidiarité, font référence aux législations et aux pratiques nationales.

*Article 53* ([3])

## Niveau de protection

Aucune disposition de la présente Charte ne doit être interprétée comme limitant ou portant atteinte aux droits de l'homme et libertés fondamentales reconnus, dans leur champ d'application respectif, par le droit de l'Union, le droit international et les conventions internationales auxquelles sont parties l'Union ou tous les États membres, et notamment la Convention européenne de sauvegarde des droits de l'Homme et des libertés fondamentales, ainsi que par les constitutions des États membres.

**Explication**

Cette disposition vise à préserver le niveau de protection offert actuellement, dans leurs champs d'application respectifs, par le droit de l'Union, le droit des États membres et le droit international. En raison de son importance, mention est faite de la CEDH.

*Article 54* ([4])

## Interdiction de l'abus de droit

Aucune des dispositions de la présente Charte ne doit être interprétée comme impliquant un droit quelconque de se livrer à une activité ou d'accomplir un acte visant à la destruction des droits ou libertés reconnus dans la présente Charte ou à des limitations plus amples des droits et libertés que celles qui sont prévues par la présente Charte.

**Explication**

Cet article correspond à l'article 17 de la CEDH:

«Aucune des dispositions de la présente Convention ne peut être interprétée comme impliquant pour un État, un groupement ou un individu, un droit quelconque de se livrer à une activité ou d'accomplir un acte visant à la destruction des droits ou libertés reconnus dans la présente Convention ou à des limitations plus amples de ces droits et libertés que celles prévues à ladite Convention.»

---

([1]) Articles II-85, II-86 et II-97 de la Constitution.

([2]) Articles II-83, II-93 et II-94 de la Constitution.

([3]) Article II-113 de la Constitution.

([4]) Article II-114 de la Constitution.

## 13. Déclaration ad article III-116

La Conférence convient que, dans le cadre des efforts globaux de l'Union pour éliminer les inégalités entre les femmes et les hommes, celle-ci visera, dans ses différentes politiques, à lutter contre toutes les formes de violence domestique. Il convient que les États membres prennent toutes les mesures nécessaires pour prévenir et réprimer ces actes criminels ainsi que pour soutenir et protéger les victimes.

## 14. Déclaration ad articles III-136 et III-267

La Conférence estime que, au cas où un projet de loi ou loi-cadre européenne fondée sur l'article III-267, paragraphe 2, porterait atteinte aux aspects fondamentaux du système de sécurité sociale d'un État membre, notamment pour ce qui est du champ d'application, du coût ou de la structure financière, ou en affecterait l'équilibre financier comme le prévoit l'article III-136, paragraphe 2, les intérêts dudit État membre seront dûment pris en considération.

## 15. Déclaration ad articles III-160 et III-322

La Conférence rappelle que le respect des droits et des libertés fondamentaux implique notamment qu'une attention suffisante soit accordée à la protection et au respect du droit des personnes physiques ou des entités concernées de bénéficier des garanties prévues par la loi. À cette fin, et afin de garantir un contrôle juridictionnel rigoureux des décisions européennes soumettant une personne physique ou une entité à des mesures restrictives, les décisions en question doivent s'appuyer sur ces critères clairs et distincts. Ces critères devraient être adaptés aux caractéristiques propres à chaque mesure restrictive.

## 16. Déclaration ad article III-167, paragraphe 2, point c)

La Conférence constate que l'article III-167, paragraphe 2, point c), doit être interprété conformément à la jurisprudence existante de la Cour de justice des Communautés européennes et du tribunal de première instance en matière d'applicabilité de ces dispositions aux aides accordées à certaines régions de la République fédérale d'Allemagne touchées par l'ancienne division de l'Allemagne.

## 17. Déclaration ad article III-184

En ce qui concerne l'article III-184, la Conférence confirme que le renforcement du potentiel de croissance et la garantie de situations budgétaires saines forment les deux piliers sur lesquels repose la politique économique et budgétaire de l'Union et des États membres. Le Pacte de stabilité et de croissance est un instrument important pour la réalisation de ces objectifs.

La Conférence réaffirme son attachement aux dispositions relatives au Pacte de stabilité et de croissance, qui constituent le cadre dans lequel doit s'effectuer la coordination des politiques budgétaires des États membres.

La Conférence confirme qu'un système fondé sur des règles est le meilleur moyen de garantir le respect des engagements et une égalité de traitement pour tous les États membres.

Dans ce cadre, la Conférence réaffirme également son attachement aux objectifs de la stratégie de Lisbonne: création d'emplois, réformes structurelles et cohésion sociale.

L'Union vise à parvenir à une croissance économique équilibrée et à la stabilité des prix. Les politiques économiques et budgétaires doivent, par conséquent, fixer les priorités adéquates en matière de réformes économiques, d'innovation, de compétitivité et de renforcement de l'investissement privé et de la consommation durant les périodes de faible croissance économique. Cela devrait se traduire dans les orientations des décisions budgétaires au niveau national et au niveau de l'Union, grâce notamment à une restructuration des recettes et des dépenses publiques, tout en respectant la discipline budgétaire conformément à la Constitution et au Pacte de stabilité et de croissance.

Les défis budgétaires et économiques que doivent relever les États membres mettent en évidence l'importance d'une politique budgétaire saine pour l'ensemble du cycle économique.

La Conférence convient que les États membres devraient tirer parti activement des périodes de reprise économique pour consolider leurs finances publiques et améliorer leur situation budgétaire. L'objectif est de parvenir progressivement à un excédent budgétaire en période de conjoncture favorable, ce qui crée la marge de manœuvre nécessaire pour faire face aux fléchissements de la conjoncture et contribuer ainsi à la viabilité à long terme des finances publiques.

Les États membres attendent avec intérêt d'éventuelles propositions de la Commission et de nouvelles contributions des États membres visant à renforcer et à clarifier la mise en œuvre du Pacte de stabilité et de croissance. Les États membres prendront toutes les mesures nécessaires pour accroître le potentiel de croissance de leur économie. Une meilleure coordination de la politique économique pourrait favoriser cet objectif. La présente déclaration ne préjuge pas le débat futur sur le Pacte de stabilité et de croissance.

## 18. **Déclaration ad article III-213**

La Conférence confirme que les politiques décrites à l'article III-213 relèvent essentiellement de la compétence des États membres. Les mesures d'encouragement et de coordination à prendre au niveau de l'Union conformément aux dispositions de cet article revêtent un caractère complémentaire. Elles servent à renforcer la coopération entre États membres et non pas à harmoniser des systèmes nationaux. Les garanties et usages existant dans chaque État membre eu égard à la responsabilité des partenaires sociaux n'en sont pas affectés.

La présente déclaration est sans préjudice des dispositions de la Constitution attribuant des compétences à l'Union, y compris dans le domaine social.

## 19. **Déclaration ad article III-220**

La Conférence estime que les termes «régions insulaires» figurant à l'article III-220 peuvent également désigner des États insulaires dans leur intégralité, sous réserve que les conditions nécessaires soient réunies.

## 20. Déclaration ad article III-243

La Conférence constate que les dispositions de l'article III-243 doivent être appliquées conformément à la pratique actuelle. Les termes «les mesures (...) nécessaires (...) pour compenser les désavantages économiques causés, par la division de l'Allemagne, à l'économie de certaines régions de la République fédérale affectées par cette division» doivent être interprétés conformément à la jurisprudence existante de la Cour de justice des Communautés européennes et du Tribunal de première instance.

## 21. Déclaration ad article III-248

La Conférence convient que l'action de l'Union dans le domaine de la recherche et du développement technologique tiendra dûment compte des orientations et choix fondamentaux inscrits dans les politiques de recherche des États membres.

## 22. Déclaration ad article III-256

La Conférence estime que l'article III-256 n'affecte pas le droit des États membres de prendre les dispositions nécessaires afin d'assurer leur approvisionnement énergétique dans les conditions prévues par l'article III-131.

## 23. Déclaration ad article III-273, paragraphe 1, deuxième alinéa

La Conférence estime que la loi européenne visée à l'article III-273, paragraphe 1, deuxième alinéa, devrait tenir compte des règles et pratiques nationales concernant le déclenchement d'enquêtes pénales.

## 24. Déclaration ad article III-296

La Conférence déclare que, dès la signature du traité établissant une Constitution pour l'Europe, le secrétaire général du Conseil, Haut représentant pour la politique étrangère et de sécurité commune, la Commission et les États membres devraient entamer les travaux préparatoires relatifs au Service européen pour l'action extérieure.

## 25. Déclaration ad article III-325 concernant la négociation et la conclusion par les États membres d'accords internationaux concernant l'espace de liberté, de sécurité et de justice

La Conférence confirme que les États membres ont le droit de négocier et de conclure des accords avec des pays tiers ou des organisations internationales dans les domaines couverts par la partie III, titre III, chapitre IV, sections 3, 4 et 5, pour autant que ces accords soient conformes au droit de l'Union.

## 26. Déclaration ad article III-402, paragraphe 4

L'article III-402, paragraphe 4, prévoit que lorsque la loi européenne du Conseil fixant un nouveau cadre financier n'a pas été adoptée à l'échéance du cadre financier précédent, les plafonds et autres dispositions correspondant à la dernière année de celui-ci sont prorogés jusqu'à l'adoption de cette loi.

La Conférence déclare que, si aucune loi européenne du Conseil fixant un nouveau cadre financier n'a été adoptée avant la fin de 2006 et dans les cas où le traité d'adhésion du 16 avril 2003 prévoit une période de mise en œuvre progressive s'achevant en 2006 pour l'attribution des crédits aux nouveaux États membres, l'attribution des fonds à compter de 2007 sera établie sur la base de l'application à tous les États membres des mêmes critères.

## 27. Déclaration ad article III-419

La Conférence déclare que les États membres peuvent indiquer, lorsqu'ils présentent une demande visant à instaurer une coopération renforcée, s'ils envisagent déjà à ce stade de faire application de l'article III-422, qui prévoit l'extension du vote à la majorité qualifiée, ou de recourir à la procédure législative ordinaire.

## 28. Déclaration ad article IV-440, paragraphe 7

Les Hautes Parties Contractantes conviennent que le Conseil européen, en application de l'article IV-440, paragraphe 7, prendra une décision européenne aboutissant à la modification du statut de Mayotte à l'égard de l'Union, de manière à ce que ce territoire devienne une région ultrapériphérique au sens de l'article IV-440, paragraphe 2, et de l'article III-424, lorsque les autorités françaises notifieront au Conseil européen et à la Commission que l'évolution en cours du statut interne de l'île le permet.

## 29. Déclaration ad article IV-448, paragraphe 2

La Conférence estime que la possibilité de traduire le traité établissant une Constitution pour l'Europe dans les langues visées à l'article IV-448, paragraphe 2, contribue à la réalisation de l'objectif énoncé à l'article I-3, paragraphe 3, quatrième alinéa, qui prévoit que l'Union respecte la richesse de sa diversité culturelle et linguistique. À cet égard, la Conférence confirme que l'Union est attachée à la diversité culturelle de l'Europe et qu'elle continuera d'accorder une attention particulière à ces langues et à d'autres langues.

La Conférence recommande que les États membres qui souhaitent faire usage de la possibilité visée à l'article IV-448, paragraphe 2, fassent connaître au Conseil, dans les six mois suivant la signature du traité, la ou les langues dans lesquelles ce traité sera traduit.

## 30. Déclaration concernant la ratification du traité établissant une Constitution pour l'Europe

La Conférence note que, si à l'issue d'un délai de deux ans à compter de la signature du traité établissant une Constitution pour l'Europe, les quatre cinquièmes des États membres ont ratifié ledit traité et qu'un ou plusieurs États membres ont rencontré des difficultés pour procéder à ladite ratification, le Conseil européen se saisit de la question.

## B. DÉCLARATIONS RELATIVES À DES PROTOCOLES ANNEXÉS À LA CONSTITUTION

### DÉCLARATIONS SUR LE PROTOCOLE RELATIF AUX TRAITÉS ET ACTES D'ADHÉSION DU ROYAUME DE DANEMARK, DE L'IRLANDE ET DU ROYAUME-UNI DE GRANDE-BRETAGNE ET D'IRLANDE DU NORD, DE LA RÉPUBLIQUE HELLÉNIQUE, DU ROYAUME D'ESPAGNE ET DE LA RÉPUBLIQUE PORTUGAISE, ET DE LA RÉPUBLIQUE D'AUTRICHE, DE LA RÉPUBLIQUE DE FINLANDE ET DU ROYAUME DE SUÈDE

### 31. **Déclaration sur les îles Åland**

La Conférence reconnaît que le régime applicable aux îles Åland, visé à l'article IV-440, paragraphe 5, est arrêté en tenant compte du statut spécial dont jouissent ces îles en vertu du droit international.

À cet effet, la Conférence souligne que des dispositions spécifiques ont été reprises dans le titre V, section 5, du protocole relatif aux traités et actes d'adhésion du Royaume de Danemark, de l'Irlande et du Royaume-Uni de Grande-Bretagne et d'Irlande du Nord, de la République hellénique, du Royaume d'Espagne et de la République portugaise, et de la République d'Autriche, de la République de Finlande et du Royaume de Suède.

### 32. **Déclaration sur le peuple lapon**

Compte tenu des articles 60 et 61 du protocole relatif aux traités et actes d'adhésion du Royaume de Danemark, de l'Irlande et du Royaume-Uni de Grande-Bretagne et d'Irlande du Nord, de la République hellénique, du Royaume d'Espagne et de la République portugaise, et de la République d'Autriche, de la République de Finlande et du Royaume de Suède, la Conférence reconnaît les obligations et les engagements contractés par la Suède et la Finlande à l'égard du peuple lapon dans le cadre du droit national et international.

La Conférence note que la Suède et la Finlande se sont engagées à préserver et à développer les moyens d'existence, la langue, la culture et le mode de vie du peuple lapon et considère que la culture et les moyens d'existence traditionnels du peuple lapon sont tributaires d'activités économiques de base telles que l'élevage de rennes dans les régions traditionnelles de peuplement lapon.

À cet effet, la Conférence souligne que des dispositions spécifiques ont été reprises dans le titre V, section 6, du protocole relatif aux traités et actes d'adhésion du Royaume de Danemark, de l'Irlande et du Royaume-Uni de Grande-Bretagne et d'Irlande du Nord, de la République hellénique, du Royaume d'Espagne et de la République portugaise, et de la République d'Autriche, de la République de Finlande et du Royaume de Suède.

## DÉCLARATIONS SUR LE PROTOCOLE RELATIF AUX TRAITÉ ET ACTE D'ADHÉSION DE LA RÉPUBLIQUE TCHÈQUE, DE LA RÉPUBLIQUE D'ESTONIE, DE LA RÉPUBLIQUE DE CHYPRE, DE LA RÉPUBLIQUE DE LETTONIE, DE LA RÉPUBLIQUE DE LITUANIE, DE LA RÉPUBLIQUE DE HONGRIE, DE LA RÉPUBLIQUE DE MALTE, DE LA RÉPUBLIQUE DE POLOGNE, DE LA RÉPUBLIQUE DE SLOVÉNIE ET DE LA RÉPUBLIQUE SLOVAQUE

### 33. Déclaration relative aux zones de souveraineté du Royaume-Uni de Grande-Bretagne et d'Irlande du Nord à Chypre

LA CONFÉRENCE,

Rappelant que la déclaration commune concernant les zones de souveraineté du Royaume-Uni de Grande-Bretagne et d'Irlande du Nord à Chypre, annexée à l'Acte final du traité relatif à l'adhésion du Royaume-Uni aux Communautés européennes, prévoyait que le régime applicable aux relations entre la Communauté économique européenne et les zones de souveraineté du Royaume-Uni de Grande-Bretagne et d'Irlande du Nord à Chypre sera défini dans le contexte d'un éventuel arrangement entre cette Communauté et la République de Chypre;

Compte tenu des dispositions relatives aux zones de souveraineté figurant dans le traité établissant la République de Chypre (ci-après dénommé «traité d'établissement») et les échanges de notes y afférentes en date du 16 août 1960;

Prenant acte de l'échange de notes entre le gouvernement du Royaume-Uni et le gouvernement de la République de Chypre concernant l'administration des zones de souveraineté, en date du 16 août 1960, et de la déclaration du gouvernement du Royaume-Uni qui y est annexée, aux termes de laquelle l'un des principaux objectifs à atteindre est de défendre les intérêts des personnes qui résident ou travaillent dans les zones de souveraineté, et considérant à cet égard que ces personnes devraient, dans la mesure du possible, être traitées de la même manière que celles qui résident ou travaillent dans la République de Chypre;

Prenant également acte des dispositions du traité d'établissement relatives au régime douanier entre les zones de souveraineté et la République de Chypre, notamment celui qui est visé à l'annexe F dudit traité;

Prenant également acte de l'engagement pris par le Royaume-Uni de ne pas créer de postes douaniers ou d'autres postes frontières entre les zones de souveraineté du Royaume-Uni et la République de Chypre, ainsi que des arrangements conclus en vertu du traité d'établissement, par lesquels les autorités de la République de Chypre administrent un grand nombre de services publics dans les zones de souveraineté, notamment dans le domaine de l'agriculture, des douanes et de la fiscalité;

Confirmant que l'adhésion de la République de Chypre à l'Union ne devrait pas affecter les droits et obligations des parties au traité d'établissement;

Constatant qu'il y a donc lieu d'appliquer aux zones de souveraineté du Royaume-Uni certaines des dispositions de la Constitution et des actes de l'Union et d'arrêter des modalités particulières concernant la mise en œuvre de ces dispositions dans lesdites zones;

Souligne que des dispositions spécifiques à cet effet ont été reprises dans la deuxième partie, titre III, du protocole relatif aux traité et acte d'adhésion de la République tchèque, de la République d'Estonie, de la République de Chypre, de la République de Lettonie, de la République de Lituanie, de la République de Hongrie, de la République de Malte, de la République de Pologne, de la République de Slovénie et de la République slovaque.

## 34. Déclaration de la Commission relative aux zones de souveraineté du Royaume-Uni de Grande-Bretagne et d'Irlande du Nord à Chypre

La Commission confirme son interprétation selon laquelle les dispositions du droit de l'Union applicable aux zones de souveraineté du Royaume-Uni au sens de la deuxième partie, titre III, du protocole relatif aux traité et acte d'adhésion de la République tchèque, de la République d'Estonie, de la République de Chypre, de la République de Lettonie, de la République de Lituanie, de la République de Hongrie, de la République de Malte, de la République de Pologne, de la République de Slovénie et de la République slovaque incluent:

a) le règlement (CE) n° 3448/93 du Conseil du 6 décembre 1993 déterminant le régime d'échange applicable à certaines marchandises résultant de la transformation de produits agricoles;

b) le règlement (CE) n° 1260/1999 du Conseil du 21 juin 1999 portant dispositions générales sur les Fonds structurels, dans la mesure où le règlement (CE) n° 1257/1999 du Conseil du 17 mai 1999 concernant le soutien au développement rural par le Fonds européen d'orientation et de garantie agricole (FEOGA) l'exige aux fins du financement de mesures de développement rural dans les zones de souveraineté du Royaume-Uni au titre de la section «garantie» du FEOGA.

## 35. Déclaration relative à la centrale nucléaire d'Ignalina en Lituanie

LA CONFÉRENCE,

Faisant part de la volonté de l'Union de continuer à fournir une assistance supplémentaire qui soit à la mesure des efforts de déclassement accomplis par la Lituanie, également après l'adhésion de la Lituanie à l'Union, pour la période allant jusqu'à 2006 et au-delà, et notant que la Lituanie, tenant compte de ce témoignage de solidarité de l'Union, s'est engagée à fermer l'unité 1 de la centrale nucléaire d'Ignalina avant 2005 et l'unité 2 pour 2009;

Reconnaissant que le déclassement de la centrale nucléaire d'Ignalina, qui comprend deux réacteurs de type RBMK d'une puissance de 1500 MW chacun, hérités de l'ancienne Union soviétique, est sans précédent et représente pour la Lituanie une charge financière exceptionnelle sans proportion avec la taille et la capacité économique du pays, et que le déclassement se poursuivra au-delà des perspectives financières actuelles telles qu'elles sont définies par l'accord interinstitutionnel du 6 mai 1999;

Notant la nécessité d'adopter des dispositions relatives à la mise en œuvre de l'assistance supplémentaire de l'Union pour faire face aux conséquences de la fermeture et du déclassement de la centrale nucléaire d'Ignalina;

Notant que, lorsqu'elle utilisera l'assistance de l'Union, la Lituanie accordera toute l'attention voulue aux besoins des régions qui seront le plus touchées par la fermeture de la centrale nucléaire d'Ignalina;

Déclarant que sont considérées comme compatibles avec les règles du marché intérieur certaines des mesures qui seront financées par des aides publiques, telles que le déclassement de la centrale nucléaire d'Ignalina, la réhabilitation de l'environnement dans le respect de l'acquis et la modernisation des capacités conventionnelles de production d'électricité qui seront nécessaires pour remplacer les deux réacteurs de la centrale nucléaire d'Ignalina après leur fermeture;

Souligne que des dispositions spécifiques à cet effet ont été reprises dans la deuxième partie, titre IV, du protocole relatif aux traité et acte d'adhésion de la République tchèque, de la République d'Estonie, de la République de Chypre, de la République de Lettonie, de la République de Lituanie, de la République de Hongrie, de la République de Malte, de la République de Pologne, de la République de Slovénie et de la République slovaque.

## 36. Déclaration relative au transit des personnes par voie terrestre entre la région de Kaliningrad et les autres parties de la Fédération de Russie

LA CONFÉRENCE,

Tenant compte de la situation particulière de la région de Kaliningrad de la Fédération de Russie dans le contexte de l'élargissement de l'Union;

Considérant les obligations et les engagements que l'acquis impose à la Lituanie en ce qui concerne l'établissement d'un espace de liberté, de sécurité et de justice;

Notant en particulier que, à compter de son adhésion au plus tard, la Lituanie doit appliquer et mettre en œuvre dans son intégralité l'acquis de l'Union en ce qui concerne la liste des pays dont les ressortissants doivent être en possession d'un visa lorsqu'ils franchissent les frontières extérieures et de ceux dont les ressortissants sont exemptés de cette obligation, ainsi que l'acquis de l'Union concernant le modèle type de visa;

Considérant que le transit des personnes par voie terrestre entre la région de Kaliningrad et les autres parties de la Fédération de Russie à travers le territoire de l'Union est une question qui concerne l'ensemble de l'Union, qui doit être traitée en tant que telle et qui ne doit pas entraîner de conséquences défavorables pour la Lituanie;

Sachant que le Conseil doit prendre la décision de supprimer les contrôles aux frontières intérieures après avoir vérifié que les conditions nécessaires à cet effet ont bien été remplies;

Déterminée à aider la Lituanie à remplir dès que possible les conditions requises pour participer pleinement à l'espace Schengen sans frontières intérieures;

Souligne que des dispositions spécifiques à cet effet ont été reprises dans la deuxième partie, titre V, du protocole relatif aux traité et acte d'adhésion de la République tchèque, de la République d'Estonie, de la République de Chypre, de la République de Lettonie, de la République de Lituanie, de la République de Hongrie, de la République de Malte, de la République de Pologne, de la République de Slovénie et de la République slovaque.

## 37. Déclaration relative à l'unité 1 et l'unité 2 de la centrale nucléaire de Bohunice V1 en Slovaquie

LA CONFÉRENCE,

Notant que la Slovaquie s'est engagée à fermer l'unité 1 et l'unité 2 de la centrale nucléaire de Bohunice V1 respectivement à la fin de 2006 et 2008 et faisant part de la volonté de l'Union de continuer à fournir une aide financière jusqu'en 2006 dans le prolongement de l'aide de préadhésion prévue au titre du programme Phare pour contribuer aux efforts de déclassement entrepris par la Slovaquie;

Notant la nécessité d'adopter des dispositions relatives à la mise en œuvre de la poursuite de l'assistance de l'Union;

Souligne que des dispositions spécifiques à cet effet ont été reprises dans la deuxième partie, titre IX, du protocole relatif aux traité et acte d'adhésion de la République tchèque, de la République d'Estonie, de la République de Chypre, de la République de Lettonie, de la République de Lituanie, de la République de Hongrie, de la République de Malte, de la République de Pologne, de la République de Slovénie et de la République slovaque.

## 38. Déclaration relative à Chypre

LA CONFÉRENCE,

Réaffirmant qu'elle est attachée à un règlement global de la question chypriote, conforme aux résolutions pertinentes du Conseil de sécurité des Nations unies, et qu'elle appuie vigoureusement les efforts déployés par le Secrétaire général des Nations unies à cet effet;

Considérant que la question chypriote n'a pas encore pu faire l'objet d'un tel règlement global;

Considérant qu'il est dès lors nécessaire de prévoir la suspension de l'application de l'acquis dans les zones de la République de Chypre dans lesquelles le gouvernement de la République de Chypre n'exerce pas un contrôle effectif;

Considérant que, si une solution est trouvée à la question chypriote, cette suspension sera levée;

Considérant que l'Union est prête à prendre en considération les conditions d'un tel règlement global, conformément aux principes qui sous-tendent l'Union;

Considérant qu'il est nécessaire de prévoir les conditions dans lesquelles les dispositions pertinentes du droit de l'Union s'appliqueront à la ligne de démarcation entre les zones susmentionnées et tant les zones dans lesquelles le gouvernement de la République de Chypre exerce un contrôle effectif que la zone de souveraineté orientale du Royaume-Uni de Grande-Bretagne et d'Irlande du Nord;

Souhaitant que l'adhésion de Chypre à l'Union bénéficie à tous les citoyens chypriotes et favorise la paix civile et la réconciliation;

Considérant dès lors que rien dans la deuxième partie, titre X, du protocole relatif aux traité et acte d'adhésion de la République tchèque, de la République d'Estonie, de la République de Chypre, de la

République de Lettonie, de la République de Lituanie, de la République de Hongrie, de la République de Malte, de la République de Pologne, de la République de Slovénie et de la République slovaque n'empêche l'adoption de mesures dans cette perspective;

Considérant que de telles mesures n'affectent pas l'application de l'acquis, dans les conditions fixées dans ledit protocole, dans toute autre partie de la République de Chypre,

Souligne que des dispositions spécifiques à cet effet ont été reprises dans la deuxième partie, titre X, du protocole relatif aux traité et acte d'adhésion de la République tchèque, de la République d'Estonie, de la République de Chypre, de la République de Lettonie, de la République de Lituanie, de la République de Hongrie, de la République de Malte, de la République de Pologne, de la République de Slovénie et de la République slovaque.

## 39. Déclaration concernant le protocole sur la position du Danemark

La Conférence note que, en ce qui concerne les actes juridiques devant être adoptés par le Conseil, agissant seul ou conjointement avec le Parlement européen, et comportant des dispositions applicables au Danemark ainsi que des dispositions ne s'appliquant pas à ce dernier parce qu'elles sont fondées sur une base juridique à laquelle la partie I du protocole sur la position du Danemark s'applique, le Danemark déclare qu'il n'utilisera pas son droit de vote pour s'opposer à l'adoption des dispositions qui ne lui sont pas applicables.

En outre, la Conférence note que, sur la base de la déclaration qu'elle a faite sur les articles I-43 et III-329, le Danemark déclare que sa participation à des actions ou à des actes juridiques en application des articles I-43 et III-329 aura lieu conformément aux parties I et II du protocole sur la position du Danemark.

## 40. Déclaration concernant le protocole sur les dispositions transitoires relatives aux institutions et organes de l'Union

La position commune que prendront les États membres lors des Conférences d'adhésion de la Roumanie et/ou de la Bulgarie à l'Union en ce qui concerne la répartition des sièges au Parlement européen et la pondération des voix au Conseil européen et au Conseil sera la suivante.

1. Si l'adhésion de la Roumanie et/ou de la Bulgarie à l'Union a lieu avant l'entrée en vigueur de la décision du Conseil européen visée à l'article I-20, paragraphe 2, la répartition des sièges au Parlement européen pendant la législature 2004-2009 sera conforme au tableau suivant pour une Union à 27 États membres.

| États membres | Sièges au PE |
|---|---|
| Allemagne | 99 |
| Royaume-Uni | 78 |
| France | 78 |
| Italie | 78 |
| Espagne | 54 |

| États membres | Sièges au PE |
|---|---|
| Pologne | 54 |
| Roumanie | 35 |
| Pays-Bas | 27 |
| Grèce | 24 |
| République tchèque | 24 |
| Belgique | 24 |
| Hongrie | 24 |
| Portugal | 24 |
| Suède | 19 |
| Bulgarie | 18 |
| Autriche | 18 |
| Slovaquie | 14 |
| Danemark | 14 |
| Finlande | 14 |
| Irlande | 13 |
| Lituanie | 13 |
| Lettonie | 9 |
| Slovénie | 7 |
| Estonie | 6 |
| Chypre | 6 |
| Luxembourg | 6 |
| Malte | 5 |
| **TOTAL** | 785 |

De ce fait, le traité d'adhésion à l'Union prévoira, par dérogation à l'article I-20, paragraphe 2, de la Constitution, que le nombre des membres du Parlement européen peut temporairement dépasser 750 pendant le reste de la législature 2004-2009.

2. À l'article 2, paragraphe 2, du protocole sur les dispositions transitoires relatives aux institutions et organes de l'Union, la pondération des voix de la Roumanie et de la Bulgarie au Conseil européen et au Conseil sera respectivement fixée à 14 et 10.

3. À chaque adhésion, le seuil visé dans le protocole sur les dispositions transitoires relatives aux institutions et organes de l'Union sera calculé conformément à l'article 2, paragraphe 3, dudit protocole.

## 41. Déclaration concernant l'Italie

La Conférence prend acte du fait que le protocole concernant l'Italie, annexé en 1957 au traité instituant la Communauté économique européenne, tel que modifié lors de l'adoption du traité sur l'Union européenne, précisait que:

«LES HAUTES PARTIES CONTRACTANTES,

DÉSIRANT régler certains problèmes particuliers intéressant l'Italie,

SONT CONVENUES des dispositions ci-après, qui sont annexées au traité:

LES ÉTATS MEMBRES DE LA COMMUNAUTÉ

PRENNENT ACTE du fait que le gouvernement italien est engagé dans la mise en exécution d'un programme décennal d'expansion économique, qui a pour but de redresser les déséquilibres de structure de l'économie italienne, notamment par l'équipement des zones moins développées dans le Midi et dans les îles et par la création d'emplois nouveaux dans le but d'éliminer le chômage.

RAPPELLENT que ce programme du gouvernement italien a été pris en considération et approuvé dans ses principes et ses objectifs par des organisations de coopération internationale dont ils sont membres.

RECONNAISSENT qu'il est de leur intérêt commun que les objectifs du programme italien soient atteints.

CONVIENNENT, en vue de faciliter au gouvernement italien l'accomplissement de cette tâche, de recommander aux institutions de la Communauté de mettre en œuvre tous les moyens et procédures prévus par le traité en recourant notamment à un emploi adéquat des ressources de la Banque européenne d'investissement et du Fonds social européen.

SONT D'AVIS qu'il doit être tenu compte par les institutions de la Communauté, dans l'application du traité, de l'effort que l'économie italienne devra supporter dans les prochaines années et de l'opportunité d'éviter que des tensions dangereuses ne se produisent, notamment dans la balance des paiements ou dans le niveau de l'emploi, qui pourraient compromettre l'application de ce traité en Italie.

RECONNAISSENT en particulier que, dans le cas d'application des articles 109 H et 109 I, il faudra veiller à ce que les mesures demandées au gouvernement italien sauvegardent l'aboutissement de son programme d'expansion économique et de relèvement du niveau de vie de la population.»

DÉCLARATIONS D'ÉTATS MEMBRES

## 42. Déclaration du Royaume des Pays-Bas ad article I-55

Le Royaume des Pays-Bas approuvera une décision européenne visée à l'article I-55, paragraphe 4, lorsqu'une révision de la loi européenne visée à l'article I-54, paragraphe 3, aura apporté aux Pays-Bas une solution satisfaisante pour sa situation des paiements nette négative, excessive par rapport au budget de l'Union.

## 43. Déclaration du Royaume des Pays-Bas ad article IV-440

Le Royaume des Pays-Bas déclare qu'une initiative en vue d'une décision européenne visée à l'article IV-440, paragraphe 7, visant à modifier le statut des Antilles néerlandaises et/ou d'Aruba à l'égard de l'Union, ne sera présentée que sur la base d'une décision prise conformément au statut du Royaume des Pays-Bas.

## 44. Déclaration de la République fédérale d'Allemagne, de l'Irlande, de la République de Hongrie, de la République d'Autriche et du Royaume de Suède

L'Allemagne, l'Irlande, la Hongrie, l'Autriche et la Suède notent que les dispositions essentielles du traité instituant la Communauté européenne de l'énergie atomique n'ont pas fait l'objet de modifications de fond depuis l'entrée en vigueur dudit traité, et qu'une mise à jour est nécessaire. Elles sont donc favorables à l'idée d'une Conférence des représentants des gouvernements des États membres, qu'il conviendrait de convoquer dès que possible.

## 45. Déclaration du Royaume d'Espagne et du Royaume-Uni de Grande-Bretagne et d'Irlande du Nord

Le traité établissant une Constitution pour l'Europe s'applique à Gibraltar en tant que territoire européen dont un État membre assume les relations extérieures. Cela n'implique aucun changement des positions respectives des États membres concernés.

## 46. Déclaration du Royaume-Uni de Grande-Bretagne et d'Irlande du Nord sur la définition du terme «ressortissants»

En ce qui concerne le traité établissant une Constitution pour l'Europe et le traité instituant la Communauté européenne de l'énergie atomique, et tout acte dérivant de ces traités ou restant en vigueur en vertu de ces traités, le Royaume-Uni réitère la déclaration qu'il a faite le 31 décembre 1982 sur la définition du terme «ressortissants», l'expression «citoyens des territoires dépendants britanniques» devant toutefois être entendue comme signifiant «citoyens des territoires d'outre-mer britanniques».

## 47. Déclaration du Royaume d'Espagne sur la définition du terme «ressortissants»

L'Espagne constate que, conformément à l'article I-10 de la Constitution, toute personne ayant la nationalité d'un État membre possède la citoyenneté de l'Union. L'Espagne prend également note du fait que dans la situation actuelle de l'intégration européenne reflétée par la Constitution, seuls les ressortissants des États membres jouissent des droits spécifiques de la citoyenneté européenne, sauf si le droit de l'Union en dispose autrement de façon expresse. À cet égard, l'Espagne souligne finalement que, selon les articles I-20 et I-46 de la Constitution, le Parlement européen représente actuellement les citoyens de l'Union.

## 48. Déclaration du Royaume-Uni de Grande-Bretagne et d'Irlande du Nord sur le droit de vote aux élections parlementaires européennes

Le Royaume-Uni note que l'article I-20 et d'autres dispositions du traité établissant une Constitution pour l'Europe ne sont pas destinés à modifier la base du droit de vote pour les élections parlementaires européennes.

## 49. Déclaration du Royaume de Belgique relative aux parlements nationaux

La Belgique précise que, en vertu de son droit constitutionnel, tant la Chambre des Représentants et le Sénat du Parlement fédéral que les assemblées parlementaires des Communautés et des Régions agissent, en fonction des compétences exercées par l'Union, comme composantes du système parlementaire national ou chambres du Parlement national.

## 50. Déclaration de la République de Lettonie et de la République de Hongrie relative à l'orthographe du nom de la monnaie unique dans le traité établissant une Constitution pour l'Europe

Sans préjudice de l'orthographe unifiée du nom de la monnaie unique de l'Union européenne visée dans le traité établissant une Constitution pour l'Europe et telle que figurant sur les billets de banque et les pièces de monnaie, la Lettonie et la Hongrie déclarent que l'orthographe du nom de la monnaie unique, y compris ses dérivés, utilisée dans les versions lettone et hongroise du traité établissant une Constitution pour l'Europe, n'a aucune incidence sur les règles existantes de la langue lettone et de la langue hongroise.

Union européenne

**Traité établissant une Constitution pour l'Europe**

Luxembourg: Office des publications officielles des Communautés européennes

2005 — 482 p. — 17,6 x 25 cm

ISBN 92-824-3101-0

Prix au Luxembourg (TVA exclue): 25 EUR